Ils sont devenus français

Dans le secret des archives

Des mêmes auteures

Doan Bui
Milliardaires d'un jour, avec Grégoire Biseau, essai, Grasset, 2002.
Les Affameurs, essai, Éditions Privé, 2009.

Isabelle Monnin
Les Vies extraordinaires d'Eugène, roman, Jean-Claude Lattès, 2010.

www.editions-jclattes.fr

DOAN BUI | ISABELLE MONNIN

Ils sont devenus français

Dans le secret des archives

JC Lattès

Conception et réalisation : Bleu T

ISBN : 978-2-7096-3634

À nos familles,
d'ici et d'ailleurs,
d'hier, d'aujourd'hui et de demain.

Entrez dans le monde
des archives

Quand, en 1987, j'ai été nommée à la section moderne des Archives nationales, aujourd'hui section du XIXe siècle, je me réjouissais de travailler, entre autres, sur les archives du ministère de la Justice : correspondance de la division criminelle, recours en grâce, dossiers de magistrats… J'étais ravie. Mais les archives du ministère de la Justice, c'est aussi la sous-série BB/11 avec ses dossiers de naturalisation de 1803 à 1930. Or je détestais ces dossiers. Les recherches pour le public, pourtant beaucoup moins nombreuses à l'époque, étaient une corvée et mes collègues savaient que j'aurais volontiers échangé une « naturalisation » contre dix « Légion d'honneur » ! Complexité d'accès et masse des documents me paraissaient insurmontables. Et que dire des combles du dépôt Napoléon III où les dossiers étaient conservés en liasses nouées par une ficelle qui cédait à la moindre manipulation. Impossible également de déplacer ces fameuses liasses sans endommager les chemises qui les

entouraient et prenaient très vite des allures de dentelle. Dans des travées de bois craquant s'offrait ainsi au regard un immense ensemble échevelé et vaguement effrayant. Qui plus est, c'était un véritable dédale où seuls les plus anciens semblaient se repérer. Il était là, le secret : il fallait du temps. Je me mis peu à peu à connaître, à comprendre et à aimer les dossiers de naturalisation. Je découvrais leur richesse. Le public aussi d'ailleurs qui se montrait plus pressant. Son engouement, les travaux de chercheurs du monde entier, l'émotion des lecteurs consultant le dossier d'un aïeul augmentaient encore mon attachement indéfectible ! Cet enthousiasme, j'ai aimé dès lors le partager. Aucun stagiaire n'a quitté mon bureau sans sa copie de la lettre de demande de naturalisation de Guillaume Apollinaire. Tous avaient auparavant recherché les traces de leurs propres familles. J'espère leur avoir montré que ces vieux dossiers administratifs témoignaient de véritables aventures humaines. Puis Isabelle

Monnin et Doan Bui sont venues. Elles voulaient écrire un article. Ce n'est pas sans appréhension que je leur ai montré mes dossiers préférés. Je guettais leurs réactions. Allaient-elles les « comprendre », ces dossiers ? Je n'ai pas été déçue. Elles furent à ce point conquises qu'elles nous proposent aujourd'hui ce livre où, avec passion, elles racontent les attentes, les espoirs, les déconvenues et les joies de ceux qui voulaient tant devenir français. Peut-on rêver meilleur écrin pour des « bijoux » qui ne payent certes pas de mine mais qui n'ont pas de prix !

Les dossiers de naturalisation n'étaient pourtant pas perçus par nos prédécesseurs comme d'un intérêt majeur. En 1947, dans l'État sommaire des versements des séries BB (Justice), deux archivistes écrivent ainsi : « La valeur historique des documents contenus dans la sous-série BB/11, sans être considérable, ne saurait cependant être négligée. » Quel enthousiasme ! Mais ne leur jetons pas la pierre. Il nous est aujourd'hui impossible de prévoir ce qui passionnera les chercheurs demain.

Consulter un dossier de naturalisation se mérite. Les auteures en ont fait l'expérience et livrent plus loin leurs impressions ! Première difficulté : les dossiers sont mêlés avec des documents ayant un tout autre objet. En effet, la sous-série BB/11 (direction des affaires civiles et du sceau du ministère de la Justice), qui était destinée à conserver les dossiers de naturalisation, d'autorisations données à des Français de servir des puissances étrangères et de fixations de domicile en France, a reçu plus tard les dossiers de changements de noms, les successions aux titres et majorats et enfin les dispenses pour mariage. Ensuite, les dossiers ne sont classés ni par pays d'origine ni par ordre alphabétique. Quant aux fichiers pouvant aider à se repérer, ils sont nombreux et partiels, se recoupent et sont dans un état désastreux. De plus, pour les utiliser, il est souvent indispensable de connaître une date de décret. À cet énoncé, on comprend pourquoi les recherches de naturalisation ont longtemps souffert, auprès des chercheurs comme des archivistes, d'une réputation d'extrême difficulté !

Cette réputation est de moins en moins méritée car les améliorations sont spectaculaires : mise à disposition de microfilms, création d'une base de données pour les dossiers de la première moitié du XIXe siècle et surtout numérisation et mise en ligne (interne aux Archives nationales à ce jour) des décrets originaux de 1883 à 1930. Ces travaux donnent au public un accès plus facile et plus large. Les chercheurs viennent d'ailleurs toujours plus nombreux. Les Archives nationales (Paris) communiquaient 690 dossiers de naturalisation en 1998, elles en communiquent 1 600 dix ans plus tard. À Fontainebleau, en 1998, on comptabilisait 1 100 communications administratives, les communications au public étant presque négligeables. En 2009, on a compté 2 666 communications administratives et 994 recherches particulières. Pourquoi ce succès? Parce que ces dossiers ont plusieurs « dimensions ». Une dimension « émotionnelle », très bien décrite par les auteures, et liée à la recherche des origines. Une dimension historique, ce fonds d'archives homogène et pratiquement sans lacunes de l'an XI jusqu'à nos jours, présentant bien des attraits pour l'histoire de l'immigration. Enfin, les dossiers de naturalisation ont une dimension juridique, leur durée d'utilité administrative étant quasi illimitée en matière de preuve d'acquisition de la nationalité française. Peut-on imaginer une administration réclamant des preuves de nationalité datant des débuts du XIXe siècle! C'était parfois le cas, encore très récemment, pour un renouvellement de papiers d'identité. C'est toujours d'actualité pour une demande de réintégration dans la qualité de Français comme descendant de naturalisé. Les Archives nationales, confrontées à ce type de questions, ont créé en 2004 un bureau de recherches administratives qui répondait également aux demandes liées aux travaux de la mission d'étude sur la spoliation des Juifs de France, mission dite Mattéoli. Aujourd'hui, les demandes portent quasi totalement sur les dossiers de naturalisation. Dossiers « vivants », vieux quelquefois de plus de cent cinquante ans, ils peuvent encore servir à faire valoir des droits. C'est ainsi que, très régulièrement, ils voyagent de Paris ou Fontainebleau vers Rezé (Loire-Atlantique) où, réclamés par la sous-direction de l'accès à la nationalité française, ils jouent leur rôle dans la preuve de nationalité.

Le premier versement de dossiers effectué par le ministère de la Justice aux Archives nationales date de décembre 1827. Les versements se sont poursuivis jusqu'à nos jours même si, à partir de 1945, c'est le ministère des Affaires sociales et ses successeurs qui ont remplacé la Justice pour l'instruction des naturalisations. Comme souvent, les documents ont été regroupés en liasses ficelées de cinquante à cent dossiers qui, pour certaines, sont restées comme telles pendant des dizaines d'années (n'oublions pas que le seul site de Paris des Archives nationales conserve plus de 100 kilomètres de documents et que nos moyens matériels et humains sont tout de même limités). Ces quinze dernières années, la section du XIXe siècle a cependant entrepris pour les naturalisations des travaux sans précédent. Une équipe motivée par l'enjeu (protéger les documents et améliorer nos conditions de travail) s'impliqua comme jamais. Il fallait dépoussiérer, sangler, mettre en carton et ranger de manière plus cohérente. Mais la masse était si décourageante ! Plus de treize mille liasses à Paris où sont conservés les dossiers de 1803 à 1930 (ceux de 1931 à 1988 étant conservés à Fontainebleau). Sur le site parisien, le travail est cependant achevé en 2003. Ces conditions de conservation, dans des locaux d'ailleurs peu adaptés, seront améliorées par l'ouverture prochaine du site des Archives nationales à Pierrefitte qui permettra également le regroupement des dossiers venant de Paris et de Fontainebleau.

Ils sont devenus français, titre l'ouvrage, mais comment devient-on français ? Cela dépend des époques, de l'évolution de la législation et des turbulences de l'histoire. C'est le grand mérite des auteures que de présenter cette législation et cette histoire au fil des personnages évoqués. Pendant la majeure partie de la période, on devient français en se présentant à la préfecture de sa résidence (préfecture de police à Paris) et en déposant un dossier de demande de naturalisation qui donne lieu à une enquête de voisinage (logement, travail, bonne vie et mœurs, avis du maire…). Des comptes-rendus issus

de cette enquête sont alors transmis au ministère de la Justice où un autre dossier est ouvert. C'est celui-ci qui sera versé et conservé aux Archives nationales. Existent donc pour une même personne le dossier de la préfecture, en principe conservé aux archives départementales (ou à la préfecture de police à Paris) et celui des Archives nationales, plus riche car seul à être rouvert et complété (en cas de retrait ou de déchéance par exemple) au cours de la procédure. Cette procédure, Isabelle Monnin et Doan Bui en décrivent parfaitement la suite et présentent en détail les pièces conservées dans les dossiers. J'ajouterai simplement que le décret de naturalisation, aboutissement de toute la démarche, ne fait jamais partie de ces pièces. L'intéressé en reçoit une expédition remise par la mairie de son lieu de résidence. Laissons Simone Signoret nous décrire ce moment dans *Adieu Volodia* : « Enfant juif d'Ukraine, enfant juive de Pologne, ensemble ils avaient cessé de l'être un soir de juillet 1925, quand MM. Guttman et Roginski étaient rentrés à la maison avec leurs papiers de naturalisation si dévotement espérés. Les larmes aux yeux, les deux hommes les avaient sortis de leur poche et les avaient présentés à Mmes Guttman et Roginski, qui étaient tombées dans les bras l'une de l'autre en sanglotant… »

J'en termine en confessant ici m'être bien trop attardée sur quelques-uns des milliers de dossiers passés entre mes mains. Émue, j'ai recherché sur le site du mémorial de la Shoah quel était le destin de telle ou telle famille touchée par un retrait de nationalité. En d'autres occasions, je me suis bien amusée. L'un de mes dossiers favoris est celui du peintre Alfred Sisley, né à Paris de parents anglais. En réponse à la question sur son service militaire, il est indiqué: « S'il est né en France, pour quel motif [le postulant] n'a-t-il pas satisfait à la loi du recrutement? Réponse: Sa mère s'y est opposée contre son gré. » Mme Sisley: mère possessive ou antimilitariste? Toujours dans le dossier du peintre, à la fin d'une page entière d'enquête et de faits rapportés en lignes serrées, la conclusion de la gendarmerie est lapidaire: « C'est un homme sur le compte duquel il n'y a rien à dire. » N'est-ce pas là la meilleure des appréciations pour l'administration?

L'investissement en temps est considérable pour connaître un fonds d'archives aussi complexe et sensible que celui-ci. Mme Ségolène de Dainville-Barbiche, conservateur général du Patrimoine, qui a tellement fait pour la mise en valeur des dossiers de naturalisation, est ainsi restée près de trente ans chargée de ce fonds. Après des années de travail auprès d'elle, je suis devenue, en 2006, responsable de cette sous-série BB/11 que je détestais vingt ans plus tôt, et on me reproche gentiment de considérer les documents dont j'ai la charge comme « ma » série, « mes » BB (le nom s'y prête!). Je demande votre indulgence: les archivistes ne font ainsi qu'exprimer leur très grande implication. Ce petit travers serait un défaut s'il provoquait l'exclusion des autres, des chercheurs notamment. Or notre travail ne consiste pas à garder jalousement « nos » dossiers. Au contraire, nous n'avons de cesse qu'ils soient mieux connus car, au même titre qu'un monument ou une œuvre d'art, ils sont notre patrimoine. C'est pourquoi il nous faut tant remercier Doan Bui et Isabelle Monnin d'avoir eu ce « coup de foudre » pour d'austères dossiers administratifs, d'apparence bien ingrate. Merci de les avoir ouverts et merci de les avoir si bien compris.

Annie POINSOT

Chargée d'études documentaires
principale
Responsable de la sous-série BB/11
Archives nationales site de Paris
Section du XIXe siècle

BB11 2891
BB11 2892
BB11 2893
BB11 2894
BB11 2895
BB11 2896
BB11 2897
BB11 2882
BB11 2883
BB11 2884
BB11 2885
BB11 2886
BB11 2887
BB11 2888
BB II 2889

PROLOGUE

À la recherche des origines

C'est une petite salle, sous les toits. Sombre et tortueuse. Partout, du sol au plafond, des boîtes alignées comme à la parade. On l'appelle la salle des BB 11, du nom de la série sous laquelle sont rangés les dossiers de naturalisation depuis que les Archives nationales les conservent. Des kilomètres de rayonnages pour des centaines de milliers de documents qui racontent autant d'histoires intimes. La salle BB 11 n'est pas le lieu le plus majestueux de l'hôtel de Soubise, dans le Marais, où sont surtout gardées les reliques de l'Ancien Régime, comme la lettre d'adieu de Marie-Antoinette ou le serment du Jeu de paume… Mais c'est peut-être l'endroit le plus émouvant. Ici, tout semble bruisser de murmures et de souvenirs. Face à nous, dans les rayonnages, elles sont en effet là, palpitantes. Des vies dans des boîtes.

Notre déambulation dans ce labyrinthe de papier commence avec les documents datant du XIXᵉ siècle. D'abord rares, les boîtes s'empilent, au fur et à mesure des années, de plus en plus nombreuses. Pour certaines années, elles remplissent même une salle en entier! C'est le cas pour 1927, 1928, 1929, preuve tangible du changement de visage de notre pays qui a accueilli alors tant de réfugiés. À partir de 1930, il faut même changer de site pour retrouver les dossiers de naturalisation. Les salles de conservation de l'hôtel de Soubise sont trop étroites, tous les dossiers contemporains (c'est-à-dire postérieurs à 1930) ont été délocalisés à Fontainebleau, dans une ancienne base de l'Otan. Du Marais à Fontainebleau, où nous ont menées nos pérégrinations archivistiques, nous avons ainsi pu remonter l'histoire de France. De Napoléon jusqu'à 1960, en passant par la Grande Guerre, la crise des années 1930 et Vichy.

Chaque fois, nous avons ressenti la même émotion. Certes, ils ne sont pas toujours très beaux, ces dossiers. Ils sont abîmés, mâchés sur les bords, l'encre un peu effacée. Mais, à peine ouvert, chacun d'eux révèle un trésor. Ils racontent ce moment fragile et précieux où une vie change. Où un individu, d'étranger, devient français. Dans cet océan de dossiers, brassant l'immense foule de ces nouveaux citoyens qui avaient adopté la France, qui fallait-il exhumer? L'idée de ce livre est très simple: remonter aux origines de ceux qui incarnent aujourd'hui l'identité de la France. Si incontestablement d'ailleurs que la mémoire collective semble avoir occulté qu'un jour ces derniers eux aussi furent des immigrés. Des immigrés, inquiets et impatients, déposant à la préfecture leur demande de naturalisation, espérant avec angoisse être acceptés par leur nouvelle patrie.

Ils s'appelaient Émile Zola, Romain Gary, Marc Chagall, Joseph Gainsbourg, Samuel Badinter, Wassily Kandinsky, Max Ernst, Nicolas de Staël ou Ramon Domenech. Ils venaient de Russie, d'Ukraine, de Pologne, d'Espagne, d'Italie, chassés par les pogroms, le communisme, le fascisme, ou tout simplement par la misère. Ils n'étaient pas nés français. Ils avaient choisi de le devenir. Ils ont dû se battre pour y arriver. Ils sont devenus célèbres – eux-mêmes ou leurs enfants. À l'époque, ils n'étaient que des réfugiés anonymes, noyés dans la foule des immigrants en quête d'une vie meilleure. Chacune de ces histoires singulières en raconte mille autres, universelles et intemporelles. Antifranquistes de 1939 ou Afghans d'aujourd'hui, mineurs polonais ou sans-papiers maliens, juifs ou roms, tous les exils, au fond, se ressemblent. « Je me rappelle l'angoisse à la préfecture : allait-on être accepté ou renvoyé ? », se souvient François Cavanna qui, enfant, guidait son père analphabète dans les méandres de l'administration, comme ces mômes d'origine chinoise ou africaine qui servent aujourd'hui d'interprètes à leurs parents.

Pour découvrir le moment originel où ils sont devenus français, il fallait d'abord savoir où chercher. Les Archives ne classent pas leurs dossiers par ordre alphabétique mais selon la date où la demande a été déposée. Le dossier 19067x14 est ainsi le 19 067ᵉ de l'année 1914. Derrière cette référence

abstraite se cache pourtant l'histoire de Guillaume Apollinaire. Pendant des semaines, la traque du « numéro en X », tamponné sur chaque dossier, est ainsi devenue notre obsession. Pour le connaître, une seule façon : procurer aux archivistes[1] le sésame, la date du décret de naturalisation. Ce qui n'est pas une mince affaire : ce renseignement est rarement relevé dans les biographies. Nous avons fréquenté plus que de raison les bases de données des généalogistes qui ont retranscrit des listes et des listes du *Journal officiel* en version numérique. Accros au site *Généalogie.com* ! Autre outil, plus fiable, les énormes bottins des « bulletins des lois » où sont recensés tous les naturalisés année par année. Nous y avons consulté, hypnotisées, les listes de noms qui courent sur des milliers de pages : quel frisson lorsque émergeaient Aznavourian, Ernst ou Kandinsky !

C'est alors seulement que nous pouvions faire une demande officielle de « rendez-vous ». Sur notre messagerie, nous avons guetté, impatientes, les messages des Archives :

Mesdames,

Vous avez demandé à disposer des renseignements contenus dans un ensemble de dossiers de naturalisation.

J'ai le plaisir de vous informer que le site des Archives nationales conserve :

– le dossier établi au nom de Domenech Raymond n° 8194x56, sous la cote 20010468, art.232,

---

1. Profitons-en pour remercier les équipes des sites du Marais et de Fontainebleau pour leur accueil et leur disponibilité, et particulièrement Annie Poinsot et Pascal Philippidès.

– celui établi au nom de Halasz Jules n° 14009x49, sous la cote 19790853, art.26,

– celui établi au nom de Ionescu Eugène n° 5684x57, sous la cote 20010469, art.163,

– celui établi au nom de Minc Joseph n° 20700x46, sous la cote 19780013, art.144,

– celui établi aux noms de Sylvie et Georges Vartan n° 26774x47, sous la cote 19780029, art.191,

– celui établi au nom de Reggiani Serge n° 31656x46, sous la cote 19780014, art.156,

– celui établi au nom de Forni Raymond n° 6868dx57, sous la cote 20010501, art.100.

Ces documents sont au regard de la réglementation librement communicables. Il vous est donc possible de venir les consulter dans notre salle de lecture.

Comme dans tous les rendez-vous amoureux, nous avons connu des déconvenues. Nous avons été bernées par de taquins homonymes – un Aznavourian ou un Kozma, nés la même année que ceux que nous cherchions –, d'autres, introuvables du fait d'une faute d'orthographe, se faisaient désirer – comme Abraham Drucker, inscrit sous le nom de Drouckère. Mais nous sommes têtues. Obstinées. Obsessionnelles, même. Au bout de plusieurs mois, nous les avons – presque – tous retrouvés. Il a fallu attendre le dernier délai de bouclage de cet ouvrage pour que notre éditrice nous implore: stop! Le livre grossissait dangereusement… Au total, nous voilà donc avec cette quarantaine de noms. Une liste que nous avons chérie et obtenue d'arrache-pied. Mamigon (Aznavourian, le père de Charles) et Abraham (Drucker, père de Michel) sont là. Mais aussi Mnacha (Tenenbaum, père de Jean Ferrat), Alexandre (Cardin, père de Pierre), Salih (Gourdji, père de Françoise Giroud), Anna (Mangel, mère du mime Marceau), Benedict (Mallah, grand-père de Nicolas Sarkozy), Alter (Goldman), Oscar (Jonasz), Silvio (Uderzo, père d'Albert), Stanislas (Goscinny, père de René), David (Bienenfeld, oncle de Georges Perec) ou Georges (Vartan, père de Sylvie). Et encore Max (Ernst), Nicolas (de Staël), Wassily (Kandinsky), Léon (Zitrone), Moïse (Chagall), Serge (Reggiani) ou Herz Georges (Charpak). Des poètes, des peintres, un Prix Nobel, des figures de la culture populaire, des chanteurs…

Nous allions aux Archives comme on va visiter des ancêtres. Nous avons feuilleté ces fichiers jaunis. Ils racontent les rêves et les humiliations de ceux qui, humblement, espéraient devenir français. Les parcours des migrants sont toujours des aventures. Lettres de motivation, déclarations d'amour enflammées à la République, attestations d'employeurs ou de concierges, lettres de recommandation, questionnaires fouillés, serments solennels: tout est là. Y compris les rebuffades, les arbitraires notifications d'ajournement, et jusqu'aux ignominieux avis de dénaturalisation sous Vichy. Les heures sombres du pétainisme apparaissaient sous nos yeux, de la façon la plus crue qui soit, dans ces documents administratifs qui témoignent du zèle glacial de la fonction publique sous l'Occupation. Nous avons ainsi croisé les petites mains souvent anonymes mais toujours scrupuleuses de la très méconnue Commission de révision des naturalisations. Leur tâche était de réexaminer les dossiers des citoyens fraîchement naturalisés et de décider s'ils méritaient ou non de le rester. Pour la première fois sont exhumés dans cet ouvrage des documents permettant de comprendre comment fonctionnait ce sinistre organisme : les rapports sur la « confession israélite » des uns et des autres, les avis de déchéance d'un Chagall ou d'un Gainsbourg, considérés comme des individus « sans intérêt national »...

Notre voyage nous a permis de brasser cent cinquante ans d'histoire. Dans ce siècle et demi, les lois ont changé. La curiosité de l'administration, elle, est toujours la même... Elle veut tout savoir : qui est le candidat à la naturalisation ? D'où vient-il ? Où vit-il ? Combien gagne-t-il ? A-t-il des opinions politiques ? Est-il « loyal » envers notre pays ? Pourtant la définition du « bon Français » est mouvante. Mieux valait ne pas être résistant sous Vichy, ex-collabo à la Libération ou communiste pendant la Guerre froide, comme nous l'ont montré beaucoup des dossiers que nous avons examinés !

Une fois nos dossiers dépouillés, le travail n'était pas fini. Il nous fallait mettre des visages sur ces histoires. Nous avons recherché à rencontrer, autant que possible, les descendants de ces naturalisés. Puisque l'immigration est toujours une histoire de transmission, nous voulions savoir ce qu'il en restait, dans la génération d'après. Cette aventure fut là encore singulière. Il ne s'agissait pas d'interviews traditionnelles mais d'un échange. Nous arrivions, plus qu'avec des questions, avec un étrange « cadeau » : ce bout de passé consigné dans des dossiers administratifs que nous leur proposions de commenter. Très rares sont ceux qui n'ont pas souhaité nous rencontrer. Les autres

avaient l'air souvent émus et toujours curieux de notre démarche. Ce passé leur était parfois méconnu. Charles Aznavour, Michel Drucker, Raymond Domenech, Jacqueline Ginsburg (sœur de Serge Gainsbourg), Marie-France Ionesco, Miriam Cendrars, Anne Goscinny, Sylvie Vartan, Michèle Mallah, Andé Sarkozy, Caroline Eliacheff, Robert Badinter et tant d'autres se sont prêtés au jeu. Nous les remercions de nous avoir fait partager leurs histoires familiales avec leurs zones d'ombre, leurs mystères, leurs anecdotes ou leurs silences. Nous permettant parfois de remplir les interstices laissés par l'administratif, voire de les corriger.

Mais où sont les immigrés récents dans notre enquête ? Les Noirs, les Arabes et les Asiatiques ? Rendez-vous dans quelques années. Seuls les dossiers antérieurs à 1960 sont accessibles sans dérogation. Jusqu'aux années 1950, l'immigration est majoritairement européenne et « blanche ». Les « indigènes » des colonies – Africains, Maghrébins, Annamites – n'étaient pas des « citoyens » mais de simples « sujets » de l'empire français, considérés comme des individus de seconde zone. Leopold Sedar Senghor dut ainsi demander officiellement à accéder au statut de citoyen pour passer l'agrégation de grammaire : il était considéré comme un « indigène évolué », selon le terme consacré à l'époque...

Après les indépendances, lorsque les ressortissants des ex-possessions françaises viendront en métropole, ils ne souhaiteront pas toujours être naturalisés. Leurs enfants, nés en France, ont pu devenir français sans laisser de traces dans les archives. Pas de dossier Zidane ou Debbouze, donc. Encore moins de dossier Lilian Thuram ou Thierry Henry : les Antilles sont françaises depuis Louis XIV ! Nous n'avons pas non plus de Marie Curie dans nos pages. Et très peu de femmes d'ailleurs. Le droit de la nationalité a été terriblement misogyne pendant longtemps, les femmes se contentant de suivre la nationalité de leur mari. Marie Curie ou la comtesse de Ségur sont devenues françaises par mariage, sans laisser d'empreintes au bureau des naturalisations. Notre recherche a de fait privilégié les pères au détriment des mères. Les enfants de mère étrangère et de père français, comme Léo Ferré, dont la mère était italienne, sont absents de notre travail. En revanche s'y trouvent beaucoup d'enfants de couples mixtes,

comme Zola ou Cavanna, dont les pères étaient italiens et les mères françaises… jusqu'à leur mariage.

Un quart des Français d'aujourd'hui ont des ascendants étrangers. Concevoir la France sans Kad Merad ou Marie NDiaye est aussi absurde que de l'imaginer sans Montand ou Drucker, sans *La Bohème* d'Aznavour, *La Javanaise* de Gainsbourg ou le plafond de l'Opéra de Paris par Chagall. Une France sans immigrés serait une France décapitée. Aux États-Unis, le musée d'Ellis Island exalte la mémoire des déracinés qui firent le pays. Avec cet ouvrage, nous avons voulu faire de même. À notre modeste échelle. Bienvenue dans notre Ellis Island de papiers.

DB et IM

Partie 1

XIXᵉ siècle : l'invention du droit de la nationalité

XIXᵉ siècle :
l'invention du droit
de la nationalité

La « nationalité » en tant que telle naît au XIXᵉ siècle. Sous l'Ancien Régime, la distinction entre français et non français est assez floue. Ce qui compte, c'est l'appartenance à une classe. On est paysan. Ou noble. Et les aristocrates de l'époque sont les premiers précurseurs de la globalisation : on se marie en faisant fi des frontières pour préserver de subtils jeux d'alliances, la cour est cosmopolite, l'étranger est souvent le riche voyageur, venu émerveiller le roi de ses récits. Pour peu qu'il décide de s'établir en France, il devient français automatiquement. Quelquefois à son corps défendant. La « qualité de Français » – on ne parle pas à l'époque de nationalité – est finalement plus encombrante qu'autre chose puisqu'elle vous oblige à être « conscrit », à être enrôlé dans l'armée.

En 1803, la nationalité entre dans le Code civil. Pour la première fois, la définition du citoyen français est précisée par la loi. Auparavant était considéré comme français qui naissait et avait résidé en France. À partir de 1803, le Code civil décrète : « Est français l'enfant né d'un père français. » Ainsi, Frédéric Chopin, bien que né en Pologne, est-il français puisque son père l'est. Le droit du sang prévaut. Autre effet : l'accession à la nationalité n'est plus automatique comme c'était le cas au siècle précédent. Elle fait l'objet d'une décision de l'Empereur, qui délivre une « lettre de naturalisation ». C'est le cas par exemple d'Offenbach, « admis exceptionnellement à jouir des droits de citoyen français ». Notons que les femmes, elles, perdent ce droit qui leur était pourtant accordé sous l'Ancien Régime. Napoléon Bonaparte est clair : « La femme est la propriété du mari, elle appartient à celui-ci comme l'arbre à fruits appartient au jardinier[1]. » Les femmes sont donc les grandes perdantes du Code civil. Une Française perd sa nationalité si elle épouse un étranger. C'est ce qui arrive à Adèle Bouvier, la grand-mère maternelle de Nicolas Sarkozy, ou à

---

1. Cité dans *Qu'est ce qu'un Français*, Patrick Weil, Grasset, 2002.

Émilie Aubert, la mère d'Émile Zola. Entre 1900 et 1926, cent quatre-vingt-dix mille Françaises deviennent ainsi étrangères par leur mariage[2].

D'une manière générale, la naturalisation reste une démarche peu fréquente. Elle coûte trop cher et elle oblige les hommes à se soumettre à la conscription. La plupart des étrangers préfèrent faire appel à la procédure de l'admission à domicile. Elle permet de bénéficier des mêmes droits qu'un citoyen français. C'est le cas par exemple de Francesco Zolla, le père vénitien d'Émile, en 1843. L'admission à domicile ne confère en revanche pas la « qualité » de Français. Ce droit n'est pas transmissible aux enfants. Émile Zola, bien que né en France d'une mère française et d'un père admis à domicile, n'est pas français. Il doit à vingt-deux ans demander la nationalité par « déclaration ». Comme Léon Gambetta, autre fils d'émigré italien.

Au début du siècle, les étrangers ne représentent que quelques milliers d'individus tout au plus. C'est à la seconde moitié du XIXᵉ siècle que la France devient réellement un pays d'immigration : le cap du million d'étrangers est franchi en 1881[3]. Une forte dépression économique touche alors l'Europe. La France, pays encore très agricole, est moins frappée. Elle voit arriver les premiers travailleurs étrangers en masse. Le gouvernement s'inquiète du statut de leurs enfants, nés en France de parents étrangers. Ils ne sont pas français. S'ils décident de ne pas demander la nationalité par déclaration (comme Zola ou Gambetta), ils échapperont à la conscription. Il faut faciliter leur accession à la nationalité, voire les forcer à devenir français en leur permettant de l'être automatiquement à leur majorité. Quant aux mineurs, ils gardent la possibilité de devenir français si leurs parents effectuent une déclaration devant le juge de paix.

En 1889, un nouveau Code de la nationalité, entérinant ce retour du droit du sol, est promulgué. La politique de naturalisation se met progressivement en place. Le bureau du Sceau du ministère de la Justice prend en main ce secteur. Il faut désormais remplir un dossier de naturalisation, un questionnaire normalisé, comme le montre celui de David Lazareff, le père de Pierre Lazareff, le patron de presse, en 1908. Si certains items, comme « les étrangers originaires d'Allemagne doivent fournir des certificats officiels constatant leur résidence et l'emploi de leur temps pendant les événements de 1870-1871 » (la guerre franco-prussienne est encore toute fraîche), ont vite disparu, d'autres questions, comme « paraît-il avoir perdu tout esprit de retour dans son pays » ou « jouit-il de la considération publique », ont traversé le siècle. On les retrouve in extenso dans les dossiers de naturalisation aujourd'hui encore.

---

2. *Ibid.*

3. *L'Immigration dans les textes*, Janine Ponty, Belin, 2004.

[1860]
Jacques Offenbach, de la Prusse à Paris

« *Grâce à son talent* »

La Vie parisienne, la Comédie-Française, les Bouffes parisiens : tout est si esprit-français chez Offenbach que l'on a fini par oublier qu'il ne l'était pas de naissance. Ce n'est qu'en janvier 1860 qu'il obtient la naturalisation. Le compositeur a quarante et un ans. « Napoléon, par la grâce de Dieu et la volonté nationale, empereur des Français », est alors à la tête de l'État. Napoléon III, cela tombe bien pour Offenbach, aime les étrangers : il s'est entouré d'une cour européenne des plus cosmopolites ; sa femme, l'impératrice Eugénie, a fait venir des compatriotes espagnols. La période du Second Empire est plutôt clémente envers les étrangers. En témoigne le projet de décret, pris par le Conseil d'État, qui stipule que le compositeur « est admis exceptionnellement à jouir des droits de citoyen français ».

Né Jacob Offenbach à Cologne, en Prusse (future Allemagne), où son père est cantor à la synagogue, il vient dès l'âge de quatorze ans à Paris pour y étudier la musique. Violoncelliste virtuose, il acquiert rapidement une notoriété. D'abord engagé dans l'orchestre de l'Opéra-Comique, il devient directeur musical de la Comédie-Française en 1847, grâce au succès d'une série de chansonnettes. En 1855, il ouvre son propre théâtre, sur les Champs-Élysées : les Bouffes parisiens. Il y fait jouer ses créations, des pièces d'opéra-bouffe ou « bouffonneries musicales ». En 1858, il connaît son premier succès avec *Orphée aux Enfers*. Paris l'acclame. Lui de même, qui met la ville en musique dans *La Vie parisienne* :

> Nous venons, arrivons de tous les pays du monde,
> Italiens, Brésiliens,
> Japonais, Hollandais,
> Espagnols, Romagnols,
> Égyptiens et Prussiens [...]
> Tous les étrangers ravis, ravis,
> Vers toi s'élancent, Paris, Paris.

C'est donc un homme populaire, un « *people* », dirait-on aujourd'hui, qui demande deux ans plus tard le « titre

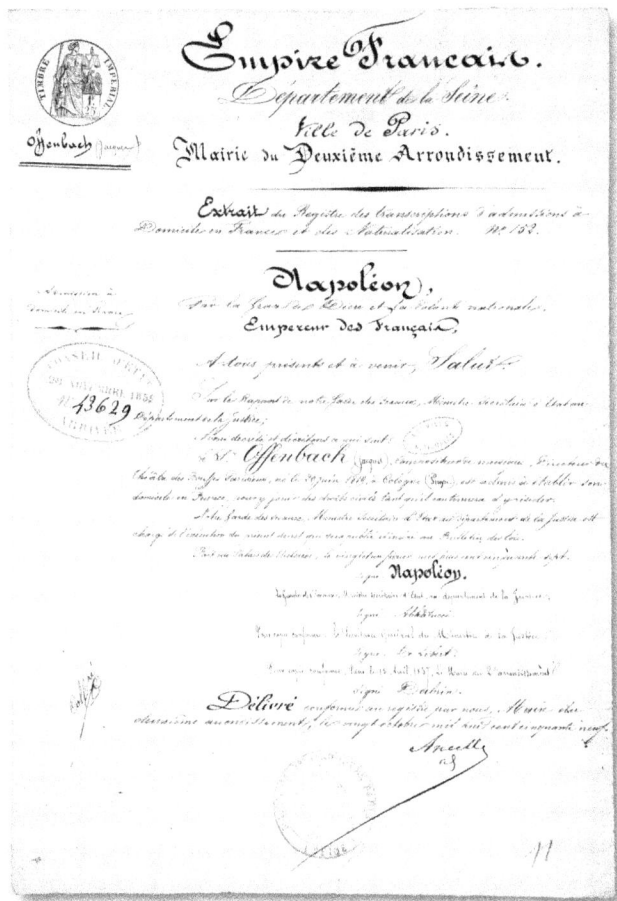

Acte d'admission à domicile de Jacques Offenbach.

et la qualité de citoyen français » en signant « le très humble et très obéissant Jacques Offenbach ».

Le préfet, comme il en est déjà l'usage, diligente une enquête et rédige un rapport, tout en pleins et déliés :

Cet étranger n'est point seulement un homme de talent et un artiste distingué. Il est le créateur d'un genre particulier de spectacle qui, pour ne satisfaire qu'à certains besoins de la classe éclairée de la population parisienne, n'en est pas moins une véritable conquête de l'art musical. C'est donc grâce à son talent et à son mérite personnels qu'un progrès réel se sera manifesté dans ce qui touche de plus près aux délicatesses de goût de la partie la plus éclairée et la plus civilisée de la population.

Quant à sa conduite morale et politique, dont le Second Empire, comme aujourd'hui la République, se soucie, elle est jugée « parfaite » par le préfet de la Seine, qui précise que le compositeur « est personnellement connu de M. le maire du 2e arrondissement sous les rapports les plus favorables ». Le haut fonctionnaire de conclure :

Son talent et la fortune de sa femme le mettent dans une excellente position. Il acquitterait intégralement les droits du sceau attachés à la faveur qu'il sollicite et donc il me paraît digne sous tous les rapports.

Riche et célèbre ! Les dossiers de naturalisation racontent parfois l'histoire des gens heureux...

[1861]
Émile Zola,
« l'Italianasse »

« Se fixer en France,
et y jouir de ses droits civils,
civiques et politiques »

On fait taire le brouhaha. L'écrivain tient à faire une déclaration à son jury avant que celui-ci ne se retire pour délibérer. Il se lève. Il sort un papier et le lit :

> Et qu'ils sont donc bêtes ceux qui m'appellent l'Italien, moi, né d'une mère française, élevé par des grands-parents beaucerons, des paysans de cette forte terre, moi qui ai perdu mon père à sept ans, qui ne suis allé en Italie qu'à cinquante-quatre ans, et pour documenter un livre. Ce qui ne m'empêche pas d'être très fier que mon père soit de Venise, la cité resplendissante dont la gloire ancienne chante dans toutes les mémoires. Et, même si je n'étais pas français, est-ce que les quarante volumes de langue française que j'ai jetés par millions d'exemplaires dans le monde entier ne suffiraient pas à faire de moi un Français, utile à la gloire de la France !

Émile Zola à l'âge de dix-huit ou vingt ans.

Nous sommes en 1898, Émile Zola comparait pour diffamation devant le tribunal de Versailles pour son célèbre texte *J'accuse*. Si aujourd'hui il est un des plus emblématiques « granzécrivainsfrançais », à l'époque ses détracteurs le montrent du doigt comme un fils d'immigré. Il est victime d'attaques xénophobes. Il est vrai que celui qui incarne, avec Hugo, Flaubert et Stendhal, la littérature française du XIXe siècle n'est pas un Français de souche, même s'il est né à Paris. Il ne le devient même officiellement qu'à vingt-deux ans.

Le 7 décembre 1861, il se rend à la mairie du 5e arrondissement de Paris. Sa demande est enregistrée sur un procès-verbal :

> Par devant nous maire du 5e arrondissement de Paris a comparu le sieur Zola Émile Édouard Charles Antoine, employé

demeurant rue Soufflot 11, né à Paris, 3ᵉ arrondissement (ancien) le 2 avril 1840, fils de feu François Antoine Joseph Marie, né à Venise. Lequel est venu, aux termes de l'article 9 du Code Napoléon, nous déclarer qu'il entend user de la faculté accordée aux fils d'étrangers nés en France, de réclamer, dans l'année qui suivra l'époque de leur majorité, la qualité de Français, étant dans l'intention formelle de se fixer en France, et d'y jouir de ses droits civils, civiques et politiques, promettant dès à présent obéissance et fidélité aux lois de l'Empire.

Ce document est reproduit dans l'imposante et minutieuse biographie de l'écrivain qu'a dressée, en trois tomes, Henri Mitterand[1]. Il ne figure pas dans un dossier que les Archives nationales auraient conservé, sans doute parce que cette naturalisation par déclaration n'a pas donné lieu à une quelconque instruction. Le seul dossier que nous avons retrouvé aux Archives concerne en effet son père, Francesco. Qui, lui, n'a pas été naturalisé, mais a fait une demande « d'admission à domicile ».

Francesco Zolla

Fabuleux personnage que Francesco Zolla. Il est né à Venise à la toute fin du XVIIIᵉ siècle, en 1795. Il est mort à Marseille en 1847. Émile, son seul fils, avait alors sept ans. Bien trop jeune pour être privé de son père mais assez âgé pour se raconter mille histoires à propos de ce personnage incroyablement romanesque. La famille Zolla est originaire de Zara, en Dalmatie. C'est une famille d'officiers et d'ingénieurs. Le grand-père de Francesco est capitaine des fanti, ces soldats italiens au service de la République de Venise. Son père, Carlo Zolla, est lieutenant au corps des ingénieurs puis capitaine du génie. De quoi donner le goût des voyages et de l'aven-

ture à son fils Francesco. Il est officier dans l'armée du prince Eugène. Il est surtout un prodigieux entrepreneur, un génie créatif, sans cesse à l'affût des nouveautés, anticipant les progrès qui naîtront des inventions technologiques. Francesco a toujours un coup d'avance. Il imagine sans cesse des projets à lancer, des chantiers à bâtir. C'est un Jules Verne doublé d'un entrepreneur. Il voyage, l'Europe est son horizon. Un jour en Hollande, un autre en Angleterre, plus tard en Algérie. En Autriche, à vingt-six ans, il participe à la grande aventure des premières lignes de chemin de fer. Il supervise la construction du tronçon Linz-Budweis, la toute première ligne du continent européen, treize ans avant celle qui reliera Paris à Saint-Germain-en-Laye. Francesco est un pionnier. « De nos jours, il aurait inventé le TGV ou la navette spatiale », écrit, fasciné, le biographe de son fils[2]. En ce premier tiers du XIXᵉ siècle, c'est la vapeur et les rails qui font rêver les visionnaires. C'est également à cette époque, lors de la création de la *Zola'sche Eisenbahn-Gesellschaft*, la « Compagnie des chemins de fer Zola », qu'il laisse tomber un L à Zolla.

Il arrive à Paris en 1830. Engagé dans la Légion étrangère, il passe quelque temps en Algérie avant d'embarquer le 15 janvier 1833 pour la France. Marseille est son port. Il a trente-huit ans et une boulimie de constructeur. Les poches vides mais le cerveau en ébullition, il a des projets pour tout. Invente des machines à enlever la terre des chantiers (ancêtres des pelleteuses), réfléchit à des fortifications pour Paris,

---

1. *Zola*, Henri Mitterand, Fayard, 1999.
2. *Ibid.*, tome 1, « Sous le regard d'Olympia ».

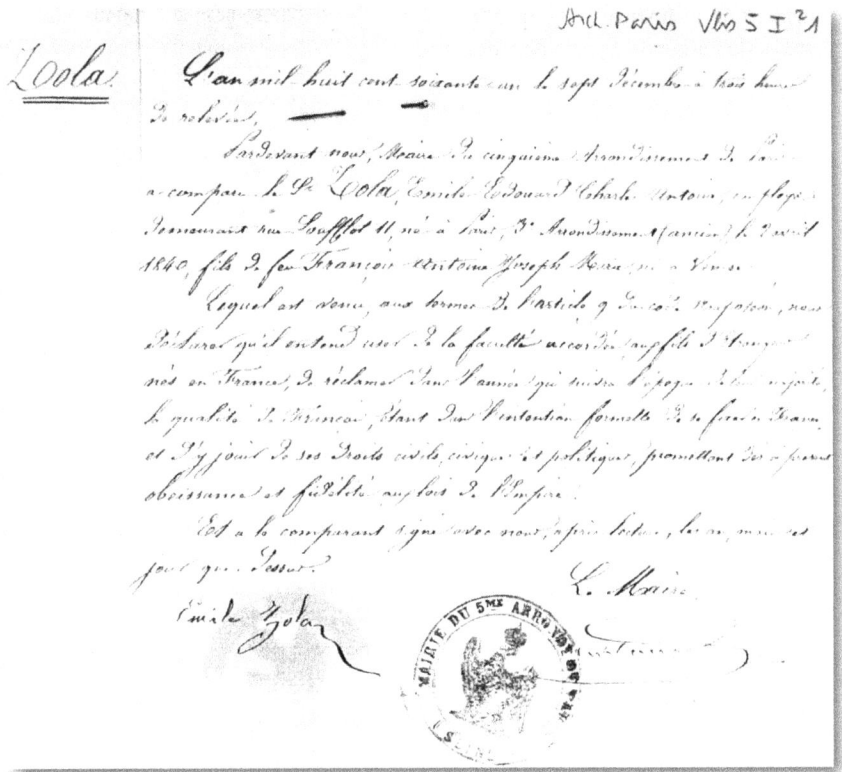

Procès-verbal du 7 décembre 1861 dans lequel Émile Zola demande à devenir français.

candidate pour l'extension du port de Marseille, s'imagine éclairer au gaz la ville phocéenne. Cent fois, il engage des projets. Cent fois, il est déçu par les lenteurs administratives ou les concurrences locales. Parce qu'il est étranger peut-être: « Malgré son intelligence, l'ampleur de ses vues et des prémonitions, son entregent, sa séduction, il n'avait pas réussi à surmonter le double handicap de son origine étrangère et de son arrivée tardive sur le sol français[3]. »Francesco n'est qu'un éternel nouvel arrivant dans cette France de la monarchie de Juillet. Alors, quand la ville d'Aix-en-Provence approuve,

en 1843, son projet de barrage doublé d'un canal pour l'approvisionner en eau potable, Francesco, qui est devenu François mais pas encore français, a le sentiment de la réussite. Il a quarante-huit ans. La légende familiale dit qu'un jour, à la sortie de la messe à Saint-Eustache, il est subjugué par la beauté d'une jeune fille. Elle s'appelle Émilie Aubert. Elle est la fille d'un entrepreneur en peinture, domicilié à Dourdan en Seine-et-Oise. Il l'épouse. Bientôt, le petit Émile naît.

Il est temps. Installé en France, où il a désormais famille et projet professionnel, François Zola prend sa plus belle plume et, d'une écriture régulière et dans un français parfait, s'adresse au

_____

3. *Ibid.*

29

ministre de la Justice. Il ne parle pas, jamais, de nationalité, mais de « domicile légal ». Surtout, « l'exposant », comme il se nomme (à la troisième personne) lui-même, ne se met pas en position de soumission exagérée vis-à-vis de l'administration. Au contraire : il met en avant les qualités de sa candidature, comme on le ferait lorsque l'on postule à un emploi. Il explique à quel point la France s'honorerait d'intégrer en son sein un ingénieur de sa trempe. La voici *in extenso* :

À monsieur le garde des Sceaux,

Le soussigné François Antoine Marie Joseph Zola, ingénieur civil, concessionnaire du canal en dérivation des eaux de Cause et du Bayon à Aix-en-Provence, domicilié et demeurant à Aix, cour Sainte-Anne 33, a l'honneur de vous exposer que, né à Venise le 8 août 1793, il est venu depuis 1830 s'établir en France résidant à Marseille où il a exercé jusqu'en 1835 la profession d'ingénieur civil [...] Ancien élève des écoles militaires de Pavie et de Modène et ensuite lieutenant d'artillerie au service de l'armée d'Italie sous les ordres du prince Eugène Napoléon, il n'a quitté la carrière des armes que lorsque la paix rendue à l'Europe était venue désarmer les bras des défenseurs de la France. En 1835, un concours ayant été ouvert à Marseille pour la construction d'un dock et pour la création d'une nouvelle entrée à ce port, le soussigné a soumis un projet qui remplissait ce double but, et qui a été déclaré d'utilité publique par les différentes commissions nautiques [...] En 1836, le soussigné quitta Marseille pour suivre à Paris l'instruction administrative de ce projet [...] ; et tout porte à croire que la loi relative, autorisant son exécution, sera prochainement soumise aux Chambres. Quant au Canal de sortie, le gouvernement, appréciant les immenses avantages qu'il accorderait au commerce et à la navigation, a désiré en principe qu'il sera exécuté aux frais de l'état [...]

En 1838, le soussigné a soumis aussi un projet de canal pour donner 1 mètre cube d'eau par seconde à la ville d'Aix et à son territoire, ainsi qu'à la commune du Tholonet, qui sont habituellement ravagés par de longues sécheresses. Deux traités signés [...] assurent au soussigné la concession dudit canal pendant soixante-dix ans attendu qu'il doit l'exécuter à ses frais, risques et périls [...]

L'exposant qui habite la France depuis treize ans, qui a transporté et fixé depuis lors les sièges de sa profession, qui a acheté des immeubles, qui a soumis trois projets d'utilité publique et obtenu la concession d'un d'eux pour soixante-dix ans, qui a, enfin, employé une partie de son avoir et tout son temps pendant plus de huit ans pour la création d'établissements aussi importants, n'est pas sans quelques droits pour obtenir l'autorisation de fixer son domicile légal en France afin de jouir des droits relatifs. Une autre circonstance favorable à l'admission de cette requête est fournie par le mariage contracté par le soussigné devant la mairie du 1ᵉʳ arrondissement de Paris et à l'église de Saint-Germain-l'Auxerrois avec la demoiselle Émilie Aubert, native de Dourdan (Seine-et-Oise), ainsi que par la naissance d'un fils inscrit au registre de l'État civil du 3ᵉ arrondissement de Paris. En conséquence, le soussigné a l'honneur de s'adresser à vous, monsieur le ministre, pour qu'il vous plaise de lui faire obtenir de la munificence de Sa Majesté, sur votre rapport préalable, son domicile légal à Aix-en-Provence, centre de ses entreprises, et de lui délivrer à cet effet les lettres d'autorisation relatives. Ce sera un acte d'encouragement et la récompense la plus flatteuse pour les efforts et les sacrifices que le soussigné a déjà faits et qu'il continuera de faire pour être utile au pays auquel il est complètement dévoué.

Veuillez agréer l'expression de la haute considération et du profond respect avec lesquels le soussigné a l'honneur d'être.

Votre très humble et très obéissant serviteur,

Aix, le 20 juillet 1843, F. Zola.

Extrait de la lettre de Francesco Zola demandant l'admission à domicile en France en 1843.

L'exposant, qui habite la France depuis treize ans, qui a transporté et fixé depuis lors le siège de sa profession; qui a acheté des immeubles; qui a soumis trois projets d'utilité publique, et obtenu la concession d'un d'eux pour 70 ans; qui a, enfin, employé une partie de son avoir et tout son temps pendant plus de 8 ans pour la création d'établissements aussi importants, n'est pas sans quelques droits pour obtenir l'autorisation de fixer son domicile légal en France, afin de jouir des droits civils.

Une autre circonstance favorable à l'admission de cette requête est fournie par le Mariage contracté par le soussigné, devant la mairie du 1er Arrondissement de Paris et à l'Église de St Germain l'Auxerrois, avec la Demoiselle Émilie Aubert, native de Dourdan (Seine et Oise), ainsi que par la naissance d'un fils inscrit aux registres de l'État Civil du 3e Arrondissement de Paris.

En conséquence le soussigné a l'honneur de s'adresser à vous, Mr le Ministre, pour qu'il vous plaise de lui faire obtenir, de la munificence de Sa Majesté, sur votre rapport préalable, son domicile légal à Aix en Provence, centre de son entreprise, et de lui délivrer à cet effet les lettres d'autorisation relatives.

Ce sera un acte d'encouragement et la récompense la plus flatteuse pour les efforts et les sacrifices que le soussigné a déjà fait, et qu'il continuera de faire pour être utile au Pays, auquel il est complètement dévoué.

Veuillez agréer l'expression de la haute considération et du profond respect, avec lesquels le soussigné a l'honneur d'être

Monsieur le Ministre:

Aix le 20 Juillet 1843.
Cours Ste Anne - 33.

Votre très humble et très-obéissant Serviteur
F. Zola

Ingr Civile

À la date de cette demande, François Zola vient de voir, depuis quelques mois seulement, son projet de canal adopté. Il s'agit de conduire l'eau sur 7 kilomètres environ, depuis un barrage. Il joint à sa demande copie des deux contrats passés avec la ville d'Aix et du Tholonet, relatifs à « l'établissement d'un canal pour donner 1 mètre cube d'eau par seconde ». L'ordonnance royale est définitivement signée le 31 mai 1844, et les travaux commencent en 1847. François Zola ne verra jamais l'ouvrage car il meurt subitement le 27 mars 1847, d'une pneumonie contractée sur le chantier. Sa mort prématurée laisse sa famille dans de grandes difficultés financières. En 1852, la société du canal a été mise en banqueroute. En 1853, elle est bradée aux enchères à Jules Migeon, qui représente les créanciers. L'ouvrage est mis en service en 1854. Le nom de barrage Zola ne lui sera donné qu'en 1871. Il sera exploité jusqu'en 1877, date à laquelle on lui préfère le canal du Verdon.

Fils d'immigré

« Il avait tracé, écrit encore Henri Mitterand[4], la première ligne de chemin de fer d'Europe, et construit le premier barrage voûté du monde : à soi seul, cela lui eût mérité un article dans toutes les encyclopédies ; mais le nom de son fils a éclipsé le sien. » Un prénom plutôt. Émile. Émile l'orphelin grandit entre sa mère et sa grand-mère, loin de toute culture italienne. La famille Zolla est là-bas en Vénétie et les contacts ne sont que très épisodiques. Il ne parle pas la langue de ce père mythique dont il entretient la légende scrupuleusement. L'été, avec ses copains de collège, dont le plus proche s'appelle Paul Cézanne, il entreprend de longues randonnées jusqu'au bar-rage Zola, promenade rituelle jusqu'au grand œuvre de ce père si flamboyant. Paul, qui a le don de la peinture, en fera d'ailleurs un tableau. Et lorsque Émile, qui connaît l'art des mots, fait publier son premier texte dans le journal *La Provence* en février 1860, celui-ci s'intitule *Le Canal Zola*. Il est le fils de Francesco Zola, ce n'est pas rien !

Les autres n'ont pas toujours conscience de la grandeur de cette ascendance. À Paris, où il entre au lycée Saint-Louis, les gamins se moquent de lui, cet « Italianasse » à l'accent provençal. Il n'oubliera jamais l'humiliation. Plus tard, ce n'est pas par la stigmatisation que ses origines le rattrapent. Mais par la gloire. Son succès, avec *L'Assommoir*, traverse les frontières. On entend parler de lui en Italie et de lointains cousins se font connaître, admiratifs. Il est alors, selon les termes de l'historien Gérard Noiriel[5], « confronté au problème classique des "deuxièmes générations" », mélange de méconnaissance et d'affection pour un pays qui n'est ni tout à fait le sien ni tout à fait étranger à lui. En décembre 1878, il écrit ainsi à Elmondo De Amicis, écrivain transalpin : « Dans le moment même où vous parlez si superbement de moi en Italie, on me déchire en France. Ce serait à aller vous trouver et à planter ma tente à côté de la vôtre, dans la patrie de mon père[6]. »

Mais ce sont surtout les circonstances politiques et l'atmosphère sociale qui le font se sentir enfant d'immigré. Qui l'obligent, presque, à prendre parti.

---

4. *Ibid.*

5. *Immigration, antisémitisme et racisme en France (XIXᵉ-XXᵉ siècles)*, Gérard Noiriel, Fayard, 2008.

6. *Zola et ses Amis italiens*, René Ternois, Publications de l'université de Dijon, 1967.

Lorsque éclate l'affaire Dreyfus, au tournant du siècle, Zola comprend que, au-delà du cas d'Alfred Dreyfus, c'est sur les origines de bon nombre de Français, qu'ils soient « juifs » ou « métèques », qu'est jetée la suspicion. Se joue sans doute une solidarité inconsciente dans sa défense de l'officier envoyé injustement à l'île du Diable. D'ailleurs, dès que son *J'accuse* est publié, c'est bien Zola l'Italien que ses adversaires brocardent, le renvoyant à une identité jusqu'alors floue. Il est assigné à son italianité. Par le député nationaliste Maurice Barrès notamment qui parle des « profondes nécessités intérieures » qui guideraient l'antipatriotisme de l'écrivain. « Qu'est-ce que M. Émile Zola? lance-t-il en 1902[7]. Je le regarde à ses racines: cet homme n'est pas un Français. »

La France se déchire sur l'affaire Dreyfus et, des deux camps, les invectives fusent. Dans un livre paru en 1930[8], la fille de l'écrivain, Denise Le Blond-Zola, décrit bien le climat et la stigmatisation dont son père fut la cible à l'époque. Il est hué dans la rue. On jette des ordures par-dessus le mur d'enceinte de sa maison. Ou des seaux pleins d'eau de vaisselle dans les roues des bicyclettes de ses enfants. Plus tard, en juillet 1898, lors de son procès pour diffamation devant le tribunal de Versailles, des témoins rapportent que Paul Déroulède, parlementaire, créateur de la Ligue des patriotes, hurle, debout dans les tribunes: « Hors de France! À Venise! »

L'écrivain contre-attaque. « Commence alors pour lui, selon Gérard Noiriel, une autre facette classique du parcours des enfants d'immigrants, qui est de réhabiliter des origines jusque-là tenues à distance[9]. »Il se lance dans une recherche sur ce père qu'il a si peu connu et publie trois articles dans *L'Aurore*, plus tard reproduits dans *La Vérité en marche*. Il n'aura pas le temps d'achever son projet de consacrer tout un livre à François Zola. Il meurt brutalement, asphyxié par un poêle défectueux, en 1902.

Six ans plus tard, la passion est à peine retombée, lorsqu'en 1908, un débat est organisé à l'Assemblée nationale au sujet du transfert de ses cendres au Panthéon. Jean Jaurès et Maurice Barrès s'étripent. Ce dernier, champion du nationalisme français, est véhément. L'idée que l'on mette l'écrivain parmi les grands hommes à qui la patrie est reconnaissante le révulse. Barrès l'antisémite voit en l'auteur de *J'accuse* celui qui a aidé le Juif Dreyfus contre l'armée française. Mais en peignant l'auteur des *Rougon-Macquart* en agent de l'anti-France juive et métèque, le député fait aussi référence à ses origines étrangères. Dans *Scènes et doctrines du nationalisme* (1902), celui qui avait été élu sur un programme intitulé sobrement Contre les étrangers précise sa pensée: « Parce que son père et la série de ses ancêtres sont des Vénitiens, Émile Zola pense tout naturellement en Vénitien déraciné. »

7. *Scènes et doctrines du nationalisme*, Maurice Barrès, Juven, 1902.
8. *Émile Zola raconté par sa fille*, Denise Le Blond-Zola, Grasset, 1930.
9. *Op. cit.*, Gérard Noiriel, Fayard, 2008.

[1908]
David Lazareff, le lapidaire

« *Réintégrer sa femme sans frais* »

C'est un candidat idéal. David Lazareff est « courtier en pierres fines ». Il a trente-trois ans, il a épousé une Française, Marthe Helft. A deux fils mineurs, Roger et Pierre : de futures recrues pour le service militaire, qui pourront défendre le pays. Il gagne bien sa vie, « 12 000 à 15 000 francs par an »[1]. Du coup, il s'est engagé à payer la totalité des droits du sceau (presque un mois de revenus !). C'est rare. En 1908, date à laquelle il sollicite sa naturalisation, ils ne sont pas légion à pouvoir se le permettre. De plus, David a déjà effectué une demande d'admission à domicile en 1904 : il n'habitait pas depuis assez longtemps en France pour prétendre à une naturalisation, et cette admission à domicile permet d'obtenir les mêmes droits qu'un citoyen français. Évidemment, il a déjà fallu payer des droits. Il faudra payer pour la naturalisation une deuxième fois. David est relativement aisé et il veut devenir français. À part entière.

D'origine russe, David Lazareff est arrivé à Paris en 1900, à vingt-cinq ans. Son père y est déjà installé. La famille est dans le commerce de pierres précieuses. « Lapidaire », comme on dit à l'époque. David se plaît bien à Paris. Trois ans après, il rencontre la jolie Marthe, une Française. L'épouse. C'est tout naturellement qu'il veut régulariser la situation. D'abord l'admission à domicile, puis la naturalisation. Il n'y a aucune enquête de police menée. C'est la chancellerie qui prend en charge directement le dossier : en 1908, les étrangers qui sollicitent la naturalisation ne sont pas si nombreux. Le plus compliqué est presque de fournir les documents demandés. L'État russe, pour empêcher l'émigration de ses nationaux, se refuse à délivrer tout acte d'état civil. Il faut donc effectuer un « acte de notoriété » auprès du juge de paix. Le 31 août 1908, David Lazareff est naturalisé français. Marthe Helft est « réintégrée » dans la nationalité française : en épousant son mari étranger, elle était devenue russe. Magnanime, le bureau du sceau lui épargne en revanche de payer les droits

---

1. Soit environ deux fois plus qu'un instituteur.

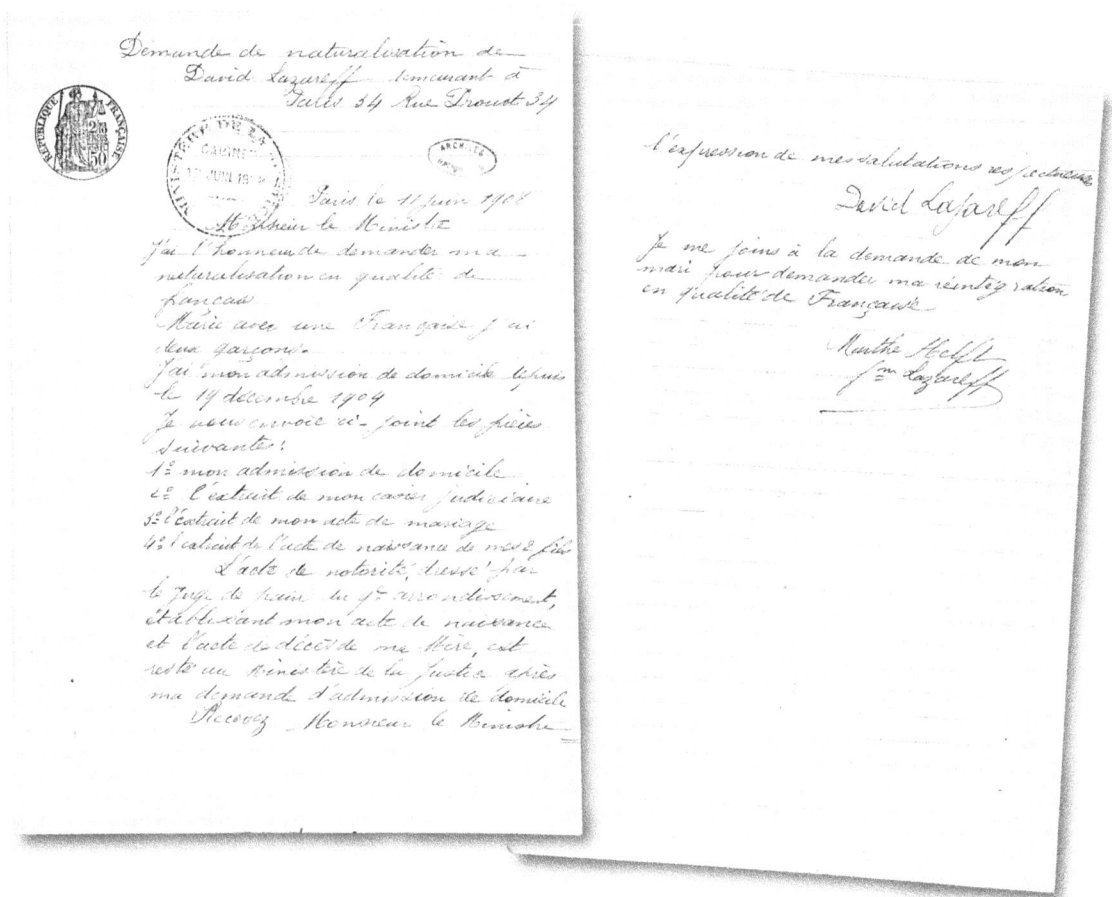

Lettre de demande de naturalisation de David Lazareff.

du sceau, le mari a tout de même déjà payé par deux fois.

Bien, bien, bien plus tard, lors de la Deuxième Guerre mondiale, David et sa femme Marthe doivent se réfugier à Nice avec deux de leurs fils, Jean et Roger : ils sont juifs[2]. Pierre Lazareff, le fils prodigue, le préféré de Marthe, est devenu le légendaire patron de *Paris Soir*. En juin 1940, comme tant d'autres, Pierre fuit Paris avec sa femme Hélène Gordon Lazareff, puis file à Lisbonne, pour s'envoler pour les États-Unis. L'ar-

mistice est signé. Le maréchal Pétain a les pleins pouvoirs. Le 30 octobre, le gouvernement décide de confisquer les biens d'un certain nombre de Français et de les déchoir de leur nationalité pour avoir quitté le territoire sans autorisation. Sur la liste des vingt-trois personnes visées figure Pierre Lazareff. David Lazareff le naturalisé voit son fils dénaturalisé, en un étrange retournement. Pierre Lazareff, comme sa mère, sera « réintégré » à la Libération. Mais le vieil homme n'est plus là pour le voir. Il est mort d'un cancer en août 1941 sans avoir pu revoir son fils exilé aux États-Unis.

2. *Les Dimanches de Louveciennes*, Sophie Delassein, Grasset, 2009.

Partie 2

La Grande Guerre

La Grande Guerre

En un jour, d'étrangers, ils deviennent ennemis… La déclaration de guerre le 3 août 1914 change tout. Qu'il soit polonais, russe, ou italien, l'étranger devient suspect. Le gouvernement redouble de méfiance envers ceux qui viennent d'ailleurs. Il les expédie en camps d'internement, s'ils viennent d'un des pays ennemis. La population voit des espions partout, saccage des entreprises qu'elle croit allemandes (même quand elles sont suisses ou alsaciennes…). Les femmes, restées seules, alors que leurs maris sont au front, sont particulièrement vulnérables face à la vindicte populaire : les villageois lancent ainsi des pierres à Fela, la femme de Blaise Cendrars, persuadés qu'elle est un agent ennemi. Ils ne s'apaiseront que lorsqu'ils verront son mari revenir en uniforme. Les seuls « étrangers » échappant à la fureur populaire sont ceux qui contractent un engagement dans l'armée. Ils sont légion. Environ trente mille se portent volontaires[1]. Parmi eux des artistes, comme Apollinaire le Polonais, Cendrars le Suisse, Kisling l'Austro-Polonais. Selon la loi du 5 août 1914, ces derniers sont censés acquérir automatiquement la nationalité française. Une façon d'attirer les volontaires, de donner du courage aux guerriers. Dans la pratique, l'automaticité de la démarche connaîtra bien des ratés, en témoignent les difficultés de Samuel Kouchner ou de Raphaël Mallah, le grand-oncle de Nicolas Sarkozy, blessé dans les tranchées, qui devra attendre dix ans pour obtenir sa naturalisation française.

---

1. *L'Immigration dans les textes*, Janine Ponty, Belin, 2004.

[1916]
Guillaume Apollinaire,
le trépané

« *Très bien élevé, animé d'un très grand désir de bien faire* »

Les lettres sont rondes et sinueuses, leur tracé ondoie comme une vague. La lettre datée du 5 août 1914, dans le dossier jauni 19067x14, est signée Guillaume Kostrowitsky, mais on reconnaît la grâce de cette écriture qui animait nos manuels scolaires au collège. Elle prenait son élan, déroulait des lignes et des courbes pour dessiner des poissons, des fleurs, des flèches. En 1914, Apollinaire est bien loin d'imaginer que ses *Calligrammes* amuseront les écoliers un siècle plus tard. Ce jour-là, le poète prend sa plume non pour envoyer l'une de ses charmantes lettres-jeux poétiques, mais pour solliciter la nationalité française. Kostrowitsky/Apollinaire n'est qu'un humble postulant, en butte à l'arbitraire administratif. Il déroule son CV, modestement :

J'habite en France depuis mon enfance, la date de ma déclaration d'étranger remonte à 1899. Depuis cette époque, sous le pseudonyme de Guillaume Apollinaire, j'ai acquis une certaine réputation dans le monde des lettres, comme conteur, critique d'art et poète [...] Je m'efforcerai toujours de justifier l'honneur que me ferait la grande et noble nation française en m'accueillant comme un de ses enfants.

Le 3 août 1914, la France vient de déclarer la guerre à l'Alliance. Tous les Français en âge de combattre s'apprêtent à partir au front. Pas « Kostro » puisqu'il est étranger. Cela fait longtemps qu'Apollinaire rêve d'obtenir sa naturalisation, mais les événements lui donnent l'occasion de l'acquérir de la façon qu'il estime la plus noble qui soit : par le sang. La France a besoin de chair à canon. Prise en urgence, la loi du 5 août 1914 prévoit d'accorder la nationalité française à tout étranger s'engageant volontairement dans l'armée. Apollinaire n'hésite pas. Il se précipite au bureau de la Légion étrangère, le premier jour de recrutement. En vain, comme il l'explique, presque honteux, au bureau des naturalisations :

J'eusse voulu les circonstances le permettant gagner cette naturalisation par un engagement volontaire dans l'armée. Malheureusement, j'ai été ajourné par le conseil de révision siégeant aux Invalides.

Le poète a-t-il été jugé trop peu vigoureux? Trop âgé (il a trente-quatre ans)? La visite a-t-elle été faite de façon trop expéditive? Quelques mois plus tard, Apollinaire retente sa chance à Nice: « J'ai été au comble du bonheur quand on m'a déclaré apte », raconte-t-il à Francis Picabia[1]. En décembre 1914, il est engagé au 38e régiment d'artillerie. Un régiment composé de Français, contrairement à la Légion étrangère, consécration ultime pour cet homme en mal d'assimilation. Le poète est devenu soldat. Et, plus exactement, « lieutenant Kostrowitsky. Signalement cheveux châtains, yeux marron, front découvert, nez légèrement busqué, visage rond. Incorporé au 38e régiment d'artillerie. » À la rubrique Profession, le poète a écrit: homme de lettres. Il signe fièrement toutes ses missives « Guillaume Kostrowitsky, 2e cannonier-conducteur, 38e régiment d'artillerie, 78e batterie ». Dont il inonde le Tout-Paris. Picasso, Braque, Max Jacob… Personne n'ignore qu'Apollinaire, le prince des lettres parisiennes, est au front! Il est paradoxalement heureux. Heureux de cette ferveur patriotique, heureux de découvrir la vie de régiment, heureux de se plier à la discipline militaire. Enfin, il a l'impression de faire corps avec la France.

> Le canon m'intéresse infiniment [...], mais, le plus chic, ce sont les sorties à cheval [...] On sent qu'on est quelque chose et qu'on est la force sur laquelle reposent la liberté d'une nation et son existence même. Ça vaut rudement la peine d'être militaire pour le sentir[2].

Faut-il s'engager pour se sentir français? Dans son cœur, le poète n'a jamais eu aucun doute. Certes, il est né en Italie, certes, sa mère, Angélique Kostrowitsky, est polonaise, certes, il ne sait rien de son père. Mais une chose est sûre pour l'écrivain aux identités multiples. Sa patrie, c'est la France et sa langue, le français, un matériau qu'il a trituré, humé, et retourné sous toutes les coutures. Gamin, il a dû suivre les pérégrinations de sa flamboyante mère, des casinos de Monaco aux capitales de l'Europe: la belle Angélique, fichée comme femme galante par la police de Monaco, est une aventurière qui répond aussi au nom d'Olga de Karpoff. Elle s'obstine à appeler son fils Wilhelm, prénom qu'il abhorre et qu'il francisera vite en Guillaume. Contrairement à sa mère, Guillaume est casanier. Après avoir connu l'Europe, il se fixe très vite à Paris, où il va lancer sa carrière d'homme de lettres. Il a soif de respectabilité. Il rêve d'intégration. Bâtard de la nation, bâtard de père, il veut être reconnu. Il est rongé par son statut d'étranger. Cette blessure qu'il traîne, cette honte, même, le poursuivent sans relâche. Même dans ses amours. Il est fou de la belle artiste Marie Laurencin. Veut l'épouser. Marie se fait désirer, mais, surtout, les parents de l'aimée le dédaignent. Oui, il est « homme de lettres d'une certaine réputation », mais la réputation et le talent, pour eux, ne rachètent pas son sang mêlé. Il reste à jamais un petit métèque. Pas de mariage donc. Pourtant, le poète sait au fond de lui-même que les plus belles lettres de naturalisation, ce sont ses écrits. Dans sa préface au conte « Giovanni Moroni »[3], il écrit même ces mots, émouvants, semblant plaider sa propre cause:

1. Lettre à Francis Picabia du 20 décembre 1941, *in Correspondance avec les artistes (1903-1918)*, Guillaume Apollinaire, Gallimard, 2009.
2. Cité dans *Biographie de guerre, Apollinaire*, Annette Becker, éditions Tallandier, 2009.
3. *Giovani Moroni, Œuvres en prose*, t1, La Pleiade, Gallimard, 1977.

Paris, le 26 août 1914

A Monsieur le Ministre de la Justice

Monsieur le ministre

Je souhaite vivement obtenir la naturalisation française.
J'eusse voulu, les circonstances le permettant gagner cette naturalisation par un engagement volontaire dans l'armée, malheureusement j'ai été ajourné par le conseil de révision siégeant aux Invalides.
J'habite en France depuis mon enfance cependant la date de ma déclaration l'étranger remonte à 1899.
Depuis cette époque, sous le pseudonyme de Guillaume Apollinaire, j'ai acquis une certaine réputation dans les lettres françaises comme conteur, critique d'art et poète
Je m'efforcerai toujours, Monsieur le Ministre, de justifier l'honneur que me ferait la grande et noble nation française en m'accueillant comme un de ses enfants.
En outre étant données les circonstances qui me privent comme la plupart des Français d'une grande partie de mes moyens d'existence, je vous prie, Monsieur

Lettre de demande de naturalisation de Guillaume Apollinaire, 26 août 1914.

Il y a maintenant tant d'étrangers en France qu'il n'est pas sans intérêt d'étudier la sensibilité de ceux d'entre eux qui, étant nés ailleurs, sont cependant venus assez jeunes pour être façonnés par la haute civilisation française. Ils introduisent dans leur pays d'adoption les impressions de leur enfance les plus vives de toutes et enrichissent le patrimoine spirituel de leur nouvelle nation.

Hélas, l'administration semble se ficher royalement qu'il « enrichisse le patrimoine spirituel » de la nation. Le poète, pilier de Montparnasse, reste un immigré. Un étranger. Il s'en aperçoit amèrement lors de la rocambolesque histoire du vol des statuettes au Louvre. L'affaire remonte à la rencontre d'Apollinaire avec le Belge Gery Pieret, un

43

type un peu louche, un peu flambeur, un peu joueur. L'équivalent masculin d'Angélique, sa mère! Gery se vante d'avoir volé deux statuettes au Louvre et les laisse en dépôt chez Apollinaire qui le prend pour un affabulateur. Les statuettes plaisent à son ami Picasso. Apollinaire les lui vend pour un prix symbolique. Mais il prend peur à l'été 1911, lors de la disparition de *La Joconde*. La police est en alerte. On découvre que le Louvre a été pillé plus d'une fois. Apollinaire se dit que Gery est peut-être dans le coup: le kleptomane a encore volé une statuette, à peu près au même moment. Et s'en vante dans un entretien qu'il accorde au *Paris journal*. Picasso et Apollinaire s'affolent et décident de restituer les statuettes au Louvre, *via* le *Paris journal*. En septembre, les policiers mettent Apollinaire en garde-à-vue. Il reste six jours à la Santé. Après une forte mobilisation de la communauté littéraire, le poète est relâché. Un non-lieu est prononcé en janvier 1912. L'affaire le poursuit néanmoins jusque dans son dossier de naturalisation. Elle est évoquée dans le rapport de police qui pointe toutefois la « bonne foi » de l'impétrant. Le scandale a été évoqué dans toute la presse mondiale. Le *New York Times* évoquera ainsi l'affaire en parlant d'« un homme de lettres russe d'une grande notoriété ». Fureur d'Apollinaire, qui se sent français jusqu'au bout de la plume!

En tout cas, l'épisode réveille ses pires craintes. S'il était chassé? Si la préfecture ne renouvelait pas sa carte de séjour? En témoigne cette lettre datée de 1911 à l'un de ses amis: « Renseigne-

Apollinaire le trépané.

toi pour savoir comment je pourrais me faire naturaliser. Que deviendrais-je au cas où on m'expulserait de France? Ces doutes m'enlèvent toute tranquillité pour travailler. Je ne demande que l'obscurité et la paix et constamment je suis en butte aux persécutions[4] ».En août 1914, à la déclaration de guerre, Apollinaire ressent plus que jamais son statut de bâtard. Il est devenu suspect, voire ennemi. Des dispositions ont été prises par les mairies pour que les étrangers soient rapatriés dans leurs pays d'origine au plus vite. Ceux qui décident de rester en France sont dorénavant « fliqués ». S'ils sont d'une nationalité « ennemie », on leur interdit toute une partie du territoire, ou, plus radical, on les parque dans des camps. Sinon, ils doivent venir se faire recenser et demander de nouveaux permis de séjour. Apollinaire, qui pourtant vit en France depuis toujours, doit ainsi se présenter au commissariat pour quémander des autorisations de déplacement. Il a bien pris soin de se déclarer comme russe. Il est polonais, certes, mais la Pologne est séparée en deux: d'un côté, l'Alliance, de l'autre, la Russie, une alliée. De toute façon, Apollinaire a tranché. Sus aux « Boches », comme il les appelle déjà, dans des missives va-t-en-guerre! Comme son ami Blaise Cendrars, jeune poète qu'on commence à remarquer à Montparnasse et qu'il vient de rencontrer, comme l'Italien Canudo, comme Kisling – qui, blessé lors de l'attaque de

---

4. Lettre à son ami d'enfance, l'avocat Toussain Luca, citée dans *Biographie de guerre, Apollinaire*, Annette Becker, *op. cit.*

la Somme, gagnera lui aussi sa naturalisation par le sang, en 1921 –, Apollinaire ira à la guerre et reviendra français, c'est certain. Il se sent déjà camarade d'armes avec Georges Braque, Fernand Léger ou André Derain, mobilisés à l'Est. Il vomit les embusqués tel Robert Delaunay, son ex-ami, parti en Espagne. Le seul à échapper à son ire ? Picasso. Qui lui envoie un croquis dont il est extrêmement fier : il le représente en artilleur, avec son nom, Guillaume Kostrowitsky, en lettres énormes. Dans un mot à un ami, retrouvé dans son dossier de naturalisation, le poète écrit ingénument : « Me voilà soldat ! La naturalisation est beaucoup plus simple de cette façon. »

Beaucoup plus simple ? La loi du 5 août 1914 promettait une naturalisation automatique, mais, dans les faits, la procédure se révèle plus incertaine. Tandis que les obus sifflent sur les tranchées, les fonctionnaires du bureau du sceau à Paris continuent à éplucher les demandes une à une. Le dossier Apollinaire traîne. En mai 1915 – il est déjà au front depuis six mois –, le chargé du dossier écrit :

> Il résulte de l'acte de naissance produit par le postulant qu'il est enfant naturel non reconnu. Aucune pièce n'est produite concernant la naturalisation de la mère. Le postulant a contracté un engagement au 38ᵉ régiment d'artillerie pour la durée de la guerre. Proposition d'ajourner jusqu'à la fin de la guerre.

Père inconnu, mère polonaise, de nationalité russe… Cette blessure que le poète traîne depuis sa plus tendre enfance le poursuit jusqu'aux tranchées. Au front, Apollinaire tente de faire oublier ses origines. Il fait du zèle. Il a apporté des exemplaires d'*Alcools* à ses chefs. Il s'inquiète auprès de ses amis pour savoir comment monter en grade. « Je suis élève brigadier et souhaite conquérir mes galons. Si tu pouvais me pistonner sans que cela eût l'air d'être suggéré par moi auprès du commandant Arnaut, tu me rendrais service », écrit-il, touchant et naïf, à son ami Francis Picabia[5]. Le statut d'officier lui importe visiblement à tel point qu'il va volontairement se faire muter de l'artillerie à l'infanterie, réputée plus pénible, ce qui inquiète fort son copain André Derain, resté artilleur ! Tous ses efforts ont payé : ses supérieurs chantent ses louanges dans son dossier de naturalisation.

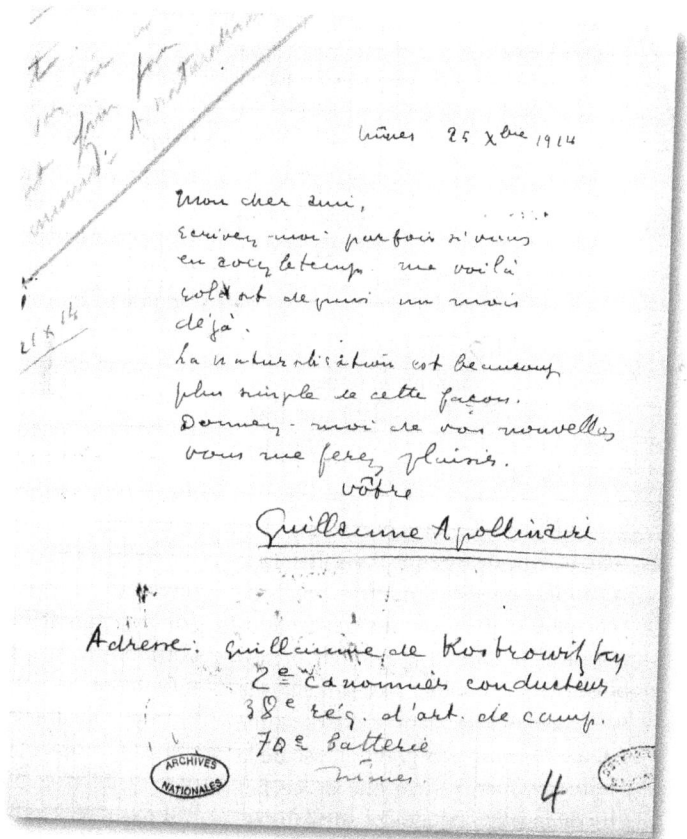

Mot adressé à un de ses amis par Guillaume Apollinaire au début de la guerre.

---

5. *Correspondance avec les artistes, 1903-1918*, Gallimard, 2009.

Cet officier promu sous-lieutenant est très bien élevé, très correct, animé d'un très grand désir de bien faire [...] Il a en moins d'un an gagné ses galons d'officier au titre de l'infanterie [...] Il a des qualités de commandement et une facilité d'assimilation qui permettent d'espérer des progrès rapides. Ses sentiments paraissent bien français et la naturalisation qu'il sollicite peut à mon avis lui être accordée.

Ce sera chose faite le 8 mars 1916, une semaine avant que le poète ne soit blessé d'un éclat d'obus dans une tranchée, alors qu'il y lisait la revue *Le Mercure de France.*

Apollinaire finira la guerre loin derrière la ligne de front. À Paris. Il parade en uniforme, cet uniforme qu'il ne veut plus quitter, comme s'il ne supportait pas, au fond, d'avoir été démobilisé. Le poète soldat avec son énorme pansement entre dans l'iconographie populaire comme le grand blessé de la Première Guerre. Il récolte de ce fait l'ire de la jeune bande des surréalistes, notamment André Breton et Philippe Soupault, « agacés par l'attitude cocardière du sous-lieutenant Kostrowitsky »[6]. Pour eux, la guerre a tué le poète et a bâillonné son talent. Apollinaire meurt en uniforme. Non pas de sa blessure, mais de la grippe espagnole. Le 3 novembre, Blaise Cendrars revient à Paris de Marseille où il tournait, sous la direction d'Abel Gance. Il déjeune d'un bœuf gros sel avec son ami « Kostro » au bistro. Il est loin ce jour de septembre 1912, où, un an après Apollinaire, Cendrars s'était retrouvé à la Santé. Il avait volé... un recueil de poèmes de son maître. Dans sa cellule, il avait envoyé une missive à Guillaume Apollinaire pour qu'il le fasse libérer. Deux ans après, les deux hommes ont connu l'horreur des tranchées. Cendrars y a perdu le bras droit.

Le Trépané et le Manchot évoquent-ils lors de cette rencontre leurs souvenirs d'anciens combattants, les morts tombés au front, les derniers poilus emportés par les obus ? Ils parlent en tout cas de la grippe espagnole, le sujet du jour. Le poète tousse légèrement mais ne semble pas inquiet. Il a échappé au feu des tranchées, pourquoi diable se préoccuperait-il de cet ennemi sans nom ? Il entame d'ailleurs la rédaction d'une chronique intitulée *Ma dernière maladie.* Il ne la terminera pas. En quelques jours, son état empire. Le 8 novembre, Cendrars vient à son chevet. Il veut lui présenter les premiers exemplaires de *J'ai tué,* son témoignage brut sur les horreurs de la guerre. Apollinaire est « tout noir et respire difficilement »[7], raconte Cendrars. Il sombre dans le coma. Cendrars appelle un médecin, mais il est trop tard. Le jour suivant, 9 novembre, Apollinaire n'est plus. Il est enterré le lendemain de l'armistice. Cendrars a décrit la scène : « Le cortège fut assailli par la foule déchaînée des manifestants qui célébraient l'armistice. Ils braillaient comme en délire le fameux refrain "Non, il ne fallait pas y aller, Guillaume". » Guillaume, comme Guillaume de Prusse, le Kronprinz vaincu. Guillaume comme Apollinaire. Guillaume y est allé. Pour gagner sa nationalité. Il est mort français. Il l'est pour l'éternité.

6. *Mémoires de l'oubli (1914-1923)*, tome 1, Philippe Soupault, Lachenal & Ritter, 1981.

7. Cité dans *Blaise Cendrars*, par Miriam Cendrars, Denoël, 2006.

[1916]
Blaise Cendrars, le poète manchot

« *Belle conduite au feu* »

Personne aussi bien que lui n'a raconté les immigrés. Blaise Cendrars le voyageur les a rencontrés partout, ces Russes, ces Polonais, ces Italiens, engagés dans la Légion étrangère pour combattre pour la France. Il était lui-même à leurs côtés, dans les tranchées, une épopée qu'il retrace dans *La Main coupée*. Il a chanté dans le poème *La Pâque à New York* les immigrés du Bronx et de Harlem, ces « bêtes de cirque qui sautent les méridiens », à qui on « jette un morceau de viande comme à des chiens ». Il les a compris dans leur âme même alors que ce sentiment d'exil, ce « *Heim weh* », la nostalgie du pays natal, lui, le citoyen suisse, à l'aise dans tous les coins de la planète, ne l'avait jamais réellement ressenti : « Mon père était un être profondément cosmopolite »[1], dit sa fille, Miriam Cendrars. Cendrars est aussi suisse que russe, cette Russie où il passé son adolescence,

que parisien de Montparnasse. Voyageur au long cours, il « porte la chevelure d'un Gorki, […] la large cravate d'un Baudelaire, et il a dans les gestes la grâce d'un Italien. Il pourrait être russe ou polonais », le décrit sa femme, Fela[2], polonaise. Contrairement à Apollinaire le casanier, Blaise a vécu un peu partout. Mais c'est dans le Paris des lettres qu'il revient toujours. Paris est sa vraie patrie. Un Paris où on parle toutes les langues, qui attire comme un aimant des migrants de tous pays. Comme le peintre russe Marc Chagall, que Cendrars a pris sous son aile : « Comme je parlais mal le français, il me parlait le russe, raconte dans son autobiographie Chagall[3]. Il ne regardait pas mes tableaux, il les avalait. Et c'est devenu un amour, une amitié de frères. »

C'est certainement à cause de cet amour pour le Paris des arts, ce Paris aux mille langues, que Blaise le cosmopolite est devenu français. Comme l'était Blaise Pascal, dont il a repris le prénom comme nom de lettres. À la veille de la Première Guerre mondiale,

---

1. Entretien avec une des auteures.
2. « Le Journal de Fela », cité dans *Blaise Cendrars*, Miriam Cendrars, *op. cit.*
3 . *Ma vie*, Marc Chagall, Stock, 2003.

R²/

N°M¹ *32893*

(1) Indiquer le corps.
(2) Grade, nom et prénoms.

Dépôt du Régiment de Marche de la Légion Étrangère

MODÈLE N° 54

Règlement du 20 Mars 1906
sur l'administration des corps
de troupe.
(Dispositions générales)

Format 0ᵐ26×0ᵐ18

ÉTAT SIGNALÉTIQUE ET DES SERVICES

du (²) *Caporal Sauser Frédéric*

à la demande de Monsieur le Garde des Sceaux, Ministre de la Justice

ÉTAT CIVIL	SIGNALEMENT
Né le *1ᵉʳ Septembre 1887*	Cheveux *châtains*
à *Chaux de Fonds*	Yeux *Bleus*
canton d	Front *haut*
département d *Suisse*	Nez *fort*
résidant à *Paris. 4 Rue de Savoie*	Visage *ovale*
canton d	
département d *Seine*	Renseignements physionomiques complémentaires :
Profession *Homme de lettres*	
Fils d *Georges*	"
et de *feue Marie Dones*	
domiciliés à "	
canton d	
département d "	Taille : 1 mètre *66* centimètres.
Marié le	Taille rectifiée : 1 mètre _____ cent.
à d "	
alors domiciliée à "	Marques particulières :
département d "	
Autorisation du	"

Jeune soldat _____ de la classe de 1____, de la subdivision
d _____, canton d _____
_____, partie de la liste. N° _____ au registre matricule du recrutement.

Ou : Engagé volontaire pour *la durée de la guerre* ans, le *8 Septembre* 1*914*
à *Paris* département d *Seine*
A été compris sur la liste de recrutement de la classe de 1_____, de la subdivision d____
_____ canton d _____
_____, partie de la liste. N° *9573* du recrutement.

ÉPOQUE A LAQUELLE L'HOMME DEVRA PASSER DANS			DATE DE LA LIBÉRATION du service militaire
LA RÉSERVE de l'armée active	L'ARMÉE TERRITORIALE	LA RÉSERVE de l'armée territoriale	

Imp.-Libr. Militaire Universelle, L. Fournier, 264, Boulevard Saint-Germain, Paris. — T. 308

SERVICES SUCCESSIFS, CAMPAGNES ET BLESSURES	SERVICES SUCCESSIFS, CAMPAGNES ET BLESSURES (suite)
Incorporé au 3ᵉ Régᵗ de marche du 1ᵉʳ Régiment Étranger à compter du 8 Septembre 1914, comme engagé volontaire à Paris, pour la durée de la guerre.	
Arrivé au Corps et soldat de 2ᵉ cl. le 8 Septembre 1914.	
Légionnaire de 1ᵉ classe le 15 Septᵇʳᵉ 1914	
Caporal le 12 Juin 1915 par ordre du Régiment N° 23.	
Campagnes	
Contre l'Allemagne { du 8 Septembre 1914 { au	
Blessures et Citations	
Coup de feu - bras droit - le 28 Septembre 1915 à Souains (Marne)	
Décorations	
néant	

A _____ Épinay _____ , le 28 Janvier 1916.

Vérifié : *Le Major,*   Vu *Le Président du Conseil d'Administration,*   Certifié *Le Trésorier,*

*État des services
du caporal Sauser,
alias Blaise
Cendrars (pages
précédentes).*

le poète a lancé le 29 juillet 1914 avec son ami l'écrivain italien Canudo un « appel aux étrangers vivant en France ». « L'heure est grave. Tout homme digne de ce nom doit aujourd'hui agir. Toute hésitation serait un crime [...] Point de paroles, donc des actes. Des étrangers amis de la France qui ont appris à l'aimer et à la chérir comme une seconde patrie sentent le besoin impérieux de lui offrir leurs bras. » Choix de mot prémonitoire : Blaise reviendra de la guerre manchot. Une amputation qui facilitera sa naturalisation comme le montre une plongée dans son dossier.

Pas d'envolée lyrique pour Blaise : sa lettre de demande de naturalisation est aussi sa lettre d'engagement. « Je soussigné Frederic Sauser dit Blaise Cendrars déclare par la présente demande m'engager et acquérir la nationalité française. » Blaise s'est précipité au bureau de fortune de la Légion étrangère, une table de bistro, une chaise, pour signer un engagement de principe. Il est robuste, il a vingt-sept ans. Il est pris tout de suite contrairement à son camarade Apollinaire, plus âgé. Blaise Cendrars est désormais le caporal Frederic Sauser, matricule 1529.

> Signalement cheveux châtains, yeux bleus, front haut, nez fort, visage ovale, 1 mètre 66. Profession homme de lettres.
>
> Engagé volontaire le 8 septembre 1914 à Paris. Incorporé 3e régiment de marche du 1er régiment étranger.

Pourtant, Blaise, premier engagé, n'est pas premier naturalisé. Sa demande traîne. Pour lui, cela ne change pas grand-chose, il est au front, mais pour son épouse, Fela, restée à Forges-les-

Barbizon, en Seine-et-Marne, avec son bébé, c'est bien différent. Fela est polonaise. Elle a gardé son accent quand elle parle le français. Au village, pris de démence patriotique, on lui jette des pierres : « L'épicier refusa de me servir, la blanchisseuse de laver les langes de mon bébé, la crémière de me servir du lait. Tous se retournèrent contre moi en criant que j'étais la cause des malheurs de la nation[4]. »Les gendarmes viennent même l'arrêter sur ordre du maire : « Vous êtes en état d'arrestation en attendant votre déportation en camp de concentration », le sort réservé aux ennemis de la nation. Blaise est parti la veille de la déclaration de guerre : son absence est considérée comme suspecte. De plus, le couple reçoit des journaux étrangers. Pendant des mois, Fela est maintenue « sous surveillance » au village. Elle ne reçoit aucun courrier de son mari : elle retrouvera plus tard les paquets de lettres jetées dans le fossé. Quand Blaise reviendra en uniforme, elle sera disculpée. Mais l'angoisse reste, permanente. Fela doit toujours renouveler ses titres de séjour, en tant qu'étrangère. Pour elle, l'attente des fameux papiers a dû être cruelle. Hélas, comme pour Apollinaire, comme pour tant d'autres, le bureau du sceau lambine sur le cas Sauser. Le 28 septembre 1915, Blaise tombe lors de l'attaque de la ferme Navarin. Il perd son bras. C'est cette mutilation qui accélère la procédure : en janvier 1916, la chancellerie se décide enfin à réclamer ses états de service militaire. Un rapport succinct de la préfecture de police note :

> Depuis quatre ans, le postulant demeurait rue de Savoie 4 au loyer annuel d'environ 300 francs. Venant de Suisse et sous le pseudonyme de Blaise Cendrars,

4. « Le Journal de Fela », cité dans *Blaise Cendrars*, Miriam Cendrars, *op. cit.*

il collaborait à diverses revues littéraires. Engagé volontaire au 1er régiment étranger en septembre 1914, il a été blessé le 28 septembre dernier et est en traitement dans un hôpital de sceaux. Sa femme, qui avant la guerre se consacrait à des traductions d'ouvrages étrangers, est actuellement sans occupation. Elle se joint à la demande qui est formée.

Mais c'est le certificat de l'hôpital où est soigné Cendrars qui tient lieu de meilleure « lettre de recommandation ».

Nous certifions que M. Sauser est en traitement dans ledit hôpital pour blessure de guerre (amputation du bras droit) depuis le 22 octobre 1915. Nous ne pouvons que lui donner un excellent certificat pour sa conduite et sa moralité. D'ailleurs, la médaille militaire lui a été conférée le 23 novembre 1915 avec l'ordre du jour suivant : « Sauser Frederic Louis, caporal au 2e régiment de marche du 1er étranger, matricule 1529, s'est signalé par son courage et son énergie. A été blessé grièvement au cours de l'attaque du 28 septembre 1915. Amputé du bras droit.

D'où la conclusion favorable de la chancellerie. Certes, Sauser Frederic Louis est « marié à une Russe » (détail relevé par le fonctionnaire, contrairement à la nationalité suisse du postu-

Certificat d'hospitalisation de Blaise Cendrars dans lequel son amputation est notée comme gage de son patriotisme.

lant !), mais il a été « grièvement blessé » et « décoré de la médaille militaire ». Bref, pour cette « belle conduite au feu », la naturalisation est accordée aux époux Sauser.

Bien plus tard, le 1er juillet 1933, Fela prend sa plus belle plume pour écrire à la chancellerie. Elle a besoin à nouveau de ce fameux décret de naturalisation. Comme tant de Français aujourd'hui, qui, ayant la malchance d'être nés à l'étranger ou de parents étrangers, doivent produire des certificats de nationalité et tout un tas de papiers pour prouver qu'ils sont bien français[5]. Fela, épouse d'un ancien combattant, n'est pas épargnée par ces tracasseries. Qui virent au cauchemar. Blaise vit sa vie et ils sont désormais séparés de fait. Mais Fela, qui reste son épouse officielle, ne peut rien entreprendre de son propre chef et doit souvent demander par lettre à son artiste de mari des signatures, des papiers, démarches qu'il abhorre.

> Monsieur le ministre de la Justice,
> 1er juillet 1933,
> Ayant en ce moment besoin d'un document officiel prouvant que mon fils est de nationalité française pour son objet de bourse scolaire, je me suis adressée à mon mari absent pour le moment lui demandant de nous envoyer une copie de son décret de naturalisation, car, à la police, j'ai appris que le fait d'être né à Paris ne suffit pas à mes fils pour qu'ils soient de nationalité française [...]

> Mon mari m'a répondu qu'il ne possède pas de pareil décret. Possédant moi-même un décret, je suppose que mon mari a dû en faire la demande au moment de s'engager à la guerre et qu'en même temps il a dû en faire la demande. Son décret à lui a peut-être disparu avec d'autres papiers après la guerre. Mon mari est mutilé de guerre et ne se souvient pas de choses qui lui sont arrivées pendant ses nombreux séjours dans les hôpitaux militaires.

Pour la chancellerie, on n'est jamais assez français. Quelques années plus tard, à la Libération, Rémi, le fils de Blaise Cendrars, aviateur qui s'est illustré lors de la Seconde Guerre, aura toutes les peines du monde à obtenir des papiers pour son mariage. Quant à Miriam, sa fille, née en 1921, elle n'a jamais fait refaire ses passeports. « Je suis née à Londres, de parents initialement russe et suisse. C'est trop compliqué à comprendre pour l'administration ! »

---

5. Aux Archives, une petite équipe a même été spécialement constituée pour les aider dans leurs recherches.

[1922]
Joseph Kessel, l'aventurier

« *Réussit quand il veut bien s'en donner la peine* »

On imagine qu'il a dû souffler, pester, râler. Kessel le fantasque, Kessel le flamboyant a toujours détesté la paperasse. Mais son allergie aux démarches administratives a bien failli lui causer de sérieux soucis. En 1920, envoyé à Londres par *Le Journal des débats* pour son premier grand reportage à l'étranger, il a dû s'arranger pour se faire faire un passeport français. À l'époque pourtant, il n'est qu'un apatride d'origine russe dont la carte d'identité ne permet pas de voyager librement. Et sûrement pas français, comme l'indique pourtant ce passeport temporaire, pour ne pas dire faux. Rétrospectivement le jeune reporter se rend compte qu'il aurait pu se faire arrêter à Londres et compromettre sa carrière débutante[1]… Alors, en 1921, Joseph décide de s'y coller. Il va à la préfecture solliciter sa naturalisation, ce sera plus simple que les bidouillages hasardeux. D'autant qu'il connaît

Robert Dreyfus, un conseiller haut placé au bureau du sceau, chargé de plaider sa cause[2]. Mais Dieu que ces démarches sont ennuyeuses. Il oublie de fournir les pièces justificatives à son dossier. Il s'en excuse auprès de son protecteur :

> Je vous demande pardon de vous envoyer mon acte de mariage avec un si grand retard [...] Je vous l'adresse en m'excusant de vous déranger et en vous remerciant infiniment de tout le mal que vous vous donnez pour ma naturalisation.

Paradoxe : cette naturalisation, Kessel aurait dû l'avoir depuis belle lurette. Comme Apollinaire ou Cendrars, le jeune homme, lui aussi pris de ferveur patriotique, s'est engagé comme étranger lors de la Grande Guerre. Il n'avait que seize ans à la déclaration de guerre en août 1914, mais ne rêvait déjà que d'une chose : combattre. À dix-huit ans, défiant l'autorité parentale, il déboule au bureau de mobilisation pour partir au front. Kessel aurait dû bénéficier de la loi du 5 août 1914, accordant automatiquement la nationalité aux engagés volontaires. Mais la chancellerie n'est pas pressée de tenir ses engagements.

---

1. *Kessel, sur la piste du lion*, Yves Courrière, Plon, 1950.
2. Robert Dreyfus a été un haut fonctionnaire important, passant du ministère de la Justice à la cour d'appel de Paris. En 1940, il est mis à la retraite. Probablement en raison de son patronyme.

Résumé des notes antérieures à l'année 1920 :

"Aspirant (7bre 17) et S/Lieutenant (mai 18) dans l'aviation, bien doué pour l'observation aérienne, réussit lorsqu'il veut bien s'en donner la peine, intermittent dans son travail, jeune de caractère, a besoin d'être guidé. Bonne constitution, intelligent, instruit, a de la bravoure et du sang-froid.
Tenue un peu insuffisante.

Kessel n'a pas fait grand-chose pour réclamer son dû. Le voilà donc scruté par le bureau du sceau qui demande au ministère de la Guerre son dossier militaire :

> J'ai l'honneur de vous prier de me faire parvenir les états de services de cet officier et de me faire connaître si par sa conduite et son loyalisme il vous paraît digne de la faveur qu'il sollicite.

Kessel ? Ce sont les militaires qui en parlent le mieux… On se régale à la lecture du dossier du « gradé 2e classe, Kessel Joseph Élie, cheveux bruns, yeux châtains, front ordinaire, nez moyen, visage ovale, taille 1 mètre 96, profession journaliste » :

Notes du lieutenant-colonel Arnaud, commandant du 57e régiment :

> Aspirant (septembre 1917) et sous-lieutenant (mai 1918) dans l'aviation. Bien doué pour l'observation aérienne. Réussit lorsqu'il veut bien s'en donner la peine, intermittent dans son travail, jeune de caractère, besoin d'être guidé. Bonne constitution, intelligent, instruit, a de la bravoure et du sang-froid. Tenue un peu insuffisante.

Rapport du chef de bataillon Voisin qui commanda le jeune Kessel en Sibérie :

> J'ai l'honneur de vous rendre compte que le sous-lieutenant Kessel a été sous mes ordres pendant le voyage de France en Sibérie […] Pendant le cours du voyage

et les deux ou trois mois passés à Vladivostok, son attitude n'a donné lieu à aucune remarque désobligeante […] Ses sentiments à l'égard de la France sont bons et sincères. Sa moralité diffère un peu de la nôtre et se rapproche de celle des Slaves. Il est d'une intelligence supérieure à la moyenne.

Drôle de Slave que Joseph Kessel, né par le hasard des pérégrinations paternelles, à Claras de Rojas, en Argentine. Son père, Samuel Kessel, médecin, fils de rabbin, a fui la Russie depuis bien longtemps et s'est établi en France dès 1885. Il y rencontre sa femme, russe également. Embarque toute sa petite famille en Argentine où il a trouvé un poste. Repart quelque temps en Russie. Puis revient en France en 1907. Si Samuel a toujours gardé son fort accent du ghetto de Schwahli, ses fils, eux, parlent français parfaitement. Joseph et son petit frère Georges font

Extrait d'un rapport sur le sous-lieutenant Kessel qui note sa bravoure mais déplore une « tenue un peu insuffisante ».

Extrait du rapport du chef de bataillon de Kessel en Sibérie qui écrit que « sa moralité diffère un peu de la nôtre et se rapproche de celle des Slaves ».

DU MINIS... mobilisé peu de temps après son arrivée à destination. Il n'a pris part à aucune des opérations e la Mission Française.
Pendant le cours du voyage et les deux ou trois mois passés à VLADIVOSTOK, son attitude n' donné lieu à aucune remarque désobligeante.
Ses sentiments à l'égard de la France son bons et sincères. Sa moralité diffère un peu de notre et se rapproche de celle des Slaves. Il e d'une intelligence supérieure à la moyenne.

4154611M

A Monsieur le Garde des Sceaux,
Ministre de la Justice

Monsieur le Ministre,

Je, soussigné Joseph-Elie Kessel, âgé de 23 ans, de nationalité russe, ai l'honneur de vous prier de bien vouloir m'accorder ma naturalisation.

Voici quelques titres qui peuvent appuyer ma demande :

J'habite la France sans interruption depuis 1908 — j'ai fait toutes mes études aux lycées de Nice et Louis-le-Grand à Paris, ensuite à la Sorbonne où j'ai passé ma licence ès-lettres en 1915.

Je me suis engagé dans l'armée française à l'âge de 18 ans en décembre 1916 et j'ai obtenu le grade de sous-lieutenant observateur à l'escadrille Sal. 39 ainsi que la croix de guerre avec citations, dont l'une à l'ordre de l'armée.

Depuis ma démobilisation mon service — interrompu au Journal des Débats.

J'espère, ainsi que le fait prévoir ma volonté réelle, que mes services militaires pourront me valoir la remise des frais (1125 f) prévus pour la naturalisation.

Veuillez agréer, Monsieur le Ministre, l'expression de ma profonde considération.

J. Kessel

justificatives seront ultérieurement fournies.

28 Rue de Rivoli
né le 10 février 1898 à Clara (Rép. Argentine)
engagé le 29 déc. 1916 à Paris Sal C
Croix de guerre 2 citations

La lettre de demande de naturalisation de Joseph Kessel.

leurs études au lycée Masséna à Nice, puis à Louis-le-Grand à Paris. Georges veut faire du théâtre, Joseph du journalisme. Ils sont précoces. À dix-huit ans, Joseph a déjà décroché plusieurs piges. C'est lui que le prestigieux *Journal des débats* envoie couvrir le défilé du 14 juillet 1918. Le premier reportage de Kessel. Énorme émotion pour le fils d'immigré, petit-fils de rabbin russe. Il porte la même médaille que les aviateurs qui défilent en uniforme rutilant sur les Champs-Élysées, ce jour-là, il se sent français dans ses tripes.

Deux citations et sa Croix de guerre ne suffisent pourtant pas. Comme pour n'importe quel autre postulant, c'est la procédure habituelle qui est suivie. Avec la sempiternelle enquête de la préfecture de police.

Le père de Joseph Kessel [...] était en 1889, à l'époque de son arrivée en France, en relation avec des nihilistes notoires et au début des hostilités, étant venu s'établir à Paris, il était abonné aux journaux russes internationalistes et pacifistes *nache Slovo* et *Natchalo*. Tout en continuant à afficher les sentiments de sympathie pour la France et ses alliés, la famille Kessel ne se cachait pas d'ailleurs de ses opinions socialistes révolutionnaires. En ce qui le concerne le postulant n'a toutefois pas donné lieu aux points de vue national et politique à aucun grief particulier. Il a été journaliste en 1916 et il est de nouveau depuis 1919 rédacteur au *Journal des débats* [...] À ces diverses indications il convient d'ajouter que M. Kessel a servi comme volontaire sous nos drapeaux et qu'il a obtenu deux citations [...] Je ne crois pas devoir m'opposer à ce que la requête de M. Kessel soit prise en considération.

Le rapport synthétique du bureau du sceau, griffonné au crayon de papier, résume la situation.

Croix de guerre, avis favorable du ministère de la Guerre. Bons renseignements. Le père professait des opinons socialistes révolutionnaires, mais affichait des sympathies pour la France.

Une Croix de guerre vaut bien un père révolutionnaire : Kessel est naturalisé en mars 1922.

1939. Kessel, la tête brûlée, veut à nouveau s'engager pour défendre la France. Malgré son âge. Il a quarante et un ans. Il assiste de l'intérieur à la débâcle. Sa situation est précaire : il est inscrit sur la liste Otto, qui recense les opposants au régime hitlérien ; et surtout, il est juif. Son petit frère Georges part dès 1940 à Londres. Joseph, lui, hésite. L'ex-poilu respecte le maréchal Pétain, héros de la Première Guerre, et ne peut imaginer qu'il trahisse la France. Les illusions sont vite dissipées. Il s'engage dans la Résistance clandestine. Son portrait ainsi que celui de son cadet, Georges, est placardé à Paris en septembre 1942 à la galerie Berlitz, qui organise l'exposition Le Juif et la France. En décembre 1942, Kessel rejoint de Gaulle à Londres. Il compose le fameux *Chant des partisans* avec son neveu, Maurice Druon, en 1943. Et écrit *L'Armée des ombres*, le premier roman qui trace la chronique de la Résistance.

L'immigré russe peut être fier de sa destinée. Il a traversé tête haute toutes les plus grandes périodes de l'histoire. Il fait désormais partie des « classiques » qu'on étudie à l'école primaire. *Le Lion*, vendu à 1,7 million d'exemplaires, est l'un de ces grands best-sellers qui défient les âges, à l'instar du *Grand Meaulnes* ou du *Petit Prince*. Consécration pour le fils d'immigrés juifs. Kessel le baroudeur, Kessel qui avale les bouteilles de vodka plus vite que son ombre est proposé à l'Académie française en 1962 au fauteuil du duc de la Force. Lors de son intronisation, il prononce ce discours sanglé dans son habit vert avec l'épée qu'il a tenu à orner de l'étoile de David :

Pour remplacer le compagnon dont le nom magnifique a résonné glorieusement pendant un millénaire dans les annales de la France [...], qui avez-vous désigné ? Un Russe de naissance. Juif de surcroît. Un Juif d'Europe orientale [...] Vous avez marqué [...] par le contraste singulier de cette succession que les origines d'un être humain n'ont rien à voir avec le jugement que l'on doit porter sur lui. De la sorte, messieurs, vous avez donné un nouvel et puissant appui à la foi obstinée et si belle de tous ceux qui partout tiennent leurs regards fixés sur la lumière de la France.

[1925]
Samuel Kouchner,
engagé réformé

« *Services insuffisants, proposition d'ajourner* »

Comme bien des étrangers, polonais, russes, hongrois, il n'a pas douté un seul instant. Quand l'Allemagne déclare la guerre à la France, Samuel Kouchner se précipite pour se faire incorporer au premier régiment étranger à Paris. Il désire défendre le pays où il est arrivé il n'y a même pas dix ans. En ce 26 août 1914, Samuel a quarante-quatre ans et sept enfants. Seule l'aînée, Léontine, gagne sa vie, les autres sont encore à sa charge. Le petit dernier, Georges, futur père de Bernard Kouchner, n'a que quatre ans. Comme à tous les autres, le gouvernement lui a fait cette promesse : qui offre ses bras à la France deviendra français. C'est clair, c'est net, c'est sans ambiguïté. Le dossier de naturalisation qu'il remplit le 26 janvier 1915 porte le tampon «Application de la loi du 5 août 1914» qui prévoit de naturaliser les volontaires étrangers. Joint à son dossier, son certificat d'engagement est aussi explicite. « Je soussigné M. Kouchner Samuel, né en 1870 à Dwinsk, de nationalité russe, exerçant la profession de ferblantier aux appointements de 8 francs par jour déclare par la présente demande à m'engager et à acquérir la nationalité française. » C'est une feuille imprimée où il faut remplir les blancs. Samuel, qui n'écrit pas bien, a tenté de le faire, de son écriture maladroite, le fonctionnaire a dû, impatient, faire le reste. Et l'enjoindre de signer, et vite ! En soupirant, car le futur soldat peinait à tracer les boucles du K de Kouchner. L'agent de recrutement, qui n'a pas dû prendre la peine de déchiffrer l'écriture de Samuel, a écrit en bas : nationalité italienne.

Hélas, il semble que pour décrocher le sésame, la nationalité française, il faille au moins perdre un bras comme Cendrars ou un bout de tête comme Apollinaire. Le bureau du sceau n'est pas des plus amènes quand il reçoit le dossier Kouchner. La procédure est suivie scrupuleusement : il faut que la préfecture de police fasse son enquête de voisinage sur la « conduite et la moralité » du postulant selon les termes consacrés. Le

15 janvier 1917, le préfet de police de Paris émet un avis sur la candidature de Samuel Kouchner.

> En vous retournant le dossier ci-joint que vous m'aviez communiqué le 26 janvier 1915 qui concerne la naturalisation formulée par M. Kouchner Samuel, j'ai l'honneur de vous faire connaître que le postulant, marié, né en 1870 à Dwinsk, (Russie) et marié à Mlle Sindmann Rachel née en 1873, au même lieu, est père de sept enfants. Arrivé à Paris en 1909, il demeure depuis octobre 1912 rue Bargue, 15, au loyer annuel de 400 francs et, en qualité d'ouvrier ferblantier, reçoit un salaire quotidien de 10 francs auquel vient s'ajouter celui de ses quatre aînés de ses enfants, évalué à 13 francs. Engagé le 26 août 1914, au 1er régiment étranger, il a été réformé le 5 septembre suivant. Sa femme se joint à la demande qu'il a formée. Les renseignements recueillis sur son compte sont favorables. Toutefois cet étranger paraissant, en raison de la courte durée de ses services, n'avoir pu être d'une utilité réelle pour notre pays, je vous propose d'ajourner la décision que comportent sa requête et celle de sa femme.

Eh oui, le préfet de police a une idée très précise de l'utilité des candidats à la naturalisation. Georges Kouchner a été réformé pour maladie et n'a passé que dix jours au front, tant pis pour lui. Son engagement volontaire ne vaut du coup plus grand-chose. Le bureau du sceau ne tergiverse pas non plus. Dans son rapport, il expédie la demande du candidat en une ligne.

> Services insuffisants.
> Proposition d'ajourner.

On imagine que Samuel Kouchner n'a pas vraiment protesté. Qui serait de taille à attaquer les décisions du ministère de la Justice ? Samuel Kouchner, ouvrier ferblantier résidant rue Bargue, 15, n'a pas les armes pour tenir

la dragée haute aux fonctionnaires du bureau du sceau. Il y tient, pourtant, à sa nationalité française. En 1924, il la réclame pour ses deux cadets, Georges et Jacob. Ils sont nés à Paris et peuvent l'obtenir automatiquement par déclaration auprès du juge de paix. Il décide en même temps de ré-insister pour son propre cas.

La lettre de demande n'a visiblement pas été rédigée par le couple – un écrivain public ou l'un des enfants, qui lui aurait appris à écrire ? – dont on reconnaît en bas de la page, avec son K tremblé, la signature.

> J'ai l'honneur de vous renouveler ma demande de naturalisation que je vous ai adressée en 1916. Je suis en France depuis 1904 et me suis engagé volontaire dans l'armée française en 1914 où j'ai été réformé pour maladie. Mes deux jeunes fils nés en France où ils feront leur service militaire sont naturalisés français. J'ose espérer que ma demande sera prise en considération. Veuillez agréer, monsieur le garde des Sceaux, l'assurance de ma considération distinguée.

Le dossier de naturalisation qu'il remplit à nouveau montre que la vie a – un peu – changé pour les Kouchner. Samuel est désormais un « ouvrier chaudronnier qui travaille à Neuilly-Sur-Seine ». L'inflation est passée par là. Son loyer a pratiquement doublé. De 400 francs annuels, il est passé à 740 francs. Samuel gagne désormais « 28 francs par jour ». Et, surtout, les enfants sont devenus grands. Léontine n'est plus la seule à travailler. On peut désormais rajouter le salaire de Marcel, Raymond et Léon, à « 25 francs par jour », de Lina, à « 500 francs par mois », et de Jacob, à « 15 francs par jour ». Seul Georges ne travaille pas encore, il a quatorze ans. Évidemment, la somme à s'acquitter pour se faire

Signature de la première demande de naturalisation des grands-parents de Bernard Kouchner.

Le 21 janvier 1925, la préfecture de police rend son nouvel avis.

Le postulant qui habite notre pays depuis 1905 est favorablement connu. Il s'est engagé le 26 août 1914 mais a été réformé le 5 septembre 1914. Je ne m'oppose pas à la prise en considération de sa requête.

Pas d'enthousiasme inconsidéré. On peut néanmoins le lire comme un avis favorable. Une chance pour Samuel Kouchner, la victoire du Cartel des gauches, en 1924, a assoupli la politique des naturalisations : on répond désormais plus favorablement aux pères de familles nombreuses – il faut repeupler la France – et c'est son cas. D'ailleurs, en deux ans, le nombre de naturalisations va doubler, passant de 5 224 en 1924 à 11 095. Samuel Kouchner fait partie de ce wagon-là. Il est naturalisé le 29 avril 1925. Après s'être acquitté des droits du sceau. Personne n'a rappelé l'existence du fameux décret du 5 août 1914 dont aurait pu se targuer Samuel et qui l'aurait dispensé de payer les droits du sceau. Il n'y a pas de petites économies.

naturaliser, les fameux droits du sceau, restent inabordables. 1 075 francs ! C'est plus d'un an de loyer pour les Kouchner. Samuel a néanmoins promis de payer 319 francs, soit près de onze jours de salaire. Une dernière entourloupe de la chancellerie : une circulaire rarement appliquée prévoyait que les engagés volontaires bénéficiaient d'une remise totale des droits du sceau. Mais Samuel Kouchner n'est plus à cela près.

Paris ce 11 février 1924

Monsieur le Ministre de la Justice

Monsieur le Ministre

Exerçant la médecine à Paris et ayant abandonné toute idée de quitter la France, que j'habite depuis 1905 sans interruption et où j'ai fondé un foyer, j'ai l'honneur de solliciter ma naturalisation.

Ma femme qui, par notre mariage, est devenue espagnole, demande sa réintégration dans la nationalité française

Espérant de tout cœur une réponse favorable, je vous prie de croire, Monsieur le Ministre, à mes sentiments les plus distingués

Mallah

Je demande ma réintégration dans la nationalité française

A. Bouvi

Docteur AB Mallah 3 Rue Milton IX

[1925]

Benedict Mallah
grand-père de… Nicolas Sarkozy

« *Afin de créer une famille française* »

Évidemment, sans sa descendance, rien n'aurait distingué le dossier de Benedict Mallah des centaines de milliers de documents qui peuplent les couloirs des Archives nationales. Nous ne l'aurions ni cherché ni raconté. Mais plus que les autres, celui-ci est emblématique. Lorsqu'il se rend à la préfecture, ce jour d'hiver 1924, Aron-Benedict Mallah a sans doute, comme tous les autres, des projets plein la tête. L'ambition de réussir ici, en France, et nulle part ailleurs. Mais difficile d'imaginer que lui, le modeste, engendrera une famille qui fera grandir en son sein un chef de l'État. Et, pourtant, en moins de deux générations: un de ses trois petits-fils adorés, celui du milieu, qu'il a emmené tant de fois voir les défilés du 11 Novembre, celui à qui il a raconté de Gaulle comme un grand-père lit des histoires à son petit-fils, ce petit-fils, Nicolas, est devenu président de la République un jour de mai 2007.

B. Mallah en uniforme vers 1916.

Page de gauche : En février 1924, le docteur Mallah demande sa naturalisation. Sa femme Adèle Bouvier souhaite elle être réintégrée. Ils sont les grands-parents maternels de Nicolas Sarkozy.

Un siècle et deux ans après que lui, Benedict, a pénétré pour la première fois sur le sol de France.

> Ayant abandonné toute idée de quitter la France, que j'habite sans interruption depuis 1905 et où j'ai fondé un foyer, j'ai l'honneur de solliciter ma naturalisation.

L'écriture est élégante et soignée, la demande est adressée au ministre de la Justice. Nous sommes le 11 février 1924. Benedict Mallah a trente-quatre ans. Il est médecin au 3, rue Milton à Paris. Il déclare gagner 25 à 30 000 francs par an et payer « 2 000 francs environ » d'impôts. Il dit être de nationalité espagnole. Lorsqu'il naît à Salonique en 1890, le port est un des pôles commerciaux de l'Empire ottoman et ses sujets sont turcs. La communauté juive, dont fait partie la famille Mallah (« ange » en hébreu), y est installée depuis qu'Isabelle la Catholique a chassé les Juifs d'Espagne en 1492[1]. Des dizaines de synagogues fleurissent dans la ville qui est composée alors de 60 % de Juifs. Benedict est un contemporain d'Albert Cohen, sépharade de Corfou, l'auteur

---

1. À lire, d'Esther Benbassa : *Histoire des Juifs sépharades. De Tolède à Salonique*, Seuil, 2002 (avec A. Rodrigue) et *Itinéraires sépharades*, PUPS, 2009.

de *Belle du Seigneur* (dont le héros Solal donnera son prénom à son arrière-arrière-petit-fils, fils de Jean Sarkozy, né le 19 janvier 2010).

Benedict est le premier des sept enfants de Reina et Mordohai Mallah, prospère bijoutier. La famille ne prendra la nationalité espagnole qu'après l'annexion de Salonique par les Grecs en 1912. On imagine un temps que Salonique la Cosmopolite va devenir un port franc. Les Juifs se voient offrir, moyennant finance, le passeport de leur choix. Les Mallah optent pour l'Espagne. Pourtant, quand vient le temps d'envoyer les enfants étudier à l'étranger, c'est vers la France qu'ils se tournent. N'ont-ils pas fréquenté les écoles de la très francophile Alliance universelle israélite ? Benedict, l'aîné, est le premier à partir. À Salonique, il est inscrit à l'état civil sous le prenom Aron. Il l'abandonne définitivement en arrivant en France où il se fait appeler Benedict, son deuxième prénom, Benoît dans certains papiers administratifs, ou encore Benico, le surnom employé par sa famille. Celle-ci l'a rejoint, au grand complet. Après la mort de leur père, en 1913, et après l'incendie tragique qui détruisit Salonique en 1917, plus rien ne retenait les Mallah là-bas. Un à un, ils sont partis, seuls, leur valise à la main, pour ce long voyage qui les conduit en France. Benedict a quinze ans quand il débarque à Marseille. Il s'inscrit au lycée Lakanal à Sceaux, en région parisienne. Il réussit ses examens de médecine.

Bientôt la Première Guerre éclate. Benico, qui a étudié la médecine, s'engage comme médecin militaire, à Lyon. Avant même d'être français, il

est patriote. Jusqu'au bout de sa vie, il le sera. C'est là qu'il rencontre en 1916 Adèle Bouvier. Elle est veuve de guerre, issue d'une famille de la bonne bourgeoisie lyonnaise. Il l'épouse. Et pour cela, accepte d'abandonner la religion juive et de se convertir au catholicisme. Phénomène rarissime d'après l'historienne Esther Benbassa : « Au contraire, dit-elle, les Juifs de Salonique, souvent très fiers de leur culture, avaient à cœur de préserver et de transmettre ce patrimoine. » N'ont-ils pas fait perdurer la pratique de la langue espagnole des siècles après l'expulsion de leurs ancêtres d'Espagne en 1492 ? Rien de tout cela chez Benedict qui devient un parfait catholique. Plus tard, ses deux filles, Suzanne et Andrée, dites Loulou et Dadu (la mère de Nicolas Sarkozy), seront élevées comme de véritables petites bourgeoises, entre messes et cours de couture. Jusqu'à la fin de sa vie, Loulou, qui ne se maria ni n'eut d'enfant, a fréquenté assidûment l'église. « C'était même une grenouille de bénitier », plaisante sa sœur Dadu[2].

En épousant Benedict Mallah, Adèle, que l'on surnomme Délie, a perdu sa nationalité française. C'est pourquoi elle apparaît dans le dossier de son mari, demandant à « réintégrer la nationalité française ». Sur le papier les choses s'annoncent bien. Médecin installé, ayant fait la preuve de son amour de la France par son engagement comme médecin militaire, marié à une Française d'origine, père d'une petite fille, Suzanne : tout paraît plaider en la faveur de Benedict. Pourtant, le préfet de police de Paris en a une autre lecture :

2. Entretien avec les auteures.

Bien que les renseignements recueillis sur M. Mallah ne soient pas défavorables, j'estime que, en l'absence de titre sérieux à la faveur sollicitée, il convient d'ajourner l'examen de sa demande et de celle de sa femme.

« Absence de titre sérieux à la faveur sollicitée » : l'expression est mystérieuse et menaçante, de celles qui vous renvoient dans les cordes, et vous donnent un ticket pour un tour d'attente. Comme d'innombrables immigrés, le grand-père de Nicolas Sarkozy a fait face à l'arbitraire administratif. L'étranger, au guichet de la préfecture, a rarement son mot à dire. Si Benedict n'est pas le bienvenu, ce n'est pas parce qu'il est pauvre, déloyal à la nation ou non francophone. Mais sans doute parce qu'il est médecin. Heureusement pour les Mallah, la chancellerie ne suit pas l'avis défavorable du préfet. Le fonctionnaire en charge du dossier résume sur la feuille libre qui l'accompagne :

Le reqt. m'a produit bonne impression. Il est parfaitement assimilé. Préfet du Rhône favorable, Préf. police défavorable. Contr. à ce dernier avis, je propose de naturaliser le reqt., après paiement de 196 fcs qu'il offre, et de réintégrer sa femme sans frais.

Une croix dans la marge a marqué ce passage. Avec la mention Approuvé. En 1925, le 29 mai, les grands-parents maternels de Nicolas Sarkozy deviennent français. Benedict et Adèle Mallah inaugurent sans le savoir une lignée qui verra un de ses enfants, quatre-vingts ans plus tard, accéder au plus haut niveau de l'État.

Benedict n'est pas le seul de sa fratrie à avoir été naturalisé. Aux Archives, nous avons retrouvé les dossiers de ses frères, Raphaël, Haïm, Léon et Sam. De

ses deux sœurs, en revanche, aucune trace. Et pour cause : si Sarah, l'aînée des filles, est partie en Argentine et y a fait sa vie, la plus jeune, Henriette, elle, est la seule à être restée à Salonique. Elle s'y est mariée, avec Élie Bensussan. Ils ont eu une fille, Esther, que l'on appelait Esthy. La famille venait parfois pour les vacances rendre visite à la famille de France. Mais leur vie était là-bas, sur les bords de la mer Égée.

Le premier à avoir obtenu la naturalisation n'est d'ailleurs pas Benico, mais son frère Raphaël. Sa trajectoire, véritable parcours du combattant (sans jeu de mots), vaut aussi la peine d'être racontée. Arrivé en France à la suite de son frère aîné, en 1911, il y a fait ses études. Étudiant dentiste. Lorsque surgit la Première Guerre, il s'engage dès le mois d'août 1914. Pas comme médecin comme son grand frère, non, comme soldat. Légion étrangère, 3e régiment de marche. Nommé caporal, il restera au front treize mois, « douze mois de première ligne », comme il dit dans une lettre. L'été 1915 a été chaud si l'on en juge par son relevé de punitions joint à son dossier. Entre le 4 juillet et le 6 août 1915, le caporal Mallah écope de vingt-cinq jours de prison militaire. Motif ? Raphaël Mallah se rebelle. Du haut de son mètre 82, il tient tête à ses supérieurs. Le 4 juillet, par exemple :

Régulièrement commandé pour accompagner les travailleurs, a répondu à l'officier (« Et puis ils nous en… et nous font tous ch… »). Averti qu'il serait puni, a répondu à haute voix : « Je m'en fous. »

Et le 6 août :

S'est fait porter malade et a obtenu la mention Non malade à l'issue de la visite, est venu trouver le sergent-major en disant qu'il était malade et que puisqu'il n'avait pas été reconnu il allait faire une demande de remise volontaire de galons.

Commandé par le sergent de jour pour surveiller une corvée, a persisté à demander une contre-visite.

Était-il vraiment malade? Le 30 septembre 1915, il est en tout cas officiellement réformé « numéro 2 », c'est-à-dire pour maladie contractée pendant le service. Neuf mois plus tôt, en janvier 1915, il a déposé sa première demande de naturalisation. Le dossier est tamponné Application de la loi du 5 août 1914. Pourtant les choses vont traîner, de façon incompréhensible. Après la guerre, on apprend par le rapport de police qu'il a habité Paris de juillet à décembre 1919. Il n'est pas devenu dentiste, « il a exercé les professions d'employé dans un magasin de nouveautés, puis de courtier dans une maison de denrées alimentaires belge ». Puis il part pour l'Allemagne vaincue, où les Alliés ont installé des forces d'occupation. Il y est commerçant. C'est de là que, en 1921, il relance ses démarches, les premières n'ayant rien donné… Il demande au consul de France à Cologne de l'aider:

> Je prends la liberté de vous aviser que, 1° en m'engageant pour la durée de la guerre j'ai demandé ma naturalisation de Français, elle me revient de droit d'après le décret du 5 août 1914, 2° n'ayant reçu aucun avis et absent depuis longtemps de Paris à mon grand regret je n'ai pu faire les démarches nécessaires et ne pouvant rentrer en France pour le moment, vous serai vraiment reconnaissant, monsieur le consul, de vouloir bien faire transmettre ma demande.

Qu'est-ce qui bloque? L'argent. Raphaël a cru le gouvernement qui, pour attirer les étrangers à l'armée, leur promettait la naturalisation et l'exonération des droits du sceau. Dans son dossier de demande, à la question « Le postulant s'engage-t-il à payer les droits? », on a écrit:

> S'étant engagé dans l'armée française et ayant droit d'office à la naturalisation, le postulant demande à être exonéré des droits.

Les promesses n'engagent que ceux qui les croient. L'administration n'a pas la même analyse que lui. Elle ne lui octroie qu'une remise de « 13/20 » et lui réclame 376,75 francs. Pas un centime de moins. Raphaël a dû se braquer, exiger l'exonération complète. Jusqu'au jour où, de guerre lasse, il se rend à la chancellerie. Une note manuscrite raconte ce moment où tout s'est dénoué:

> Le postulant sollicite l'autorisation de verser à M. de Berly la somme de 376 francs 75 qu'il n'a pas voulu payer en mai 1922 lorsqu'il a reçu un ordre de versement à cet effet. Il s'est présenté à la chancellerie le 4 novembre 1923. Est actuellement employé par la Régie française en territoire occupé.
>
> Produit très bonne impression.
>
> Proposition de naturaliser après vérification du Bn n° 2 mais sans faire procéder à une nouvelle enquête.
>
> Le 8 novembre 1923
> signature

Le 25 août 1924, Raphaël Mallah paye enfin les droits du sceau. Le voilà enfin naturalisé, dix ans après l'engagement volontaire censé le faire très facilement français! Trois ans plus tard, une mention dans le dossier de son petit frère Haïm donne de ses nouvelles: Raphaël est décédé. Il aura beaucoup bataillé pour être français. Il ne le sera pas resté longtemps.

À la suite de Raphaël et de Benico, Haïm, Sam et Léon demandent à leur tour la nationalité française. Le fait

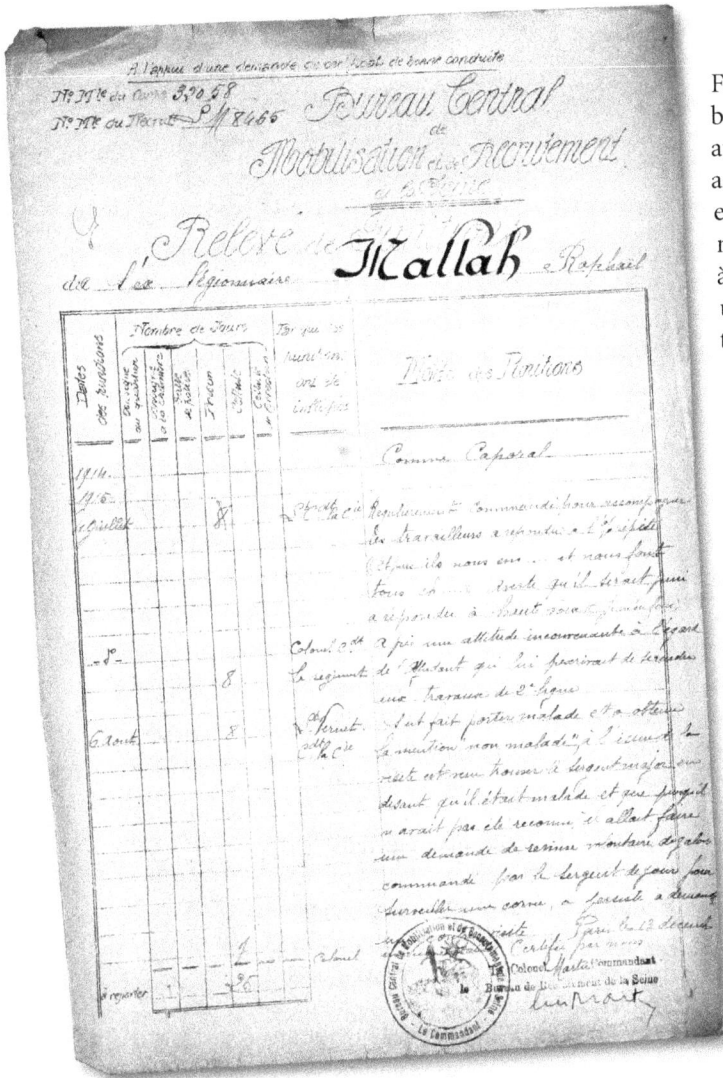

Carnet de punitions du légionnaire Mallah Raphaël.

France depuis onze ans et a bâti une très belle situation. Il est bijoutier comme autrefois son père à Salonique. Il déclare alors gagner 60 000 francs par an et envisage de s'établir très prochainement au 88 du faubourg Saint-Honoré, à quelques pas de l'Élysée. Il dépose une « requête aux fins de naturalisation », écrite à la troisième personne :

Le requérant expose qu'ayant quitté son pays d'origine depuis 1916, sans esprit de retour, il regarde désormais la France comme sa patrie véritable. Par ailleurs, étant dans l'intention d'épouser une jeune fille française, il considère comme un devoir impérieux de reconnaissance d'acquérir la nationalité française afin de créer une famille française, et non amener une Française de naissance à renoncer à sa nationalité. Ayant connu dès l'enfance les bienfaits d'une culture et d'une éducation purement françaises (ancien élève du lycée Lakanal), il est fier de pouvoir affirmer la persistance de ses sentiments à l'égard de la France.

En évoquant la situation de sa future femme, Sam a sans doute pensé à celle de sa belle-sœur, Adèle Bouvier, grand-mère de Nicolas Sarkozy, obligée de demander sa réintégration. Pour Samuel, comme pour Haïm, les choses iront relativement vite. Ce n'est pas le cas du dernier fils Mallah, Léon. Qui a la malchance de postuler dans les années 1930, à une époque où la crise économique et le protectionnisme rendent l'administration plus que pointilleuse. La première demande date de 1934, une année où l'on commence à renvoyer des travailleurs polonais chez eux… Léon habite en France depuis près de vingt ans mais qu'importe. Il se voit retoqué – ajourné, dans le langage administratif – au motif qu'il n'est plus en âge d'accomplir son service militaire. Il est pourtant marié

d'avoir des frères déjà naturalisés est un atout aux yeux de l'administration. Haïm est naturalisé en 1927, l'année de la fameuse loi facilitant la régularisation des étrangers. Il est présenté comme un célibataire de trente et un ans, « opérateur dentaire ». Il vit à l'hôtel, dans une chambre qui lui coûte 175 francs par mois. Vient ensuite le tour de Samuel, dit Sam. Sa situation est bien différente de celle d'Haïm. Lui aussi profite du train de 1927. À cette époque, il est en

> est externe des hôpitaux Cochin et St-Louis. Il tient en même temps un cabinet de consultations à son domicile.
>
> Bien que les renseignements recueillis sur M. MALLAH ne soient pas défavorables, j'estime qu'en l'absence de titre sérieux à la faveur sollicitée, il convient d'ajourner l'examen de sa demande et de celle de sa femme.
>
> Le Préfet de Police:
> Pour le Préfet de Police:
> Le Secrétaire Général délégué.

à une Française (par la naturalisation de ses parents venus de Russie) et père d'un enfant français. Nouvelle démarche deux ans plus tard. Il produit des attestations de bonne intégration, prouve qu'il paie régulièrement ses impôts, énumère la liste de ses employés : il a trois magasins, à Paris, à Reims et au Havre. Son enseigne, La Grande Maison d'ameublement, dont la devise proclame « Jamais un client mécontent », est prospère. Trop peut-être pour le ministère du Commerce, qui indique son avis défavorable au motif que « la chambre de commerce ne voit aucun intérêt militant, au point de vue commercial, à cette naturalisation ». Avis non partagé par le préfet de police, qui note au contraire que « son personnel est en majorité français ». Le 29 septembre 1937, le dernier des fils de Mordohaï et Reina Mallah devient français.

La France n'est qu'une terre d'accueil toute relative. Dès octobre 1940, le gouvernement de Vichy applique des lois antijuives. La conversion de Benedict ne pèse pas lourd puisque, désormais, « est regardé comme juif toute personne issue de trois grands-parents de race juive ». À ce moment-là, la fratrie s'éparpille.

Benico le médecin a été radié par l'ordre des médecins chargé d'appliquer la loi du 16 août 1940[3]. Il se réfugie en Corrèze avec ses filles, sa femme et sa mère, où cette dernière mourra en 1944. Samuel le bijoutier a quitté sa boutique luxueuse pour rejoindre sa sœur Sarah en Argentine. « Nous sommes partis en décembre 1941, se souvient, très émue, Michèle, sa fille aînée alors âgée de treize ans. Mon père avait été arrêté et avait passé une semaine à l'évêché à Marseille. Mes parents avaient senti le danger : ils n'étaient pas allés se faire recenser comme juifs, contrairement à ma grand-mère Reina. Ils n'étaient pas

L'avis du préfet de police estimant qu'il convient d'ajourner la naturalisation du grand-père de N. Sarkozy.

---

3. Des archives de l'ordre des médecins montrent qu'il a été, bien que naturalisé depuis plus de 15 ans, considéré comme un médecin étranger et à ce titre interdit d'exercer. La loi stipulait que n'étaient autorisés que les médecins « originaires » c'est-à-dire de père français.

66

très pratiquants, mais ils avaient des liens avec la communauté, pas comme Benico[4]. » La famille, grâce à son aisance financière, réussit à se mettre à l'abri. Les enfants fréquentent à Buenos Aires le Lycée français, où Michèle est en classe avec un certain René Goscinny. Le jeune garçon édite pour ses camarades un petit journal intitulé *Quartier latin*.

Du côté du Quartier latin, justement, à des milliers de kilomètres de là, vivote Haïm, le troisième des fils Mallah. Il est devenu dentiste. Célibataire. « Un peu spécial, d'un caractère difficile », dit-on dans la famille avec pudeur. Pour quelle raison est-il resté en région parisienne? S'est-il caché? Comment? On ne sait pas. Mais il apparaît dans les archives de la préfecture de police à l'occasion d'une bien imprudente (facile à dire *a posteriori* bien sûr) « autorisation de continuer l'art dentaire ». Ce qui lui vaut, comme toujours, une enquête de police. Cette fois ce sont les Renseignements généraux qui s'y collent. Quatrième section. Le rapport date du 9 février 1943. Il montre combien rien ne se perd dans les services de police. On a beau avoir changé de régime, les archives sont restées. On exhume une vieille dénonciation sans fondement des années 1920. Ce rapport montre surtout combien son identité, pour la police française, se réduit désormais à son inscription « au service spécial "Juifs" » :

Mallah Haïm, [...] d'origine espagnole mais naturalisé français par décret 5884x27, en date du 27 avril 1927, et de confession juive, est célibataire.

Entré en France en 1916, il est domicilié depuis 1931 [...] à Suresnes dans un appartement au loyer annuel de 4000 francs, payé par acompte du fait qu'il a été mobilisé et après arrangement avec le propriétaire. Chirurgien dentiste, diplômé de la faculté de médecine de Paris depuis le 12 novembre 1925 (diplôme enregistré à la préfecture de police le 12 juin 1926), il exerce à son domicile.

Mallah déclare être sans fortune et réaliser un bénéfice mensuel de 3000 francs environ.

Il n'a contracté aucun engagement dans l'armée française au cours de la guerre 1914-1918. Mobilisé le 2 septembre 1939 [...] comme dentiste auxiliaire, il a été démobilisé le 6 août 1940 à Marmande [...]

Mallah Haïm est connu aux archives spéciales mixtes (dossier n° 103652) pour avoir fait l'objet d'un rapport le 31 juillet 1928, à la suite d'une lettre anonyme le signalant comme se livrant au trafic de stupéfiants dans lequel on ne releva rien à son encontre. Il n'a pas attiré autrement l'attention de nos services et les renseignements recueillis actuellement sur son compte sont favorables notamment au point de vue politique et national.

Il est connu au service spécial « Juifs ».

Son nom est inconnu aux archives de la police judiciaire et n'est pas noté aux sommiers judiciaires.

« Juif », la litanie. « Confession israélite », la sale routine. Heureusement pour lui, la Commission de révision regardait en dernier les dossiers les plus anciens, datant de 1927: avec son « casier », Haïm Mallah serait certainement tombé dans la case déchéance. Naturalisé plus tardivement, en 1937, Léon, le petit frère, passe en revanche à la moulinette de la Commission de révision des naturalisations. Son cas est étudié en février et en mai 1941. Le rapport de police mérite d'être cité largement, il raconte assez précisément comment Léon, sa femme, Suzanne, et leur petit, Roger, vécurent jusqu'aux

---

4 . Entretien avec une des auteures.

premières années de guerre. Certains de ses mots sont soulignés. Nous le restituons tel que l'original :

Mallah Léon, né le 31 mars 1902 à Salonique [...], de nationalité française par naturalisation [...] et de confession israélite, a épousé le 21 juin 1927 notre compatriote née Nochimowski Suzanne Pauline le 9 août 1906 à Paris X^e de même confession.

Les époux Mallah ont un fils :
Roger Marcel né le 17 juillet 1929 à Paris XIXe.
L'épouse est titulaire de la carte d'identité française [...] portant la mention « juive ».
Le mari, en France depuis l'âge de seize ans, a continué ses études dans notre pays. Il a séjourné deux ans à Lyon puis il est venu se fixer à Paris en 1920 [...]

Depuis 1934, les époux sont domiciliés 41, avenue du Maréchal-Lyautey, au loyer annuel de 26000 francs réduit de 9000 francs pendant les hostilités, non payé pour cause de réquisition par les autorités d'occupation.
De ce fait l'épouse et son fils occupent actuellement une chambre de bonne située au rez-de-chaussée.

De 1927 jusqu'à septembre 1939, le nommé Mallah a exploité en qualité de gérant associé La Grande Maison d'ameublement située 67, boulevard Sébastopol, Sarl au capital de 800000 francs réparti de moitié entre l'intéressé et son beau-père Nochimowski Léon, soixante-neuf ans, de nationalité française par naturalisation.
Cette société possède deux magasins en province, [...] à Reims et au Havre.
Avant les hostilités, l'intéressé faisait environ 180000 francs de bénéfices par an.

Mallah mobilisé, au début des hostilités, au 460e pionniers sous le numéro 1885 au 3e bataillon, a participé avec son régiment à la campagne de Belgique. Il est actuellement prisonnier en Allemagne, stalag 4e sous le n° 34465.
Les renseignements recueillis tant au privé qu'au point de vue politique et national n'ont rien révélé de défavorable.

D'après ce qui précède, il semble que son loyalisme est au-dessus de toute suspicion.
Aux archives de la police judiciaire, il a le dossier D113.385 Affaire Surger contre Mallah Léon, pour le compte de La Grande Maison d'ameublement (retard dans une livraison de meubles, affaire sans suite).
Inconnu aux sommiers judiciaires.

3 amendes de 5 francs, 18 juin 1934, infraction loi sur le travail.

Léon n'a pas été déchu de sa nationalité française. Tout simplement parce que la Commission s'était fixé une limite : elle ne dénaturalisait pas les prisonniers de guerre. Dadu, la mère de Nicolas Sarkozy, se souvient bien du jour où son oncle Léon est rentré du stalag. « Il y avait passé cinq ans, le pauvre est rentré bien changé[5]. » Benico et ses filles étaient allés l'accueillir à la gare, soulagés de reconstituer la famille, avec ses traditionnels repas du dimanche, et les gâteaux, comme avant guerre. Une famille française, qui ne reparlera guère de ses origines saloniciennes. Il faut dire que là-bas, à Salonique, s'est joué le drame ultime. 95 % de la communauté juive en a été déportée en 1943. Une efficacité implacable dans la rafle. Parmi eux, cinquante-sept des membres de la famille Mallah restés sur place. D'après Michèle Haïm, une des filles de Sam Mallah, seuls dix sont rentrés. Sa tante Henriette, la petite dernière de la famille, son oncle Élie et sa cousine Esther étaient de ces sinistres convois, comme l'atteste sa fiche au mémorial de Yad Vashem déposée en 1995. Aucun des trois n'est revenu. Esthy avait treize ans.

---

5. Entretien avec les auteures.

[1926]
Stanislas Goscinny, le Polonais

« *A-t-il de la fortune ? Oui.* »

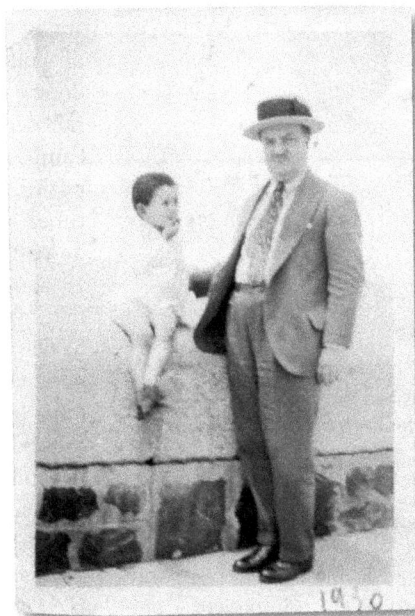

Stanislas Goscinny et son fils René Goscinny enfant, à Buenos Aires dans les années 1930.

La nouvelle tombe deux jours après l'accouchement. Le 16 août, les époux Goscinny deviennent officiellement français. Leur deuxième fils, le petit René, qui sera plus tard le créateur d'Astérix, vient de naître à Paris, le 14 août. Dix mois plus tôt, un peu plus que le temps d'une grossesse, Stanislas Goscinny se rend à la préfecture de police pour faire enregistrer sa demande. Nous sommes en octobre 1925. Il est arrivé en 1906 en France, de Varsovie, à dix-neuf ans. C'est là qu'il a rencontré sa femme Anna, fait ses études et trouvé son métier. Chimiste, il a monté une entreprise de matières plastiques avec son beau-frère, Léon Berezniak. Son activité semble considérée comme stratégique. Car Stanislas dispose de solides appuis pour sa demande. À sa lettre de motivation adressée au bureau du sceau, il joint en effet une missive tapée à la machine émanant du directeur du cabinet du ministère de la Guerre.

J'ai l'honneur d'appeler votre attention la plus bienveillante sur la lettre ci-jointe par laquelle M. Goscinny Stanislas sollicite la faveur d'être naturalisé français. Je serais heureux d'apprendre qu'après un examen attentif il vous a été possible d'accueillir favorablement cette requête. Veuillez agréer, mon cher collègue (« et ami », rajouté à la main), l'assurance de mes sentiments dévoués (« et de mes amitiés », rajouté à la main).

Traditionnellement, la préfecture de police instruit les demandes, puis les transmet selon son bon vouloir au bureau du sceau. Dans le cas de Goscinny, l'intervention du ministère de la Guerre chamboule les choses. Le bureau du sceau, directement, intervient auprès du préfet de police et envoie une dépêche pour demander « d'activer l'instruction ». Et d'envoyer *illico* au « cher collègue et ami » une lettre pour le tenir au courant de ses efforts :

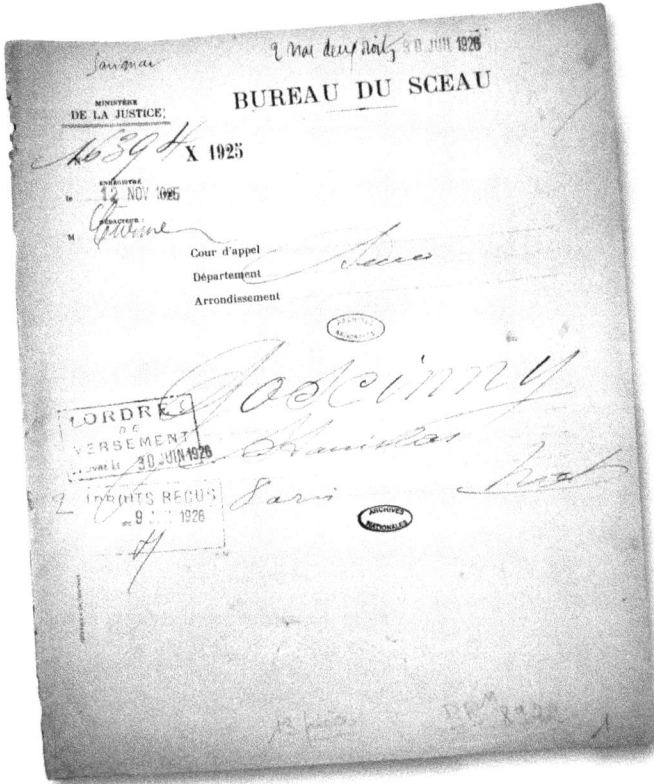

Page de garde du dossier de naturalisation de Stanislas Goscinny, père de René Goscinny.

J'ai transmis au préfet de police la requête formée par M. Goscinny et j'appelle l'attention de ce haut fonctionnaire sur l'urgence qu'il convient d'apporter à l'instruction administrative de cette affaire.

L'angoisse de bien faire transparaît dans le dossier où un impatient « précédente intervention sans résultat » est griffonné dans la marge. La préfecture de police s'active, cependant. Le 20 avril 1926, après avoir convoqué Stanislas pour l'entretien d'assimilation, elle envoie enfin son rapport.

M. Goscinny Stanislas, dit Simkha, polonais, en instance de naturalisation est marié avec une de ses compatriotes, dont il a un fils mineur, né à Paris, français par déclaration du 12 janvier dernier (le frère aîné de René, Claude, *NDA*) [...] En France depuis 1906, établi en association avec son beau frère Léon Beresniak, naturalisé français, le postulant est l'ob-

jet de bons renseignements [...] Tenant compte des services militaires éventuels de son fils, je ne m'oppose pas à ce que sa demande soit prise en considération.

Au crayon, un fonctionnaire a également rajouté quelques éléments qui penchent en faveur du postulant. Pendant la Première Guerre, Stanislas travaillait dans les mines de Douaria, en Tunisie, pour une entreprise française, comme chimiste. Appelé à servir sous les drapeaux en Russie, il a été mis en sursis, et ce, visiblement à la demande du gouvernement français. Il compte donc comme appui un certain « général Zerziateff, ex-attaché militaire à l'ambassade de Russie ». Autre point positif, à la question « A-t-il de la fortune ? », il a répondu « oui ». Il offre de payer tous les droits du sceau. Le 16 août 1926, Stanislas Goscinny est naturalisé français.

Dernière petite angoisse, cependant. *Le Journal officiel* du 16 août a omis leur nom dans la liste des naturalisés imprimée en tout petit. En novembre 1926, Stanislas écrit : « Je vous serais très obligé de bien vouloir faire le nécessaire pour que cette omission soit réparée. » Vérification faite. C'est en fait dans le *JO* du 10 août, donc avant la naissance de René, que le précieux « décret signé par le président de la République » a été publié…

Stanislas n'en profitera pas très longtemps. En 1928, il décroche un poste d'ingénieur chimiste et part à Buenos Aires avec sa femme Anna et ses deux fils. Le départ les sauvera du massacre. Là-bas, il dirige la Jewish Colonisation Association qui aide à l'implantation de Juifs venus d'Europe centrale et de Salonique (Michèle Mallah, la tante de Nicolas Sarkozy, était d'ailleurs camarade de classe du petit René Goscinny).

La famille de sa femme ne veut pourtant pas quitter Paris. Fatale décision. Pendant la guerre, l'imprimerie des Berezniak est saisie, ils se voient spoliés de tous leurs biens. Les trois frères d'Anna, Léon, Volodia et Maurice, sont arrêtés pour avoir imprimé des tracts antiallemands. Et envoyés dans les camps de la mort. Stanislas n'en saura rien. Il meurt à Buenos Aires d'une attaque en 1943.

Ce qu'en dit Anne Goscinny.

Mon père a failli ne pas être français. Il a passé le plus clair de son temps à l'étranger, ne rentrait en France que pour les grandes vacances. Il est parti à Buenos Aires quand il avait deux ans. Puis il a fait ses études aux États-Unis. Il aurait pu devenir américain, il en avait la possibilité à sa majorité. Pourtant, il a décidé de revenir en France faire son service militaire. Il a donc quitté les États-Unis avec ma grand-mère Anna qui a appris à la Libération ce qui était arrivé à sa famille: je me souviens très bien d'elle, elle habitait dans le même immeuble que nous, à l'étage du dessus. Je crois que c'est parce que mon père avait ce regard un peu distant d'un garçon élevé à l'étranger qu'il a si bien pu dépeindre les irréductibles Gaulois d'Astérix…

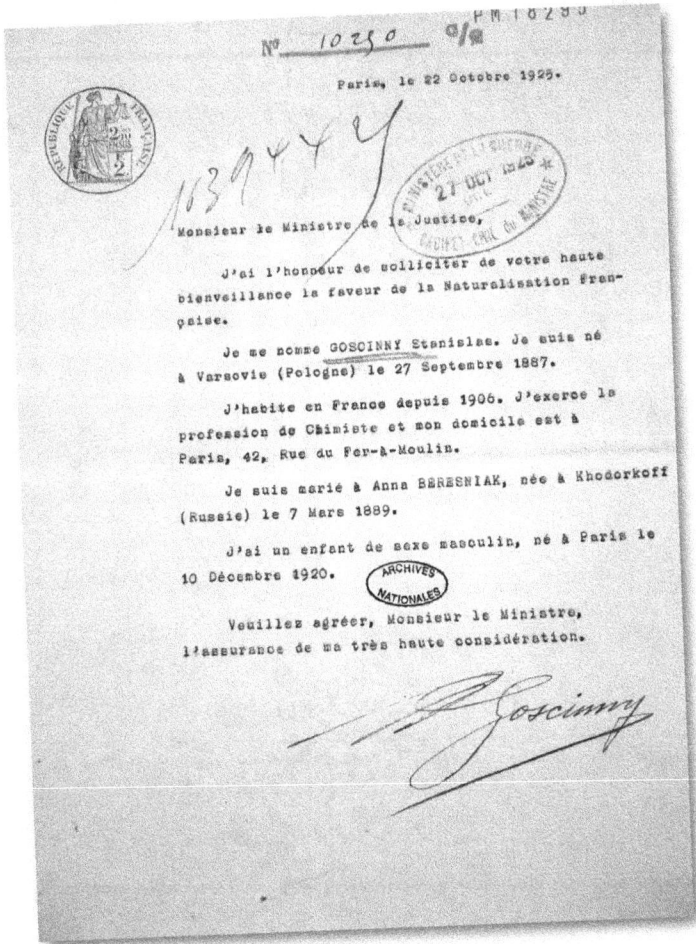

Lettre de Stanislas Goscinny qui sollicite sa naturalisation, en 1925.

Partie 3

1927-1945 :
de la loi libérale de 1927
aux dénaturalisations
de Vichy

1927-1945 :
de la loi libérale de 1927
aux dénaturalisations
de Vichy

1. La loi d'août 1927 :
« Augmenter notre population nationale »

Le 31 mars 1927, la Chambre des députés examine le projet de loi phare du début du siècle. La réforme du Code de la nationalité, jugé obsolète, datant de 1889. Laissons le rapporteur, M. André Mallarmé, présenter le débat :

> Si ces étrangers viennent à nous, s'ils acceptent notre nationalité, s'ils nous la demandent, nous n'avons vraiment aucune raison pour ne pas la leur accorder et ne pas en faire des Français comme les autres. Et nous pouvons le dire sans aucune humiliation, car ce geste des étrangers venant à nous est plutôt à l'honneur et à la gloire de la France. Et ce fut la préoccupation essentielle des auteurs de cette nouvelle loi: nous avons voulu augmenter notre population nationale[1].

Tout est dit. Le discours résonne avec une étrange force aujourd'hui. Il fut un temps où la France bénissait et appelait de ses vœux l'arrivée des immigrés. Pour une raison purement pragmatique. Elle avait besoin de bras costauds, de sang neuf et de ventres féconds. La Grande Guerre avait été une boucherie. 1,3 million de morts, sans compter les soixante-dix mille « sujets » venus des colonies. Il fallait repeupler le pays. Dès 1924, la France signe des accords avec l'Italie, la Tchécoslovaquie ou la Pologne. La main-d'œuvre débarque par convois entiers pour travailler dans les mines du Nord. La victoire du cartel des gauches en 1924 est décisive. Le bureau des naturalisations assouplit sa politique, regardant avec moins de sévérité les dossiers qui arrivent sur son bureau. Mais ce n'est pas assez pour être en phase avec un flux d'immigration de plus en plus important. Travailleurs polonais ou italiens, russes

---

1. Débats de la Chambre des députés, 13ᵉ législature. Cité dans *L'Immigration dans les textes,* Janine Ponty, *op. cit.*

chassés par la révolution bolchevique, arméniens, juifs de l'Europe de l'Est : ce sont pendant les années 1920 que tous les réfugiés, comme les Ginsburg, les Livi (Montand) ou les Aznavourian, débarquent en France.

La population étrangère passe de 1,5 million à 2,4 millions. Pourtant, seuls 20 000 d'entre eux font la demande d'une naturalisation. La procédure est complexe et onéreuse. Il faut avoir résidé dix ans en France. Et pouvoir débourser les droits du sceau, de 1 300 francs par personne, somme dissuasive s'il en est, représentant deux mois de salaire d'un ouvrier imprimeur ou d'un instituteur[2]. Petit détail : il n'y a aucune réduction pour les candidats très motivés qui ont déjà effectué une demande d'admission à domicile (procédure assez usitée avant 1927, elle permettait d'obtenir les même droits civils qu'un Français avec seulement trois ans de résidence) et ont déjà payé les droits du sceau. Ils doivent repasser à la caisse s'ils souhaitent être naturalisés ! Et puis les services du bureau du sceau, restés inchangés depuis 1914, sont complètement débordés. Des milliers de dossiers sont en souffrance, parfois depuis des années.

Il faut donc repenser entièrement le processus de naturalisation. Louis Barthou, le nouveau garde des Sceaux, s'y colle. Il recrute en quelques semaines quatre-vingts nouveaux fonctionnaires. Parallèlement, le projet de loi est peaufiné. Il est radical. Il réduit en effet de dix à trois ans la durée de résidence nécessaire pour postuler à la naturalisation. Ce qui revient à accorder la nationalité à des étrangers qui ne sont pas encore forcément totalement assimilés. La naturalisation accélé-

rera les choses, parient les législateurs de l'époque. Les critères changent. Priorité est désormais donnée au *paterfamilias*, ou au futur *paterfamilias*. L'objectif est de garnir les rangs d'enfants qui, grâce à l'assimilation, deviendront « d'excellents Français ». Autre évolution : la condition des femmes. Auparavant, ces dernières, si elles épousaient un étranger, perdaient leur nationalité française. Adèle Bouvier, la grand-mère lyonnaise de Nicolas Sarkozy, est devenue espagnole en épousant Benedict Mallah. Désormais, la femme peut conserver la nationalité française. À gauche comme à droite, les députés sont unanimes. Même des parlementaires de droite assez conservateurs vont voter le texte. À l'extrême droite, évidemment, la loi est rejetée. Ses membres jettent déjà les ferments de la fronde contre cette loi, considérée comme trop libérale. Le nombre de naturalisations double, passant d'une moyenne de dix mille à vingt-deux mille cinq cents en 1928 et 1929. Le journal *L'Action française* tire la sonnette d'alarme : « L'illusion qui s'imagine faire un Français de plus avec un décret inséré au bulletin des lois est parente de celle qui s'imagine faire de la richesse en manœuvrant la planche aux billets. Prenons garde à l'inflation de la nationalité et ne fabriquons pas des Français-papier[3]. » Bientôt, la crise économique des années 1930 viendra attiser les braises et soulever un vent anti-immigré qui fera le lit des lois de Vichy.

---

2. *Qu'est-ce qu'un Français*, Patrick Weil, Folio Histoire, 2002.

3. Cité dans *L'Immigration dans les textes*, Janine Ponty, *op. cit.*

2. 1940 : La commission de révision des naturalisations de Vichy

Les dossiers que nous avons rassemblés dans cette troisième partie témoignent de cette époque, à la fin des années 1920, où la France s'ouvre au monde. Il y a des Russes, des Polonais, des Italiens, des Espagnols, des Ukrainiens : la France devient la première terre d'asile de la planète. « Les États-Unis qui avaient à l'époque restreint les conditions d'entrée avec l'instauration de quotas, étaient bien moins généreux », rappelle l'historien Gérard Noiriel[4].

Certains dossiers reflètent la clémence relative du bureau du sceau, prompt à naturaliser de nouveaux citoyens, surtout s'ils sont pères de famille et s'ils ont des fils aptes au service militaire (par exemple les Uderzo ou les Livi). Mais l'ouverture est de courte durée. Dans les années 1930, le protectionnisme revient au galop, et il ne fait déjà pas bon exercer certains métiers considérés comme trop embouteillés : médecins, avocats, dentistes sont les plombiers polonais de l'époque. Comme en témoigne le parcours du combattant d'Abraham Drucker, qui doit s'engager à ne pas exercer la médecine pour être français…

Mais la véritable particularité de ces dossiers est qu'ils n'ont pas été clos le jour de la parution du décret de naturalisation. Dans la très grande majorité, on trouve, agrafé à la page de garde,

un petit papier, que nous avons appelé « papillon », avec un en-tête « Commission de révision des naturalisations ». Deux cases : retrait ou maintien. Et un tampon. Ce papillon à lui seul est un document historique inestimable. Il est la preuve matérielle de l'activité incessante de la très méconnue Commission de révision des naturalisations, instituée par la loi du 22 juillet 1940 par Vichy. Sa mission ? Réexaminer toutes les naturalisations acquises depuis la loi de 1927, accusée de tous les maux et notamment d'avoir créé trop de « Français-papier ». Pétain a pris les pleins pouvoirs le 10 juillet 1940. Moins de deux semaines après, cette loi est votée. C'est dire l'urgence du nettoyage pour les tenants de la révolution nationale. Sont donc « rouverts » tous les dossiers des naturalisés post-1927. Ce qui représente beaucoup de monde ! Sur la période 1927-1940, neuf cent mille personnes sont devenues françaises, dont environ cinq cent mille par naturalisation (le solde étant les femmes réintégrées et les enfants mineurs devenus français par déclaration). La commission semble avoir travaillé à la chaîne et avec méthode. Les dossiers litigieux, ceux dont la naturalisation avait été obtenue contre l'aval des services, faciles à retrouver, sont étudiés en premier (comme celui de Chagall). Ensuite, elle a remonté année après année, ce qui expliquerait peut-être que certains dossiers comme celui du père de Roger Vadim ou de Samuel Badinter, naturalisés en 1928, mais dont la demande a été enregistrée en 1926, aient échappé à l'examen[5].

Vichy est la seule période de l'histoire où il y eut plus de « dénaturalisés » que de naturalisés. Entre 1927 et 1940, pour deux cent soixante et un mille naturali-

---

4. Entretien avec l'une des auteures.

5. Le livre *Qu'est-ce qu'un Français*, de Patrick Weil, cite le chiffre étonnant de six cent soixante-six mille cinq cent quatre-vingt-quatorze dossiers traités fin 1944. Soit, à raison de douze réunions chaque mois, une moyenne de huit cent trente dossiers par réunion !

sations d'adultes, il y a seize déchéances de nationalité. Entre 1940 et 1944, pour environ deux mille naturalisations d'adultes, on comptera… quinze mille cent quarante-cinq dénaturalisés[6].

Le décret du 30 juillet 1940, signé par Raphaël Alibert, nomme dix membres de la commission, représentant différents ministères et le conseil d'État, ainsi que trois rapporteurs adjoints[7]. Même si le « secrétariat » est assuré par le bureau du sceau, il s'agit donc bien d'une instance interministérielle. La commission semble avoir travaillé de manière relativement indépendante par rapport aux autorités allemandes, qui, elles, militaient en faveur d'une dénaturalisation en bloc de tous les Juifs naturalisés depuis 1927. De fait, la commission semble avoir ses propres critères pour établir qui mérite d'être français. Ces critères ont-ils été formalisés noir sur blanc ? Où sont les procès-verbaux de toutes les délibérations ? Où sont les registres ? Mystère. Il existe peu de travaux sur cette fameuse Commission de dénaturalisation[8]. Ce n'est donc que par bribes que l'on peut tenter de reconstituer son histoire.

Les documents que nous avons exhumés en sont d'autant plus précieux : ils éclairent quelquefois de façon saisissante le fonctionnement de cette instance. Qui fait clairement le tri en fonction des origines raciales. Pour les non-Juifs, on ne requiert en général pas d'enquête. Les dossiers Uderzo, Livi ou Zitrone n'ont pas dû demander plus de quelques minutes de délibération avant de se voir confirmer leur maintien dans la nationalité française. Les Juifs, eux, ont un traitement spécial. Ils sont l'objet de bien des attentions. Il s'agit clairement de les trouver pour les rayer des registres nationaux. Active

dès l'automne 1940, la commission ne peut s'appuyer sur les recensements des préfectures (ultérieurs). Elle utilise donc des « indices », patronymes, actes de naissance religieux pour traquer les éléments « israélites ». Elle diligente des enquêtes de moralité à la police. De pure forme : ce qui compte vraiment, c'est l'origine. « Israélite, naturalisation sans intérêt national. » C'est par ce jugement sans appel que la commission a exclu de notre communauté nationale David Bienenfeld, l'oncle de George Perec, Marc Chagall et sa femme ou toute la famille Gainsbourg. Innovation juridique validée par le conseil d'État, il était en effet possible de dénaturaliser en même temps que les parents leurs enfants nés en France. Le gouvernement de Vichy ne veut pas séparer les familles…

On distingue plusieurs périodes dans l'activité de la commission. En 1940, le zèle est frénétique : le premier décret tombe dès le 1er novembre 1940. Il s'agit

––––––––––––––––

6. Voir l'article de Bernard Laguerre « Les Dénaturalisés de Vichy », revue *Vingtième Siècle*, numéro 20, 1988.

7. Voici la composition de la commission, selon les nominations du *JO* en 1940 :
Le président, Jean-Marie Roussel, deux vices-présidents, André Mornet et Raymond Bacquart. Les autres membres sont Cournet (vice-président de chambre à la cour d'appel de Paris), Guillon (conseiller à la cour d'appel de Paris), Roger (vice-président honoraire du tribunal de la Seine), Drapier (juge d'instruction adjoint au tribunal de la Seine), Du Sault (ministre plénipotentiaire, sous-directeur des chancelleries et du contentieux au ministère des Affaires étrangères), Fourcade (directeur adjoint au ministère de l'Intérieur, représentant du ministre secrétaire d'État à l'Intérieur), Jacques Marx (avocat à la cour d'appel de Paris), désigné sur la proposition du ministre secrétaire d'État à la Défense nationale), Charles Vallin, désigné sur la proposition du ministre à la Jeunesse et à la Famille. Des rapporteurs adjoints seront régulièrement nommés pour muscler les effectifs, une dizaine rien qu'en 1940.

8. Outre les documents inédits que nous avons rassemblés, nous nous sommes essentiellement appuyées sur l'article pionnier de Bernard Laguerre « Les Dénaturalisés de Vichy », ainsi que sur le chapitre consacré à Vichy de *Qu'est-ce qu'un Français*, de Patrick Weil, *op. cit.*

« d'épurer » la nation, ou, comme le déclarera plus tard son vice-président, le procureur Mornet, de procéder « à la recherche des éléments qui avaient contribué à la défaite ». C'est pendant cette première période que les dossiers Chagall ou Bienenfeld sont conclus par un avis de retrait. La frénésie expose aux gaffes. Des bourdes sont commises. Des prisonniers de guerre sont déchus. Et même des personnalités disposant d'importants appuis au gouvernement de Vichy. Elle a ainsi rejeté des « VIP » comme Georges Montandon, antisémite notoire qui recevra par la suite une lettre de soutien de Louis-Ferdinand Céline[9], bien placé pour décerner des brevets d'antisémitisme.

Pour éviter ce genre d'impairs, une procédure de recours est mise en place, afin de « redresser les erreurs qui avaient pu se glisser dans l'important travail d'épuration entrepris sous l'impulsion de la Commission de révision de naturalisation »[10]. C'est la procédure à laquelle vont faire appel les Bienenfeld, dénaturalisés au printemps 1941. Dans leur cas, seule leur fille Bianca en bénéficiera, car elle est mariée à un Français : on annule son retrait de nationalité. Il est en revanche maintenu pour les parents. Évidemment, l'examen de tous ces recours ralentit l'activité de la commission. D'autant qu'au bureau du sceau tous les agents ne sont plus aussi « zélés » : certains tentent de soustraire des dossiers de Juifs de leur quartier à l'examen de la commission[11]. Les autorités allemandes s'impatientent. Certains membres du gouvernement voudraient aller plus vite : le commissariat aux Questions juives milite pour que tous les Juifs naturalisés depuis 1927 soient dénaturalisés. René Bousquet demande la promulgation d'une loi et d'un décret. La loi est prête à être signée. Mais le maréchal Pétain fait volte-face à l'été 1943. Il renonce à la loi mais demande à la commission de relancer son activité de dénaturalisation. Le personnel du bureau du sceau est sensiblement augmenté. Et se livre de façon plus systématique au repérage des Juifs. Ce regain se traduit clairement dans les dossiers que nous avons examinés puisque la très grande majorité d'entre eux a été « pistée » à partir de septembre 1943.

L'activité se prolonge bien après le débarquement de juin 1944. Cela peut sembler *a posteriori* étonnant, mais l'abrogation de la loi de dénaturalisation n'a pas été évidente pour les combattants de la France libre. Lesquels ont toujours regardé de très près ces questions de nationalité. Dès 1940, le gouvernement provisoire exilé à Londres, pourtant réduit à sa portion congrue, avait reconstitué un mini bureau du sceau. Sur un cahier à spirale d'écolier sont ainsi consignées toutes les nouvelles naturalisations, décidées par les résistants : plusieurs jeunes femmes anglaises deviendront ainsi françaises par mariage pendant cette drôle de période.

Un cas particulier est réglé sans problème : celui des quatre cent quarante-six Français déchus pour avoir quitté la France avant le 30 juin 1940 sans l'autorisation de Vichy. Ces résistants de la première heure, qui faisaient l'objet d'une procédure de déchéance exceptionnelle, sont blanchis sans hésitation. En revanche pour les quinze mille cent quarante-cinq dénaturalisés de Vichy,

---

9. Cité dans *Qu'est-ce qu'un Français*, Patrick Weil, *op. cit.*

10. Lettre du garde des Sceaux au commissariat aux Questions juives, cité dans *ibid.*

11. Rapport Dautet, cité dans *ibid.*

la situation est plus complexe. Certains, au sein du comité juridique de la France libre, militent pour le maintien de la Commission de révision. Les discussions s'étendront jusqu'à mai 1944. Les partisans de l'abrogation emportent finalement le morceau. En août 1944, à la Libération de Paris, quand le gouvernement provisoire reprend ses fonctions, la loi de révision de naturalisation est donc théoriquement nulle et non avenue. Pourtant, au bureau du sceau, les dossiers de dénaturalisation ne sont pas détruits. Au contraire : ils sont réexaminés par une équipe de quatre magistrats. Ainsi, dans le cas de Chagall, la procédure est classée avec ce bref commentaire : « Artiste peintre de valeur. Est parti en raison de son ori-

gine raciale. » Idem pour Gainsbourg ou les Bienenfeld où un petit « à classer » est griffonné dans la marge du dossier. En revanche, une enquête de moralité est à nouveau commanditée pour la famille de Françoise Giroud. En novembre 1944 !

Quant aux membres de la commission, ils ont été relativement épargnés par les nouveaux gendarmes de l'épuration. Son président, Jean-Marie Roussel, conseiller d'État, est certes mis à la retraite en novembre 1944. En revanche, le vice-président, Mornet, est nommé… procureur au procès de Pétain ! Quant au troisième vice-président, Raymond Bacquart, jamais inquiété, il terminera sa carrière dans les années 1970.

[1928]
Samuel Badinter
et le garde des Sceaux

« J'espère que ce sera un garçon,
il pourra servir la France »

Il y a des mots apparemment banals qui peuvent devenir soudain émouvants. Prenez « garde des Sceaux », cette expression un peu pompeuse pour dire ministre de la Justice, passage obligatoire pour tous les requérants de la nationalité française. « À monsieur le garde des Sceaux », « À son excellence le garde des Sceaux » : combien de fois avons-nous trouvé ces formules de politesse dans nos archives ? Combien de fois sans s'arrêter, sans même plus les lire ? Et puis, un jour, vous ouvrez le dossier de Samuel Badinter. Un peu machinalement, vous allez à la lettre de demande et, aux premiers mots, vous êtes saisi d'un imperceptible vertige. « À monsieur le garde des Sceaux » : rien n'indique que Samuel Badinter, dit Simon, ressentit une émotion particulière lorsqu'il adressa, comme il est l'usage, sa lettre à la chancellerie en 1926. Mais on peut imaginer celle de son fils Robert lorsque, cinquante-cinq ans après, il fut nommé ministre de la Justice, lui, le fils d'étrangers, lui, le fils d'exterminé.

Samuel Badinter est né en Bessarabie, une province de l'Empire russe, en 1895. La région est surnommée le Yiddishland, les Juifs ne peuvent la quitter qu'avec une autorisation. Il a quitté son pays en 1919, à vingt-six ans. La Première Guerre mondiale puis la guerre civile : il a beau être du côté des révolutionnaires socialistes, comme bien des étudiants de son âge, Samuel est lassé par la violence. Tout ce sang versé. Sept ans plus tard, il écrit donc une première lettre au ministre de la Justice. Il détaille son parcours depuis son arrivée :

Paris, le 24 février 1926
À monsieur le garde des Sceaux
Monsieur le ministre,

Ayant l'intention d'élire définitivement domicile en France et espérant devenir dans un avenir aussi proche que possible citoyen français, je soussigné Samuel Badinter, citoyen russe, né le 20 septembre 1895 à Telenesty (Bessarabie), titulaire d'une carte d'identité nº 199 380 du 31 décembre 1925 renouvelée, délivrée par la préfecture de police à Paris, demeurant 10, rue Lauriston et ayant un commerce de pelleteries en gros, 11, cité de Trévise, ai l'honneur de solliciter de votre haute bienveillance, mon admission à domicilier en France.

J'ai quitté la Russie au commencement de la révolution bolchevique, en septembre 1919, et suis arrivé à Marseille le 16 octobre 1919 porteur d'un visa délivré sous le n° 9914 par le bureau de contrôle français à Constantinople le 10 octobre 1919.

Depuis mon arrivée en France, j'habite Paris avec une interruption pour l'année scolaire 1920 que j'ai passée à Nancy pour y suivre les cours de l'Institut commercial de l'université d'où je suis sorti avec le diplôme d'ingénieur commercial.

Je suis établi à mon compte, commerçant en pelleteries en gros, 11, cité de Trévise, inscrit au Registre du commerce du département de la Seine sous le n° 236 387.

Je suis en mesure de fournir le cas échéant toute référence sur mon honorabilité et ma moralité.

Je me suis marié le 7 juin 1923 à Fontenay-sous-Bois (Seine), livret de famille n° 10 043, avec Mlle Rosenberg Shiffra, de nationalité russe, résidant à Paris depuis 1912, née à Edinetz (Bessarabie) le 24 septembre 1899, titulaire d'une carte d'identité n° 1 923 979 délivrée par la préfecture de police, actuellement en instance de renouvellement.

Je suis père d'un garçon né le 27 avril 1925 à Paris.

J'ai été mobilisé le 15 mai 1915 et ai participé aux grandes offensives du général Broussiloff où j'ai été blessé.

Espérant que vous voudrez bien prendre ma demande en considération et favorablement, je vous prie d'agréer, monsieur le ministre, l'assurance de ma très haute considération.

Il s'agit alors de demander, non pas la nationalité française, mais l'admission à domicile, soit la possibilité de bénéficier des droits civils français tout en restant étranger. Cette procédure était accordée pour cinq années renouvelables. La procédure de l'admission à domicile

impose elle aussi une enquête de police. Dans le cas Badinter, le préfet rend un avis favorable.

M. Badinter Samuel, dit Simon, né le 26 septembre 1893 à Telenesty, russe, en instance d'admission à domicile, est marié avec une de ses compatriotes dont il a un fils en bas âge, né à Paris.

Incorporé dans l'armée russe en 1915 puis dans l'armée Denikine, le postulant fut blessé en 1917 en combattant contre les bolcheviques et soigné dans un hôpital d'Odessa[1]. Dès sa guérison, il fut employé à la Banque coopérative des paysans en cette ville jusqu'en 1919, époque à laquelle il fut embarqué à destination de Marseille par les soins des autorités françaises.

Actuellement directeur de la société Paris-New York, pelleteries en gros, 10, cité de Trévise, Badinter déclare gagner 100 000 francs par an.

Cet étranger étant honorablement connu, j'émets un avis favorable à l'admission de sa demande.

Pourtant, la demande de Samuel Badinter restera lettre morte. Et pour cause : un nouveau projet de loi est en préparation, qui rendra la naturalisation plus facile et fera tomber en désuétude la notion même d'admission à domicile. C'est la fameuse loi de 1927. Le chef d'entreprise reprend sa machine à écrire :

Paris, le 16 août 1927,

À monsieur le ministre de la Justice,
Monsieur le ministre,

J'avais fait en 1926 une demande d'admission à domicile qui est restée en suspens par suite du projet de loi sur les naturalisations[...]

J'ai rempli les conditions exigées en faisant naturaliser mon fils Claude, né à Paris le 27 avril 1925.

En conséquence j'ai l'honneur de vous

---

1. Cette version policière est bien éloignée de la réalité : si Samuel a combattu lors de la guerre civile, c'est contre l'armée blanche de Denikine, antisémite. Il a par ailleurs été blessé en 1916, alors qu'il combattait sur le front des Carpates avec l'armée impériale.

demander de vouloir bien examiner ma demande avec toute votre haute bien-veillance et de me faire acquérir le plus rapidement possible la qualité de Fran-çais.

Daignez agréer, monsieur le ministre, l'assurance de ma très haute considération.

Badinter

Sous la signature de Samuel, à la plume, deux lignes :

Je me joins à mon mari pour demander la naturalisation française,

Ch. Badinter

À peine quelques mois plus tard, nouvel avis du préfet : toujours favo-rable. Les Badinter sont naturalisés au mois de janvier 1928. Shiffra – qui se fait appeler Charlotte – se rend au commis-sariat pour chercher le décret[2]. Elle est très jolie… mais aussi très enceinte. Le policier qui lui remet les papiers engage la conversation. « Il va naître français, dit-il en montrant son ventre. J'espère que ce sera un garçon ; il pourra ser-vir la France. » Deux mois plus tard, le 30 mars 1928, elle donne effectivement naissance à un petit Robert. Qui ser-vira la France, effectivement, en deve-nant garde des Sceaux et président du Conseil constitutionnel. Pour l'heure, Robert est le seul Français né français de la famille. « Je suis vraiment un fils d'immigrés de la première génération », a l'habitude de dire le sénateur. Comme souvent, la famille veut s'intégrer à tout crin. On gomme toutes les traces de la vie d'avant. La langue par exemple. Interdit de parler russe à la maison ! Sauf, bien sûr, lorsque les parents sou-haitent ne pas être compris par les enfants… Claude et Robert apprennent

Lettre de demande de naturalisation de Samuel Badinter, le père de Robert Badinter.

bien le russe mais à l'école Berlitz, pas avec leurs parents. Le reste, c'est l'école républicaine qui le leur apprend. Ils lui doivent tout, disent-ils, c'est elle qui fera d'eux de parfaits Français.

La naturalisation n'est pourtant pas une protection. Certes le dossier a visiblement échappé à la funeste Com-mission de révision, peut-être parce qu'il avait été enregistré par le bureau du sceau en 1926, avant donc la fati-dique date de 1927. Samuel, devenu

---

2. Robert Badinter raconte cette scène dans le film de la collection Empreintes qui lui est consacré, *La Justice et la Vie*, de Joël Calmettes.

Simon pour tous, est resté français et c'est comme Juif français qu'il est arrêté à Lyon le 9 février 1943, rue Sainte-Catherine. Le jeune Robert, qui a quatorze ans, réussit à échapper à la rafle. Les quatre-vingts autres n'auront pas sa chance. Parmi eux, son père, Samuel, dont l'ordre de déportation est signé par le chef de la Gestapo de Lyon, Klaus Barbie. Il est emmené au camp de Sobibor en Pologne. Il n'en reviendra pas. Sa femme et ses enfants se cachent en Savoie. Avec des faux-papiers, au nom de Berthet. Deux jours avant sa nomination par François Mitterrand, en juin 1981, Robert Badinter prononcera sa dernière plaidoirie, contre Robert Faurisson le négationniste. Puis il s'installera place Vendôme. Un jour de 1984, il effectuera une démarche un peu spéciale. Le ministre souhaite consulter les archives. Se plonger dans l'histoire de ses parents. Le dossier de naturalisation de son père en porte trace. Dernière ligne de sa page de garde :

M. le garde des Sceaux, ministre de la Justice. Copie du dossier. 16 avril 1984.

Il y a des mots apparemment banals qui peuvent devenir soudain émouvants.

Ce qu'en dit Robert Badinter.

Je suis né français de parents français, de justesse, puisqu'ils ont été naturalisés juste avant ma naissance. J'ai gardé le décret de naturalisation de mes parents. Il constitue mon patrimoine familial : il est encadré et accroché au mur de mon bureau. Cela représentait tant pour mon père. Il parlait un français extrêmement raffiné, le français des philosophes des Lumières. Ma mère n'avait aucun accent, alors que j'entends encore celui de mon père. Il mettait la culture française au-dessus de tout. Il était plus républicain que les républicains. Il avait un amour intense pour la France. La défaite de 1940 fut pour lui une véritable catastrophe : il n'imaginait pas que l'armée française pût perdre.

[1928]

David Bienenfeld, Georges Perec et la grande hache de l'histoire

« *Israélite, pas d'intérêt national* »

« Je n'ai pas de souvenirs d'enfance » : je posais cette affirmation avec assurance, avec presque une sorte de défi. L'on n'avait pas à m'interroger sur cette question. Elle n'était pas inscrite à mon programme. J'en étais dispensé : une autre histoire, la grande, l'histoire avec sa grande hache, avait déjà répondu à ma place : la guerre, les camps.

(*W ou le Souvenir d'enfance*, 1975[1])

C'est l'histoire d'un enfant que l'histoire, donc, avec sa grande hache, ampute. Son père d'abord, tac, mort à la guerre. Sa mère, ensuite, pffuit, déportée sans retour. C'est l'histoire d'un garçon de cinq ans qui plus tard écrira *La Disparition*, un livre sans E, un livre sans eux. Georges Perec est né Peretz le 7 mars 1936, enfant de Belleville, le quartier populaire de l'Est parisien. Ses parents, Icek (on l'appelle André) et Cyrla (on l'appelle Cécile), sont de Pologne. Ils sont juifs et meurent tous les deux à moins de trente ans, lui en juin 1940 alors qu'il est engagé volontaire contre l'Allemagne, elle en 1943 à Auschwitz. Tout pourrait être dit. Le reste est dérisoire. Pourquoi chercher, pourquoi fouiller ? Pourquoi exhumer les traces douloureuses de ces temps où la grande hache s'abattait sur un tout petit garçon ? Peut-être pour rappeler que derrière chaque décision se trouvent des hommes, avec leurs petites haches. À ce titre, le dossier du futur père adoptif de Georges Perec, parce qu'il fourmille de pièces, est riche d'enseignements. On y croise une épicière yiddish de Belleville, des perles précieuses, la Croix-Rouge, Simone de Beauvoir, un certain M. Papon et un futur génie de la langue française.

David et Chaja-Esther Bienenfeld sont les oncles et tantes de Georges Perec. Chaja-Esther est née Peretz. Son frère André a francisé leur nom en Perec. Le parcours du couple ressemble à celui de beaucoup d'immigrants de l'est de l'Europe dans les années 1920. Leur fille aînée, Bianca, le racontera plus tard dans un livre qui est une ressource précieuse pour qui veut compléter le dossier d'archives[2] et que nous citerons abondamment :

---

1. *W ou le Souvenir d'enfance*, Georges Perec, éditions Denoël, 1975.
2. *Mémoires d'une jeune fille dérangée*, Bianca Lamblin, Balland, 1990.

Lorsque j'eus quinze mois, mes parents quittèrent la Pologne pour Paris, sans espoir ni désir de retour. Un oncle, Jacques Bienenfeld, négociant heureux en affaires, voulait développer son commerce de perles fines d'Orient. Il proposa à plusieurs de ses parents polonais ou autrichiens, portant comme lui le nom de Bienenfeld, de venir le rejoindre en France pour travailler dans la société qu'il avait fondée. Mon père venait de terminer à Vienne ses études de médecine : il hésita beaucoup à abandonner la carrière médicale, dont il savait pourtant qu'elle avait de fortes chances de présenter pour lui, en tant que Juif, de grandes difficultés. Finalement il accepta l'offre de mon oncle.

Pauvrement logée à son arrivée à Paris, la famille prend des cours de français chez Berlitz pour accélérer son intégration. Sa situation s'améliore vite, David Bienenfeld grimpe dans l'entreprise de son cousin jusqu'à en devenir directeur. Une deuxième fille, Ela, naît en 1927. Ce sont les années de tous les possibles. Comme beaucoup d'étrangers, ils bénéficient de la loi de 1927 réputée « libérale ». David Bienenfeld remplit leur dossier de naturalisation en décembre, deux jours avant Noël. Il déclare alors gagner « 60 000 francs par an » et être fixé « d'une façon définitive en France où le retiennent toutes ses sympathies et ses intérêts d'avenir et de famille ». La demande est une formalité. En février 1928, à peine deux mois après son dépôt, les Bienenfeld sont naturalisés. « Nous devînmes donc français et c'est française que je me suis toujours sentie », écrit Bianca.

La vie se déroule alors comme elle doit se dérouler pour une famille aisée de l'entre-deux-guerres parisien. Le père est devenu fondé de pouvoir dans l'entreprise de négoces de perles.

Bianca, la fille aînée, est élève au lycée Molière. Elle étudie le piano et adore, en hiver, aller skier. À la rentrée 1937, une nouvelle professeur de philosophie se présente au lycée. Elle est très jeune, son visage parfaitement ovale est entouré d'une natte. Elle parle trop vite mais ses raisonnements sont captivants. Elle s'appelle Simone de Beauvoir. Bianca est fascinée. Une relation se noue entre elles. Amicale d'abord, amoureuse très vite, et trouble ensuite, lorsque le Castor présente Sartre à Bianca. Le philosophe a trente-quatre ans, la jeune fille en a dix-sept. Une histoire à trois commence, Bianca passant de l'une à l'autre avec l'innocence de son adolescence, grisée par les lettres que les deux intellectuels lui envoient. L'histoire s'arrêtera avec la guerre, Sartre et Beauvoir rompant avec la jeune fille au moment où l'étau nazi se referme sur sa famille. La vie bascule très rapidement. Mme Bienenfeld part avec les enfants à Quimper alors que David, le père, à quarante-sept ans, est mobilisé quelques semaines dans une unité médicale.

Mes parents, il faut le savoir, écrit encore Bianca, étaient absolument irréligieux, décidément athées ; ils avaient milité dans des groupes de Juifs socialistes dans leur jeunesse en Pologne et n'éprouvaient que méfiance envers les synagogues et les rabbins. En France, je n'avais aucun contact avec le judaïsme traditionnel, sauf lorsque j'allais voir mes grands-mères. Avec ma grand-mère paternelle, je tentais de communiquer en polonais : chez elle j'avais vu les préparatifs du shabbat, les jolies bougies sur le manteau de la cheminée... Mon autre grand-mère (qui était en même temps celle de Georges Perec) tenait une toute petite épicerie à Belleville, je la voyais peu, toujours dans sa boutique où l'on ne parlait que le yiddish auquel je n'entendais goutte.

Avis de retrait de la famille Bienenfeld. En haut à droite, au crayon, le mot « Juif ».

64° Séance du 11 Décembre 1940

Avis de Retrait
—

53552×28   Bienenfeld (David), fondé de pouvoir, né le 22 Mars 1893 à Katusz (Pologne), demeurant à Paris, rue Charles Dickens n° 1, naturalisé français par décret du 28 Février 1928 publié au J.O. le 11 Mars 1928, israélite, pas d'intérêt national.

et

Pérec (Chaja Esther), épouse du président, née le 12/24 Octobre 1896 à Lubartow (Pologne), demeurant à Paris, rue Charles Dickens n° 1, naturalisée française par le même décret

et leurs enfants:

{ 1°) Bianka, née le 29 Avril 1921 à Lublin (Pologne)

2°) Ela, née le 9 Octobre 1927 à Paris.

devenues françaises par la naturalisation des parents

RETRAIT Décret du 21 MARS 1941
J.O. du 7 AVR 1941

Notifié le

} Décret de Retrait rapporté 2 8 JUIN 1941
concernant Bienenfeld (Bianka) épouse Lamblin
} Publié au J.° du   4 Aout 41

Décret de rapt
24 NOV 1941

Notifié le   2 3 SEPT 1941

Recours gracieux
concernant les époux Bienenfeld, et leur fille Ela.

Autant dire que les Bienenfeld ne se sentent pas juifs. Pourtant, à partir de juin 1940, c'est cette identité à laquelle ils sont assignés. David sent les vents mauvais arriver. Son beau-frère, André Perec, est tué au combat le 19 juin. Il laisse une femme et un orphelin, Georges, quatre ans. Lorsque le 2 octobre 1940 une ordonnance allemande exige des Juifs qu'ils se déclarent aux autorités, David Bienenfeld hésite longuement. Il sait que le recensement, la désignation précèdent toujours les persécutions. Il finit par se rendre au commissariat. Mais sa confiance en l'État français est limitée. Il entame des démarches pour tenter de se rendre aux États-Unis, qui échouent. Lui vient alors une idée. Il a appris que le mariage avec un citoyen américain donnait le droit de résider aux États-Unis. Il envisage de faire contracter un mariage blanc à sa fille Bianca. Celle-ci a alors une relation avec Bernard Lamblin, un ancien élève de Sartre avec qui elle étudie la philosophie. Peu importe. Son père insiste : il faut qu'elle épouse un Américain. Il en trouve un, jeune, vivant à Montparnasse. Lui achète un costume, lui donne de l'argent et publie les bans. Mais, à l'heure dite, le futur marié ne se présente pas à la mairie. La noce est annulée. « On apprit plus tard qu'il s'était saoulé avec l'argent de mon père et qu'à l'heure du mariage il dormait », précise Bianca, soulagée de ne pas se lier avec un inconnu. Ses parents restent inquiets. La menace se rapproche. Il faut qu'elle change de nom. Faute d'Américain, qu'au moins le patronyme sonne France éternelle. Lamblin, Bernard Lamblin... Et si le copain de fac faisait l'affaire ? Bianca va plaider sa cause auprès de Bernard et de ses parents. Qui acceptent l'union. Le mariage est célébré le 12 février 1941, sans flonflon ni cérémonie.

David avait eu le nez creux. À peine un mois plus tard, le jour du printemps 1941, le 21 mars, un décret est publié concernant la famille : tous se voient retirer la nationalité française. Pourquoi ? Ils sont « juifs » ! Armés d'un zèle scrupuleux, les membres de la Commission de révision des naturalisations sont chargés de réexaminer tous les dossiers des personnes naturalisées depuis 1927. Le cas des Bienenfeld est regardé à la loupe dès l'installation de la commission. Fait rare, un grand nombre de documents résumant les travaux de cette commission figurent dans le dossier que nous avons retrouvé. Ils le rendent d'autant plus précieux.

Un premier document, daté de décembre 1940, est intitulé Avis de retrait. Le mot « Juif » est écrit en haut à droite, au crayon de papier. Plus bas sur la page, quelques mots entourés : « Israélite, pas d'intérêt national. » Une seconde page, datée du même jour, détaille le dossier. Le fonctionnaire récapitule. Les points positifs ne manquent pas :

> Bons renseignements à cette époque [de la naturalisation, NDA]... L'oncle du pétitionnaire est chevalier de la Légion d'honneur. Il a été mobilisé comme médecin militaire.

Pourtant, un mot suffit à dénaturaliser : « israélite ». Le rédacteur précise que David Bienenfeld « avait demandé à s'appeler Binelle ». Quant à Bianca, son mariage avec « un Français » (comme si elle ne l'était pas) est souligné. David, son père, avait vu juste. Il ne baisse pas pour autant les bras et décide de contester ce retrait. Dans sa grande magnanimité, la commission a décidé d'accorder le droit aux citoyens déchus de déposer un recours gracieux, pour réparer les erreurs commises dans « le travail d'épuration » selon les mots de son vice-président. C'est donc au garde des Sceaux que David adresse une lettre le 23 avril 1941. Elle est tapée à la machine et écrite à la troisième personne. Nous en avons choisi des extraits :

M. David Bienenfeld et sa famille ont eu la douloureuse surprise d'apprendre que par décret du 21 mars publié au *Journal officiel* du 7 avril, la nationalité française qui leur avait été conférée par décret du 28 février 1928 [...] leur avait été retirée en vertu de la loi du 22 juillet 1940. M. David Bienenfeld ne peut pas s'expliquer une pareille mesure prise à son égard [...] Issu d'une très honorable famille, il avait suivi ses études de médecine et avait passé avec succès son doctorat à Vienne en avril 1922. Il aurait donc dû, en raison du diplôme qu'il avait obtenu, se consacrer dans son pays d'origine à la profession qu'il avait adoptée par vocation, mais il fut sollicité par un de ses cousins, Jacques Bienenfeld, chevalier de la Légion d'honneur [...], de venir collaborer avec lui [...]

C'est à raison de l'essor de l'entreprise de M. Jacques Bienenfeld que M. David Bienenfeld fut appelé à devenir son fondé de pouvoir en 1925. En 1928, il était désigné comme l'un des administrateurs de la Société anonyme Jacques Bienenfeld. En 1933, il devint administrateur unique et directeur technique de cette société qui sous son impulsion a joué un grand rôle au point de vue de l'industrie parisienne puisque c'est M. David Bienenfeld qui aurait mis au point le perçage, le travail et le polissage de la perle à Paris, travail qui ne se faisait avant qu'exclusivement aux Indes [...]

M. David Bienenfeld ne croit pas avoir démérité de la confiance des autorités françaises.

Il s'est soumis aux lois de recrutement ainsi qu'en fait foi son livret militaire [...] Il a été appelé sous les drapeaux [...] Il y

a rempli son service jusqu'au 9 janvier 1940, date à laquelle il a été démobilisé comme appartenant à la plus ancienne classe de la 2e réserve (classe 1909) [...]

Si M. David Bienenfeld personnellement s'est toujours comporté d'une manière correcte et en bon citoyen, sa femme a servi pendant la guerre comme infirmière [...] Mme David Bienenfeld a perdu son frère André Pérec qui est mort pour la France le 19 juin 1940, et elle s'est chargée de l'éducation de son neveu orphelin de cinq ans.

Mlle Bianca Bienenfeld, licenciée en philosophie, est mariée à M. Bernard Lamblin, également licencié en philosophie, actuellement candidat à l'agrégation, fils de M. Henri Lamblin, ingénieur [...]

En alliant une de ses filles à une très ancienne famille française, M. David Bienenfeld n'a pu que donner une preuve nouvelle de son attachement à sa patrie d'adoption [...]

Il est à remarquer que si la mesure prise à l'égard de M. David Bienenfeld, qui l'a jeté dans la plus grande consternation, était maintenue, on arriverait à cette conséquence singulière au point de vue juridique en ce qui concerne sa fille Bianca, une Française lors de son mariage, elle n'avait pas eu à souscrire la déclaration d'adoption pour la France en se mariant avec un Français et que si aujourd'hui le décret de dénaturalisation était maintenu, elle se trouverait étrangère mariée à un Français sans pouvoir adopter la nationalité de son mari.

M. David Bienenfeld est donc persuadé qu'un nouvel examen de sa situation fera rapporter le décret qui lui a retiré, ainsi qu'à sa famille, le bénéfice de la nationalité française.

« Elle s'est chargée de l'éducation de son neveu orphelin de cinq ans » : voici comment, au détour d'une phrase, apparaît Georges Perec dans ce dossier. Moins d'un mois après cette demande de réexamen, comme s'il y avait urgence, la réponse tombe. Elle figure sur ce que nous appelons le « papillon »,

cette petite fiche, agrafée à
la première page du dos-
sier. Elle nous renseigne
sur la date, le 10 mai 1941
au matin, où se tint la
séance durant laquelle leur
cas fut évoqué une seconde
fois. Elle est toujours signée
par le secrétaire de séance.
Ici, le nom nous arrête.
En haut à droite du docu-
ment, on lit distinctement
« M. Papon ». S'agissait-
il de Maurice Papon ou
d'un homonyme? Avant
d'être nommé secrétaire
général à la préfecture de
la Gironde (d'où partiront
onze convois, mille six cents
Juifs, pour Drancy), celui-
ci fut nommé en mars 1941,
soit deux mois avant cet avis,
directeur de cabinet de Maurice Sabatier, secrétaire général pour l'administration. À
ce titre, il aurait tout à fait pu
participer aux travaux de la
Commission de révision des
naturalisations, composée de
dix membres nommés par le
gouvernement, représentant
différents corps et ministères.
Sans compter la dizaine de rapporteurs adjoints, également
présents en séance. Un indice
qui nous a troublées: la signature res-
semblait étrangement à celle du secrétaire général de la Gironde. Mais après
avoir dépouillé tout le *Journal officiel*
de l'année 1940, nous avons découvert
la nomination d'un Gabriel Papon,
juge d'instruction, comme rapporteur
adjoint de la commission. Le M. se
lirait donc comme « monsieur » et non
comme « Maurice »…

Qu'importe le signataire. Pour les Bienenfeld, tout est déjà écrit, noir sur blanc, formules glaciales et alambiquées. Le 10 mai 1941, le rapport conclut donc :

Avis de retrait du retrait en ce qui concerne la fille mariée à un Français (Bianca Lamblin).
Maintien du retrait pour reste famille.

Plus d'ambiguïté possible : désignés comme juifs et désormais apatrides, les Bienenfeld sont en danger. Laissons encore à Bianca le soin de raconter la suite. Elle nous renseigne sur les derniers mois du petit Georges avec sa mère :

C'est après avoir par miracle échappé à l'arrestation en juin 1941 que mon père accepta enfin de partir. Une vérification d'identité avait eu lieu à la station de métro Cadet, station où il descendait tous les jours pour aller au bureau. La police interpellait tous les voyageurs, vérifiait leurs papiers et embarquait ceux qui lui paraissaient juifs. Par bonheur, ce jour-là, il avait rendez-vous avec un ami et il s'était arrêté à la station précédente. Cette fois il eut vraiment peur et se résigna à quitter ses affaires. Il partit pour Villard-de-Lans, avec ma mère et ma sœur [...]

Les trois pages de la lettre de recours de David Bienenfeld, l'oncle de Georges Perec, contestant sa déchéance de nationalité.

Bernard et moi restions seuls à Paris, enfin pas vraiment seuls puisque [...] mes grands-parents maternels ainsi que ma tante Cécile, la mère de Georges Perec, vivaient pauvrement à Belleville. Ma grand-mère y tenait toujours sa minuscule épicerie juive, mon grand-père marmonnait dans sa barbe en allant à la synagogue et discutait en yiddish avec ses amis, selon son habitude. Cécile avait dû abandonner son activité de coiffeuse, faute de clients, pour travailler dans l'usine Jaz de Suresnes. Une fois installée à Villard-de-Lans, ma mère offrit à sa belle-sœur de faire venir le petit Georges à la montagne et de veiller sur lui. Ma mère était très attachée à Georges, fils de son jeune frère dont elle s'était beaucoup occupée. Ma tante hésita longtemps ; elle était très affectée par la mort de son mari, engagé volontaire dans un régiment étranger, tué sur le front quelques jours avant l'armistice. Se séparer de son fils lui paraissait impossible. Finalement, elle accepta, pour sauver l'enfant, car les menaces, particulièrement dans ce quartier de Belleville, se faisaient plus précises. Un soir de novembre 1941, Cécile et moi avons conduit Georges à la gare de Lyon ; il avait cinq ans et demi et ne se rendait pas bien compte de ce qui se passait. Sa mère lui avait acheté un magazine de Charlot [...] ; il portait autour du cou une pancarte sur laquelle étaient inscrits son nom et sa destination. Les dames de la Croix-Rouge convoyaient ces enfants qui étaient tous, en principe, « fils de tués » [...] Cécile et toute sa famille furent arrêtés au cours de la grande rafle qui eut lieu dans l'est de Paris en juillet 1942. Cécile (Cyrla Perec) a été déportée à Auschwitz par le convoi n° 47 du 11 février 1943.

Plus tard, les Bienenfeld quitteront Villard-de-Lans pour la Chapelle-en-Vercors où ils participeront, selon le témoignage de Bianca, aux combats contre les Allemands. Ils ont laissé le petit Georges en pension au Clocher.

Monsieur David BIENENFELD est donc persuadé qu'un nouvel examen de sa situation fera rapporter le décret qui lui a retiré, ainsi qu'à sa famille, le bénéfice de la nationalité française.

C'est pourquoi il vous demande acte de ce qu'il exerce le recours prévu par la loi et vous prie d'agréer, Monsieur le Ministre, l'assurance de son profond respect.

PARIS le 23 avril 1941.

D. Bienenfeld

E. Bienenfeld née Perec.

B. Lamblin née Bienenfeld

91

Ils ne l'adopteront qu'après la guerre, en 1945. Une fois acquise la terrible certitude : Cécile, sa mère, ne reviendrait pas.

Un dernier document avant de fermer le dossier Bienenfeld : une feuille sans en-tête, intitulée Déchéance et datée du 22 et du 24 novembre 1944. Difficile de savoir de qui elle émane. Probablement pas de la Commission de révision qui a cessé ses travaux en juin de cette même année. Peut-être du nouveau bureau du sceau ? D'une claire écriture ronde, le rédacteur rappelle en quelques lignes les terribles années que vient de passer la famille, de sa naturalisation au retrait collectif de sa nationalité. À la rubrique « Renseignement » il signale juste : « A été mobilisé aucun renseignement défavorable. » Puis il écrit « Proposition de classer » et signe.

Deux jours plus tard, une autre main, écriture inclinée, confirme d'un très sobre : « Approuvé. »

Je ne sais pas très précisément ce que
c'est qu'être juif
ce que ça me fait que d'être juif
c'est une évidence, si l'on veut, mais une
évidence médiocre, qui ne me rattache
à rien ;
ce n'est pas un signe d'appartenance,
ce n'est pas lié à une croyance, à une
religion, à une pratique, à un folklore,
à une langue ;
ce serait plutôt un silence, une absence,
une question, une mise en question,
un flottement, une inquiétude :
une certitude inquiète,
derrière laquelle se profile une autre certitude,
abstraite, lourde, insupportable :
celle d'avoir été désigné comme juif,
et parce que juif victime,
et de ne devoir la vie qu'au hasard
et à l'exil[3].

---

3. *Ellis Island*, Georges Perec, Pol, 1995.

[1928]

Igor Plemiannikov,
père de Roger Vadim

« *Un étudiant du plus grand mérite* »

*Igor Plemiannikov,
père de
Roger Vadim.*

Il a l'écriture déliée des gens biens nés. Igor Plemiannikov a vingt-trois ans lorsqu'il s'adresse au bureau du sceau pour solliciter sa naturalisation française. Issu de l'aristocratie russe, celle dépeinte dans *Guerre et Paix* par Tolstoï, il parle un français parfait – sa gouvernante est parisienne –, il s'est engagé dans l'armée Wrangel à quatorze ans pour combattre les bolcheviques. Fait prisonnier et condamné à mort, il s'est enfui la veille de son exécution et a rejoint sa famille réfugiée à Varsovie. Puis a retrouvé la France en octobre 1924[1]. Le jeune homme se destine à la carrière de diplomate, il est étudiant à l'École nationale des langues orientales. Il est bardé de recommandations. Il a de la chance: Paul Boyer, son protecteur, administrateur à l'École nationale des langues orientales connaît visiblement Robert Dreyfus, directeur du service de naturalisation au ministère de la Justice (celui-là même qui intervient en faveur de Joseph Kessel, naturalisé en 1926).

Paul Boyer à M. Dreyfus.
8 mai 1926
Monsieur le directeur,

D'accord avec notre commun ami, M. Grunebaum-Ballin, ou plus exactement sur son conseil même, j'ai l'honneur de bien vouloir vous demander d'accorder audience à l'un de nos meilleurs élèves, le jeune Plemiannikov, de nationalité russe, lequel désire solliciter la naturalisation française. Ce jeune Plemiannikov est un garçon tout à fait intéressant, digne de toute estime, de toute confiance. Intelligent, instruit, très travailleur. Ses maîtres le considèrent comme l'un de leurs meilleurs élèves. C'est de toute tranquillité de conscience que je le recommande à votre bienveillance.

P.-S.: en raison de son âge (vingt-trois ans), M. Plemiannikov serait heureux que les formalités fussent hâtées de telle sorte qu'il puisse sans trop attendre accomplir son devoir militaire français.

La réponse arrive un an après. Cela peut paraître long, mais à l'échelle du bureau du sceau, submergé par les demandes de dossier, le délai est raisonnable.

---

1. *Mémoires du diable*, Roger Vadim, Stock, 1975.

M. le directeur du bureau du sceau à Paul Boyer, administrateur de l'École nationale des langues orientales.

Paris, 10 mai 1927

Vous avez bien voulu appeler mon intérêt sur le jeune Plemiannikov, de nationalité russe qui désire solliciter la naturalisation française. M. Plemiannikov pourra se présenter au service des naturalisations tel jour qui lui conviendra en principe de 10 heures à midi et de 3 heures à 5 heures. Sur la présentation à l'huissier de la présente lettre il sera introduit dans mon cabinet. Vous pouvez être assuré qu'en raison des indications très favorables que vous voulez bien me donner sur cet impétrant sa demande sera examinée avec la plus grande bienveillance.

Le jeune Igor se présente effectivement en juin 1927 rue de l'Université. Tout se passe à merveille, le garçon sait parler. Le piston ne peut cependant faire fi des procédures. Désormais, il ne suffit plus de solliciter le bureau du sceau, il faut également, pour qu'une demande soit considérée comme valide, remplir un dossier auprès de la préfecture de police. Igor se rend donc au commissariat. Et là, c'est un peu plus délicat. Fait assez inhabituel pour son âge et pour l'époque, il est mentionné qu'il a « été marié le 11 août 1924 à Brest Litovsk (juste avant de partir en France) mais vit séparé de fait depuis un an d'avec sa femme ». De plus, le jeune homme « vit maritalement avec Ardilouze Marie, divorcée Arnandel, française, dont il a un fils, Roger, né en janvier 1928 à Paris ». Roger qui deviendra plus tard Roger Vadim. Le créateur de *Et Dieu créa la femme* ne semble pas savoir qu'il est né hors mariage. Il résume ainsi la rencontre de ses parents dans son autobiographie :

À l'École des langues orientales, Igor jeune émigré qui vient d'être naturalisé français rencontre Marie-Antoinette, une étudiante qui apprend le russe pour lire Tchekhov dans le texte. Ils sont beaux, ils s'aiment, ils se marient et le 26 janvier 1928 Marie-Antoinette présente à Igor leur premier-né, un assez gros bébé qui porte le nom de Roger Vadim Plemiannikov[2].

Le fonctionnaire au commissariat n'est pas tendre pour le candidat qui se présente devant lui en ce printemps 1928. Le jeune homme élégant était-il trop sûr de lui? L'a-t-il agacé?

Pour quel motif le postulant demande la naturalisation? Pour pouvoir rester définitivement en France.
Paraît-il avoir perdu tout esprit de retour dans son pays? On l'ignore.

Avis motivé

Le pétitionnaire ne paraît pas invoquer de motifs particulièrement sérieux pour sa naturalisation. D'autre part il déclare ne pouvoir verser aucune somme d'argent pour les droits du sceau, dans ces conditions je ne puis qu'émettre un avis défavorable.
Signé le commissaire de police, le 16 mars 1928.

Gageons que le commissaire n'avait pas eu vent des recommandations favorables du candidat! Paul Boyer de l'École des langues orientales s'est en effet fendu d'une nouvelle missive à l'attention du service des naturalisations en novembre 1927.

L'administrateur soussigné a l'honneur de recommander à la sollicitude de M. le chef de service du bureau des naturalisations, M. Plemiannikov, étudiant à l'École nationale des langues orientales, demeurant à Paris. M. Plemiannikov, qui s'est déjà présenté au service des naturalisations en juin dernier et y a trouvé l'accueil le plus bienveillant, est un étu-

Lettre manuscrite de demande de naturalisation d'Igor Plemiannikov, le père de Roger Vadim.

Roger Vadim enfant avec sa mère et sa sœur.

2. *Ibid.*

94

Plemiannikov

E - 0 1 8 1 6

Paris le 8 Mars 1928

À Monsieur le Garde
des Sceaux Ministre
de la Justice.

J'ai l'honneur de sol-
liciter de votre haute
bienveillance la natu-
ralisation française.
— Sujet russe, émigré
en France depuis octobre
1924 ; je suis étudiant à
l'École Nationale des Langues
Orientales.
Veuillez agréer, Monsieur
le Ministre, l'assurance
de mes sentiments les plus
respectueux.
J. Plemiannikov

59, rue du
Cardinal Lemoine Paris V

diant du plus grand mérite et pleinement digne d'être encouragé et soutenu de toutes manières.

Le 6 juin 1928, miracle, l'avis du préfet de police est d'une tout autre teneur que celui de son commissaire :

M. Plemiannikov Igor, russe, en instance de naturalisation, réside en France depuis 1924. Il déclare avoir servi dans l'armée Wrangel. Cet étranger est séparé de fait d'une de ses compatriotes dont il n'a pas eu d'enfant. D'une liaison avec une Française qu'il aurait l'intention d'épouser ultérieurement est issu un fils en bas âge, né à Paris. Étudiant à la faculté de lettres, le postulant fait l'objet de bons renseignements. Il bénéficie d'une bourse mensuelle de 475 francs du comité américain Wittmare. Il gagne 500 francs par mois comme traducteur. Tenant compte de ses services militaires éventuels, j'estime que sa demande peut être accueillie.

Le tout avec l'en-tête « Urgent, service militaire », un sésame pour le bureau du sceau.

L'effet est radical. Dans le dossier, l'avis motivé du commissaire est vertement contredit.

Plemiannikov, vingt-quatre ans, étudiant russe, séparé de sa femme russe. Pas de condamnation. Est en âge d'accomplir son service militaire. Avis favorable du préfet de police. Proposition de naturaliser avec une remise de 19/20 des droits du sceau.

Décision du chef de service :

Approuvé. Attestation des plus élogieuses émanant de Paul Boyer, directeur de l'École des langues orientales.

Un jeune homme, apte au service militaire, récent père qui repeuplera la France : la définition du Français idéal.

95

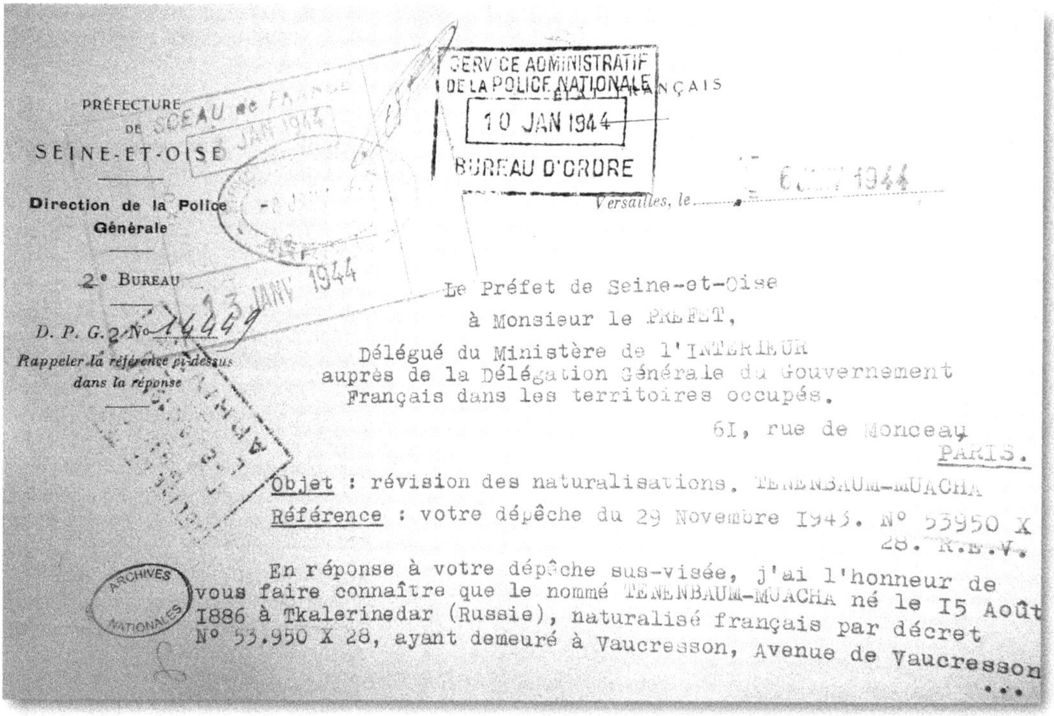

PRÉFECTURE
DE
SEINE-ET-OISE

Direction de la Police Générale

2e Bureau

D. P. G. 2 No 14449

Rappeler la référence ci-dessus dans la réponse

SERVICE ADMINISTRATIF DE LA POLICE NATIONALE
10 JAN 1944
BUREAU D'ORDRE

ÉTAT FRANÇAIS

Versailles, le 6 JANV 1944

Le Préfet de Seine-et-Oise
à Monsieur le PRÉFET,
Délégué du Ministère de l'INTÉRIEUR
auprès de la Délégation Générale du Gouvernement
Français dans les territoires occupés.
61, rue de Monceau
PARIS.

Objet : révision des naturalisations. TENENBAUM-MOACHA

Référence : votre dépêche du 29 Novembre 1943. N° 53950 X 28. R.E.V.

En réponse à votre dépêche sus-visée, j'ai l'honneur de vous faire connaître que le nommé TENENBAUM-MOACHA né le 15 Août 1886 à Tkalerinedar (Russie), naturalisé français par décret N° 53.950 X 28, ayant demeuré à Vaucresson, Avenue de Vaucresson ...

ARCHIVES NATIONALES

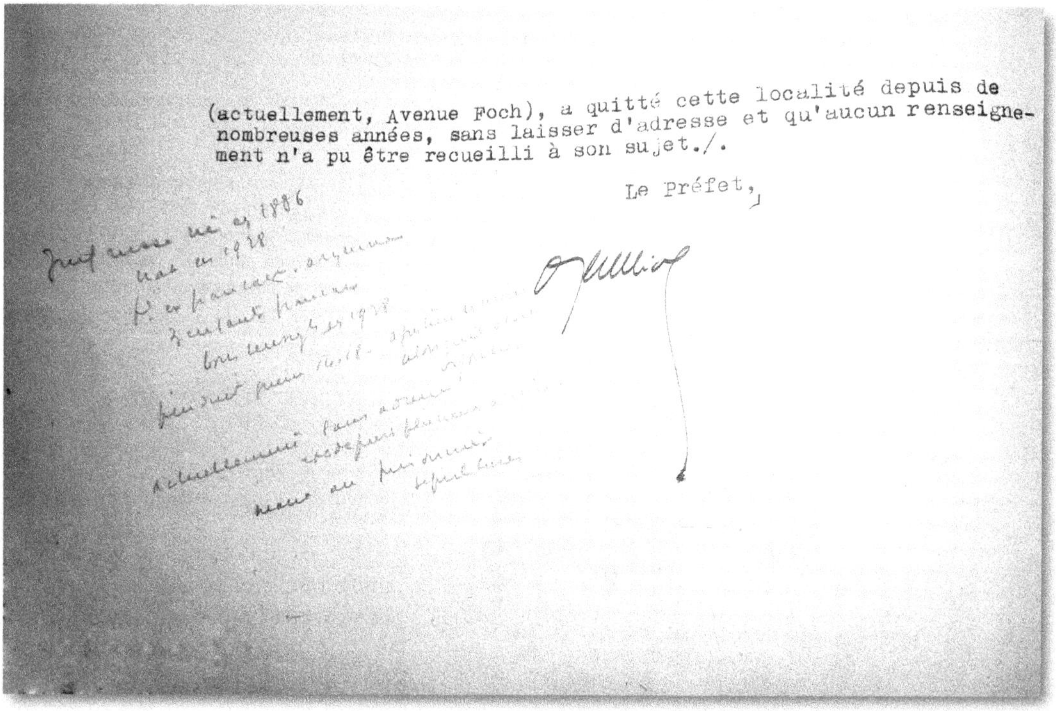

(actuellement, Avenue Foch), a quitté cette localité depuis de nombreuses années, sans laisser d'adresse et qu'aucun renseignement n'a pu être recueilli à son sujet./.

Le Préfet,

[1928]

Mnacha Tenenbaum, père de Jean Ferrat

« *Disparu sans laisser d'adresse* »

« Juif russe né en en 1886, naturalisé en 1928. Marié à une Française aryenne. »

Ce sont quelques mots griffonnés à la main et au crayon de papier, venant conclure le rapport tapé à la machine du préfet de police de Seine-et-Oise, en date du 6 janvier 1944 (voir ci-contre). Le mariage avec une « Française aryenne » n'a pas protégé Mnacha Tenenbaum : comme tous les Français naturalisés depuis 1927, trop récents citoyens au goût de Vichy, le père de Jean Ferrat n'a pas échappé à la vigilance de la Commission de révision des naturalisations. Son dossier a même été examiné par trois fois. Trois réunions en séance plénière, en octobre 1943, en janvier 1944, et en avril 1944. Quel zèle ! C'est que les fonctionnaires du sceau sont terriblement méticuleux. Dénaturaliser, oui, mais avec méthode. Mnacha était engagé volontaire en 1939, il ne faudrait pas dénaturaliser un prisonnier de guerre ou un mort. En janvier 1944, la Commission de révision des naturalisations demande donc à vérifier le registre « prisonniers et sépultures » pour ne pas commettre d'impair. Réponse du secrétaire d'État à la Défense à la commission :

> La direction du service des prisonniers de guerre a l'honneur de faire connaître que le fichier alphabétique des prisonniers de guerre ne comporte aucune fiche au nom de l'intéressé.

La commission a également « l'honneur de prier le service des sépultures militaires de vouloir lui faire connaître si le militaire [Mnacha Tenenbaum, *NDA*] est décédé ou disparu ». La réponse est brève : « Aucun document. »

Les fonctionnaires n'abandonnent pas. Ils diligentent une « enquête magasin ». Mnacha Tenenbaum est bijoutier, aux dernières nouvelles, il habitait Vaucresson. Ils demandent donc à la préfecture de Seine-et-Oise des renseignements. Le préfet répond rapidement :

> Le nommé Tenenbaum Mnacha a quitté cette localité depuis de nombreuses années sans laisser d'adresse et aucun renseignement n'a pu être recueilli à son sujet.

Les courriers et les rapports se multiplient, la paperasse vient grossir le dos-

Janvier 1944. Rapport du préfet de Seine-et-Oise déplorant que Mnacha Tenenbaum ait disparu « sans laisser d'adresse ». En bas, à gauche, est griffonné : « juif russe. Marié à une Française aryenne. »

97

sier. Toujours la même réponse : « Parti sans laisser d'adresse. » Comme si la commission poursuivait un fantôme. Le 12 mai 1944, ce dernier courrier de la commission du garde des Sceaux adressé à M. le préfet de police est toujours aussi insistant.

> La Commission de révision des naturalisations a été appelée à examiner la situation de Tenenbaum Mnacha, naturalisé par décret du 24 juillet 1928 alors qu'il demeurait à Vaucresson. Aux termes d'un rapport de M. le préfet de Seine-et-Oise, l'intéressé aurait quitté cette localité depuis de nombreuses années sans laisser d'adresse. D'après les renseignements figurant au dossier du susnommé, il exerçait la profession de bijoutier à Paris, 132, rue de Turenne. Je vous prie de bien vouloir faire procéder, dans le plus bref délai, à une enquête très complète concernant cet ex-étranger et, le cas échéant, les membres de sa famille. Cette enquête portera sur la conduite, la moralité et l'attitude du point de vue national.

Nous sommes trois semaines avant le Débarquement.

Conduite, moralité, attitude politique... À toutes ces questions, le bureau du sceau avait pourtant déjà apporté ses réponses en 1928, lors de la naturalisation de Mnacha Tenenbaum. À l'époque, le préfet de Seine-et-Oise ne tarissait pas d'éloges sur l'intéressé :

> M. Tenenbaum a épousé une Française. Il a trois enfants français par déclaration, il jouit d'une excellente réputation. Dans une situation aisée, il offre de payer intégralement les droits du sceau.

Le dossier de naturalisation est lui aussi exemplaire. Il relève :

> Conduite et moralité : très bonne conduite et très bonne moralité, très bien considéré ainsi que sa famille dans la localité.
> Attitude politique : très bonne attitude politique. A toujours manifesté des sentiments très français.
> Occupation pendant la guerre de 1914-1918 : ajusteur dans un atelier d'aviation.

Fortuné, patriote, respectable : en 1928, Mnacha est le citoyen français modèle. Que demander de plus ? Il a été engagé volontaire pendant la Première Guerre. Sa femme Antoinette est auvergnate, il ne fréquente que des Français. Mnacha n'est pas religieux, il se fait d'ailleurs appeler Michel. En 1940, il ne perd pas sa foi en la France. Certes, il a dû abandonner sa bijouterie et habite désormais à Versailles où il s'est reconverti dans le commerce des fruits et légumes. Qu'importe. Il reste respectueux des lois. Quand le port obligatoire de l'étoile jaune est instauré en juin 1942, il obtempère. Jean Tenenbaum, qui deviendra plus tard Jean Ferrat, a alors dix ans, il voit son père revenir du commissariat avec des étoiles à coudre sur ses vêtements. Antoinette s'inquiète. Elle veut que son mari fuie en zone libre. Il refuse. Que peut-il lui arriver ? Il est français. Et pourtant...[1]

Mnacha Tenenbaum n'a jamais su que sa naturalisation était remise en cause par la commission. L'enquête si zélée du bureau du sceau entre octobre 1943 et mai 1944, écumant le registre « prisonniers et sépultures » est un bijou d'absurdité. Car Mnacha est bien parti « sans laisser d'adresse », comme le soulignent les rapports d'enquête. Et pour cause. Un peu après la rafle du Vél' d'Hiv, un jour ensoleillé de l'été 1942, il a quitté son domicile de Versailles. Arrêté dans la rue – probablement –, il a été interné à Compiègne, puis à Drancy. Le 30 septembre 1942, il était dans le convoi numéro 39 à destination d'Auschwitz. Il y est mort le 5 octobre 1942. Une disparition dans « la nuit et le brouillard ». Qui n'est pas parvenue à la connaissance de la commission.

---

1. *Jean Ferrat*, Jean Dominique Brierre, L'Archipel, 2010.

[1928]

Giovanni Livi, père d'Yves Montand

« *Ne possède rien* »

À la question « A-t-il personnellement de la fortune ? », le fonctionnaire a répondu d'un sec « Ne possède rien ». En juin 1928, lorsque Giovanni Livi remplit sa demande de naturalisation, il n'a pas grand-chose. Mais que de chemin parcouru ! Cette année-là, les Livi ont eu la joie d'emménager dans leur propre appartement. Dans le dossier, ils ont donc fièrement indiqué leur nouvelle adresse : 20, rue Edgar-Quinet. Une petite rue étroite, à Marseille, dans le « quartier des crottes », pas franchement cossue : les gamins pataugent dans une rigole d'eau nauséabonde charriant les ordures, les immeubles aux façades grisâtres coupent toute perspective, mais c'est déjà ça. Les Livi n'ont plus à partager leur appartement, ils sont enfin chez eux. Giovanni, comme il le signale dans son dossier, est « journalier ». Il gagne « 25 francs par jour ». Ce n'est pas énorme. Mais il est fier. Il ne demandera donc pas une remise totale des droits du sceau et s'engage à payer 50 francs, soit deux jours de salaire. Surtout, Giovanni Livi a deux fils, Julien et Ivo, qui n'est pas encore Yves Montand. « Enfants mineurs nés en Italie (deux fils) », note le fonctionnaire ignorant superbement la fille aînée Lydia, l'indispensable Lydia qui aide tant à la maison. Les deux fils en revanche sont considérés comme un atout par le bureau des naturalisations : ils sont jeunes, peuvent encore faire leur service militaire, bref ce sont de futures recrues pour la patrie. Giovanni devient français le 8 janvier 1929. Au bout de six mois. Une procédure ultra-rapide : il a bénéficié des nouvelles dispositions de la loi de 1927. Si fraîchement appliquée que la demande de Giovanni a encore été rédigée dans les « vieux » documents à en-tête officiels, « loi sur la nationalité 1889 ».

Enfin, il est français à part entière ! Une consécration pour le réfugié arrivé d'Italie, quatre ans auparavant. Giovanni se rappelle encore l'angoisse, la peur, le déchirement. La fuite. Dans son village natal de Monsummamo, le militant PC est devenu *persona non grata*. Il a vu l'ascension des *fasci* dans les années 1920. Après avoir incendié son atelier de

PIÈCES A FOURNIR

1° Demande sur papier timbré contenant l'engagement de payer les droits de sceau (1.075 fr. 50) ou les titres à une remise ;

2° Acte de naissance (original et traduction). A défaut d'acte de naissance, un acte de mariage, indiquant le lieu et la date de la naissance, peut être fourni ;

3° Justification des services militaires ;

4° Justification d'une résidence non interrompue en France, pendant les dix dernières années (pièces officielles ou ayant date certaine, baux, quittances de loyer, patentes, livret d'ouvrier, certificats de patrons ou de propriétaires, légalisés) ;

5° Acte de naissance des enfants ;

6° Acte de mariage ;

7° La naturalisation du mari ne profitant pas à la femme, celle-ci devra introduire une instance personnelle si elle désire recouvrer ou acquérir la qualité de Française. A cet effet, il lui suffira de signer la requête de son mari et de produire ses actes de naissance et de mariage ;

8°

RÉSIDENCE EN FRANCE

Depuis combien de temps le postulant habite-t-il la France ?

Depuis 4 ans

Quelles sont les localités où il a résidé successivement ?

Marseille

RENSEIGNEMENTS

Combien de temps a-t-il habité chacune d'elles ?

A-t-il fait la déclaration prévue par la loi du 8 août 1893 ? Indiquer n°, date et lieu ?

au à Marseille le 24 décembre 1927, reg. 759 n° 31

MORALITÉ ET ANTÉCÉDENTS

Sa conduite et sa moralité ont-elles donné lieu à quelques observations ?

Non

Jouit-il de la considération publique ?

oui

S'il est né en France, pour quel motif n'a-t-il pas satisfait à la loi du recrutement ?

Né en Italie

A-t-il été omis sur les tableaux de recensement ?	Non
A-t-il excipé de son extranéité ?	»
Si oui, à quelle date ?	»
A-t-il satisfait à la loi militaire dans son pays d'origine ?	oui
Y est-il retourné à cet effet ?	Il était encore en Italie
Si le postulant est Allemand, quelle était sa résidence et quel a été l'emploi de son temps en 1914-1919 (Exiger des certificats officiels)	»

POSITION DE FAMILLE

Est-il célibataire, marié ou veuf ?	Marié trois enfants mineurs
Prénoms, date et lieu de naissance de ses enfants.	voir enfants mineurs
S'il a des enfants majeurs, ceux-ci sont-ils nés en France ?	»
Si oui, ont-ils servi dans l'armée française ? Préciser leur affectation et leurs services au cours des hostilités.	»
Ont-ils excipé de leur extranéité ?	»
Ont-ils satisfait à la loi militaire dans leur pays d'origine ?	»
Quelle est leur résidence ?	»
Désirent-ils être naturalisés ?	»
Si oui, leur réclamer une demande de naturalisation sur papier timbré, leur acte de naissance et instruire leur demande ; s'ils sont mariés, voir nos 6 et 7 dans la nomenclature des pièces à fournir.	»

SITUATION DE FORTUNE

Quel est le montant du salaire ou du traitement du postulant ?	25 francs par jour
Que lui rapporte sa profession s'il est commerçant ?	ouvrier
A-t-il personnellement de la fortune ?	Ne possède rien
Quel est le montant de son loyer, de sa patente et de ses contributions ?	son loyer est de 45 francs par mois

Giovanni Livi (au
centre) et sa famille
à Monsumammo,
leur village natal
en Italie.
Sa femme (debout
à sa gauche) est
enceinte d'Yves.

Giovanni Livi dans
les années 1950.

fabrique de balais, les chemises noires ont laissé une inscription menaçante : « *A morte communisti* ». Giovanni a été ensuite passé à tabac, fouetté avec des nerfs de bœufs. Il n'a pas le choix. Il faut partir, vite. Cela se passe un froid matin de janvier 1924. L'homme n'a pas de visa, il a emporté un maigre pécule de 500 lires et un minuscule baluchon. C'est l'hiver, il tousse, il a peur, il a donné 400 lires au passeur. Lequel l'a planté là, au beau milieu de nulle part, avant la frontière. Giovanni fait alors semblant d'être un artiste peintre à la recherche de beaux paysages pour amadouer le douanier italien qu'il croise au petit matin. Et voici enfin la France. Il continue tout le chemin à pied, jusqu'à Marseille. Le soir il lit religieusement des pages du livre de Torquato Tasso, legs de son grand-père, qu'il a emporté et emballé précautionneusement dans sa besace. Sur la page de garde, il a noté de son écriture élégante : « *Arrivato a*

Marseille il 2 febbraio 1924[1] ». Il se précipite au consulat américain : comme les Aznavour, arrivés en France l'année d'avant, les Livi rêvent des États-Unis. Ils sont restés de l'autre côté de l'Atlantique presque par hasard. Pour Giovanni, cela s'est joué à quelques jours : les visas pour les États-Unis ont été supprimés depuis vingt-quatre heures. Tant pis pour l'America, ce sera donc la France. Et Marseille, la petite Italie. Il y connaît déjà du monde. Comme Pierre Malberti qui lui fournit son premier emploi et qui lui adressera pour son dossier de naturalisation une lettre de recommandation : « Jean Livi est à mon service depuis plus de quatre ans et je n'ai qu'à me louer de son assiduité au travail. » La signature de Pierre Malberti est tremblée : à l'époque, nombre

---

1. *Tu vois, je n'ai pas oublié*, Hervé Hamon, Patrick Rotman, Points Seuil, 1990.

Au mariage de Julien Livi, le frère aîné d'Yves Montand, en 1942, qui revient de permission. Yves Montand est debout à droite.

d'immigrés italiens ne savent pas aussi bien lire et écrire que Giovanni Livi, le militant communiste. Giovanni se place comme manœuvre, puis trouve un travail dans une huilerie. Au bout de trois mois, économisant chaque sou gagné, il a de quoi faire venir toute sa petite famille. Les voilà qui arrivent sur le quai, gare Saint-Charles. Petits moineaux effrayés dans les jupes de leur mère. Ivo le boude, il a trois ans, il ne le reconnaît pas. Giovanni pleure.

En 1928, date à laquelle il remplit son dossier, Giovanni n'est donc plus le sans-papiers débarqué sans un sou en poche. Il a relancé son affaire de balais. Il est à son propre compte. Les fins de mois sont difficiles, les enfants se partagent un œuf dur à trois en plus de la polenta, mais la famille se débrouille. Elle a comme dirait le fonctionnaire « abandonné tout esprit de retour » au pays natal. À la maison, les parents parlent italien, les enfants répondent en français. Maman mélange allègrement les deux langues et quand elle appelle son petit dernier, elle crie à la fenêtre « Ivo, montaaaa! », ce dont il se souviendra dix ans plus tard quand il prendra le pseudonyme d'Yves Montand.

Les Livi sont français, enfin plutôt, marseillais jusqu'au bout des ongles. La cité phocéenne compte dans ces années-là deux cent cinquante mille étrangers sur six cent cinquante mille habitants. Des Grecs, des Maltais, des Arméniens, mais surtout beaucoup d'Italiens. Montand le dira plus tard :

Je ne percevais pas vraiment que j'étais un immigré. J'entendais bien ici ou là des injures telles que « sale macaroni ou « babi de con » mais je n'en saisissais pas la cause. À l'école nous n'étions que des enfants d'immigrés. Le maître pouvait à bon droit demander « qui est français ici? ». Tous les noms avaient des consonances étrangères. Le racisme ne signifiait rien car tous mes copains étaient italiens, arméniens, grecs ou espagnols. Notre quartier, c'était un total melting-pot de nationalités[2].

Giovanni se sent en confiance. Il reprend ses activités politiques, qu'il avait mises en sommeil avant d'être naturalisé. Maintenant qu'il est français, il n'a plus rien à craindre. Et puis il est protégé dans ce quartier où il connaît tout le monde. Qu'importe Vichy et le maréchal Pétain. Marseille est le phare de la zone libre, le repaire des réfugiés. Et elle est pour l'instant relativement épargnée du joug allemand.

Giovanno Livi et son fils Julien, résistants communistes, avaient-ils conscience des risques qu'ils encouraient ? C'est un quasi-miracle que le gouvernement de Vichy n'ait pas eu vent de leurs activités clandestines. En 1943, le dossier Livi est en effet rouvert comme tous ceux des Français naturalisés après 1927. Les fonctionnaires n'enquêtent pas plus longuement sur les Livi, d'origine italienne. Leurs compatriotes représentent pourtant – loin derrière les Juifs, cependant – la principale nationalité visée avec quatre mille quatre cent soixante-seize dénaturalisés. Certains l'ont été contre leur gré – ils étaient antifascistes –, d'autres de leur propre chef – ils souhaitaient réintégrer la nationalité italienne, ce qui leur sera accordé car le gouvernement de Vichy veut faire plaisir à Mussolini. À partir de 1943, avec la chute du Duce, changement de cap : les Italiens doivent rester français pour pouvoir partir au STO en Allemagne. C'est peut-être pour cela que les Livi ont obtenu un « maintien de nationalité ». Levy, Livi. À une lettre près, leur destin aurait pu basculer. En 1940, avec l'empressement zélé des débuts, la commission a ainsi

Histoire de papier perdu

Il le gardait certainement près de son cœur comme un talisman, soigneusement plié au creux de son portefeuille. Précieux décret de naturalisation, publié au *Journal officiel* du 8 janvier 1929. En 1936, catastrophe ! Giovanni Livi prend sa plus belle plume pour écrire au bureau du sceau. « J'ai l'honneur de solliciter de votre haute bienveillance un duplicata de mon décret de naturalisation que j'ai égaré ou qui m'a été dérobé avec mon portefeuille. » Giovanni a fait les choses dans les règles. Il est allé au commissariat d'Orange porter plainte pour le vol de son portefeuille et bien faire constater qu'il a perdu cette feuille qui veut tant dire pour lui. Sans ce bout de papier, il n'est plus rien, à la merci d'une expulsion. Toute la famille tremble donc. Lydia, qui a monté son salon de coiffure, se démène pour aider son père dans ses démarches : cela tombe bien, une de ses clientes, patronne d'un bordel, connaît bien un commissaire. La famille Livi recevra quelques mois plus tard l'attestation : oui, ils peuvent bien prouver qu'ils sont français, ce qui, avec l'arrivée des années noires de la Seconde Guerre, s'avère vital. C'est toujours munie de ce fameux duplicata que Lydia,

---

2. *Ibid.*

J.O. 20/1 1929 page 817 2e Col   AH 49030

Marseille, le 3 Octobre 1936

À Monsieur le Ministre de la
Justice, Garde des Sceaux, à Paris (Seine), 24, rue de l'Université
(7e arr.).

D.A.

Monsieur le Ministre,

Je soussigné Livi Jean, né le
15 novembre 1891 à Monsummano
(Italie), fils de feu Joseph et de Mi-
chelli Albuina, marié le 28 Août 1914
à Monsummano (Italie) à Delle Simoni
Joséphine, journalier, d. 8, Impasse
des Mûriers (Cabucelle), à Marseille
(B. du Rhône), ai l'honneur de solliciter de votre haute bienveillance
un duplicata de mon décret de naturalisation que j'ai égaré ou qui
m'a été dérobé avec mon portefeuille.
J'ai, d'ailleurs, à cet effet, déposé
une plainte entre les mains de M. le
Commissaire de police d'Orange (Vaucluse) où je m'étais rendu et où j'ai
constaté la disparition de mon décret de naturalisation.

J'ai acquis la naturalisation Française, en même temps que

en 1943, sauvera son petit frère
Yves des mines de sel en Silésie.
Réquisitionné pour le STO, il
s'est fait arrêter près de la gare
Saint-Charles et doit prendre le
prochain train pour l'Est. Lydia
se rend à la Kommandantur,
montre les papiers de la famille,
tente d'amadouer l'officier allemand persuadé que le nom n'est
pas Livi, mais Lévy[*]. Yves Montand sera finalement libéré. Plus
de cinquante ans après, le duplicata a été gardé religieusement
par la famille Livi. C'est Jean-
Louis Livi, fils de Julien, le grand
frère d'Yves, qui le conserve.

*Lettre du père d'Yves
Montand demandant
un duplicata de son
décret de naturalisation
à la suite de la
disparition de l'original.*

mon épouse. Le décret de cette dernière
porte le n° 73852 x 28 et a été
à Paris le huit Janvier mil
cent vingt neuf.

Dans l'attente de recevoir
la pièce que je sollicite, veuillez
agréer, Monsieur le Ministre, l'assurance de mes sentiments respectueux et dévoués.

Jean Livi

Vu pour légalisation matérielle de la signature ap-
posée ci-dessus.
Marseille, le 3 Octobre 1936.
Le Commissaire de Police.

SCHAMBER Xavier

* Ibid.

Yves Montand avec son frère Julien et avec sa belle-sœur en 1945.

commis quelques bourdes, dénaturalisant une Française de Bordeaux, née en France, catholique[3]. N'ayant pas de « fichier juif » sous la main, la commission utilisait ainsi des indices subjectifs pour déterminer la judéité des candidats. En 1943, heureusement pour les Livi, on n'a pas mis en doute leur patronyme. Enrôlé de force aux chantiers de la jeunesse, une organisation pétainiste qui fonctionnait comme une espèce de camp militaire pour jeunes garçons, Ivo a été un jour convoqué avec trois autres stagiaires. On croyait qu'il s'appelait Levy, il a rectifié l'orthographe, insisté sur ce petit I qui faisait toute la différence. Le responsable de la liste n'a pas tiqué, des erreurs, il y en avait tant. Ivo est resté, les autres stagiaires sont partis. Sur le moment, il s'est dit que ces deux autres garçons étaient bien veinards d'échapper à ce stage qui le barbait tant. Il a su bien plus tard ce qui leur était arrivé.

---

3. *Qu'est-ce qu'un Français*, Patrick Weil, *op. cit.*

[1929]
Françoise Giroud,
fille de Salih Gourdji

« *Des renseignements rassurants sur le loyalisme de cette famille* »

Je ne suis pas celle que vous croyez.
Je suis une saltimbanque. Quand j'étais petite fille, les mères de mes camarades de classe leur interdisaient de venir à la maison. C'est que j'étais la fille d'un réfugié politique, étrangère donc. J'étais pauvre, et j'étais première en classe. Les Français n'aiment pas les étrangers, ils n'aiment pas les pauvres et ils n'aiment pas les premiers.
Ma mère adorait la France et elle m'a appris à l'aimer. J'ai voulu furieusement m'approprier sa culture, son histoire, ses beautés. Mais je n'ai jamais voulu m'intégrer, m'insérer dans ce qu'on appelait la bonne société, que j'avais vue si arrogante avec ma mère, si blessante. On n'oublie pas ces choses-là.

Ainsi parlait Françoise Giroud le 29 mars 1998, alors qu'on venait de lui remettre la cravate de commandeur de la Légion d'honneur. La quintessence de la Parisienne, femme de presse et de pouvoir, regard perçant, plume acérée et jugement redouté, se vivait comme une fille d'immigrés. Elle n'en avait oublié aucune des humiliations.

Il n'était pourtant pas dans ses habitudes de s'apesantir sur son passé. Elle n'était pas née Giroud, mais Gourdji.

Un patronyme turc qu'elle avait changé officiellement pour le plus français Giroud en 1964. Elle avait une vie à accomplir, elle n'allait pas s'embarrasser de vieilles histoires. Elles sont là, ces vieilles histoires, dans le dossier ouvert par sa mère, « Veuve Gourdji Elda, née Faragi », en 1927. Le feuilleter c'est engager un voyage dans l'espace (de la Turquie à la France en passant par la Suisse et les États-Unis) et le temps : d'une guerre à l'autre, la famille Gourdji a connu tous les soubresauts des événements historiques.

Tout commence pour l'administration française en novembre 1927. Le dossier est rempli par une veuve, c'est assez inhabituel. Elle s'appelle donc Elda Faragi, elle est née en 1884 à Salonique, dit être de nationalité turque et tenir une pension de famille à Groslay en Seine-et-Oise, 25, rue de Montmorency. Elle déclare avoir eu avec son mari Salih Gourdji, dont il est juste précisé qu'il est « décédé », deux enfants mineurs, deux filles, Djenane et Léa France, nées en 1910 et 1916.

Les renseignements habituels sont demandés. Ils nous apprennent que la dame parle « très couramment » le français, qu'elle est en France depuis 1917 d'une façon suivie, qu'elle a résidé à Nice, en hôtel meublé à Saint-Cloud, puis à Paris avant d'ouvrir sa pension de famille à Groslay. Sa conduite et sa moralité sont jugées « excellentes ».

À la rubrique droit du sceau, toujours un passage sensible pour les postulants, on apprend qu'Elda demande une remise, elle offre de payer 500 francs.

Le postulant a-t-il rendu quelque services publics ou accompli quelque acte de courage ou de dévouement de nature à justifier une remise totale ? C'est par suite de ses sentiments francophiles qu'elle a été chassée de Turquie avec son mari, qui, directeur de l'Agence télégraphique ottomane, avait fait une propagande active contre l'entrée en guerre de la Turquie au côté de l'Allemagne. Cette dernière puissance lui avait proposé un million pour une propagande contraire.

Pour quel motif le postulant demande-t-il la naturalisation ? Parce qu'elle est française de cœur, de mentalité, d'âme et de langue.

Quelles ont été ses occupations pendant la guerre de 1914-1918 ? A-t-elle rendu quelque service à la France ? Habitait Lausanne (Suisse) avec son mari. Le mari semble avoir été un agent de propagande favorable à la France.

« Le mari semble avoir été un agent de propagande favorable à la France » : voilà de quoi justifier une enquête approfondie auprès des ambassades des pays où est passé Gourdji avant sa mort. On leur envoie, par valise, des dépêches diplomatiques. Les représentants français de Bagdad, Constantinople et Milan répondent. Parfois longuement. Leurs réponses permettent de reconstituer l'épopée du journaliste et de sa femme. Citons celle de l'ancien ambassadeur de France à Constantinople, désormais sénateur, M. Bompard :

À son arrivée à Constantinople en 1909, M. Gourdji a tenté de créer en Turquie une agence télégraphique sur le modèle de l'agence Havas. Actif et intelligent, il y a réussi en quelque mesure et l'agence créée par lui avait pris un certain développement dans les années qui ont suivi. M. Gourdji était de culture française et l'esprit qui dominait dans les services de son agence était notoirement français. Les correspondants des journaux français à Constantinople le fréquentaient journellement et se louaient des facilités qu'ils trouvaient auprès de lui pour l'accomplissement de leurs missions. Je n'ai jamais eu, quant à moi, à me plaindre des informations que M. Gourdji fournissait à la presse, j'ai eu plutôt à m'en louer.

Quand la guerre a éclaté en 1914, Talaat Pouy, ministre de l'Intérieur et chef réel du gouvernement ottoman, voulant avoir à sa dévotion une agence télégraphique pour répandre à l'étranger des informations conformes à sa politique et ne pouvant pour cela se fier à la docilité de M. Gourdji, s'empara purement et simplement de l'agence de celui-ci et l'en fit expulser sans autre forme de procès. M. Gourdji, qui ne fut même pas admis à s'en plaindre, s'est alors retiré en Italie qui, à l'époque, était un pays neutre.

M. Gourdji est venu me voir plus tard à Paris avec M. Faradji, son beau-frère, qui, ayant été précédemment naturalisé, était alors mobilisé comme territorial. Il s'agissait entre eux d'une affaire dont il m'entretint à plusieurs reprises. Mais, un jour, il m'exposa le projet qu'il avait formé d'aller aux États-Unis faire une tournée de conférences en faveur de la cause de la France. Je sais qu'il a donné suite à ce projet, mais je ne l'ai pas revu à son retour [...]

M. Gourdji n'a donné lieu, à ma connaissance, à aucune remarque défavorable et ses intérêts ont eu à souffrir en Turquie du fait de ses attaches françaises. Il aurait donc mérité d'être traité avec bienveillance par le gouvernement français.

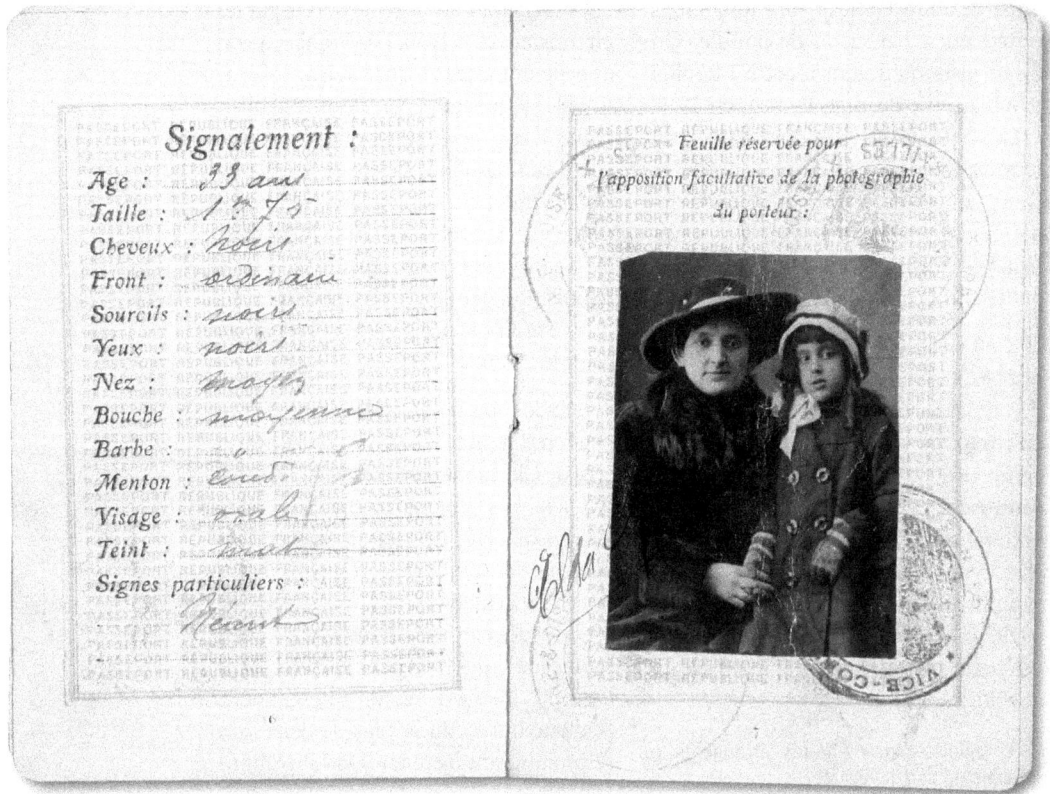

Signalement :

Age : 33 ans
Taille : 1 m 75
Cheveux : noirs
Front : ordinaire
Sourcils : noirs
Yeux : noirs
Nez : moyen
Bouche : moyenne
Barbe :
Menton : rond
Visage : ovale
Teint : mat
Signes particuliers : Néant

Feuille réservée pour
l'apposition facultative de la photographie
du porteur :

Passeport de la mère de Françoise Giroud, Elda Gourdji, qui pose avec sa fille aînée Djenane.

Cet avis est corroboré par celui de M. Viet, ancien ambassadeur à Bagdad. Il y avait croisé une première fois Gourdji, qui posait sa candidature à la Chambre ottomane. Plus tard, pendant la guerre, il le revoit à Paris :

Les sentiments d'attachement de cet étranger à l'égard de notre pays lui valurent d'être accueilli par moi avec bienveillance quand il se présenta en 1917 à mon bureau et, comme il demandait à se rendre en Amérique en vue d'y faire des conférences en faveur de la cause des Alliés, je lui ai accordé mon appui administratif à ces fins.

Il nous faut revenir sur ce voyage en Amérique. La psychanalyste Caroline Eliacheff, la fille de Françoise Giroud, a bien connu sa grand-mère, qui mourut lorsqu'elle avait douze ans et avec qui elle vivait. Elle se rappelle avoir entendu parler de ce projet américain : « Mon grand-père voulait s'engager dans l'armée américaine et devenir américain. Sa femme et ses filles l'auraient rejoint ensuite. Il a donc traversé l'Atlantique avec l'aide de la France. Mais l'armée américaine n'a pas voulu de lui. » Il est rentré. Quelque temps plus tard, il tombe malade. Gravement. « Je suppose aujourd'hui qu'il était déjà malade lorsqu'il s'est présenté au recrutement US et que c'est pour cette raison qu'il n'a pas été accepté. » Les causes de la

109

mort de Salih Gourdji sont longtemps restées tues. Un secret de famille. On disait juste qu'il était mort à l'hôpital psychiatrique de Ville-Evrard, en 1919. « La vérité, je ne l'ai apprise que très récemment, est qu'il avait la syphilis. Dans son stade terminal, cette maladie vénérienne peut causer de graves troubles psychiatriques[1] », poursuit sa petite-fille Caroline Eliacheff.

Cette cause « honteuse » de mort n'apparaît à aucun moment dans le dossier de sa veuve. L'aurait-elle entaché aux yeux de l'administration ? Chaque candidature était en effet en tout cas soumise à une visite médicale avec sa batterie de tests, vérifiant notamment que le postulant n'était pas atteint de syphilis. Toujours est-il que le 7 mars 1929, Robert Dreyfus, le chef de service des naturalisations au bureau du sceau, conclut :

> Le ministre des Affaires étrangères a émis un avis favorable.
>
> J'admets la naturalisation, en m'appuyant sur la lettre de M. Bompard, ancien ambassadeur de France à Constantinople, qui donne des renseignements rassurants sur le loyalisme de cette famille.

Voilà Elda et ses filles françaises. Ou plutôt voilà la confirmation officielle de leur « francitude ». La famille est pétrie de francophilie depuis toujours. N'a-t-on pas prénommé la seconde enfant France, elle qui est née sur la route de l'exil, à Lausanne, en Suisse ? La France pour ces Orientaux du Levant, est une évidence. Ils parlent la langue, en connaissent les auteurs, en admirent l'esprit. C'est ici que doit s'accomplir leur destin. Les Gourdji reprennent tout de zéro, la pension de famille de Groslay est un échec commercial : en avril 1930,

elle est en liquidation, « desservie par les circonstances ». 1930, Léa France, qu'on appelle Françoise, a quatorze ans. Bientôt elle va quitter l'école pour travailler, comme sa grande sœur Djenane avant elle. Les filles Gourdji savent le prix de l'indépendance financière. Lorsque éclate la Seconde Guerre mondiale, elles sont toutes deux dans la vie active depuis longtemps : Djenane est antiquaire et Françoise scripte et scénariste pour le cinéma.

Dès le mois de mai 1940, Elda déménage en zone libre. Elle s'installe à Royat, à côté de Clermont-Ferrand, à l'hôtel Bon-Accueil. Les renseignements que nous avons sur cette période nous viennent comme souvent des investigations de police diligentées par la Commission de révision des naturalisations. Celle-ci s'est réunie le 24 mai 1943 pour évoquer le cas Gourdji. Elle a demandé une enquête. Enquête qui va durer plus de deux ans, se prolongeant bien après la Libération ! Les vigies de l'identité nationale, pétainistes puis républicaines, ont en effet fait preuve en la matière d'une remarquable continuité. C'est ce que montre de façon transparente et surprenante l'étude du dossier des Gourdji. La Commission de révision des naturalisations épluche leur dossier jusqu'en juin 1944. À partir de l'automne 1944, alors que l'ordonnance du gouvernement provisoire de la République française du 9 août 1944 a rétabli la « légalité républicaine[2] », ce sont les membres du service des Déchéances du ministère de la Justice qui se penchent sur le cas, réclamant sensiblement les mêmes enquêtes !

---

1. Entretien avec l'une des auteures.

2. Elle abroge les décrets de Vichy concernant la question juive, rétablit la légalité républicaine et prononce la nullité de tous les actes pris en la matière pendant cette période.

Le premier rapport date donc du 8 février 1944. Intitulé « État français », il émane du préfet de police de Paris qui s'adresse à son homologue du Puy-de-Dôme. La dépêche nous renseigne sur la vie matérielle et professionnelle d'Elda et de ses filles :

France [il s'agit de Françoise Giroud, *NDA*] [...], domiciliée 5, square Mignot (16ᵉ), célibataire, auteur de films, relève du Comité d'organisation de l'industrie cinématographique [...], déclare gagner annuellement 200000 francs environ.
L'intéressée [Elda au nom de laquelle est le dossier, *NDA*], en France depuis octobre 1917, est actuellement et depuis mai 1940 domiciliée à Royat (PDD), hôtel Bon-Accueil [...] Dans la capitale cette dernière vivait modestement et exerçait à son domicile la profession de couturière à façon.
Les renseignements recueillis sur son compte n'ont rien révélé de défavorable. Jusqu'à ce jour, elle n'a pas attiré l'attention aux points de vue politique et national.

Elle n'attire pas l'attention, cela n'empêche pas, au contraire, la Commission de révision des naturalisations de poursuivre les investigations. Le 12 avril 1944, elle demande au préfet de police :

Pages suivantes : Délibérations et enquête du service des Déchéances qui a remplacé la Commission de révision des naturalisations de Vichy sur le cas des Gourdji.

de bien vouloir faire procéder dans le plus bref délai à une enquête très complète concernant cette ex-étrangère et, le cas échéant, les membres de sa famille. Cette enquête portera notamment sur la conduite, la moralité et l'attitude au point de vue national. Les services militaires en temps de paix et pendant la guerre (blessures, citations, captivité) devront être soigneusement précisés, s'il y a lieu.

À cette date, Djenane n'est plus ni à Clermont-Ferrand ni à Paris : elle a été arrêtée par la Gestapo le 22 novembre 1943[3]. Et déportée au camp de Flossembürg. Par chance, c'est comme résistante et non comme juive que la jeune femme a été emportée. La famille Gourdji cache en effet sa judéité. Personne n'a porté l'étoile jaune, ni ne s'est fait recenser en préfecture comme l'imposaient les lois de l'époque. Elda s'est de toute façon convertie au catholicisme en 1916 sans qu'on en comprenne bien les raisons. Ses filles ont été baptisées. « Ce déni du judaïsme les a sans doute sauvées », analyse Caroline Eliacheff. Ce n'est en tout cas pas Djenane la Juive qui est emprisonnée par les nazis, mais Gourdji la Résistante, déportée nº 27423. En avril 1944, sa petite sœur Françoise est arrêtée à son tour. Faut-il voir un lien de cause à effet entre cette arrestation et la réactivation de l'enquête par la commission ? Difficile à dire. Car si les trois femmes Gourdji, chacune à sa façon, résistaient, il semble que jamais, alors que les deux sœurs furent arrêtées, cette information n'est parvenue aux oreilles des préfets. Le 6 mai 1944, celui du Puy-de-Dôme estime :

Durant son séjour dans mon département, la susnommée [Elda, *NDA*] n'ayant donné lieu à aucune remarque défavorable, il n'y a pas lieu à mon avis de lui retirer la nationalité française.

Même son de cloche chez son homologue parisien. Nous sommes le 2 juin 1944, quatre jours avant le débarquement, les sanglots longs de l'automne doivent commencer à blesser les cœurs d'une langueur très monotone, mais le préfet de police ne se laisse pas distraire de sa tâche : il transmet un énième rapport de police, semblable aux précédents, n'indiquant ni la déportation de Djenane, ni l'arrestation de Fran-

---

3. Une nouvelle preuve que les informations ne sont pas toutes transmises à la commission, *cf.* le cas du père de Jean Ferrat, Mnacha Tenenbaum.

Déchéance

N° 91118 x 28.

Nom. Gourdji née Faraye

Naturalisée par décret du. 31. 5. 30.

Renseignements. Bons renseignements sur la mère.
Mauvais renseignement sur la fille
Gourdji Jeanne épouse divorcée Persian.
qui aurait été mœurs faciles et aurait
été arrêtée par la police allemande le
22. Novembre 1943.

Proposition. Classer pour Gourdji Elda.
Faire procéder à une enquête sur la loyalisme
de Gourdji Jeanne par le préfet du
Puy-de-Dôme.

9 NOV 1944

[signature]

J'accord enquête sévère sur moralité
et loyalisme de Jeanne. Faire préciser
si l'intéressée reste en France.

25 NOV 1944

A. LEVASSEUR

Rapport du P.P. du 2.5-45

La mère a été internée par les allemands et
libérée le 14-6-44

La fille Djenane est déportée

La fille Françoise a été arrêtée par les allemands
et libérée en juin 1944

Ttes les 3 ont travaillé pour la Résistance (attestation
au dossier)

Je propose le classement

21-6-45

Classé
= 3 JUIL 1945

A. LEVADOUX

çoise. Estimant que « son loyalisme ne semble pas devoir être suspecté, toutefois, à notre connaissance, elle n'a rendu aucun service à notre pays », il se prononce néanmoins pour « le maintien dans la nationalité française » de cette ex-étrangère.

Que se passe-t-il ensuite ? Comment l'administration du ministère de la Justice vit-elle les semaines de la Libération et de retour à la « légalité républicaine » ? Les dossiers compromettants de la Commission de révision sont-ils détruits ? Il faut croire que non. Le cas Gourdji est exemplaire : traité par la Commission de révision jusqu'en juin 1944, il est étudié par le service des Déchéances à partir de novembre 1944.

Une feuille de papier libre en atteste. Intitulée Déchéance, elle est marquée d'un tampon du 9 novembre 1944. Le dossier Gourdji est à nouveau étudié. Un nouvel élément est mis en relief, à porter au débit, apparemment, de Djenane, qui est alors toujours en déportation. Le camp de Flossenbürg sera libéré par les Américains le 23 avril 1945. Cet élément n'émeut pas le rédacteur de cette fiche :

Renseignements : Bons renseignements sur la mère.
Mauvais renseignements sur la fille Gourdji Djenane, épouse divorcée Persiron (orthographe incertaine ?), qui aurait des mœurs faciles et aurait été arrêtée par la police allemande le 22 novembre 1943.
Proposition : Classer pour Gourdji Elda. Faire procéder à une enquête sur le loyalisme de Gourdji Djenane par le préfet du Puy-de-Dôme.

À la suite de cette note, une demande officielle d'enquête est envoyée le 12 janvier 1945 au préfet du Puy-de-Dôme par le ministère de la Justice. Rien n'a changé

ou presque dans le formulaire pré-établi par rapport à ceux qu'envoyait la Commission de révision, rien sinon l'intitulé du service : sous le gouvernement républicain on ne parle plus de révision mais de « service des Déchéances ». Et on se préoccupe moins de religion que de conformisme familial. Intéressant de noter que le divorce de Djenane la conduit à l'époque dans la catégorie des femmes « aux mœurs faciles »… « La vérité, dit Caroline Eliacheff, est que ma tante avait épousé un type d'extrême droite en premières noces. Quand elle s'est rendu compte des engagements de son mari, au début de la guerre, elle a divorcé et pris le maquis immédiatement ! » De quoi devenir une héroïne de la Résistance.

Mais les fins limiers du loyalisme républicain ne le voient pas. Jusqu'à ce que soit versée au dossier, par Elda Gourdji, une attestation de résistance. Datée du 23 mars 1945, celle-ci détaille les faits d'arme de la famille :

Le lieutenant-colonel Brunetière, sous-chef du 5e bureau de l'état-major de l'armée certifie :

– que Djenane Gourdji a fait partie depuis le mois de septembre 1942 de la Résistance dans la région de Clermont-Ferrand. Elle a servi d'abord de boîte aux lettres et d'agent de liaison aux formations paramilitaires du groupement Libération-Sud, puis de secrétariat général à l'état-major national de l'armée secrète. Elle a pour ces faits été arrêtée par la Gestapo, incarcérée à la caserne du 52e RI de Clermont-Ferrand, puis déportée en Allemagne en novembre 1943 (camp de Flossembürg),
– que Françoise Gourdji, sa sœur, a travaillé pendant la dernière année d'occupation avec l'état-major national de l'armée secrète, a été arrêtée par la Gestapo au mois d'avril 1944, et incarcérée à Fresnes d'où elle fut relâchée, les Alle-

Les postulants s'engagent-ils à payer les droits : dans l'hypothèse de la naturalisation, 1 276 fr. pour chacun d'eux ; dans l'hypothèse de la réintégration, 675 fr. 50 pour chacun d'eux?

Oui, le pourra mais pas officiellement

S'il ne peut en payer la totalité, quelle somme offre-t-il?

offre 500 f.

La somme offerte paraît-elle en rapport avec ses ressources?

oui.

Le postulant a-t-il rendu quelques services publics ou accompli quelque acte de courage ou de dévouement de nature à justifier une remise totale?

C'est par suite de ses sentiments franco-philes qu'elle a été chassée de Turquie avec son mari, qui, Directeur de l'agence télégraphique Ottomane avait fait une propagande active contre l'entrée en guerre de la Turquie aux côtés de l'Allemagne. Cette dernière puissance lui avait proposé un million pour une propagande contraire.

OBSERVATIONS.

Pour quel motif le postulant demande-t-il la naturalisation?

Parce qu'elle est française de cœur, de mentalité, d'âme et de langue française.

Quelle est son attitude politique?

correcte.

Paraît-il avoir perdu tout esprit de retour dans son pays?

oui, tout à fait.

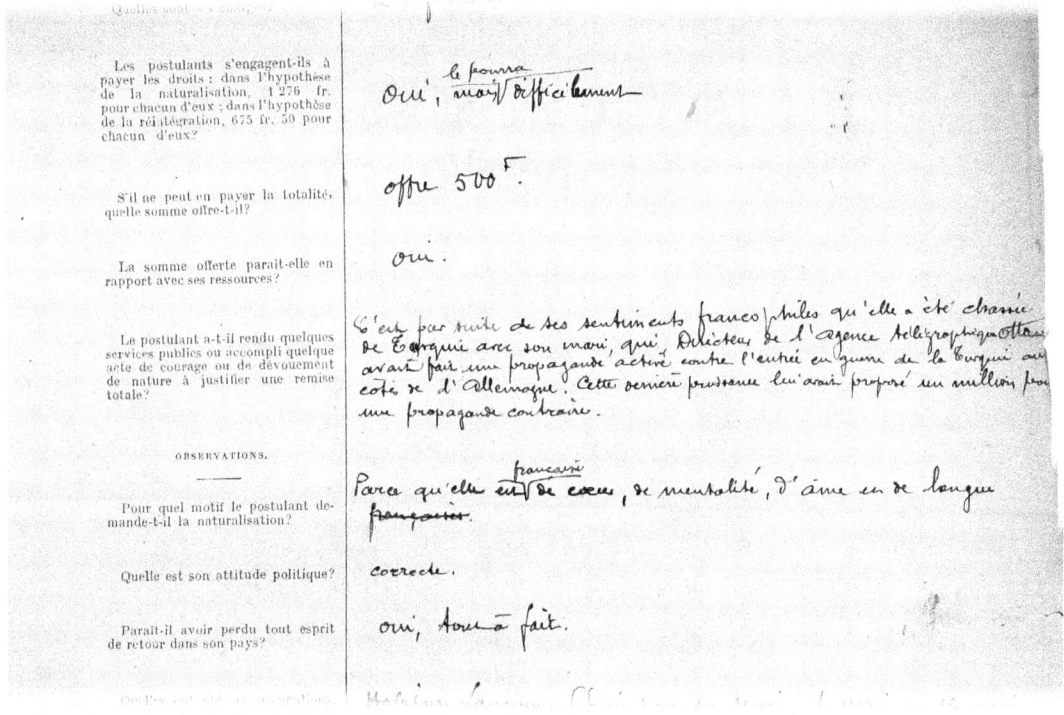

mands n'ayant pas trouvé de preuves de sa culpabilité, au mois de juin 1944[4],

– que les sentiments de Mme Gourdji, mère de Djenane et de Françoise Gourdji, ont été pendant toute l'Occupation au-dessus de tout soupçon, témoignant en toute circonstance de sa haine pour les Allemands et de sa sympathie pour la Résistance. Notre confiance en elle fut telle que non seulement elle fut tenue au courant de l'activité de ses filles, mais aussi de mon activité propre et de celle de l'état-major de l'AS, à Clermont-Ferrand en général.

Le 2 mai 1945, six jours avant la fin officielle de la guerre, un dernier rapport concernant les Gourdji arrive au bureau du sceau. C'est encore une fois le directeur de la police nationale qui s'y colle. Il conclut définitivement. Les Gourdji mère et filles vont pouvoir rester françaises :

Aucun fait de nature à provoquer une action en déchéance de la nationalité française n'a été relevé contre l'intéressée.
Son loyalisme envers nos institutions ne semble pas devoir être suspecté, et son attitude pendant l'Occupation ne donne pas lieu à critique.

Extrait du dossier administratif de la mère de Françoise Giroud.

---

4. Bien des années plus tard, lors de la campagne pour les élections municipales de 1977, le RPR accusera Françoise Giroud d'avoir usurpé la médaille de la Résistance remise à sa sœur. Le scandale sera énorme. Elle retirera sa candidature, et ne sera pas reconduite dans le gouvernement Barre. Longtemps, Françoise Giroud gardera la blessure de cette accusation.

[1930]
Adrien Bérégovoy, le métallo

« Un excellent garçon »

Déville-lès-Rouen, le 20 mars 1929.

Je soussigné Adrien Bérégovoy, né à Isum, gouvernement de Karkow (Russie), le 26 août 1893, ouvrier métallurgiste demeurant à Déville-lès-Rouen rue du Petit-Aulnay, 20, sollicite de votre haute bienveillance la naturalisation désirant devenir citoyen français.

Je suis ancien combattant de l'armée russe ayant combattu pendant toute la guerre contre les Autrichiens et Allemands avec les armées alliées.

En raison du manque de ressources, je vous serais très reconnaissant, monsieur le ministre, si vous vouliez bien m'accorder la remise totale du droit du sceau.

Je me suis marié à Déville-lès-Rouen, le 11 avril 1925 avec une Française, Mlle Baudelin Irène Eugénie Henriette et de notre union sont nés deux enfants encore existants.

Espérant que vous daignerez accueillir ma demande,

Adrien Bérégovoy
Irène Bérégovoy

De ces deux enfants encore existants (combien d'autres ne le sont plus?), l'aîné, Pierre, Eugène, né le 23 décembre 1925 à Déville-lès-Rouen, connaîtra un destin politique hors du commun. Fils d'ouvrier devenu ajusteur puis chemi-not et agent de l'EDF, il embrasse une carrière politique qui le mènera jusqu'à l'hôtel Matignon où il sera Premier ministre de François Mitterrand.

Pour l'heure, au moment où ses parents remplissent le dossier de naturalisation, il est surtout un atout: père d'enfants français, marié à une Française[1], bon travailleur, Adrien Bérégovoy a un profil parfait.

Pour quels motifs le postulant demande-t-il la naturalisation? Ne devant jamais retourner en Russie et ayant décidé de rester en France où d'ailleurs il a des attaches, sa famille du côté de sa femme étant française.
Quelle est son attitude politique? Bonne.
Paraît-il avoir perdu tout esprit de retour dans son pays? Oui.
Quelles ont été ses occupations, son attitude pendant la guerre de 1914-1918? A-t-il rendu quelque service à la France? Excellents. A combattu dans l'armée russe contre les empires centraux. Au début comme simple soldat et a fini comme capitaine.

---

1. Encore une « réintégrée » donc ! Le mariage date de 1925, et donc, à cette date, Irène Baudelin a dû perdre sa nationalité française en épousant Adrien Bérégovoy.

(Il importe au premier chef de n'admettre à bénéficier de la
naturalisation française que des éléments étrangers *sains* qui soient
susceptibles de constituer un apport intéressant, un élément de
prospérité pour le pays, et de devenir la souche de nouvelles familles
françaises) ....

AVIS MOTIVÉ :

Extrait du formulaire de demande de naturalisation d'Adrien Bérégovoy.

Neuf jours plus tard, le préfet adresse au maire de Déville-lès-Rouen, où la famille habite, un questionnaire inédit. Tamponné « Confidentiel et urgent » (29 mars 1929), il passe en revue toutes les dimensions de la vie des Bérégovoy. Les appréciations du maire sont en général positives. Il juge notamment l'attitude politique et professionnelle d'Adrien Bérégovoy « excellente ».

> La naturalisation de l'impétrant aura-t-elle pour effet de créer une famille vraiment française? Oui.

Le maire, en conclusion, est dithyrambique :

> Bérégovoy est un excellent garçon, d'une conduite irréprochable, d'une sobriété exemplaire, d'un excellent caractère. Bon patriote, sincère et fervent républicain.

Le dossier devrait passer comme une lettre à la poste. Pourtant une question vaut une réponse plus longue que les autres. Elle concerne les lieux où a résidé le postulant :

> Jusqu'à son départ à la guerre comme volontaire, habitait avec ses parents à Isum. A dû partir de Russie en 1920 parce qu'il avait combattu les bolcheviques, a été un an en Pologne et deux ans en Allemagne et depuis cinq ans et demi en France où il compte rentrer définitivement.

Aïe. L'Allemagne. De quoi attiser toutes les suspicions dans cet entre-deux-guerres et faire recaler les meilleurs candidats. L'équivalent peut-être d'un séjour au Pakistan aujourd'hui… Bérégovoy est convoqué, probablement à la police, pour s'expliquer sur ces deux années outre-Rhin.

Le préfet rend compte au garde des Sceaux le 29 juin 1929 :

J'ai l'honneur de vous donner ci-dessous les renseignements fournis par M. Bérégovoy Adrien […] :
« Entré en Pologne en 1920 avec le corps Bredoff de l'armée Deninkin [sic], en 1920 étant en Pologne combattu contre les bolcheviques dans les divisions formées en Pologne. En 1921 entré en Allemagne et jusqu'en 1923, date de son entrée en France, travaillé aux établissements Reinische Stahlwerke à Meiderick, près Duisbourg. »

Ces informations sont envoyées en Allemagne pour vérification. Le 2 août, le consul de France à Dusseldorf écrit à son ministre de tutelle, celui des Affaires étrangères :

J'ai l'honneur de faire connaître à votre excellence que l'enquête effectuée auprès de la Vereinigte Stahlwerke Aktiengesellschaft, qui a succédé à ces établissements, m'a permis d'apprendre que l'intéressé n'y avait pas travaillé à l'époque indiquée et n'était pas connu de la direction.

Le ministre des Affaires étrangères écrit alors à son homologue de la Justice pour lui dire qu'il est dans « l'impossibilité de vous donner mon avis sur la suite que doit comporter cette requête ». Nous sommes le 3 septembre 1929, le dossier Bérégovoy est en *stand-by*. Suspendu à cette brève carrière allemande. Le préfet de la Seine-Inférieure, comme on appelait alors ce morceau de Normandie, retourne vers le maire de Déville-lès-Rouen. Qui obtient des renseignements plus précis :

M. Bérégovoy affirme avoir été employé aux établissements Reinische Stahlwerke, à Meiderik, il a été embauché par l'entrepreneur Yavor, sujet serbe, comme manœuvre et il a habité au début dans les baraquements de l'usine, puis ensuite dans des pensions de famille dans différentes communes des environs des établissements employeurs, mais ne se rappelle plus les noms, sauf pour une seule qui est Lare.
À l'appui de ses dires, M. Bérégovoy a produit les documents que je vous adresse ci-joints, accompagnés d'une traduction.

Sentant sans doute l'étau administratif se resserrer et s'impatientant peut-être, Adrien Bérégovoy a demandé de l'aide à son député, le radical André Marie : figure dans son dossier la lettre du ministre de la Justice à celui-ci.

Vous pouvez être assuré que j'aurai soin de vous aviser en temps utile de la décision qui interviendra.

Elle interviendra après une ultime vérification. Le consul de France à Dusseldorf est à nouveau mis à contribution. Il approfondit les recherches. Enfin, à la fin de janvier 1930, il peut en dire plus à la chancellerie :

Ce n'est que le 21 de ce mois, après de nombreuses démarches infructueuses, qu'il m'a été possible de retrouver l'adresse de l'entrepreneur Peter Javor, qui avait embauché l'intéressé en 1922 […]
Voici la traduction de sa réponse à ma demande d'information :
… « un Adrien Bérégovoy, né le 26 août 1893, est entré à mon service le 26 août 1922. Je n'ai malheureusement plus d'indications précises sur la date de son départ mais crois me souvenir qu'il a dû me quitter en septembre 1923. Pendant tout le temps qu'il a été employé par moi, Adrien Bérégovoy a eu une très bonne conduite et je n'ai jamais rien appris de défavorable à son sujet… »

Trois fois rien, donc. Mais qui manquait pour rassurer l'administration. Désormais, c'est chose faite. Les Bérégovoy sont français !

[1930]
Alter Goldman, le clandestin

« *Demande à faire son service militaire en France* »

Monomaniaque. C'est comme si le fonctionnaire de police qui a rempli le dossier d'Alter Goldman ne pensait qu'à une chose: le service militaire. Tout est présenté dans cette perspective. Du tampon « Très urgent » apposé en haut du dossier à sa conclusion:

Paraît pouvoir s'assimiler complètement. Demande à faire son service militaire en France. Bons renseignements, avis favorable. Ne peut payer que 100 francs.

Nous sommes en 1930. Alter Goldman a vingt et un ans. Il est en France depuis cinq ans seulement. Étrangement, c'est dans les Côtes-du-Nord, en Bretagne, qu'il déclare sa résidence pour la première fois, le 13 juin 1925. Il vit ensuite à Fleury-sur-Loire, dans la Nièvre, de 1926 à 1927. Puis il rejoint Paris. Il est venu de Pologne, Lublin, où il est né. Son père Berek est décédé en 1910, peu de temps après sa naissance. Chaja, sa mère, vit à Varsovie. Il est donc venu à seize ans, probablement pour rejoindre quelqu'un de sa famille, une de ses trois grandes sœurs, Perle, Aïda ou Mania.

Au moment de sa demande, il travaille comme tailleur.

Que lui rapporte sa profession? 1800 francs par mois (pendant la saison). A-t-il personnellement de la fortune? Non.
Quel est le montant de son loyer, de sa patente et de ses contributions? Loyer hebdomadaire 40 francs en hôtel. Contributions annuelles [1928 = 380 francs].
Pour quel motif le postulant demande-t-il la naturalisation? Parce qu'il désire devenir citoyen français et faire son service militaire en France.
Vient d'avoir vingt ans. Ne s'est pas encore présenté au bureau du recrutement mais va le faire incessamment.
Le postulant parle-t-il notre langue? Oui – assez couramment.
Quel est son degré d'assimilation à nos usages et nos coutumes? Assez avancé.
Vit-il dans un milieu exclusivement français? Mixte.
Quelles sont ses fréquentations? Les recherche-t-il parmi les étrangers ou parmi nos nationaux? (Parmi les deux.) Appartenait à la Jeunesse sportive de Puteaux (?), société de football où il joue en amateur. N'en fait plus partie depuis quelques mois.

Il joint à sa demande un certificat de la Maison Darles Brones – confection pour hommes, sise 104, rue des Couronnes à Paris 20ᵉ. M. Brones, le patron, écrit, avec son orthographe fragile :

> Je soussigné et certifie que M. Goldman Alter travaille chez moi depuis le 1ᵉʳ juillet 1929 à ce jour. Il travaille très sérieusement et n'est qu'à me louer de ses services.

Il est en bonne santé, attestée par le médecin. Jeune, sportif, bon travailleur, en âge de fonder une famille en France et à servir les armes. Connaît-on plus belle recrue ? À la seule lecture de ce dossier, Alter nous apparaît comme un jeune homme sans histoires. Lissé par l'administration qui s'en tient à l'écume des êtres. Son fils Pierre racontera plus tard[1] ce que fut la jeunesse et la personnalité d'Alter. Le style est différent. Les informations données ne correspondent pas toujours à celles du dossier, signe de la relativité et de la fragilité des traces. Ainsi à la question « Quelle est son attitude politique ? », il répond au fonctionnaire « Ne s'occupe pas de politique ». Ce qui semble, c'est un euphémisme, un arrangement avec la réalité si l'on en croit ce qu'écrit Pierre :

> Mon père est né (en 1909) dans une famille juive de Pologne, pauvre. Son père était mort avant qu'il naquît. À quinze ans, il fuit l'antisémitisme et la misère. Il vient en France parce qu'il a lu un livre de Victor Hugo, *Quatre-vingt-treize*, traduit en yiddish. Arrivé en France, il est déçu : ce n'est pas un pays vraiment conforme aux idéaux de 1789 et le racisme n'y est pas mort. Mon père repart en Allemagne. Il en revient vite, horrifié par ce qu'il pressent. Il dit : « D'Allemagne je serais revenu (en France) en rampant. » Il ne veut pas exercer de métier juif. Il s'engage comme mineur. S'engage ensuite – par devancement de l'appel – dans les chasseurs d'Afrique (5ᵉ régiment) pour gagner la nationalité française. (De l'Algérie il dit :

> « On m'a proposé d'y rester, j'aurais pu y prospérer comme tailleur. Mais le climat de violence raciale dans les relations entre les gens m'écœurait profondément. ») Il rentre en France et travaille comme ouvrier tailleur. Il est revenu à un métier juif, un métier de Juif polonais. (Si je parle de mon père, c'est, évidemment, que je ne peux parler de moi sans parler de lui.) Il est très sportif (un Juif doit faire du sport, être fort physiquement) et pratique (le basket) dans un club d'ouvriers immigrés, un club progressiste (c'est-à-dire proche du parti communiste) qui fournira aux FTP-MOI quelques-uns de leurs plus redoutables combattants (dont Marcel Rayman, ce Juif absolu, saint et sacré) : le YASK (Yiddishe Arbeïter Sporting Kloub).

Alter Goldman devient français le 13 juillet 1930, veille de fête nationale.

Pendant quatorze ans, aucune trace administrative dans son dossier. Et puis, en juin 1944, dix jours après le débarquement, un rapport du préfet de police de Paris au garde des Sceaux résume l'état des recherches policières sur Alter Goldman, alors âgé de trente-cinq ans. Comme d'autres, les Gainsbourg par exemple, les gardes-chiourmes vichyssois le cherchent partout. Les préfets s'envoient et se renvoient des rapports. Les fichiers sont consultés. La police enquête. Mais Alter reste introuvable.

> Réf. : dépêche du 8 mai 1944.
>
> [...] J'ai l'honneur de vous faire connaître que les recherches effectuées au service national des statistiques ayant révélé que l'intéressé résidait dans la région de Clermont-Ferrand, la dépêche et le rapport le concernant ont été transmis à M. le préfet du Puy-de-Dôme par ma lettre du 15 juillet 1943 dont vous trouverez ci-dessous copie.
>
> Le préfet de police.

---

1. *Souvenirs obscurs d'un Juif polonais né en France*, Pierre Goldman, Seuil, 1975.

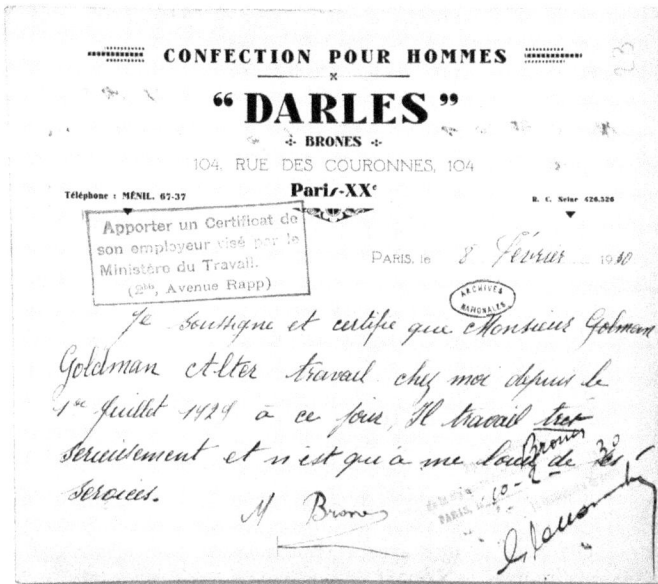

Certificat de
travail délivré
par le tailleur qui
employait en 1930
Alter Goldman.

Voici le rapport policier du préfet du Puy-de-Dôme.

Goldman Alter, né le 17 novembre 1909 à Lublin (Pologne), est de nationalité française par décret n° 12 369x30 du 13 juillet 1930.

D'origine polonaise, il semble être de confession israélite bien qu'il soit inconnu du service israélite.

L'intéressé a été vainement recherché dans le département de la Seine. Il a habité en dernier lieu 2, square Servan à Paris (11e), il aurait quitté ce domicile sans laisser d'adresse au mois de juin 1940.

Au service des statistiques nationales, il est connu comme suit : I 09 11 99 122 273 D15, statistiques de Clermont-Ferrand, 34, boulevard Carnot.

À son dernier domicile, on apprend qu'il était célibataire sans enfant en 1940.

En France depuis le mois de juin 1925, il a demeuré 37, rue Levert, à Paris (20e) du 18 août au 5 décembre 1930 dans le meublé sis à cette adresse, il n'a laissé aucun souvenir.

Durant approximativement sept ans, et

jusqu'à l'exode, il a habité 2, square Servan à Paris (11e).

Tailleur de son métier, il aurait exercé cette profession au début de son séjour en France, par la suite, il n'a pas été possible de connaître son activité.

Il aurait, paraît-il, servi dans l'armée française en Afrique du Nord à la suite d'un engagement; cette déclaration n'a pas été vérifiée.

Ses services militaires, lors des dernières hostilités, n'ont pas été connus.

Bien que les souvenirs qu'il a laissés soient vagues, ils ne sont pas mauvais. Il n'a pas attiré l'attention de nos services aux points de vue conduite et moralité. Il paraît ne pas avoir eu d'activité politique.

Il est difficile d'émettre un avis sur son loyalisme, toutefois ses sentiments à l'égard de notre pays n'ont pas donné lieu à critique.

Son assimilation serait bonne.

Goldman est inconnu au service des garnis et des prisons, arrestations, au service de la carte d'identité française, il est connu sous le n° 244.749 comme domicilié 37, rue Levert en mai 1932, date de délivrance de sa carte.

Aux listes électorales, il est connu en 1937, 2, square Servan.

Quelque temps plus tard, le préfet du Puy-de-Dôme reçoit une autre lettre au sujet d'Alter Goldman. Non datée, elle figure dans le dossier. Elle émane du « ministère de la Justice, sceau de France, secrétariat de la Commission de révision des naturalisations ». Il s'agit d'une lettre type, pré-imprimée avec des blancs que le fonctionnaire a remplis à la main :

Le garde des Sceaux,
ministre secrétaire d'État à la Justice,
à M. le préfet de police du Puy-de-Dôme.

La Commission de révision des naturalisations a été appelée à examiner la situation du nommé Goldman Alter [...]
D'un rapport de M. le préfet de police en date du 16 juin 1944, il résulte que le sus-nommé qui était domicilié à Paris

121

(Seine), a quitté cette localité depuis juin 1940 et qu'il résiderait actuellement à Clermont-Ferrand (Puy-de-Dôme) 34, boulevard Carnot.

Je vous prie de bien vouloir me faire parvenir le plus rapidement possible et au plus tard dans le délai d'un mois des renseignements précis sur la situation de famille, la profession, la conduite, la moralité et le loyalisme de l'intéressé et, le cas échéant, sur ses services militaires en me faisant connaître votre avis sur l'opportunité d'une décision soit de maintien, soit de retrait de la nationalité française à l'égard de ce naturalisé.

(Plus participation à des opérations de guerre, présence dans une unité combattante, blessures, citation, captivité.)

Cette lettre n'est pas datée. Dommage : la date aurait permis de savoir jusqu'à quand la sinistre Commission de révision des naturalisations avait fait son travail. Nous sommes en tout état de cause après le 16 juin 1944, soit après le Débarquement. La guerre tourne au net avantage des Alliés. Le sous-directeur du sceau de France ne cille pas. Il cherche Alter Goldman. Mais la police est mal renseignée. Et Alter bien caché. Alors même qu'en ce mois de juin 1944, elle le cherche à Clermont-Ferrand, le jeune militant est, les armes à la main, à Lyon, où naît le 22 juin son fils Pierre. Pierre qui plus tard, avec fougue et lyrisme, racontera la guerre d'Alter, le résistant juif :

Quand les premiers combats de la guerre d'Espagne éclatèrent, il se trouvait à Barcelone, avec une délégation sportive de la FSGT[2]. Il assista aux fusillades du balcon d'un hôtel. Fut rapatrié par un croiseur. Par la suite, il chercha à s'engager dans l'unité française des Brigades internationales. (Il y avait un centre de recrutement à Belleville dans un café juif). Il semble qu'on lui fît valoir qu'il était par trop réservé à l'égard du Parti pour faire un bon volontaire[3]. En 1939, il

est mobilisé (3e DLM). Le jour de l'offensive allemande (10 mai 1940), il est en permission à Paris. Il rejoint le front et retrouve son unité. Il se bat, il est cité pour sa bravoure et décoré – au front – de la Croix de guerre. Il tue des (fascistes) Allemands. Avec haine, avec joie, sans doute. Tailleur et sportif, il fait la guerre et la fait bien. Il a mérité sa nationalité française et il n'a jamais été aussi juif qu'à ce moment.

Démobilisé, il passe en zone non occupée (à Lyon) et milite au sein de la résistance juive. 1942, les Allemands occupent la zone sud, Lyon. Il se lance dans la lutte armée. Le Parti le charge d'organiser le travail militaire parmi les organisations juives qu'il contrôle et influence. En titre, il dirige et fonde les groupes de combat de l'Union des Juifs pour la résistance et l'entraide. Les groupes de combat de l'UJRE : une organisation plus large que les FTP juifs (de la MOI, à laquelle mon père appartenait également). Ses membres conservent une activité professionnelle (mais exercée sous de faux papiers), ils ne consacrent pas tout leur temps au combat [...] Mon père est de toute façon complètement clandestin à partir de 1942 et aussi, alors, un cadre permanent, professionnel [...] Cette résistance est une résistance antifasciste autant que patriotique, internationaliste autant que nationale. Son action ne consiste pas à recueillir des renseignements ni à préparer le Débarquement, mais à mener des actions d'anéantissement contre les occupants nazis. Les fascistes français sont également combattus. Des collaborateurs, des miliciens, des policiers, un magistrat sont tués, abattus, exécutés.

À en croire son fils, Alter Goldman a donc été très engagé dans la Résistance, la lutte armée contre l'occupant et ses

---

2. Fédération sportive et gymnique du travail, fondée en 1934, émanation de la CGT très engagée contre le fascisme dans les années 1930.

3. Alter avait, d'après son fils, mal vécu la purge des trotskystes par les dirigeants staliniens : « Il cessa d'être un militant, il devint un simple sympathisant. »

Extraits du rapport policier en 1944 sur Alter Goldman.

partisans français. On est loin, très loin, de l'image un peu lisse et désincarnée du jeune homme « sans activité politique » que les policiers cherchent à Clermont-Ferrand !

Un jour, à Lyon probablement, il rencontre une jeune militante. Elle vient aussi de Pologne, elle est juive. Elle se prénomme Janine. Elle est permanente au Parti communiste français. Bolek, son mari, est un ancien officier des Brigades internationales. Déporté en Allemagne, il sera fusillé par les nazis. Sa femme s'évade et rejoint la Résistance lyonnaise. Elle est affectée à la Résistance juive par le PCF.

Je ne sais comment elle a rencontré mon père. Je ne sais si elle l'a aimé. Je ne sais si mon père l'a aimée. J'ignore si mon père m'a voulu. Je sais que ma mère me voulait absolument.

Pierre naît donc dans ces semaines de folie, juste avant la Libération.

Dans mon berceau il y avait des tracts et des armes qu'on dissimulait. Peu après ma naissance, ma mère fut appelée à Grenoble pour y remplacer un responsable que les Allemands avaient fusillé. Elle m'emmena avec elle [...]
Vint la Libération. Mon père laisse ma mère (ou elle le laisse, ou ils se séparent). Je ne sais pourquoi. On ne me l'a jamais dit. Mon père demandait probablement à ma mère de cesser de consa-

crer sa vie au Parti. Mais je reste chez ma mère. Mon père m'a dit : je voulais me défaire de toi, ne pas t'aimer, ne pas m'attacher à toi.

Ma mère travaille à l'ambassade ou au consulat de Pologne. En 1947 ou 48, pour diverses raisons, elle doit quitter la France. Ça, je m'en souviens. On allait partir, en Pologne, le soir. Mon père, accompagné de camarades de Résistance, est venu m'enlever, profitant d'une absence de ma mère. Qui ne pouvait protester : légalement elle ne pouvait fournir la preuve que j'étais son fils. De plus elle était communiste, polonaise et indésirable en France.

Alter, lui, est bien français. D'ailleurs, dès la guerre officiellement terminée, le voilà qui réapparait comme par magie. Il multiplie même les démarches pour récupérer son certificat de nationalité. En mai 1945, il se présente au service des renseignements du ministère de la Santé publique et de la Population. Il remplit, paperasse un jour, paperasse toujours, un formulaire. Rappelle son numéro de dossier et son état civil. À la rubrique « Profession », il indique : artisan en confection. Mais c'est la ligne suivante qui nous intéresse surtout. À nombre d'enfants est renseigné un très sobre « 1 ». Il s'agit de Pierre, bien sûr, mais il ne le précise pas. Aucun renseignement sur une éventuelle femme. Il donne son adresse du moment, le 2, square Servan dans le 11ᵉ arrondissement parisien où il est donc revenu après bien des pérégrinations. Et il précise l'objet de la visite : certificat de naturalisation.

Pour quelles raisons Alter a-t-il absolument besoin de l'attestation de sa naturalisation ? A-t-il perdu ses papiers dans les dernières années ? Impossible de le savoir. Toujours est-il que le 5 juillet 1945, Alter se rend au guichet du ministère de la Justice. Il est le numéro 33 de cette journée.

Objet de la visite :
une copie de naturalisation du 13 juillet 1930 déjà demandée il y a deux mois.

Alter ensuite doit reprendre sa vie. Une vie dont nous ne savons rien, ses descendants n'ayant pas souhaité nous rencontrer. Un de ses fils est devenu une star de la chanson française dans les années 1980. Jean-Jacques Goldman est né en octobre 1951 à Paris. Un autre de ses fils, Robert, est auteur compositeur de musique et sa fille Evelyne est médecin. Leur mère, Ruth, était une Juive allemande, née à Munich. Ces trois enfants étaient donc les demi-frères et sœur de Pierre, le fils aîné d'Alter que Ruth avait adopté. Pierre qui apparaît une seconde fois dans le dossier de naturalisation de son père. Sur la page de garde, celle où sont listées toutes les étapes du dossier, une main a écrit, à côté du tampon, 3 avril 1967, ces mystérieux :

Forces armées de Paris.
Pas de lib d'all (illisible)
Pierre né en 1944.

Militant d'extrême gauche charismatique, Pierre Goldman est mort assassiné en 1979, après avoir été condamné puis acquitté pour un braquage mortel. Il avait intitulé son autobiographie *Souvenirs obscurs d'un Juif polonais né en France.*

[1931]
Charles Lustiger, père du cardinal

« *Ne présentant aucun signe particulier aux étrangers* »

Tout avait pourtant si bien commencé. Quand Charles Lustiger présente sa demande de naturalisation en 1929, tout se passe comme sur des roulettes.

> Quelle est son attitude politique: ne fait partie d'aucune association et groupement politique, à ce qu'il dit.
> Quelle est son attitude pendant la guerre de 1914-1918: ses frères et sœurs ont été prisonniers civils des Allemands.
> Quelles sont ses fréquentations: ne fréquente que des nationaux à ce qu'il dit.
> Quel est son degré d'assimilation: paraît très susceptible de s'assimiler et ne présente aucun signe extérieur particulier aux étrangers.
> Que lui rapporte sa profession: 35000 francs environ.
> Avis motivé: favorable. Le pétitionnaire offrant de payer intégralement les droits du sceau.
> Signé le commissaire de police,
> 12 juillet 1929.

Bon citoyen, aisé, offrant de payer ces fameux droits du sceau, visiblement en délicatesse avec les Allemands, ennemis congénitaux (« ses frères et ses sœurs ont été prisonniers civils »,

un certificat de loyauté), et surtout « ne présentant aucun signe extérieur particulier aux étrangers ». L'affaire semble entendue. La préfecture lance néanmoins, selon la procédure d'usage, une enquête dans tous ses lieux de résidence. En 1929, les étrangers sont en effet suivis à la trace, tenus de se déclarer à chacun de leurs déplacements. Ce qui provoque une certaine confusion dans les services administratifs peu habitués à ces nouveaux patronymes. La sous-préfecture de Lunéville a ainsi enregistré Charles Lustiger sous le nom de Karl Custiger, ouvrier serrurier à l'usine Dietrich Lorraine. Custiger, erreur de frappe. Karl, car c'est ainsi que Charles se faisait appeler, on imagine. Comme beaucoup de ses compatriotes de Bendzin, en Silésie du Sud, il a d'abord fui les pogroms de Pologne pour s'installer en Allemagne. Théoriquement, il est sujet de l'empire de Prusse, la Silésie étant rattachée à son puissant voisin, mais les Polonais sont souvent vus comme des traîtres par les Allemands (l'autre moitié de la Pologne est effectivement du côté de l'Alliance). On imagine que c'est pour cela que la famille Lustiger a été « emprisonnée par les Allemands comme prisonniers civils ».

Ce sera donc la France. Et comme beaucoup de Polonais, l'Est, et plus particulièrement la Lorraine. Mais après Lunéville et Épinal, Charles décide de partir pour Paris en 1925. Il n'est plus ouvrier. Après avoir commencé à travailler sur les marchés avec sa femme, il a réussi à acheter un petit commerce, une bonneterie. Il a eu son premier garçon, Aron, en 1926, lequel n'est pas encore Jean-Marie. Pour lequel il a effectué une déclaration de nationalité, afin de le rendre français. Le petit, plus tard, pourra faire son service militaire. Oui, Charles Lustiger est un bon candidat. En janvier 1930, le préfet de police conclut.

> Établi boulevard de Strasbourg, le postulant accuse 35 000 francs de gain annuel [...] Étant donné les bons renseignements recueillis sur l'intéressé, j'estime que sa demande de naturalisation peut être accueillie.

Le préfet se rappelle certainement que le postulant offre de payer tous les droits du sceau, soit 1 276 francs par naturalisation, 2 552 francs en tout !

Est-ce un effet de la crise de 1929 qui commence à se faire sentir ? Un malentendu lors de l'entrevue avec le commissaire de police ? L'arrivée d'un deuxième enfant au foyer, la petite Arlette, née en 1930 ? Toujours est-il que Charles qui s'était engagé à payer ces fameux droits du sceau se rétracte. Il fait une réclamation au bureau du sceau. Non, impossible, décidément, il n'est pas en mesure de débourser tout cet argent. Le service des naturalisations enregistre la doléance et demande à la préfecture de vérifier la bonne foi du postulant.

> Le garde des Sceaux à la préfecture de police, 25 juin 1930.
>
> Charles Lustiger sollicite la remise de la somme de 2 576 francs[1], montant afférent à sa demande de naturalisation et à celle de sa femme. Je vous prie de vouloir bien me transmettre des renseignements précis sur sa situation de fortune [...] Le postulant expose que son commerce va très mal.

Enquête menée par les policiers qu'on imagine sans mal en filature devant la bonneterie des Lustiger à compter un par un les clients.

> 21 novembre 1930
> Le préfet de police au garde des Sceaux.
>
> Cet étranger exploite un commerce de bonneterie 50, boulevard de Strasbourg, dans un local d'un loyer annuel de 12 000 francs ; son magasin paraît bien achalandé. Toutefois, j'estime, en raison de ses charges de famille, qu'il pourrait lui être fait remise des droits afférents à la demande de sa femme.

Bref, Charles Lustiger s'en sortirait à 1 276 francs, pour la moitié seulement ! Un bon marchandage. L'affaire semble cependant se corser. Que s'est-il passé entre l'inspecteur de police et le bonnetier le jour de la visite ? Aucune trace de leurs échanges sinon cette lettre de Charles Lustiger qui s'inquiète de son dossier auprès du bureau du sceau.

> Le 8 décembre 1930,
> M. le chef de service des naturalisations
> 24, rue de l'Université, à Paris.
>   Monsieur,
>
> Je m'adresse à votre haute bienveillance, avec l'espoir de recevoir satisfaction pour la réclamation suivante. Ayant fait une demande de naturalisation au mois de janvier 1929, le 31 mai 1930, j'étais invité par M. le référendaire à verser la somme de 2 576 francs. Comme mes moyens ne me permettent pas de dis-

---

1. Soit 24 francs de plus que les 2 552 francs de droits. Le supplément pour Arlette, l'enfant mineur ?

*Lettre de
Charles Lustiger,
s'inquiétant
qu'on le confonde
« avec un criminel »,
un homonyme.*

poser d'une pareille somme car je ne suis qu'un petit commerçant et que les affaires sont très mauvaises et ayant à ma charge deux enfants nés à Paris [...], j'ai demandé une réduction de paiement le 6 juin dernier.

Suite à ma demande, j'ai eu la visite d'un inspecteur chargé de vérifier ma demande. Or ce monsieur l'inspecteur a retrouvé dans le dossier judiciaire un homme recherché par la police depuis cinq ans portant la même identité que moi.

Cher monsieur le chef, je m'adresse à vous pour que je ne sois pas confondu avec un criminel ou un voleur. Je suis persuadé que monsieur l'inspecteur n'étant pas rassuré en partant de chez moi, parce que je n'ai pas reçu une réponse après sa visite qui date de quatre mois.

Cher monsieur, je me tiens entièrement

à votre disposition pour toutes vérifications d'identité [...]

Veuillez agréer, je vous prie, monsieur le chef, mes respectueuses salutations,

Charles Lustiger.

Drôle de situation. Charles Lustiger est visiblement poursuivi par l'un de ses homonymes. Les Lustiger sont nombreux. Ils viennent tous de Bendzin, en Pologne. Gisèle, la femme de Charles, portait ainsi le même nom de famille, leurs grands-pères étaient de lointains cousins : elle est également née à Bendzin, même si elle a rencontré Charles en Lorraine.

Étrangement, les soupçons de l'inspecteur sur l'homonyme de Lustiger ne sont pas remontés plus haut. Magnanimité ? Négligence ? C'est en fait Charles, qui, par sa lettre, rend son cas des plus suspects.

7 mars 1931,
le garde des Sceaux au préfet de police.

Je suis saisi d'une demande de naturalisation formée par sieur Lustiger Charles, né à Bendzin (Pologne) [...] Or l'intéressé m'adresse la lettre ci-jointe dans laquelle il résulte qu'un individu portant même état-civil est recherché par la police. En vous communiquant le dossier de cette affaire, j'ai l'honneur de vous prier de faire procéder à une enquête approfondie visant à l'effet d'établir le bien-fondé des allégations du sieur Lustiger et me donner votre avis sur la suite que vous paraît devoir comporter cette affaire.

La réponse ne tarde pas.

8 avril 1931,
le préfet de police au garde des Sceaux.

J'ai l'honneur de vous faire connaître qu'il n'y a pas identité entre le pétitionnaire et le nommé Lustiger Zona, né en 1889 à Bendzin, condamné à Metz à deux ans de prison pour vol. Dans ces conditions je crois devoir maintenir mon précédent avis, tendant à la prise en considération de la requête dont vous êtes saisi.

127

Encore un Lustiger né à Bendzin ! Heureusement, celui-là, le dénommé Zona, est né dix ans avant Charles/Karl. On imagine dans le cas contraire les complications qu'aurait dû affronter Charles… Toujours est-il que Charles Lustiger est à nouveau convoqué pour un « entretien d'assimilation » à la préfecture le 20 juin. Et naturalisé le 6 juillet 1931. « Mes parents revendiquaient avec fierté le fait d'être français. Ils étaient français, ils se voulaient français, ils aimaient la France, ils m'ont appris l'amour de la patrie. Mais ils n'aimaient pas les assimilés, c'est-à-dire ceux qui changent leur nom, ceux qui se cachent. De même l'idée d'une "conversion" était une abomination. Le "converti" était un renégat, celui qui cesse d'être celui qu'il est, qu'il a l'honneur d'être », expliquera plus tard leur fils Aron, devenu Jean-Marie Lustiger, converti au christianisme[2].

1939 : Charles est mobilisé. La famille se réfugie à Orléans. Pourquoi Orléans ? C'est là qu'un ancien professeur du petit Aron habite. Les enfants, Aron et Arlette, sont pris en charge par une famille chrétienne. Aron qui, à Paris, lisait la Bible en cachette, découvre la foi catholique. Il demande, horreur, à se faire baptiser. « Je me souviens très bien du jour où j'ai averti mes parents – une scène extrêmement douloureuse, parfaitement insupportable. » Ils s'y résolvent, cependant. « Ils y ont vu une protection face à la présence des Allemands. Je crois que c'est pour cela qu'ils l'ont acceptée. Je leur ai dit "ça ne servira à rien". Je n'ai pas fait de raisonnement politique. Pour moi, il n'était pas un instant question de renier mon identité juive. Bien au contraire. » Le petit Aron est baptisé et converti le 25 août 1940, alors que s'installe le gouvernement de Vichy. En octobre 1940 est voté le statut de Juifs. Les Juifs français doivent s'enregistrer. Les Lustiger hésitent. C'est Mgr Courcoux, le protecteur d'Aron, qui intercède en leur faveur auprès du commissariat des Questions juives. « Doivent-ils se déclarer ? Ils sont des citoyens français et ce sont des gens honorables que je connais. » Le commissaire rassure le prêtre : « Ils n'ont rien à craindre en tant que citoyens français, qu'ils se déclarent[3]. » Les Lustiger porteront donc l'étoile. Ils sont retournés à Paris pour faire marcher le magasin tandis que les enfants sont restés à Orléans. Gisèle vient le week-end les voir, elle enlève son étoile dans le train pour éviter de se faire arrêter. Ils n'ont pas changé de nom. « Je ne comprends pas encore l'imprudence de la conduite qui a été la mienne et celle de mes parents à ce moment-là. La raison fondamentale était leur confiance dans la France. Ils voulaient toujours espérer que les Juifs ne seraient pas abandonnés par la France. C'est pourquoi ils ne se sont pas protégés à temps. »

Le dossier Lustiger passe en effet au crible de la Commission de révision de naturalisation. Combien de Lustiger ont été examinés ? Le fameux Zona, condamné à Metz, n'a pas dû faire long feu. Le cas de Charles Lustiger, le bon citoyen, est soumis à délibération le 18 janvier 1943. Les fonctionnaires ne tranchent pas. Ils veulent « plus de renseignements ». La préfecture de police s'exécute. Un peu tardivement puisque le résultat de l'enquête arrive plus d'un an après.

---

2. Toutes les citations de feu Jean-Marie Lustiger sont extraites du livre *Le Choix de Dieu*, entretiens avec Jean-Louis Missika et Dominique Wolton, Livre de poche, 1987.

3. *Ibid.*

dernière adresse communiquée par le service national des statistiques, il est parti, en avril 1942, en compagnie de ses enfants pour se rendre dans l'autre zone.
        Sa femme, demeurée à Paris, a été arrêtée comme juive le 10.9.1942, puis déportée le 13.2.1943 après un séjour au camp de Drancy.
        Dans son ex-entourage, on apprend qu'il aurait été mobilisé quelque temps durant les dernières hostilités.
        LUSTIGER qui était établi bonnetier avait dû cesser son commerce en raison de sa religion, conformément aux ordonnances allemandes.
        Durant sa présence dans la capitale, il n'a pas, de même que sa femme, attiré l'attention soit au privé soit aux

Enquête de police – 7 mars 1944.
Le préfet de police à M. le garde des Sceaux.
Dépêche du 28 janvier 1943

J'ai l'honneur de vous transmettre ci-après les résultats de l'enquête effectuée par mes services concernant Lustiger Charles, né le 5 septembre 1899 à Bendzin, naturalisé par décret du 6 juillet 1931.
L'intéressé domicilié 43, rue Delambre a quitté cette adresse en avril 1942 pour se rendre en zone non occupée (sans autre précision). Il a été vainement recherché dans le département de la Seine. Les renseignements recueillis sur Lustiger ne sont pas défavorables, toutefois, en raison de son absence je ne puis que vous laisser le soin d'apprécier si son maintien dans la communauté française peut être envisagé.

Enquête

Lustiger Charles, israélite d'origine polonaise [...] a épousé à Paris le 26 février 1925 sa coreligionnaire Lustiger Gisèle, devenue française par le susdit décret, dont il a eu deux enfants : Aron, le 17 septembre 1926 et Arlette le 6 janvier 1930. Ceux-ci sont devenus français par déclaration. Arrivé en France en 1920, Lustiger s'est alors fixé dans la capitale, et a habité 15, rue Simart, puis 50, boulevard de Strasbourg et enfin 43, rue Delambre depuis 1936. De cette dernière adresse communiquée par le service national des statistiques, il est parti en avril 1942 en compagnie de ses enfants pour se rendre dans l'autre zone. Sa femme demeurée à Paris a été arrêtée comme juive le 10 septembre 1942, puis déportée le 13 février 1943 [convoi n° 48] après un séjour au camp de Drancy. Dans son ex-entourage, on apprend qu'il aurait été mobilisé quelque temps durant les dernières hostilités. Lustiger qui était établi bonnetier avait dû cesser son commerce en raison de sa religion, conformément aux ordonnances allemandes. Durant sa présence dans la capitale, il n'a pas, de même que sa femme, attiré l'attention soit au privé soit aux points de vue politique et national. Seul le mari est noté comme suit aux sommiers judiciaires : 10 francs, 6 novembre 1936, loi Travail.

Mars 1944. Extrait de l'enquête de police concernant les parents de Mgr Lustiger. Gisèle Lustiger « a été arrêtée comme juive » puis « déportée le 13 février 1943 après un séjour au camp de Drancy ».

Le 18 janvier 1943, quand la commission délibère – sans trancher – sur le cas de Charles Lustiger, Gisèle est internée à Drancy depuis presque quatre mois. Le dossier Lustiger a-t-il été signalé à la suite de l'arrestation de Gisèle à Paris? Ou est-ce un hasard administratif? Pourquoi s'acharner encore sur Charles Lustiger ou sur ses enfants? Relativement protégés, les Juifs français avaient au début de la guerre beaucoup à perdre d'une dénaturalisation. En 1943, les verrous ont sauté. On déporte aussi des Juifs français comme le montre le cas de Gisèle. La commission continue cependant son travail. Et son grand œuvre : « purifier » la nation française des éléments indésirables. Charles Lustiger mérite-t-il de rester français? Mais d'abord, où est-il?

Contrairement aux informations de l'enquête de police, Charles est parti clandestinement en zone libre en 1941 et non en 1942, et ce, sans ses enfants. Il préparait le repli de sa famille et tentait de lui assurer des moyens de subsistance. Il est à Decazeville, dans l'Aveyron. Il a trouvé un travail dans une usine où se sont réfugiés des anarchistes, d'anciens républicains espagnols, des Juifs : « Dans cette usine, tout le monde avait quelque chose à cacher », racontera Jean-Marie Lustiger. « Ma mère a traîné pour quitter Paris parce qu'elle voulait maintenir le magasin malgré la nomination d'un administrateur "aryen". Il devenait très urgent de partir. Ma mère devait d'abord rejoindre mon père et nous devions les suivre à la fin de l'année scolaire. Mais entre-temps ma mère a été arrêtée et envoyée à Drancy [...] Un voisin l'avait dénoncée. Elle a été arrêtée à son domicile. L'appartement a été complètement pillé puis mis sous scellés. » Aron/Jean-Marie a inscrit son nouveau prénom sur une fausse carte d'identité. Il semble relativement protégé, auprès des « gentils », qui vont à la messe. Il est lucide cependant : un Juif catholique reste un Juif. Orléans, ville occupée, n'est pas tellement plus sûre que Paris. Il ne le sait peut-être pas, le jeune Aron, mais tout près d'Orléans, dans le village de Saint-Benoît-sur-Loire, le poète Max Jacob, juif et catholique fervent lui aussi, porte l'étoile jaune : des gendarmes sont même venus vérifier qu'il était en règle alors qu'il se trouvait dans l'abbaye de Saint-Benoît pour la messe. Max a beau être catholique, chevalier de la Légion d'honneur, français depuis

toujours, ami avec Cocteau ou Guitry, qu'on dit capable de sauver beaucoup de gens, grâce à ses accointances avec les Allemands, rien n'y fait. Il est arrêté en février 1944 et interné à Drancy où il mourra un mois après.

Aron, lui, ne restera pas si longtemps dans cette région dangereuse. Il doit terminer l'année scolaire, mais, à l'été 1943, le seul objectif, c'est de fuir. Avec ses faux papiers, Aron franchit clandestinement la ligne de démarcation et retrouve son père à Decazeville. Arlette, sa sœur, le rejoint plus tard. La Commission de révision des naturalisations en a-t-elle eu vent ? A-t-elle demandé à la préfecture de l'Aveyron de lancer un avis de recherche ? Nul ne le sait : aucune pièce ni aucun rapport d'enquête n'est remonté jusqu'au bureau du sceau. En 1944, les Lustiger sont en tout cas convoqués par la police de Decazeville. Pas dupe de leurs faux papiers, on leur appose la mention « Juif ». L'étau se resserre. Le père et ses deux enfants fuient encore. Toulouse, cette fois. « Mon père était perdu, il y a eu comme un renversement des rôles. J'ai pris les commandes, je l'ai caché dans une école d'agriculture tenue par les jésuites où on l'a embauché comme ouvrier agricole avec de faux papiers[4]. » Aron/Jean-Marie rentre lui dans un réseau de jeunes résistants proches de Témoignage chrétien. De tout cela, nulle trace dans les délibérations de la Commission de révision qui n'a pourtant pas lâché l'affaire. Le 29 juin 1944, trois semaines après le Débarquement, le dossier passe de nouveau en délibération. Avec la mention « Renseignements, sépultures ». La commission craint de dénaturaliser un mort.

---

4. *Ibid.*

[1932]
Joseph Ginsburg, le pianiste

« Retrait collectif : Juifs »

Joseph et Olga
Ginsburg
à Constantinople
en 1920.

Il y a le piano sur lequel Serge Gainsbourg composait. Son autoportrait à l'aquarelle au mur. Des livres sur lui, des vinyls collector, des affiches. Tout respire l'esprit Gainsbourg. Nous sommes près de la porte Dauphine, à Paris, là où ont vécu jusqu'à leur mort Joseph et Olga, les parents de Lucien Ginsburg, son vrai nom avant qu'il ne devienne l'Homme à la tête de chou. « Serge a vécu pas mal de temps dans cet appartement, même adulte, sourit Jacqueline, sa sœur, qui habite désormais les lieux. Il venait se réfugier là entre ses ruptures sentimentales. Et tous les dimanches midi, tout le monde déjeunait ensemble en famille[1]. » Jacqueline a quatre-vingt-quatre ans, en paraît vingt de moins. Elle est belle. Un rire sonore et communicatif, une longue chevelure

de neige qui tombe en cascade sur les épaules. Jacqueline est la gardienne du souvenir de la famille Gainsbourg. Pour nous, elle a ressorti les vieux albums photo, les papiers administratifs jaunis, et, merveille surgie du passé, un cahier d'écolier. Joseph Ginsburg, son père, a écrit sur la couverture au stylo plume *Voici déjà l'hiver*, le titre de ses mémoires inachevées. À ces documents qu'elle garde précieusement, elle a rajouté une pochette que nous lui avons fait parvenir : la copie du dossier de naturalisation 5717x32, celui de toute sa famille. Y figurent ses parents. Mais aussi elle, Jacqueline, et les deux jumeaux Lucien et Liliane. Des liasses de papiers qui racontent un destin incroyable : « Cela fait bien longtemps qu'on tente de reconstituer cette histoire. Ce dossier, c'est la pièce manquante du puzzle. »

En 2008, Jacqueline est partie avec Jane Birkin à la recherche de cette

---

1. Entretien avec les auteures.

mémoire. Jane chantait à Kiev, elle avait proposé à son ex-belle-sœur de l'accompagner. Jane voulait lui faire cette surprise: l'emmener à Theodosie, à six heures de route de Kiev, sur la mer Noire. La ville, au cœur de la Crimée, où est née Olga. Et où Joseph l'a rencontrée. Ils n'y sont pas restés si longtemps que cela. Olga est partie travailler comme infirmière en 1917 à Saint-Pétersbourg, Joseph l'a rejointe. Ils s'y sont mariés, dans le fracas de la révolution civile. Il fallait fuir. Direction Batum en Géorgie sur la mer Noire. L'escale dure un an, Joseph le pianiste a trouvé un bon contrat. Le couple embarque ensuite sur un cargo grec vers Constantinople. Nouvelle escale d'un an.

« Il était très difficile de partir directement de Crimée. Au début du siècle, tous les réfugiés juifs passaient par la Turquie, à Constantinople. Il y avait là des filières pour fabriquer des faux papiers », raconte Jacqueline. Ainsi, ce n'est pas comme russes que les Ginsburg se sont présentés à la préfecture en France. Mais comme turcs. Pour preuve, une magnifique fausse carte d'identité de l'État ottoman. Joseph est enregistré comme « citoyen turc », de religion « israélite », profession « musicien », préfecture de Constantinople. Cette carte d'identité que Joseph a jointe à son dossier et dont nous avons retrouvé le duplicata, plus de quatre-vingts ans après, est donc un « faux », sur lequel s'est bâtie toute l'histoire administrative de la famille. Et c'est ainsi que les Ginsburg se sont retrouvés étiquetés « turcs ». « Cela

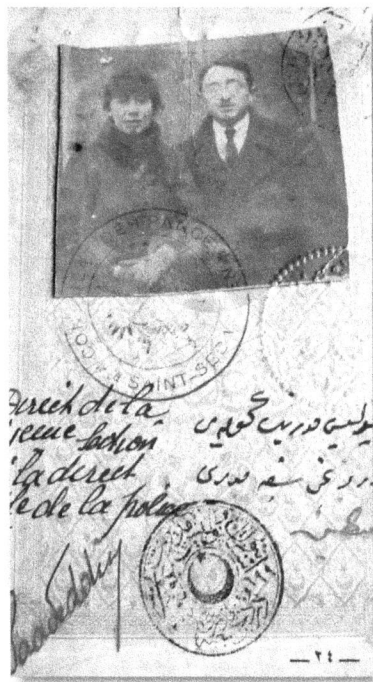

Passeport ottoman de Joseph et Olga Ginsburg.

nous poursuit encore maintenant, plaisante Jacqueline. Ma petite-nièce voulait s'inscrire dans un lycée pour apprendre le russe. Elle a expliqué que ses grands-parents l'étaient. Le rectorat lui a demandé de le prouver. Mais nous n'avons rien, à part cette carte d'identité turque. »

Le faux leur a ouvert en tout cas les portes de la France. Munis de ce sésame, ils peuvent quitter Constantinople sur un cargo. La traversée dure neuf jours. Les Ginsburg arrivent à Marseille le 25 mars 1921. Et filent à Paris. C'est là que Joseph trouve son premier contrat de pianiste, à la Chope d'Anvers, dans le 18e arrondissement, et voit naître ses trois enfants. Jacqueline devient française la première, de façon automatique. Elle est née en France, il suffit à ses parents de remplir une déclaration pour elle devant le juge de paix, chose faite un an après sa naissance. Plutôt que de réitérer la même démarche pour Lucien et Liliane, nés en 1928, les parents décident de naturaliser toute la famille. « Désirant donner à mes enfants une éducation essentiellement française et aimant très sincèrement la France, je voudrais devenir français », écrit Joseph, qui a signé « Joseph Ginsburg, israélite du Levant ». Il est turc, n'est-ce pas! Il dépose une demande en 1931 à la préfecture de Bordeaux, où ils sont momentanément, Joseph ayant trouvé un engagement intéressant au casino le Royal Tea. Le rapport du préfet de police est positif.

M. Ginsburg est en France depuis 1921. Les renseignements recueillis sur cet étranger sont bons. N'ayant plus d'intérêts en Turquie il paraît définitivement attaché à notre pays. Il s'est bien adapté à nos mœurs et coutumes. De plus, ses trois enfants sont nés en France. Dans ces conditions je donne un avis favorable à sa naturalisation.

Un certain nombre de préfectures doivent se prononcer sur ce postulant très itinérant. On apprend ainsi qu'il « a résidé à Thonon- les-Bains lors de la saison d'été 1925 » et que durant « son court séjour, sa moralité et son attitude au point de vue national ont toujours été correctes », qu'il a posé brièvement ses valises à l'hôtel Washington de Nice d'avril à mai 1928, qu'il est également passé par la villa Fournial à Fréjus plage, mais que « la propriétaire de la villa, Mme veuve Fournial, n'ayant pu fournir aucun renseignement le concernant, il résulte que M. Devrei, chef d'orchestre, actuellement à Paris, pourrait seul donner des renseignements sur la moralité et la conduite du sieur Ginsburg », qu'il a également résidé rue de Montreuil et rue de la Chine, à Paris, « le postulant qui était pianiste au Moulin de la Galette n'a donné lieu à aucune remarque défavorable ». Beaucoup d'endroits pour un seul homme ! Mais telle était la vie d'un pianiste de cabaret, qui faisait « les saisons » – été, printemps – en province quand il ne trouvait pas de contrats à Paris. Ce qui n'empêche pas le pianiste

Copie manuelle de la (fausse) carte d'identité ottomane de Joseph Ginsburg.

Ci-contre avec un orchestre de jazz.

133

de passer avec succès sa visite médicale : « Il résulte de l'examen général que le sieur Ginsburg est un sujet sain, robuste et bien constitué et de ce point, apte au service militaire. » La conclusion tombe vite. Avis favorable. Le 9 juin 1932, les Ginsburg sont naturalisés.

À l'été 1939, lorsque éclate la guerre, les Ginsburg sont à Dinard. Joseph a décroché un contrat pour jouer au casino municipal, le Balnéum. Le 2 septembre, il est mobilisé. Pas longtemps. On le renvoie chez lui le 23 octobre, il est père de trois enfants. Entre-temps, Olga a eu des (petits) soucis avec Liliane, sa cadette, qui a raté son examen d'entrée en 6e. À la question « Quelle est votre saison préférée ? », la fille de pianiste a répondu « la saison à Trouville ». Olga lui trouve d'arrache-pied une place dans un collège à Dinard et décide de délocaliser tout son petit monde en Bretagne. Sur la photo, la famille au grand complet sourit à l'objectif, cliché insouciant qui sent bon les embruns marins. « Dinard, ce fut une année de rêve, des vacances permanentes à la mer. C'était la guerre, mais nous, les enfants, nous ne réalisions pas trop. Même quand les Allemands sont entrés en France, nous n'avons pas pris conscience du danger. Nous allions sur la grand-place. Notre grande distraction, c'était de voir arriver toutes les charrettes de l'exode », se souvient Jacqueline. Le 22 juin, Pétain signe l'armistice. Toute la famille Ginsburg remonte sur Paris. Un café à 300 mètres de l'appartement, rue Chaptal, a accroché à sa vitrine une pancarte « Établissement interdit aux israélites ». Dès l'été 1940, il devient compliqué pour Joseph de trouver des engagements. Il vivote, travaille au rabais[2]. En juin 1942, le port de l'étoile jaune

devient obligatoire. Joseph va les chercher au commissariat. Olga les épingle, sans les coudre, sur les manteaux des gosses. Interdiction de sortir sans la « *yellow star* », comme l'appellera plus tard Gainsbarre, ce serait d'autant plus dangereux que le concierge, infirme de la guerre 1914-1918, est un collabo. « Mais on l'enlevait quand on était dans la rue, le soir. Pendant toute la guerre, on a continué à aller au théâtre ou au concert. On risquait gros mais on ne s'en rendait pas compte ! » se souvient Jacqueline.

Été 1939 à Dinard, Joseph pose avec ses trois enfants (à gauche, Lucien).

Page suivante : Carte postale (recto et verso) de Joseph Ginsburg envoyée en 1942 de Marseille. Sa famille est restée à Paris.

---

2. *Serge Gainsbourg*, Gilles Verlant, Albin Michel, 2000.

À l'été 1942, Joseph doit prendre une décision déchirante. Un décret passé en juin 1942 interdit aux Juifs les professions artistiques, après les métiers de journaliste, médecin, avocat, fonctionnaire et tant d'autres, interdits dès 1940. Gainsbourg racontera même plus tard que son père avait été chassé par des syndicats de musiciens voulant garder leur part du gâteau[3]. Joseph n'a plus de travail, il faut trouver de l'argent. Il doit passer en zone libre. Il trouve un passeur, l'expédition se transforme en calvaire, il passe la ligne de démarcation à pied, 18 kilomètres qui lui font endurer le martyre. Et envoie de Marseille une photo de lui (voir ci-contre) où il est méconnaissable, il a maigri de 20 kg. Derrière la photo, ce texte ironique et émouvant.

> Marseille – 1942 (début septembre, je crois). Filmé sur la Canebière, à l'improviste. Admirez le sourire radieux et la joie de vivre peints sur la figure du bonhomme. À titre de souvenirs des jours tristes et dans l'espoir des jours meilleurs, J.

C'est au moment où Joseph fuit pour la zone libre que la Commission de révision des naturalisations se penche sur le dossier Ginsburg. Hasard ou dénonciation? Le 7 mai 1942, elle se réunit sur le cas de « l'israélite du Levant ». Dans un premier temps, elle n'opte ni pour le retrait ni pour le maintien. Sur le papillon agrafé au dossier est griffonné « demande renseignements ». Le bureau du sceau interroge en premier lieu la préfecture de Gironde qui a délivré le décret de naturalisation. « Erreur » qu'elle ne ferait certainement plus: depuis février, Maurice Papon est le secrétaire général de la préfecture de la région. Dans le courrier à la commission, le préfet délégué, tout aussi zélé, est au rapport:

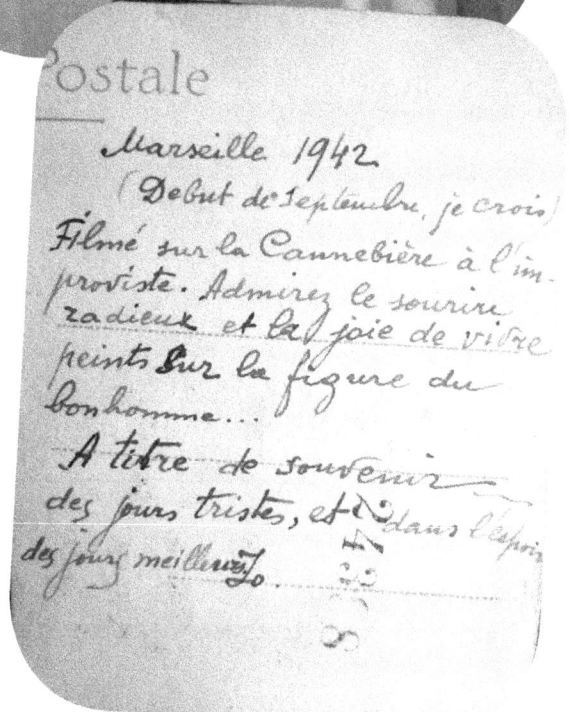

---

3. *Ibid.*

135

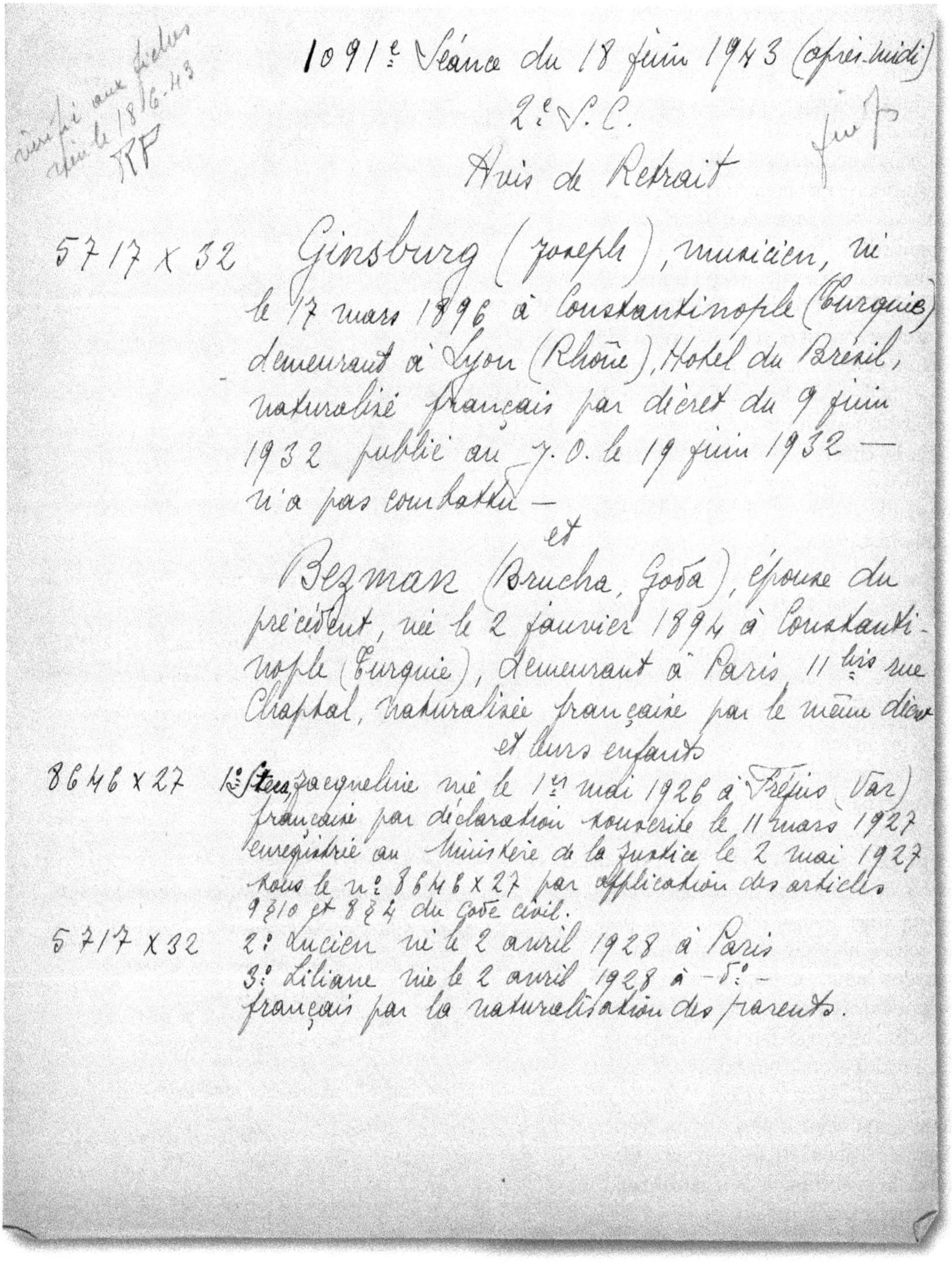

vérifié aux fichiers
rien le 18/6-43
RP

1091e Séance du 18 juin 1943 (après-midi)
2e S. C.
Avis de Retrait

5717 x 32 Ginsburg (Joseph), musicien, né le 17 mars 1896 à Constantinople (Turquie) demeurant à Lyon (Rhône), Hôtel du Brésil, naturalisé français par décret du 9 juin 1932 publié au J. O. le 19 juin 1932 — n'a pas combattu —

et

Bezman (Brucha, Goba), épouse du précédent, née le 2 janvier 1894 à Constantinople (Turquie), demeurant à Paris, 11 bis rue Chaptal, naturalisée française par le même décret

et leurs enfants

8646 x 27 1° Jacqueline née le 1er mai 1926 à Fréjus (Var) française par déclaration souscrite le 11 mars 1927 enregistrée au Ministère de la Justice le 2 mai 1927 sous le n° 8646 x 27 par application des articles 9 § 10 et 8 § 4 du Code civil.

5717 x 32 2° Lucien né le 2 avril 1928 à Paris
3° Liliane née le 2 avril 1928 à — d° —
français par la naturalisation des parents.

Objet : révision de la naturalisation du nommé Ginsburg Joseph.

Référence : votre dépêche du 10 juin 1942.

Comme suite à votre dépêche citée en référence, j'ai l'honneur de vous faire connaître que le nommé Ginsburg Joseph qui demeurait à Bordeaux, 22, rue Charles-Marionneau, a quitté cette ville vers 1932 pour aller résider à Paris 35, rue de Chine. Durant son séjour à Bordeaux, l'intéressé n'a fait l'objet d'aucune remarque défavorable tant au point de vue conduite et moralité qu'attitude politique. J'ajoute que conformément à la circulaire du 18 août 1940, j'ai informé M. le préfet de police, en date du 2 septembre 1941, de la présence à Paris de M. Ginsburg Joseph.

Admirons la conscience professionnelle de ce serviteur de l'État qui s'est empressé dès septembre 1941 de transmettre scrupuleusement toutes les informations à son collègue parisien.

Le bureau du sceau envoie quinze jours après une dépêche à la préfecture de police de Paris pour lancer l'enquête.

La famille Ginsburg ne se doute de rien. Elle vit au jour le jour. Olga et ses enfants ont échappé à la rafle du Vél' d'Hiv à un arrondissement près. Le 9ᵉ a été relativement épargné par rapport aux 10ᵉ, 11ᵉ et 12ᵉ arrondissements, complètement ratissés. Michel, le frère d'Olga, s'est fait prendre et a été expédié directement à Drancy puis à Auschwitz.

Malgré ce climat de terreur, les enfants Ginsburg étudient, jouent, s'amusent. La vie continue. « Les jours de rafle, on était prévenus par un inspecteur qui faisait circuler l'information. On allait dormir chez des amis », se rappelle Jacqueline. L'infatigable Olga continue à gérer le quotidien. L'école, d'abord. Elle fait ainsi une demande

tout à fait officielle au juge du paix du 9ᵉ arrondissement de certificat de nationalité pour sa cadette Liliane, dont on retrouve la trace dans le dossier, daté du 27 février 1943. Pendant ce temps, les policiers à Paris continuent à enquêter sur cette « dangereuse » famille qu'ils pistent depuis l'automne 1942.

8 avril 1943
Le préfet de police au garde des Sceaux

D'origine turque, le ménage Ginsburg, qui est entré en France depuis le 15 mars 1921, a été naturalisé français par décret du 9 juin 1932. De confession israélite, l'intéressé a fait l'objet d'un refoulement en date du 29 octobre 1924, pour exercer une autre profession que celle figurant sur sa carte d'identité. Il a régularisé sa situation par la suite, et depuis s'est toujours conformé aux lois et décrets régissant le séjour des étrangers sur notre territoire. Depuis 1935, le ménage Ginsburg habite 11 bis, rue Chaptal où il occupe un appartement au loyer de 330 francs par an. Précédemment il habitait au 35, rue de Chine, 110, rue de Montreuil, et 22, rue Charles-Marionneau à Bordeaux. Exerçant la profession de pianiste, le nommé Ginsburg qui se déplace fréquemment réside actuellement à Lyon et logerait à l'hôtel du Brésil. Lors de son séjour dans la capitale, il a travaillé comme musicien au Moulin de la Galette, rue Lepic, au Royal Tea, rue Franklin et à l'Ange rouge, rue Fontaine. Mensuellement il adresse à sa famille les sommes nécessaires pour subvenir à ses besoins. La femme qui se déclare de confession orthodoxe a égaré sa carte d'identité. Elle possède actuellement une attestation du commissariat de police de quartier Saint-Georges. Son attestation porte la mention « Juive ». Sa fille Jacqueline, titulaire d'une carte d'identité française au titre de lycéenne avec mention « Juive » fréquente le lycée Jules-Ferry. Son fils Lucien est inscrit au collège du Guesclin. Mobilisé au 223ᵉ RRT en 1939 le susnommé a été libéré quelques mois après en qualité de père de trois enfants. Il n'a jamais combattu. À sa der-

Avis de retrait de la nationalité à toute la famille Ginsburg. Le motif, « juifs », est clairement lisible en haut à droite du document.

Depuis 1935, le ménage GINSBURG habite 11 bis rue Chaptal où il occupe un appartement au loyer de 3300 frs par an, régulièrement payé. Précédemment, il habitait 35, rue de Chine; 110, rue de Montreuil et 22, rue Charles Mationneau à Bordeaux (Gironde).

Exerçant la profession de pianiste, le nommé GINSBURG qui se déplace fréquemment, réside actuellement à Lyon et logerait à l'hôtel du Brésil. Lors de son séjour dans la Capitale, il a travaillé comme musicien au Moulin de la Galette 77 et 81 rue Lepic 18ème; au Royale Tea 12, rue Franklin et à l'Ange Rouge 5, rue Fontaine. Mensuellement, il adresse à sa famille les sommes nécessaires pour subvenir à ses besoins.

La femme qui se déclare de confession orthodoxe, a égaré sa carte d'identité. Elle possède actuellement une attestation en date du 14.10.1942 du Commissariat de Police du quartier St-Georges, attestant que la susnommée a fait une déclaration de perte de carte d'identité. Son attestation porte la mention "Juive".

Sa fille Jacqueline, titulaire d'une C.I. française N° I.9082961 délivrée à Paris le 18.12.1942 au titre de lycéenne avec mention "Juive" fréquente le lycée Jules Ferry avec sa soeur Liliane.

Son fils Lucien est inscrit au Collège Du Guesclin.

La nommée GINSBURG qui n'exerce aucune profession vaque aux besoins du ménage et s'occupe de ses enfants.

Mobilisé au 223ème R.R.T. 8ème Cie 2. Bon en 1939, le susnommé a été libéré quelques mois après en qualité de père de trois enfants. Il n'a jamais combattu.

A sa dernière adresse, GINSBURG ne fait l'objet d'aucune remarque particulière. Bien que tous les renseignements ne lui soient pas défavorables, il ressort néanmoins que l'intéressé a quitté la Capitale en 1941 pour la zone libre pour s'éviter des ennuis en raison de sa confession.

Assez bien considéré, sa conduite et sa moralité n'ont donné lieu à aucune critique.

A leurs anciennes adresses, les époux GINSBURG n'ont laissé aucun souvenir.

Ils n'ont pas d'antécédents judiciaires.

Rapport policier sur la famille Ginsburg en avril 1943.

nière résidence, Ginsburg ne fait l'objet d'aucune remarque particulière. Bien que tous les renseignements ne lui soient pas défavorables, il ressort néanmoins que l'intéressé a quitté la capitale en 1941 pour la zone libre pour s'éviter des ennuis en raison de sa confession. Assez bien considéré, sa conduite et sa moralité n'ont donné lieu à aucune critique. À leurs anciennes adresses, les époux Ginsburg n'ont laissé aucun souvenir.

Aucun souvenir ? La Commission de révision a l'intention qu'ils en laissent encore moins. Lors de la 1 091e séance du 18 juin 1943 (après-midi), la commission rédige un Avis de retrait. En haut de la page est griffonné le mot « Juifs ». Important le S. Car c'est un retrait général qui a été décidé. La commission le précise bien. Les enfants, pourtant nés en France, sont aussi touchés par l'infamante décision. Ce qui était une interprétation encore plus « zélée » des textes établissant les règles de déchéance de nationalité. « C'est incroyable, on n'en a jamais rien su », s'étonne Jacqueline. Serge Gainsbourg, l'homme qui plus tard chantera *La Marseillaise* en reggae devant des paras déchaînés, aurait apprécié.

Le feuilleton ne s'arrête pas là. L'avis de retrait n'est pour l'instant pas encore commué en décret de déchéance inscrit au *Journal officiel*.

Il n'est pas notifié aux intéressés. Il faut encore enquêter. C'est encore mieux s'il l'on peut mettre la main sur Joseph. Le garde des Sceaux interpelle donc le préfet du Rhône, puisque la dernière adresse semble être Lyon.

Je vous prie de bien vouloir me faire connaître le plus rapidement possible et au plus tard dans le délai de deux mois si la situation de ce naturalisé de race juive ne s'est pas modifiée depuis la date de votre dernier rapport.

Réponse le 12 janvier 1944 :

J'ai l'honneur de vous faire connaître que le nommé Ginsburg Joseph [...] a quitté cet établissement en juin dernier et depuis n'est pas reparu dans la région lyonnaise.

La traque continue.

Un nouveau courrier est adressé au préfet des Alpes-Maritimes :

> Pour répondre au désir de la commission je vous prie de me faire connaître le plus rapidement possible tous renseignements que vous auriez pu recueillir sur la situation de ce naturalisé.

Réponse en avril 1944 du préfet. Il a déjà émis un avis de recherche sur Ginsburg Joseph, mais en vain.

> Les recherches effectuées n'ont pas permis de trouver trace de l'intéressé dans mon département.

Aujourd'hui, grâce à deux pages de cahier jaunies où il a consigné tous ses lieux et contrats, on sait désormais où Joseph se cachait. Le bureau du sceau, en 1944, est au moins en retard de deux ans ! Après son contrat à Nice, en juillet 1942, Joseph est parti à Aix-les-Bains, Toulon, Lyon, Limoges, puis à Courgenard, un petit village en Sarthe où on a mis Lucien en pension. Le garçon, gringalet pour son âge, se remet d'une péritonite tuberculeuse dont il a failli mourir. La famille a décidé de fuir Paris en décembre 1943. Pour Limoges où Joseph a trouvé une planque, un petit deux-pièces dans un hôtel meublé. Précédant sa mère, son frère et sa sœur, Jacqueline passe seule, à dix-sept ans, la ligne de démarcation. « J'avais moi aussi une fausse carte d'identité. À Vierzon, quand on m'a arrêtée pour contrôler mes papiers, mes genoux tremblaient, mais j'ai tenu bon. » Les faux papiers sont au nom de Guimbard, le nouveau nom des Ginsburg, version prémonitoire de Gainsbarre.

Inconscience ? À Limoges, Olga demande à nouveau un certificat de nationalité au juge de paix pour ses trois enfants. Grave erreur. Le juge de paix refuse de lui délivrer le certificat, l'affaire remonte au procureur de Limoges, qui, lui, n'est pas d'accord. Et transmet le cas… au bureau du sceau pour plaider la cause des Ginsburg !

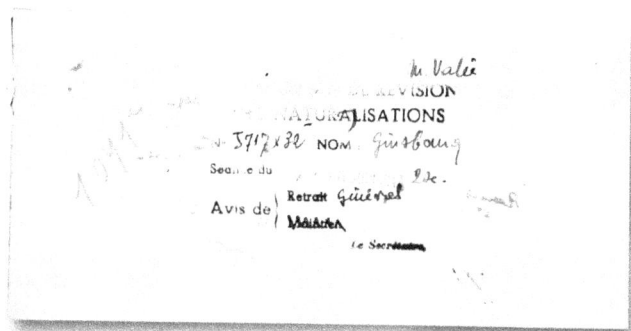

Papillon de la Commission de révision des naturalisations indiquant le retrait général.

Mai 1944.
Le procureur de la République de Limoges à la chancellerie

> J'ai l'honneur de rapporter à votre chancellerie que M. le juge de paix des cantons de Limoges est saisi d'une demande de certificat de nationalité française de la part de Goda Besman épouse Ginsburg, résidant 3, rue Saint-Paul à Limoges. Ce magistrat n'a pas cru devoir faire droit à cette demande et a sursis à la remise du certificat sollicité par application des prescriptions de votre chancellerie en date du 17 octobre 1941. L'intéressée est née à Constantinople, mais a été naturalisée française. J'estime sous réserve que le décret de naturalisation soit toujours en vigueur que le certificat peut être délivré à l'intéressée.

Le procureur de Limoges ne se doutait pas des conséquences de son courrier pourtant bien intentionné.

Le 6 juin 1944, les Alliés débarquent en Normandie. Le 10 juin, un détachement de la division SS das Reich organise une expédition punitive à

Oradour-sur-Glane. Nous sommes à vingt kilomètres à peine du Grand Vedeix où se sont réfugiés les Ginsburg après avoir échappé de justesse au pire. Après une rafle, ils sont d'ailleurs emmenés au poste quarante-huit heures, mais le directeur de l'orchestre qui emploie Joseph réussit à les faire sortir. Depuis, ils se cachent à la campagne. À la fin de juin, Jacqueline se rend néanmoins à Limoges pour passer le bac. Inconscience, encore...

Car alors que tout vacille en France, la commission continue de faire son travail. Sur la page de garde elle a méticuleusement annoté au crayon les derniers rebondissements de la traque au pianiste.

> Par dépêche du 28 avril 1944, le préfet des Alpes-Maritimes nous fait connaître que l'intéressé est inconnu dans son département. Mais le 4 mai 1944, le procureur de Limoges fait part d'une demande de certificat de nationalité formulée par la femme Ginsburg, née Bezman, habitant Limoges. Il y a bien lieu de demander des renseignements à Limoges.

Aussitôt dit, aussitôt fait. Le 28 juin 1944, le garde des Sceaux se fend d'une nouvelle missive. Adressée cette fois au préfet de Limoges.

> La Commission de révision des naturalisations est appelée à examiner la situation du sieur Ginsburg, naturalisé par décret du 9 juin 1932. Il résulte des renseignements fournis par M. le procureur de la République de Limoges que Mlle Bezman, épouse Ginsburg, réside actuellement à Limoges 3, rue Saint-Paul. Pour répondre au désir exprimé par la commission, je vous prie de faire procéder à l'endroit indiqué à une enquête très complète concernant le sieur Ginsburg et les membres de sa famille. Cette enquête portera notamment sur la conduite, la moralité, l'attitude au point de vue national.
> Vous pourrez ensuite formuler votre avis sur l'opportunité d'une décision soit de maintien soit de retrait de la nationalité française à l'égard de ces naturalisés.

Un avis de recherche est immédiatement émis par le préfet régional de Limoges. Les époux Ginsburg sont l'objet d'un « arrêté d'internement ».

> En cas de découverte, les susnommés seront conduits à la permanence de police de Limoges et il y aura lieu d'aviser l'intendance du maintien de l'ordre.

Si l'avis de recherche avait été émis quelques semaines auparavant, les Ginsburg n'auraient évidemment jamais été relâchés lorsqu'ils sont restés en garde à vue quarante-huit heures au poste... Quant à Jacqueline, malgré sa fausse carte d'identité Guimbard, elle a risqué le pire en allant passer son baccalauréat. D'autant que, poussant le bouchon un peu loin, c'est sous le vrai nom de Ginsburg qu'elle était inscrite aux épreuves... « Mais je l'ai eu, pourtant ! » éclate-t-elle de rire. Aux enfants de la chance, aurait répondu Gainsbarre.

[1933]
Cesidio Colucci
le maçon de Montparnasse

« *Parce qu'il aime la France* »

Il a incarné à la perfection un autre esprit français, râleur, insolent, provocateur, pinard obligatoire. Coluche, le gamin de Montrouge, devenu roi de la provocation, est le plus titi des Parisiens des années 1970 à 1980. Mais Michel est surtout un fils de Rital, enfant de Simone Bouyer et de Onorio Colucci, né en octobre 1944.

La famille Colucci habite le 56 de la rue du Montparnasse depuis son arrivée en France. Ils se sont installés à Paris en deux temps: Cesidio, le grand-père de Coluche, est d'abord venu de 1912 à 1914. Puis le jeune homme est rentré en Italie pour combattre avec l'armée italienne. Il est revenu, dès les hostilités terminées. Cesidio est né en 1888 à Casalvieri, en Italie. Il s'est marié à une fille du pays, Maria, qu'il a épousée à Paris en 1913. Était-elle venue avec lui ou l'a-t-il rencontrée ici? Impossible de le savoir. Ils ont eu deux enfants. Une fille, Rosina Rafaella, née à Paris en juillet 1914, juste avant la Première Guerre mondiale, et un garçon, Onorio, né en Italie en 1916. Au moment de la demande de naturalisation de leurs parents, Rosina vient de se marier avec un Français. Onorio, lui, a quinze ans. Il est apprenti mécanicien, et ramène environ 90 francs par semaine. Alors que son père Cesidio, comme maçon, gagne 7 francs de l'heure comme l'atteste son employeur, Maison Serre, construction de cabines pour postes de transformateurs de courant électrique.

> Pour quel motif le postulant demande-t-il la naturalisation? Parce qu'il aime la France et qu'il veut s'y fixer.

Il aime la France, Cesidio, qui se fait appeler ici César. L'histoire de la famille Colucci, telle qu'elle apparaît dans le formulaire administratif, est celle de l'Italie du début du XXᵉ siècle: terre d'émigration que la population quitte pour tenter sa chance ailleurs. Ainsi Cesidio énumère-t-il les situations de ses frères et sœurs au fonctionnaire qui remplit son dossier:

> Dominica, trente-trois ans, blanchisseuse, demeurant 200, faubourg Saint-Martin,
> Émile, trente-quatre ans, mécanicien, demeurant à Saffi (Maroc),

PM 39200

R. F.

Paris le 31-octobre 1931

Monsieur le Ministre de la Justice
j'ai l'honeur de solliciter de votre
Haute bienveillance la faveur
de la Naturalisation française
Je me Nomme Colucci Cesar
Je suis né a Casalvieri province
de Frosinone Italie le 4 Ferrier
1888 J'abite en France depuis
le 19 Mars 1919. J'exerce la profession de Macon. et j'abite
56 Rue du Montparnasse, Paris XIVe
Je suis Marié avec Mademoiselle Filangi
né a Casolvieri Italie le 24. Juin 1895
J'ai un Enfant garçon et une fille
Je m'engage a Payer les droit de sceau
Jusqu'a concurrence de la somme de
deux cent francs et Je demande
a être exonéré du surplus en raison
de la Modesité de mes ressources
Veuiller agréer Monsieur le Ministre
l'assurance de ma bre Haute conside-
ration Colucci Cesar/mis au dot

Lettre de demande de naturalisation de Cesidio Colucci, grand-père de Coluche.

Marie, trente et un ans, religieuse au Mans (France),
Pierre, trente-huit ans, ouvrier en fours demeurant en Amérique,
Benoît, trente-quatre ans, maçon, demeurant en Italie.

Sur six enfants, un seul est resté en Italie! Les autres ont suivi l'exemple de Cesidio, l'aîné. Il précise d'ailleurs que Dominica, Émile et Marie ont déjà acquis

la nationalité française lorsque lui la demande. Le policier qui l'enregistre note que le postulant parle couramment le français et qu'il « paraît sincèrement attaché à la France ». L'avis du préfet de police, rendu en avril 1933, confortera la bonne impression : il estime que la requête de Cesidio « peut être examinée avec bienveillance ». Ce sera chose faite : la famille Colucci devient française. Elle le restera dix ans plus tard lorsque la Commission de révision décide lors de sa séance du 22 avril 1943 le « maintien » de la naturalisation.

Onorio est désormais devenu un jeune homme. Il a vingt-huit ans lorsque son fils Michel naît quelques semaines après la Libération de Paris. Et à peine trente et un ans lorsqu'il décède d'une poliomyélite en 1947. Simone, « Monette », doit désormais élever seule ses deux enfants, sans que sa belle-famille « italienne » l'aide beaucoup.

Est-ce pour cette raison que l'humoriste a rarement évoqué ses origines italiennes ? Et souvent sur un mode ironique. Un an avant sa mort, il répondait à une interview :

Comme vous le savez, les Italiens étaient associés à Hitler pour faire la guerre. Évidemment, l'Europe rêvait d'être envahie par l'Italie plutôt que par l'Allemagne mais, après la guerre, ça la foutait mal d'avoir été italien, ce qui était le cas de mon père... j'ai jamais eu un physique d'Italien. Donc je m'en suis sorti[1].

---

1. *Rock and folk*, 1985.

[1934]
Louis Cavanna,
le Rital de Nogent

« *Ne sait ni lire ni écrire le français* »

Il n'est pas né rital. Pour le devenir, il lui a fallu franchir bien des montagnes, traverser bien des vallées, prendre pour la première fois le train avant de débarquer, timide et émerveillé, gare de Lyon un jour de septembre 1912. À la gare de Piacenza, un marchand ambulant s'est moqué de lui: « Si tu vas pieds nus, les Français ne voudront pas de toi. » Luigi a donc acheté des chaussures. Elles lui coupent les pieds. Le père de François Cavanna s'appelle encore Luigi. Il a déjà trente-deux ans. Il est italien, disent ses papiers, mais de Bettola, hurlent son cœur et le dialecte qu'il parle avec les copains de Nogent-sur-Marne. Dans cette ville de la banlieue parisienne, une communauté s'est reconstituée. La Petite Italie, dit-on en parlant de ces rues où sont logés, à la chambre, les gars de Bettola-Piacenza.

Luigi Cavanna, le père de François Cavanna, en uniforme de la Grande Guerre.

On travaille ensemble, on va au bistro ensemble, on tire de la musette, ensemble, la polenta et le fromage. On est entre soi, loin de chez soi.

Luigi est né avec les cheveux blancs et fins comme de la soie. On le surnomme Il Bianco. Ses yeux sont bleus, presque marins. Il est rappelé en Italie pour combattre lors de la Première Guerre mondiale. Matricule 5441/2, « classe 1880, taille 1,68 mètre, thorax 0,92 mètre, cheveux blonds et plats, nez et menton réguliers, yeux clairs, teint rosé, profession meunier ». En 1919, il est démobilisé. Et revient immédiatement en France. Les chaussures ne lui coupent plus les pieds. Sa vie est à Nogent-sur-Marne. Dans la vallée, là-bas, il était meunier, transportant sa farine à dos de mule. Ici, il fait maçon, comme tout le monde. Il prête ses bras à qui les veut. Trouve à s'engager chez un autre Cavanna, Dominique. Rien à voir avec sa famille : lui est patron et propriétaire de l'immeuble où il loge ses ouvriers, 3, rue Sainte-Anne. C'est là que Luigi s'installe après son mariage en 1920 avec Marguerite. Un petit nid, au troisième étage. Ils y vivront jusqu'à leur mort.

Marguerite est bourguignonne de naissance mais devient italienne par ce mariage. Ça tombe mal : elle se sent française jusqu'au fond des tripes, elle ne veut pas de l'Italie. En 1923 naît leur fils unique. Ils l'appellent François en souvenir de Francesco, son grand-père de Bettola. Les années passent. François devient français par déclaration à l'âge de onze ans. La famille est un peu différente des autres. Mixte, cela veut dire pas tout à fait l'Italie, pas tout à fait la France. Les insultes, « Rital » ou « macaroni » à l'école, et les regards en coin des Italiens sur Luigi qui n'est pas chauvin. La patrie est là où il y a du travail, a-t-il l'habitude de dire. Il n'est pas comme les autres, à trimer ici pour pouvoir acheter un bout de terrain là-bas, où construire une maison pour les vieux jours. Il a Marguerite, il a François. Leur vie est ici.

Un jour, il est contrôlé sur un chantier : Luigi a la carte verte, la « mauvaise » carte de séjour. Pour pouvoir travailler, il faut en effet une carte bleue. Il a quinze jours pour partir ou régulariser sa situation. Il obtient de rester. Mais sa décision est prise. À cinquante-quatre ans, il demande la nationalité française, tant pis si les copains le regardent de travers. La famille fait appel à un avocat. Un « vieux con au col cassé[1] »et à la main baladeuse. François le voit pincer les fesses de sa mère. Fâcheux mais indispensable personnage : c'est

Marguerite en épousant Luigi Cavanna est devenue italienne, elle qui était née bourguignonne.

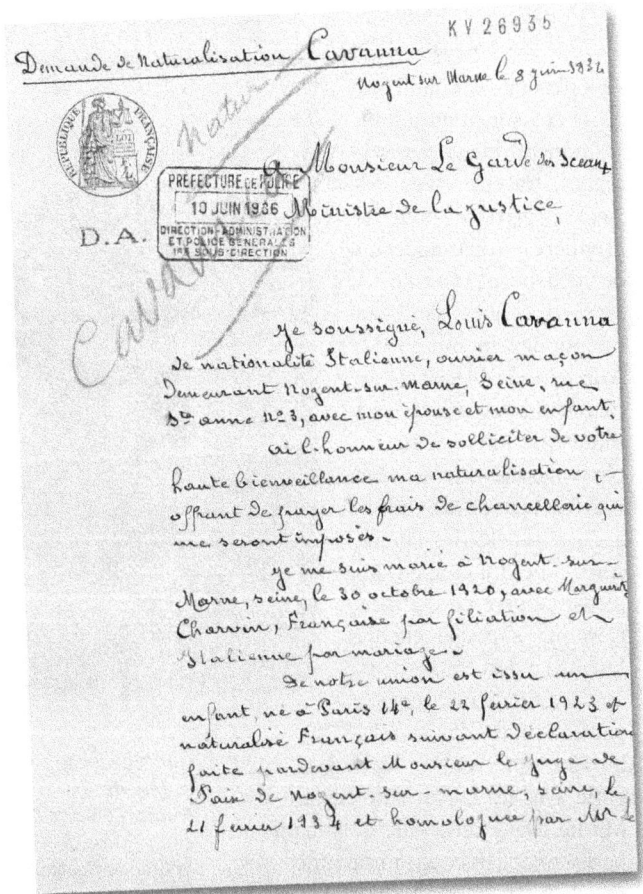

_____

1. Entretien des auteures avec François Cavanna.

lui, l'avocat, qui remplit les papiers pour Louis. Car, comme le note le fonctionnaire de la préfecture, près de vingt-cinq ans après son arrivée, « il parle assez difficilement » et « ne sait ni lire ni écrire le français ». Mais aussi qu'il est « assimilé à nos habitudes » et gagne « 9 francs et 25 centimes » de l'heure. Marguerite, elle, « fait des ménages et gagne environ 19 francs par jour ». Leur loyer annuel est de 1 200 francs. Pour signer les documents officiels, Luigi trace une croix. Marguerite, sa femme, certifie que « la croix ci-dessus a été faite par lui ». Ah, l'angoisse du guichet! François, douze ans, est mis à contribution. Il remplit les papiers et les recopie puisque la photocopieuse n'existe pas encore. Il est bon élève, le petit. Plus tard, il fera facteur si tout va bien. Ou… François sait dessiner comme personne et écrire l'amuse. Il ne reste pas longtemps aux Postes. Devenu dessinateur, homme de presse et écrivain, il signe du nom que Luigi ne savait pas graphier: Cavanna. Il a fait don à la Cité de l'immigration de la truelle de Luigi.

Le petit François Cavanna.

Analphabète, Luigi signe d'une croix (ci-dessus).

Lettre de demande de naturalisation de Luigi et Marguerite Cavanna (page de gauche).

Ce qu'en dit François Cavanna.

Je me souviens de cette inquiétude permanente, en allant à la préfecture: allait-on nous accepter ou nous refouler? Comme mon père était illettré, je devais l'accompagner dans ses démarches; j'avais onze ans. Avec la crise économique des années 1930, la situation s'est encore tendue. Il n'y avait plus de travail pour tout le monde. Je me souviens du jour où on a eu « avis favorable »: c'est ça qui comptait. Ça valait bien d'avoir dépensé des sous pour l'avocat et les taxes. Ça valait bien que je me sois emmerdé à recopier à la main je ne sais pas combien de fois les papiers. La seule chose qui manquait à mon père de l'Italie, c'était ses montagnes, sa vallée. Sinon, il était bien en France, même s'il parlait petit nègre et ne fréquentait que des Italiens de Nogent. On a commencé à nous appeler les Ritals quand j'ai eu dix ans. Avant, c'était les « macaronis ». On était les seuls étrangers à l'époque. Je me souviens du racisme dans la rue, dans la cour de l'école, dans les magasins. On me disait « retourne dans ton pays », je me battais. Mes copains de classe ne m'invitaient pas chez eux, je ne les invitais pas chez nous. Même certains instits n'étaient pas nets: j'étais premier de la classe, ça les faisait chier. Comme j'étais bon élève, ma mère rêvait que je sois aux PTT, fonctionnaire. Elle disait « qu'il pleuve, qu'il vente, tu seras à l'abri ». Je suis allé en Italie, à Bettola, pour la première fois à l'âge de vingt-sept ans. J'ai fait le voyage en vélo. Encore aujourd'hui, il y a des vieux qui s'en souviennent, du type qui était venu de Paris en vélo!

145

ES 84819

67-34

D.A.

Monsieur le Ministre
de la Justice

Monsieur le Ministre,

J'ai l'honneur de m'adresser
à Votre Excellence en la priant
de bien vouloir m'accorder
la qualité de français.

Russe d'origine j'ai quitté la
Russie en 1910 et après avoir
habité la Suisse pendant dix
ans, je suis venu avec ma famille m'établir en France
définitivement en 1920

Veuillez agréer, Monsieur le
Ministre, l'assurance de
ma haute considération

Igor Strawinsky

Je me joins à la demande
de mon mari Catherine Strawinsky

21, rue Viète, Paris, XVII
Le 7 novembre, 1933

146

[1934]

Igor Stravinsky,
le Français temporaire

« *Naturalisé, n'en serait pas moins un compositeur se rattachant à l'art russe* »

1933, lettre d'Igor Stravinsky demandant la nationalité française. En 1939, il s'installera aux États-Unis et deviendra américain.

L'expression serait : vexé(e) comme un pou. Les formules sont polies mais c'est la République française offensée qui s'exprime dans ce petit courrier de décembre 1945, froid et pincé, provenant du ministère de la Justice au consulat américain. La France apprend qu'elle vient de perdre l'un de ses plus illustres citoyens : Stravinsky, à qui elle avait accordé l'insigne honneur d'une naturalisation en 1934. Pendant les hostilités, le musicien, comme tant d'autres, s'est exilé aux États-Unis. À la Libération, la France attend le retour de l'enfant prodigue. Mais il s'en fiche royalement. En prenant le bateau pour New York, Stravinsky a fait une croix sur son passé. À peine arrivé, il a entamé une procédure de naturalisation, américaine, cette fois. Ulcérée, la chancellerie s'interroge donc, un brin mesquine : « Nous avons appris la récente naturalisation de M. Stravinsky. S'est-il libéré de son allégeance envers la nationalité française ? » Oubliant un peu vite qu'elle s'est pourtant fait tirer l'oreille douze

ans plus tôt pour accueillir le compositeur du *Sacre du printemps*.

Flash back. Nous sommes le 7 novembre 1933. Stravinsky sollicite sa naturalisation française. Une lettre manuscrite soignée, dont la calligraphie semble presque gothique.

> Monsieur le ministre,
> J'ai l'honneur de m'adresser à votre excellence pour la prier de m'accorder la qualité de Français. Russe d'origine, j'ai quitté la Russie en 1910 et après avoir habité en Suisse pendant dix ans, je suis venu avec ma famille m'établir en France définitivement en 1920. Veuillez agréer, monsieur, l'expression de ma haute considération.
>
> Igor Stravinsky

Au même moment, il entame la rédaction des *Chroniques de ma vie*[1], comme s'il estimait que c'est ici, à Paris, dans « cette France qui est devenue ma seconde patrie », qu'il va parachever son œuvre.

Pourquoi parlerait-il autrement ? La France des arts le fête, l'adule, l'adore. Après avoir quitté la Russie, s'être installé six ans en Suisse pendant la Première Guerre, Stravinsky a « résolu de

---

1. *Chroniques de ma vie*, Stravinsky, éditions Denoël, 1935, réédition 2001.

transporter [ses] pénates en France, où à ce moment battait le pouls de l'activité mondiale », comme il le raconte dans ses Mémoires. Bon choix: il y est déjà une star. C'est à Paris qu'il a composé *Le Sacre du printemps*. Et provoqué le plus grand scandale musical de tous les temps, avec cette représentation homérique du *Sacre*, en 1913, à l'Opéra de Paris avec le danseur étoile Nijinsky et Diaguilev, le maître des ballets russes. Si les intellectuels et les artistes – Ravel crie au génie – ont adoré, les spectateurs, entre les conservateurs et les modernes, se déchirent. Huées, moqueries, bagarres, la police est obligée d'intervenir au deuxième acte! Mais la carrière de Stravinsky est définitivement lancée. En 1920, Stravinsky a déjà composé *L'Oiseau de feu* ou *Petrouchka*. Le truculent Igor est au centre de l'aventure artistique: il collabore avec Picasso, Cocteau, Balanchine. Dans son dossier de naturalisation se dessinent les contours de ce Paris dada et surréaliste des Années folles. On se prend à rêver en lisant, sur un méchant papier dactylographié, la liste des différentes adresses du compositeur. Au détour d'une ligne se glisse un discret « Garches, hiver 1920, résidence provisoire chez Mademoiselle Chanel, villa Bel Respiro ».

Chanel et Stravinsky... C'est Diaguilev qui a joué les intermédiaires et présenté Gabrielle Chanel, une de ses plus grandes admiratrices, à Stravinsky. Elle devient son mécène. Pendant ces deux mois, la couturière a hébergé toute la famille Stravinsky chez elle. Le musicien y termine des symphonies, des pièces pour enfant. *Coco Chanel et Igor Stravinsky*, le film de Jan Kounen, raconte une idylle passionnée entre la reine de la mode et le créateur du *Sacre*,

sous les yeux à peine fermés de son épouse Catherine, tuberculeuse. Une biographie romancée? Qu'importe. Platonique ou pas, la relation entre Gabrielle Chanel et Stravinsky a été profonde et durable. *Le Sacre du printemps* est remonté à l'Opéra de Paris, grâce à l'aide financière généreuse de la Grande Mademoiselle, qui met même la main à la pâte pour les décors et les costumes. Une expérience qui va l'inspirer dans ses prochains défilés, aux robes fleuries façon babouchka. Preuve que notre identité nationale aime les métissages!

Les rapports de police retracent également le parcours du musicien. À Biarritz, on note ainsi : « M. Stravinsky était réputé musicien de grand talent et il a donné des concerts au casino municipal. Il était connu de la haute société. »

Conclusion de la préfecture de police, en février 1934: « On le représente comme ayant une grande valeur musicale. Le susnommé déclare gagner 50 000 francs par an; mais on estime que ses droits d'auteurs lui rapporteraient bien davantage. » Pourtant la réputation ne fait pas tout. Dans le cas de Stravinsky, elle provoque même une petite guéguerre à la chancellerie, où l'on n'est visiblement pas d'accord sur les suites à donner à sa demande de naturalisation. En témoigne cet échange cocasse sur l'avis formulé par le bureau du sceau.

Nous le reproduisons tel quel avec les guillemets et la ponctuation, très éloquente.

Aucun service rendu au pays. Pendant la guerre séjournait en Suisse et bien que ressortissant d'un pays allié n'a songé alors à donner des preuves de son prétendu « attachement » à la France. Motivation du refus: « en raison de son attachement à la France! »

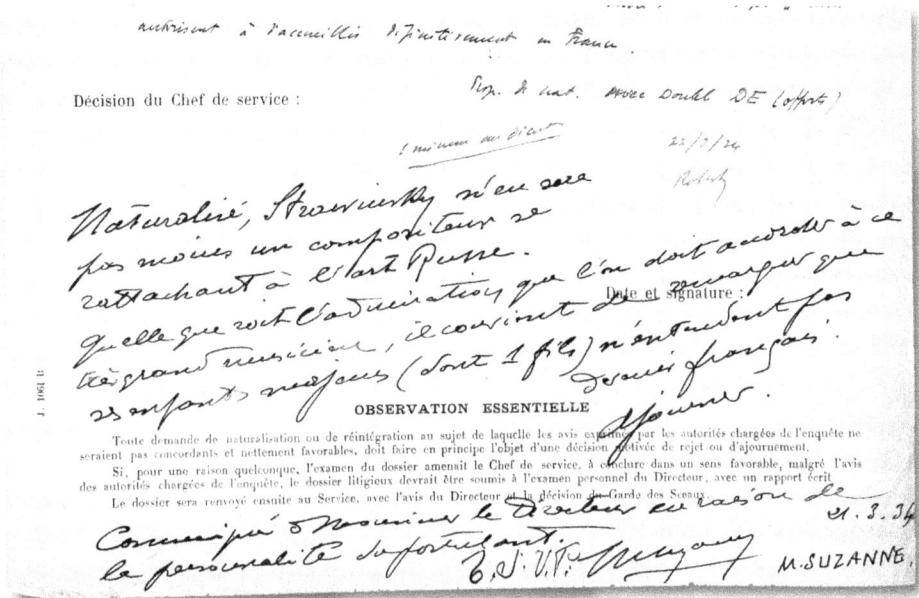

Avis d'ajournement de la demande de Stravinsky au motif qu'il se « rattache à l'art russe ».

On savourera le point d'exclamation, un égarement de ponctuation rarissime à la chancellerie. Nul doute, on a affaire ici à un véritable *Petrouchka*-phobe !

Mars 1934 : la riposte. Un autre rédacteur a pris la main.

> « On le représente comme ayant une grande valeur musicale », dit le préfet qui est favorable. Quelle que soit la situation de famille, j'estime que les titres absolument exceptionnels de l'auteur de *Petrouchka* et du *Sacre du printemps* l'autorisent à l'accueillir définitivement en France.

C'est Hernani à la chancellerie ! Les Beatles contre les Stones ! Vingt ans après le scandale du *Sacre* à l'Opéra de Paris, les modernes sont, on le voit, encore en guerre contre les anciens. Le rédacteur mélomane pro-Stravinsky se fait remonter les bretelles quelques mois après par son chef de service, un certain M. Suzanne. Qui conclut à nouveau par un avis défavorable.

Naturalisé, Stravinski n'en sera pas moins un compositeur se rattachant à l'art russe. Quelle que soit l'admiration que l'on doit accorder à ce très grand musicien, il convient de remarquer que ses enfants majeurs (dont un fils), ne sont pas devenus français. Ajourner. Communiquer à M. le directeur en raison de la personnalité du postulant.

L'affaire n'en reste pas là. On imagine combien de pneumatiques, d'interventions plus ou moins discrètes, de pressions (in)amicales… Au bureau du sceau, les naturalisations des célébrités sont un sujet sensible. En témoigne le paquet de lettres de soutien que reçoivent ces impétrants (ce sont d'ailleurs souvent les mêmes qui soutiennent les Chagall, Kandinsky, Stravinsky et autres !). Et ce mot griffonné à la main :

> Le grand musicien Igor Stravinsky immigré en France sollicite sa naturalisation. Dossier remis à la chancellerie en mars 1934. S'il n'y a pas d'objection d'autre part, ce serait un honneur pour la France.

149

Son signataire est Édouard Herriot, l'ex-président du Conseil, amateur d'art. Une tirade suivie d'un « approuvé avec enthousiasme » signé Louis Barthou, l'ex-garde des Sceaux, l'artisan de la loi de 1927[2]. Après un lobbying au courant du printemps, Stravinsky est finalement naturalisé en mai 1934. M. Suzanne mange son chapeau.

Le compositeur n'a vraisemblablement pas eu connaissance de la passe d'armes qui avait eu lieu sur son cas. Susceptible comme il l'était, Stravinsky n'aurait certainement pas apprécié de se faire snober de la sorte. Le compositeur est avide de respectabilité. Quand le vénérable Institut de France – l'équivalent de l'Académie française pour la musique – organise une élection pour remplacer le siège de Paul Dukas, décédé, il s'y voit déjà. Raté : c'est le compositeur Florent Schmitt qui est élu. Un affront que Stravinsky n'a jamais digéré. Selon son ami Max Rosenthal, c'est la raison pour laquelle il n'est jamais revenu en France après la guerre, alors qu'il était encore français[3] ! En 1939, quand la guerre éclate, le compositeur du *Sacre* n'hésite de toute façon pas une nanoseconde : il veut partir. Max Rosenthal lui demande quelle est la position que les créateurs français doivent tenir, il répond : « Entre la casquette et le casque, j'ai choisi le casque ! »[4] Invité par l'université de Harvard à tenir une série de conférences, il prend le premier paquebot venu et demande l'asile laissant derrière lui ses fils, qui resteront, eux, en Europe. Direction New York, où il croise tous les Russes exilés comme Chagall. Il se pose finalement en Californie. Sa villa à Hollywood devient un repaire pour tous les exilés de la guerre. On y croise Thomas Mann, Arnold Schönberg, Aldous-

Huxley, Franz Werfel, le mari d'Alma Mahler... Rachmaninov viendra y finir sa vie. Qu'importent les papiers, qu'importe sa citoyenneté. Stravinsky n'a qu'une patrie, la musique, comme l'a si bien dit Milan Kundera dans *Les Testaments trahis*[5] :

Stravinsky portait en lui la blessure de son émigration [...] Le commencement de son voyage à travers l'histoire de la musique coïncide à peu près au moment où son pays natal n'existe plus pour lui ; ayant compris qu'aucun autre pays ne peut le remplacer, il trouve sa seule patrie en musique.

« Ce serait un honneur pour la France », écrit Édouard Herriot au sujet de la naturalisation de Stavinsky.

---

2. Il sera assassiné quelques mois plus tard lors de la visite à Marseille du roi de Yougoslavie.

3. *Stravinsky*, Marcel Marnat, Seuil, 1995.

4. *Ibid.*

5. *Les Testaments trahis*, Milan Kundera, 2000.

[1934]

Silvio Uderzo,
quand Astérix était encore romain

*« Les meilleurs renseignements
tant au point de vue conduite, moralité,
sobriété, travail et honnêteté »*

« Travail, famille, patrie. » En 1934, l'adage du maréchal Pétain n'est pas encore une devise nationale. Mais il résume assez bien ce que constitue un « bon citoyen » selon le bureau de la naturalisation. Son portrait-robot donne à peu près ceci. C'est un père de famille si possible nombreuse : il faut repeupler la France, décimée par la guerre de 1914. C'est aussi un travailleur honnête, de bonne conduite et de bonne moralité. Et un citoyen bien tranquille, c'est-à-dire apolitique (les militants syndicalistes et autres agitateurs bolcheviques sont à proscrire), patriote et animé de bons sentiments pour la France.

Silvio Uderzo remplit toutes ces conditions. Il a cinq enfants mineurs, Bruno, Rina, Alberto, Jeanne, Léon. Trois garçons qui à terme pourront faire leur service militaire, un bel atout. Il parle couramment français. Il « a perdu tout esprit de retour dans son pays ». Et pour cause. En Italie, dans sa Vénétie natale, Silvio s'est brouillé avec l'un de ses frères. Une histoire d'héritage comme souvent. Leur père avait à sa mort légué son entreprise de menuiserie à ses quatre fils. Il a fallu travailler ensemble. Certains en faisaient plus que d'autres. Le torchon a brûlé. Silvio a claqué la porte. Il voulait être son propre patron. Et, de toute façon, il rêvait depuis ses douze ans de quitter l'Italie : à l'époque, il avait élevé en cachette deux oisons pour les engraisser, puis était parti au marché pour vendre ses oies. Un pécule qu'il dépensera finalement pour acheter une guitare[1].

Il ne partira que vingt-trois ans plus tard, en 1923. Silvio a déjà trente-cinq ans et deux enfants. Il veut faire son chemin tout seul. Il a entendu parler d'une entreprise franco-italienne qui possède des chantiers de reconstruction. Il y est embauché à Chauny, dans l'Aisne. Un climat bien différent de la douce Vénétie. L'enquête de la préfecture sur ses différents lieux de résidence permet de le suivre à la trace.

---

1. *Uderzo se raconte*, Stock, 2008.

Silvio et Iria
Uderzo posent pour
le photographe.

Préfecture de l'Aisne.

Il est exact que le nommé Uderzo Silvio a résidé à Chauny de mars 1923 à février 1925. Pendant son séjour dans cette localité, sa conduite, sa moralité et son attitude au point de vue national n'ont fait l'objet d'aucune observation.

Préfecture de la Marne.

J'ai l'honneur de vous faire connaître qu'au registre de la ville de Fisme on trouve la trace d'un nommé Uderzo Silvio, menuisier, marié, deux enfants. Cet étranger venait de Chauny (Aisne) où il était établi menuisier. Il a été occupé pendant tout son séjour chez M. Letilly, entrepreneur de menuiserie. Ce dernier fournit sur le compte de son ancien ouvrier les meilleurs renseignements tant au point de vue conduite, moralité, sobriété, travail et honnêteté. Il le dit bien assimilé à nos mœurs et animé des meilleurs sentiments vis-à-vis de notre pays. Cet étranger a quitté Fisme le 15 mai 1929 sans indiquer le lieu où il se rendait.

C'est en l'occurrence à Clichy-sous-Bois, où ne sont pas encore apparues les premières cités HLM – la première, la Pelouse, sera construite en 1958 et accueillera une autre petite fille venue de Bulgarie, Sylvie Vartan –, que la petite famille s'est installée. Elle s'est agrandie d'un petit garçon : Albert. Enfin Alberto pour l'état civil, au grand dam de Silvio qui pensait que le fonctionnaire franciserait le prénom de son fils : « ma qué zé dit Alberto et lo stupido il a scrito Alberto ! » dira-t-il plus tard à son garçon[2]. Clichy-sous-Bois est à l'époque une banlieue charmante et boisée. Il y a un lac parsemé d'îlots, autour desquels les guinguettes fleurissent. Silvio joue de la guitare et du banjo le dimanche, lors des bals populaires. Il n'y a pas trop d'Italiens dans le quartier et, à l'école, les enfants jouent avec des petits Français. À la maison, ce n'est pas le grand

2. *Ibid.*

confort, il n'y a pas d'eau courante, juste un seau que les gosses partent remplir chaque jour à la fontaine publique, mais la famille se débrouille. Est heureuse. Silvio bosse dur et gagne peu, mais il a du travail. Il a investi sa part d'héritage pour s'établir à son compte. À la rubrique « Profession », il a fièrement indiqué au fonctionnaire : « menuisier patron ». Il gagne désormais « 50 francs par jour », paye « 1 300 francs par an de loyer », et surtout « paye régulièrement ses impôts ». Certes, à la question « Possède-t-il personnellement de la fortune ? », Silvio a dû répondre non. Mais ses deux bras valent de l'or ! La preuve.

> Constitue-t-il en raison de ses aptitudes professionnelles un apport intéressant pour la collectivité : oui.
> Exerce-t-il une profession déjà encombrée ou susceptible de le devenir : menuisier.

En 1934, les mains d'un menuisier sont mieux accueillies que celles d'un médecin ou d'un dentiste. Dans le bois, il n'y a pas de lobby professionnel s'opposant à l'arrivée d'étrangers sur le secteur.

Le préfet de police émet en tout cas un avis positif :

> Le nommé Uderzo Silvio en instance de naturalisation est actuellement domicilié à Clichy-sous-Bois [...] Les renseignements recueillis sur sa conduite et sa moralité dans ses différentes résidences sont satisfaisants. Son attitude au point de vue national est correcte. Dans ces conditions j'émets un avis favorable à la requête présentée.

Silvio Uderzo est naturalisé le 4 septembre 1934. Une année qui reste gra-

Alberto Uderzo.

vée dans la mémoire de toute la famille. « 1934, j'ai sept ans, se rappelle Albert Uderzo. C'est l'année où beaucoup d'événements surgissent autour de moi. Le plus remarquable est l'officialisation de la naturalisation de mes parents, de mes frères, mes sœurs et moi. D'émigrés italiens, nous devenons français. J'apprends alors à l'école ma première leçon d'histoire de France sur "nos ancêtres les Gaulois" ; je ne comprends pas tout de suite que jusqu'à présent, mes ancêtres étaient romains et que par la magie de l'administration, ils sont devenus gaulois[3]. »

Gaulois, ils le resteront. Le dossier Uderzo est rouvert par la Commission de révision des naturalisations le 27 février 1942. Qui sans se donner la peine de faire demander une enquête a conclu au maintien du futur père d'Astérix… le Gaulois !

---

3. *Ibid.*

RÉPUBLIQUE FRANÇAISE

26, Boulevard VICTOR
PARIS (XV°)

Téléphone } VAUgirard 70-90 } Poste
           } VAUgirard 79-80 }

Adresse Télégraphique : AIR-PARIS

MINISTÈRE DE LA DÉFENSE NATIONALE
ET DES FORCES ARMÉES

Secrétariat d'État aux Forces Armées
« AIR »

Service du Personnel
de l'Armée de l'Air.

NOTA. — Les réponses doivent mentionner les références
ci-dessous (chiffres et lettres)

N° 0 5 3 2 /SPAA/5/A

PARIS, le 1 FEVR 1957

OBJET :

Le Secrétaire d'Etat aux Forces
Armées "Air"

à

Monsieur le Secrétaire d'Etat à la Santé
Publique et à la Population
Sous-Direction des Naturalisations
15, 17, rue Scribe, 15, 17
— PARIS (9ème) —

Je vous serais très obligé de bien vouloir me faire
parvenir un extrait du décret en date du 5 juillet 1935 qui
aurait naturalisé français Monsieur :

— K A C E W Romain

né le 8 mai 1914 à WILNO (Pologne) de Lejba KACEW et de
Mina JOSEL.

L'intéressé a servi dans les Forces Aériennes
Françaises Libres alors stationnées en Grande Bretagne sous le
nom de GARY de KACEW.

Par délégation,
Le Général de Brigade Aérienne VALLOIS
Chef du Service du Personnel de
l'Armée de l'Air :

Le Colonel ROUGEVIN-BAVILLE
OFFICIER SUPÉRIEUR ADJOINT

MINISTÈRE
DE LA SANTÉ PUBLIQUE
ET DE LA POPULATION
FEV 1957
SOUS-DIRECTION
DES NATURALISATIONS

[1935]
Looking for Romain Gary

« *Vit en France avec sa mère* »

« La vérité? Quelle vérité? La vérité est peut-être que je n'existais pas. »

Nous aurions dû prendre au mot ce que Romain Gary déclarait à son ami François Bondy, en 1957[1]. Pourquoi diable en effet aller rechercher les traces de Kacew Roman, né à Wilno, Pologne, le 8 mai 1914? Lui qui toute sa vie durant s'est entêté à entretenir le flou artistique sur ses origines, se proclamant né en Russie, dans le Caucase, dans le désert tatar, bref, n'importe quel endroit lui semblant mieux adapté à la fiction romanesque qu'il avait créée de toutes pièce. Pourquoi vouloir à tout prix exhumer l'identité administrative d'un homme qui s'était si bien effacé dans les multiples personnages de sa geste, la geste garyenne: le résistant, l'homme à femmes, le consul de France, le mari de Jean Seberg, le double d'Émile Ajar? La tâche semblait illusoire voire sacrilège. Mais rien n'y faisait. Un petit garçon déguisé en uniforme tcherkesse nous

11 février 1957. Le secrétaire d'État aux Forces armées demande une copie du décret de naturalisation de Romain Kacew dit Gary. Un des rares documents à ne pas avoir disparu de son dossier.

hantait. Celui de *La Promesse de l'aube*, qui, à Varsovie ou à Wilno, chantait *La Marseillaise* et déclamait du Victor Hugo ou *Les Fables* de La Fontaine devant sa mère émerveillée. Cette mère superbe, inoubliable, flamboyante, qui rêvait que son fils unique soit « ambassadeur de France, au moins ».

> Ma mère me parlait de la France comme d'autres mères parlent de Blanche-Neige et du Chat botté, et malgré tous mes efforts je n'ai jamais pu me débarrasser de cette image féerique d'une France de héros et de vertus exemplaires [...] De toute mon existence, je n'ai entendu que deux personnes parler de la France avec le même accent: ma mère et le général de Gaulle[2].

De tous les noms de notre liste, celui de Kacew Roman avait ainsi une place particulière. C'est d'ailleurs le premier pour lequel nous avons trouvé la date de décret de naturalisation, le sésame qui permet ensuite aux archives de retrouver un dossier dans ses kilomètres de rayonnages. Nous n'étions pas encore devenues des « pros » de la recherche, nous n'avions pas encore découvert le

---

1. *La nuit sera calme*, Gallimard, 1976.
2. *La Promesse de l'aube*, Gallimard, 1973.

site merveilleux du Caran, le centre de recherche des Archives nationales, avec sa collection des Bulletins des lois, d'épais annuaires recensant tous les naturalisés année par année... Heureusement, nous nous étions abonnées au site *genealogie.com*, qui a numérisé – en partie – ces bases de noms. Il était 23 heures quand nous nous sommes mises à tapoter sur le site le nom Kacew.

Et la lumière fut.

Date du décret 5 juillet 1935
Référence du décret 7596-35
Nom de naturalisation : Kacew
Prénom : Roman
Date de naissance : 8-05-1914
Lieu : Wilno (Pologne)

Il était là !

À la mi-novembre 2009, nous envoyâmes donc une requête au centre d'archives de Fontainebleau qui conserve tous les dossiers instruits après 1930. Juste un peu avant Noël nous attendait un joli cadeau sur notre messagerie.

Objet : dossiers de naturalisation
Madame,
Vous avez demandé à disposer des renseignements contenus dans un ensemble de dossiers de naturalisation.
J'ai le plaisir de vous informer que le site de Fontainebleau des Archives nationales conserve :
– le dossier établi au nom de
Kacew Roman n°16153x35,
sous la cote 19770886, art.6.

Il fallut attendre le début de janvier pour assouvir notre impatience. Fontainebleau, à nous ! Ce jour-là, c'est avec la fébrilité des enfants le jour de la rentrée des classes que nous sommes arrivées sur l'ancienne base de l'Otan, qui abrite une partie du fonds des Archives nationales. Sur la pile de dossiers que nous avions demandés, « il » était bien là, on distinguait même le nom, tracé

à la main, sur la page de garde en carton jauni. Kacew Roman. 16153x1935. Le numéro en X, selon le jargon. Une formule kabbalistique que nous avions appris à décrypter et qui voulait dire qu'en 1935 Roman Kacew était le 16 153e étranger à déposer sa demande de naturalisation. Y aurait-il des photos ? De Romain, de sa mère ? Une lettre pleine de lyrisme où l'apprenti écrivain – qui avait déjà à l'époque publié quelques nouvelles – expliquerait au bureau du sceau les raisons de son désir de devenir français ? Nous nous remémorions ces phrases de *La Promesse de l'aube* :

Jusqu'à ce jour il m'arrive d'attendre la France, ce pays intéressant dont j'ai tellement entendu parler que je n'ai pas connu et que je ne connaîtrai jamais – car la France que ma mère évoquait dans ses descriptions lyriques avait fini par devenir pour moi un mythe fabuleux [...] Dans les wagons à bestiaux qui nous emportaient vers l'Ouest avec le typhus pour compagnie, elle s'agenouillait devant moi, frottait mes doigts engourdis et continuait à me parler de la terre lointaine où les plus belles histoires du monde arrivaient vraiment ; tous les hommes étaient libres et égaux ; les artistes étaient reçus dans les meilleures familles ; Victor Hugo avait été président de la République[2].

Ce jour-là, nous aussi, nous attendions notre rendez-vous avec un mythe fabuleux. Le cœur battant, nous avons ouvert le dossier comme on décachette une lettre d'amour. Il était étrangement léger. Inquiètes, nous l'avons parcouru de part et d'autre. Mais où était le formulaire standard de dossier de naturalisation ? Les sempiternelles enquêtes de police de la préfecture ? Et la lettre de demande ? Ou au moins le certificat médical ? Nulle part. Face à nous, quelques feuilles volantes, à peine une dizaine, où s'égrenaient des indices bien maigres.

---

2. *Ibid.*

Sur la page de garde, nous avons ainsi retrouvé ces quelques observations du bureau du sceau en 1935, date de la naturalisation de Romain.

> Kacew Romain, vingt et un ans. Étudiant en droit. Résidence sept ans. Vit en France avec sa mère. Approuvé, apte.

Effectivement, Romain Kacew, qui n'était pas encore Gary, était bien parti à Paris pour ses études de droit. C'est à ce moment qu'il s'est fait naturaliser. Contrairement à sa mère Mina, qui, semble-t-il, n'a jamais obtenu sa naturalisation. Puis il a été mobilisé. Il voulait être nommé officier dans l'armée de l'air. Les galons, c'était le rêve de Mina. Il a effectué sa préparation militaire supérieure à Salon-de-Provence. Six semaines.

> Sur près de trois cents élèves observateurs, je fus le seul à ne pas avoir été nommé officier.
> — Tu veux savoir pourquoi tu as été collé?
> Je le regardai.
> — Parce que tu es naturalisé. Ta naturalisation est trop récente. Trois ans, c'est pas beaucoup. Théoriquement, d'ailleurs il faudrait être fils de Français ou naturalisé depuis au moins dix ans pour servir dans le PN [Personnel navigant, *NDA*]. Mais c'est jamais appliqué.
> Je ne me souviens pas de ce que je lui dis. Je crois que ce fut « je suis français »;
> Parce qu'il me dit soudain, avec pitié:
> — Tu es surtout con[3].

Le fraîchement naturalisé se rend compte à ce moment précis qu'il n'est pas considéré à l'égal des « Français garantis d'origine » selon ses propres termes. Autre élément qui pèse dans son CV. Il est juif[4]. L'humiliation est cruelle. Il n'aura de cesse, plus tard, de réparer l'affront. Jusqu'à la fin de sa vie, le compagnon de la Libération a ainsi pieusement gardé son uniforme d'aviateur des forces aériennes de la France libre, s'obstinant à le revêtir pour les occasions officielles. Et a collectionné les décorations, compagnon de la Libération, Croix de guerre, commandeur de la Légion d'honneur, comme s'il fallait prendre sa revanche sur ceux qui l'avaient snobé… En tout cas, ce jour de mars 1939, où l'on signifie à Romain Kacew qu'il n'est pas assez français pour être lieutenant, un mythe s'effondre. « À partir de ce moment, je me sentis vraiment français, comme si j'eusse été par ce coup de bâton magique, vraiment assimilé. Il m'apparut enfin que les Français n'étaient pas une race à part, qu'ils ne m'étaient pas supérieurs, qu'ils pouvaient, eux aussi être bêtes et ridicules – bref que nous étions frères, incontestablement[5]. » Reste à panser la

Romain Gary en uniforme des forces aériennes de la France libre.

------

3. *Ibid.*

4. *Romain Gary, le Caméléon*, Myriam Anissimov, Folio, 2006.

5. *La Promesse de l'aube, op. cit.*

déception d'une mère. Romain inventera un mensonge d'amour: il a été collé, lui dit-il, par mesure disciplinaire car il a séduit la femme du commandant.

Et la suite? La drôle de guerre, la débâcle se déroulent comme un mauvais roman-photo. Avant même d'avoir pu combattre, Roman est cloué au sol, impuissant et furieux: la France a signé l'armistice. Le jeune garçon fait partie de la toute petite poignée d'hommes qui refusent la reddition. Il n'a qu'une obsession: continuer le combat. Selon Gary, encore, il faudrait y voir la main invisible de sa mère. « L'appel du général de Gaulle à la continuation de la lutte date du 18 juin 1940. Sans vouloir compliquer la tâche des historiens, je tiens à préciser que l'appel de ma mère à la poursuite du combat se situe le 15 ou le 16 juin, au moins deux jours auparavant[6]. »Le jeune pilote erre dans l'aérodrome de Bordeaux-Mérignac pour trouver un avion pour partir de France. Le 20 juin, il s'envole à bord d'un avion militaire *Potez* pour gagner l'Algérie. Le 5 juillet 1940, il trouve un cargo qui dans un long voyage de dix-sept jours les emmène enfin en Angleterre.

Le 23 juillet 1940, le gouvernement de Vichy décide de déchoir le général de Gaulle de sa nationalité. Ainsi que « tous les Français ayant le quitté le territoire français métropolitain entre le 10 mai et le 30 juin 1940 pour se rendre à l'étranger sans ordre de mission régulier ». Romain Gary aurait donc dû tomber sous le coup de la loi du 23 juillet 1940 et être déchu de sa nationalité au même titre que Pierre Lazareff, le patron de *Paris soir*.

Pourtant, c'est en vertu d'une autre loi, celle instaurant la révision des naturalisations, que sa nationalité française

est remise en question. Là, il n'est nulle part fait mention de son départ pour la France libre. La commission ne semble pas avoir eu vent de l'existence de Romain Gary le résistant. Elle n'a vu que le dossier d'un citoyen français trop récent, en 1935. Un Juif, de surcroît.

On trouve ainsi le « papillon » avec l'en-tête « Commission de révision des naturalisations » agrafé en première page. Ni retrait ni maintien: la commission n'a pas tranché. Elle a juste griffonné: enquête. Mais mis à part le papillon, rien du tout. Dans le dossier ne figure aucun élément hélas pour nous permettre de reconstituer l'investigation qui a pourtant certainement été demandée dans les différents lieux de résidence de Romain Gary[7].

Nous ne sommes visiblement pas les seules à avoir été à la poursuite de

Papillon attestant de la rouverture du dossier Gary-Kacew par la Commission de révision.

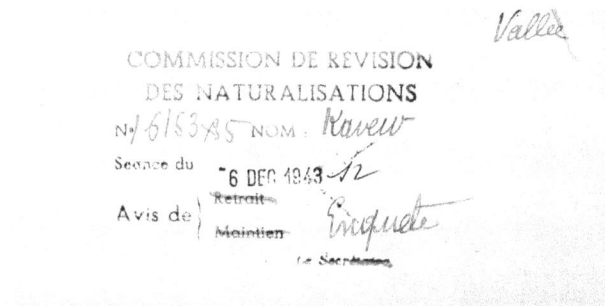

---

6. *Ibid.*

7. L'exhaustive biographie de Romain Gary par Myriam Anissimov mentionne des lettres du secrétaire général à la police de Vichy adressées à la préfecture des Alpes-Maritimes datant du 1er janvier 1944 signalant que « la Commission de révision des naturalisations avait appelé son attention sur le dénommé Kacew Roman » et demande à la préfecture des Alpes-Maritimes de « recueillir de toute urgence les renseignements généraux les plus complets » et son « avis sur l'opportunité de lui appliquer les dispositions de l'article de la loi du 22 juillet 1940 sur la révision des acquisitions de la nationalité ». Ce à quoi la préfecture répond que « l'intéressé a été vainement recherché en tous lieux utiles ». Le nom de Kacew figure encore le 28 juin 1944 sur le fichier central de police nationale dans une liste de dix personnes recherchées en vue de leur arrestation.

Gary. En témoigne sur la page de garde le nombre d'allers-retours qu'a fait le dossier. Rouvert en 1943 par Vichy qui gribouille « renseignements Int. », (renseignements Intérieur, ce qui confirme qu'une enquête de police a été diligentée), il est à nouveau réclamé en 1948 par le service du personnel du ministère des Affaires étrangères. Romain Gary a effectivement été nommé en février 1947 secrétaire d'ambassade et le ministère devait certainement avoir besoin de s'assurer que ses représentants étaient bien citoyens français. Le dossier est ensuite demandé en 1951 à plusieurs reprises par le ministre de la Justice et enfin en 1957 par les forces armées de l'air. Qui nous rappellent que « l'intéressé a servi dans les forces aériennes françaises libres stationnées en Grande-Bretagne sous le nom de Gary de Kacew ». Un autre patronyme de Gary-Ajar !

Suit une lettre mystérieuse du ministère de la Justice à la sous-direction des naturalisations, 14e bureau :

> Vous avez bien voulu par lettre du 14 février 1957 me demander de vous faire retour du dossier du nommé Kacew Roman né à Wilno (Pologne) le 8 mai 1914 que vous m'auriez transmis le 23 juillet 1951 sous la référence 4163Y49. J'ai l'honneur de vous faire savoir que le dossier 4163Y49 ne concernait pas le sieur Kacew mais un nommé Jankowsky. Ma chancellerie possède sous le numéro 14914Y51 un dossier Kacew Romain qui comprend une lettre de l'autorité militaire et un bordereau de transmission de vos services en date du 7 novembre 1951 sur lequel se trouvait déjà mentionnée la référence inexacte 4163Y49.
> Je ne trouve dans ce dossier aucune trace de la précédente communication du dossier de naturalisation.

Est-ce un ultime pied de nez de l'enchanteur aux cent visages ? Gary

Romain Gary avec son teckel Pancho, l'auteur de Chien Blanc *et de* La Promesse de l'aube.

l'affabulateur a-t-il tenté de brouiller les pistes et d'effacer toute trace de son identité réelle ? L'instigateur du plus beau canular du siècle a-t-il substitué dans son dossier administratif celui d'un avatar : Jankowski, cela sonne tellement comme le nom d'un des héros d'*Éducation européenne*, son premier roman ! Le mystère demeure. Et c'est peut-être tant mieux. Nous avons ainsi tenté de retrouver quelques pièces manquantes à ce dossier, mais en vain[8]. Le fantôme de Gary nous a en revanche poursuivies tout au long de notre enquête. Et, taquin, se rappelait à nous quand nous nous y attendions le moins.

---

8. Il s'agit des pièces citées en note 7. Qui semblent s'être volatilisées. Elles seraient conservées dans un autre carton que celui des dossiers de naturalisation…

En Bulgarie, au côté de la famille Vartan. À l'époque, la petite Sylvie a de longues nattes, son père Georges travaille à la légation de France. Romain Gary a été nommé secrétaire d'ambassade. Il fait tourner les têtes des femmes et chavirer leurs cœurs. L'écrivain provoque un scandale en séduisant une belle autochtone : pas de veine, la demoiselle travaille pour les services secrets bulgares qui veulent se débarrasser de lui et il s'est fait photographier sous toutes les coutures pendant les ébats... Bravache, il rétorque aux maîtres chanteurs venus l'intimider : « C'est vrai, vous avez raison. Je n'étais vraiment pas en forme ce jour-là et je ne faisais pas du tout honneur à mon pays. Ne voudriez pas me renvoyer la petite dame : je ferais un effort pour être au meilleur de mes capacités[9]. » « Mes parents se souvenaient très bien du passage de Romain Gary à l'ambassade. Il était très séduisant et plaisait beaucoup aux femmes », raconte Sylvie Vartan.

Dernier clin d'œil du prestidigitateur. Dans l'un des ultimes dossiers que nous avons dépouillés, celui de Max Ernst, naturalisé en 1959, nous sommes tombées sur cette lettre datant du 5 septembre 1958 avec l'en-tête : Romain Gary, consul de France à Los Angeles. Hasard amusant : Max Ernst a résidé à Phœnix, en Californie. Comme c'est l'usage, le bureau des naturalisations a donc demandé au consul de la région en question de procéder à une enquête sur le postulant. Ledit consul ne semble pas avoir témoigné d'un grand zèle en la matière, la lettre reproduisant les formules consacrées du jargon « le postulant n'a pas fait l'objet etc., etc. ». Il faut dire que, pendant cette période, Romain Gary s'ennuie à Los Angeles.

Il charge sa femme Lesley Blanch de s'occuper de « ces foutus députés » français quand ils ont la mauvaise idée de venir en visite officielle (« trouvez-leur quelques starlettes »). On le retrouvera un jour endormi sous une pile de manteaux lors d'une réception protocolaire[10] ! On imagine que le consul n'a même pas dû jeter un coup d'œil sur cette demande d'enquête pas banale (Ernst, tout de même...) et la traiter par-dessus la jambe. Romain Gary – pour les Affaires étrangères, il ne sera jamais Kacew Roman, un patronyme trop « métèque », à tel point qu'il entreprendra des démarches pour changer officiellement de nom – a sa légende à construire. C'est lors de l'hiver 1958 qu'il écrit l'un de ses plus beaux récits, *La Promesse de l'aube*. Peu après, il rencontrera Jean Seberg, sa seconde épouse. La gracile Jean, actrice, si fragile qu'elle semble toujours prête à casser. Elle cassera, la pauvre Jean, de dépression en accès de phobie. Elle est retrouvée morte dans son véhicule le 8 septembre 1979. Le 2 décembre 1980, Romain Gary se suicide d'une balle dans la bouche. Il laisse ce mot :

> Jour J
> Aucun rapport avec Jean Seberg. Les fervents du cœur brisé sont priés de s'adresser ailleurs [...] Alors pourquoi ? Peut-être faut-il chercher la réponse [...] dans les derniers mots de mon dernier roman : « Car on ne saurait mieux dire. » Je me suis enfin exprimé entièrement.
> Romain Gary[11].

---

9. L'épisode mentionné dans *La nuit sera calme* semblait estampillé 100 % affabulation garyenne ; il semble pourtant véridique, après vérification de sa biographe, Myriam Anissimov !

10. *Romain Gary, le Caméléon*, Myriam Anissimov, *op. cit.*

11. *Ibid.*

[1936]
Léon Zitrone, l'impatient

« Vingt ans et demi »

Un jour, Léon Zitrone a été jeune. Difficile à imaginer mais « Big Léon » comme il aimait à se surnommer n'a pas toujours été la grosse voix d'*Interville* et le commentateur attitré des tournois de vachettes. Ce papy télévisuel bourru et un peu rasoir qui présidait, solennel, à tous les événements officiels de la République, mariages, enterrements, 14 Juillet, avait donc été jeune, et russe. Nous sommes en 1934. Léon a vingt ans. Enfin non, « vingt ans et demi ». Important le demi. Léon est à l'âge impatient où l'on ne se sent pas vieillir encore, mais où l'on a la glorieuse impression de devenir un homme. À vingt ans, tous les mois comptent. Et Léon les égrène, anxieux. Il inonde de ses missives le bureau des naturalisations. Il a piqué le papier à en-tête de son père, Rodolphe, rayé le prénom pour y apposer le sien. Laissé l'adresse, puisqu'il habite encore chez ses parents. Et il écrit, écrit, écrit.

Première lettre :

> Réfugié russe ayant tout juste vingt ans, c'est-à-dire à quelques mois près l'âge du conseil de révision, je ne demande rien tant que de faire mon service militaire pour acquérir ma nationalité en payant ma dette à la France [...] Le proviseur du lycée Janson-de-Sailly se porterait volontiers garant de ma parfaite honorabilité.

Deuxième lettre. Il joint ce qu'il avait oublié quelques mois auparavant, une autorisation de son père qui, lui, est toujours russe : c'est obligatoire, Léon est mineur, et, dans la famille, il est le seul à faire sa demande de naturalisation.

> Né le 25 novembre 1914, j'ai vingt ans et demi, c'est-à-dire à quelques mois près l'âge du conseil de révision et celui du départ au service militaire. Mon plus cher désir est de servir la France le plus tôt possible.

Troisième lettre. En novembre 1935.

> J'ai l'honneur de demander à votre haute bienveillance s'il me serait possible de savoir si mon dossier est en bonne voie et si le cas échéant, vu mon âge (vingt et un ans), il ne serait pas possible de faire accélérer quelque peu la marche de mon affaire.

Et au service des étrangers de la préfecture de police, quatrième lettre de relance !

En novembre dernier, j'ai été reçu dans votre service par un inspecteur qui m'a demandé des détails complets sur ma famille. Et m'a dit que j'en avais pour trois ou quatre mois d'attente. Je me permets par la présente de vous demander de me dire où en est mon dossier.

P.-S. : ci-joint timbre pour réponse.

Le jeune étudiant à l'Institut de chimie appliquée est prévoyant !

A-t-il forcé son enthousiasme militaire par zèle ? Joué à dessein son rôle de petit soldat tant il était anxieux d'obtenir sa naturalisation ? Ou y croyait-il vraiment ? Un peu de tout cela, certainement. Arrivé à six ans en France, Léon n'a que des souvenirs flous de sa Russie natale. La fuite après 1917 à travers toute l'Europe, le rêve de la France-pays-des-Lumières. Il se rappelle encore son arrivée à Paris. Il est toujours animé de ce désir forcené de s'intégrer. A parfois un peu honte – on est si conformiste quand on est adolescent – de l'accent russe trop rocailleux des vieux oncles à longues barbes qui habitent dans le quartier. Tous ses camarades de classe sont français. Ils vont partir au service militaire. L'immigré, qui ne se vit plus comme tel, ne supporte pas de rester au bord de la route. C'est donc de lui-même qu'il a décidé de se faire naturaliser, avant son père, sa mère, sa sœur, qui n'entreprendront cette démarche qu'après la guerre. On imagine avec quel soin le garçon a rassemblé, seul, les pièces de son dossier : certificat de scolarité, certificat d'aptitude militaire, relevé de notes. Comme le souligne l'Institut de chimie, il est « un bon élève, travailleur, et sérieux ». Remarquons que la fac de droit où il a été un temps inscrit est moins diserte. « Je ne suis pas en mesure de donner d'autres renseignements sur l'intéressé. » Comme les

facs de médecine, celles de droit, noyautées par les syndicats des avocats, voient d'un mauvais œil les étudiants étrangers pour cause de *numerus clausus*.

La plaidoirie patriotique du jeune homme a su convaincre les fonctionnaires. Nous ne sommes plus en 1914, mais la France a toujours besoin de chair à canon. Partout dans le dossier du jeune garçon, le tampon Urgent service militaire vient le rappeler. Nul doute, il faut naturaliser ce brave Léon. Ce sera chose faite le 12 mai 1936. Une date que Zitrone se rappellera toute sa vie. Trois ans après, voilà la guerre. Léon part au front, est fait prisonnier, s'évade. Il ne le sait pas, mais le 19 novembre 1940, son dossier est examiné par la toute nouvelle Commission de révision des naturalisations de Vichy. Il n'y a aucune trace de délibération ou de tergiversation. La France n'ose pas dénaturaliser ses anciens combattants. Vichy opte pour le maintien. Ses parents, encore étrangers, sentent en revanche l'étau se resserrer. Son père est envoyé dans un camp de travail en Allemagne. Son évasion sera orchestrée grâce à un officier autrichien qui était tombé amoureux d'Irène, la sœur de Léon[1]. Sa mère, dénoncée à la fin de la guerre, est arrêtée et détenue quelques mois à Drancy[2].

Les parents de Léon et sa sœur Irène sont naturalisés après guerre. Dans leur dossier, la naturalisation du fils Léon, « officier de l'armée française », joue comme un sésame. Le dossier de naturalisation d'Irène précise à la rubrique « attitude et loyalisme pendant l'Occupation » : « A vécu cachée pendant l'Oc-

Troisième lettre de Léon Zitrone. Il relance l'administration en vue de « l'accélération de [sa] naturalisation ».

---

1. *Big Léon*, Léon Zitrone, Livre de poche, 1989.

2. Dans la même cellule que la famille Bloch Dassault, que Léon Zitrone retrouvera plus tard dans sa carrière quand il entrera au journal *Jour de France*.

Léon
~~RODOLPHE~~ ZITRONE
■
104, RUE DE LA TOUR
PARIS - XVIe
• • • • •
TROCADÉRO : 49-19

M. le Directeur du Service des
Étrangers.
p[réfecture] de Police
Paris

NATURALISATION.

Monsieur le Directeur,

Âgé de 21 ans, j'ai fait il y a un an une demande de naturalisation que les premiers services compétents ont examiné favorablement, puisque en juillet je passais une visite militaire.

En Novembre dernier (vers le 20-25), j'ai été reçu pour la dernière fois dans votre service par un inspecteur qui m'a demandé des détails complets sur ma famille et moi et, à ma question, m'a dit que j'en avais encore pour trois ou quatre mois d'attente.

Je me permets par la présente de vous demander de bien vouloir, si possible, me dire où en est mon dossier, et, le cas échéant me permettre de faire toutes les démarches nécessaires en vue de l'accélération de ma naturalisation.

En vous remerciant à l'avance, je vous prie, Monsieur le Directeur, de croire à mes sentiments de haute considération.

Léon Zitrone

ci-joint : Timbre pour réponse

163

cupation. Son père a été arrêté par la Gestapo. » Irène n'a en revanche pas fait mention de ses fiançailles avec Raynold Boehm, son bel Autrichien, visiblement encore suspect dans cette période d'après-guerre, même s'il a contribué à faire évader son futur beau-père. Le rapport de police daté du 23 décembre 1946 la présente ainsi comme célibataire : alors qu'une petite Christine est déjà née de son union ! Les parents de Léon régularisent leur situation en même temps que leur fille. Le rapport de police rappelle les événements passés.

> Zitrone a été arrêté le 30 septembre 1942 à Paris par la Gestapo pour menée antinazie, déporté en Allemagne en janvier 1943 au camp d'Orianienburg, il se serait évadé au cours d'un transfert à Berlin, fin 1943. À la suite de son évasion, les Allemands ont arrêté sa femme le 12 mars 1944, internée à Drancy, elle a été libérée le 22 août 1944 par la Croix-Rouge suédoise.

Les parents de Léon Zitrone demandent leur naturalisation après la guerre durant laquelle Romain Zitrone, le père, a été déporté.

Les époux Zitrone ont joint à leur dossier leur certificat de déportation. Seule fausse note. Une lettre de la Chambre syndicale artisanale des détacheurs-apprêteurs en teinture et nettoyage de la région parisienne du 25 octobre 1946.

Monsieur le préfet,

Notre conseil d'administration a examiné avec une attention toute particulière la demande de naturalisation de Mme Zitrone. L'activité et les méthodes commerciales du demandeur avant la guerre n'ont pas été sans créer dans la profession un sérieux malaise et des perturbations graves. Pour en éviter le retour, notre conseil a conclu qu'il ne voyait aucun intérêt pour la profession à la naturalisation du postulant et m'a prié de vous transmettre l'avis défavorable qu'il a émis. La profession est déjà très encombrée et le nombre élevé des points de distribution n'est pas sans inquiéter notre conseil. Ceux que le postulant pourrait être tenté de créer ne feraient qu'accroître ce trouble.

Le bureau du sceau ne tiendra pas compte de cet avis. Encore mieux, le chef de service, favorablement impressionné par le parcours des parents Zitrone, propose une réduction des droits du sceau. En témoigne cette mention griffonnée à la main : « Il faut tenir compte du fait que le mari a été déporté. »

PRÉFECTURE DE POLICE

Circulaire ministérielle du 5 février 1945

NATURALISATION RÉINTÉGRATION

PHOTOGRAPHIES (1)

Nom, Prénoms : *Zitrone Romain Rodolphe*   Nom, Prénoms : *Zitrone née Harkine Catherine*

Date et lieu de naissance *22/5/1889 Vladicaucase (Russie)*   Date et lieu de naissance *28/12/1891 Petrograd (Russie)*

[1936]
Pierre Cardin,
le dixième

« *L'apport de plusieurs éléments sains* »

Il n'a pas la nostalgie de l'enfance. Il n'aime pas l'évoquer. Pierre Cardin avait deux ans quand la famille a décidé de partir. S'arracher de sa terre natale, la Vénétie, laisser les soucis d'argent là et tenter de survivre ailleurs, de l'autre côté des Alpes. La Première Guerre mondiale avait ruiné cette famille de paysans. Ils avaient perdu leurs terres, autrefois leur seule richesse. Alors, à près de quarante-cinq ans, ses parents, Alexandre et Marie, avaient bouclé les malles, aligné les gamins devant la maison pour une dernière photo et mis le cap vers la France.

Les Cardin se fixent à Saint-Étienne, dans la Loire. Alexandre est manœuvre. Marie « ménagère ». En 1935, ils décident de demander la nationalité française. Pour charmer la France, qu'ont-ils à lui proposer ? Leur force de travail ? Ils sont déjà âgés, nés au siècle précédent. Alexandre en 1878 et Marie en 1879. Ils se sont mariés en l'an 00, 1900. Leur richesse ? Ils gagnent peu, « 24 francs » comme le précise le dossier de naturalisation. Vieux, pauvres, ils ne présentent décidément pas beaucoup d'intérêt…

À moins que. L'atout des Cardin c'est justement qu'ils sont un groupe. Douze en comptant parents et enfants ! De quoi combler le nécessaire repeuplement de la France de l'entre-deux-guerres.

Alexandre, d'ailleurs, dans sa lettre de demande, après avoir rappelé qu'il a combattu lors de la Première Guerre avec l'armée italienne, qu'il n'a jamais été condamné et qu'il promet « soumission respectueuse aux lois et droits français ainsi que tout bon citoyen », énumère ses troupes, du plus vieux au plus jeune : André, Jeanne, Rita, Alba, Teresa, Palmira, Charles, Erminio, Italico Cesar et Pierre. Ils sont tous, sauf Italico Cesar, nés à San Biagio-Callalta, entre 1901 et 1922. Marie a accouché de Pierre, le petit dernier, à quarante-trois ans ! La lettre est dactylographiée. Y sont jointes diverses attestations et déclarations sur l'honneur. Comme celle-ci, faite de la plume tremblante de celui qui n'a pas l'habitude d'écrire, où Alexandre déclare « n'avoir jamais été condamné ni en France ni en Italie ». La signature est émouvante, un simple et hésitant Cardin.

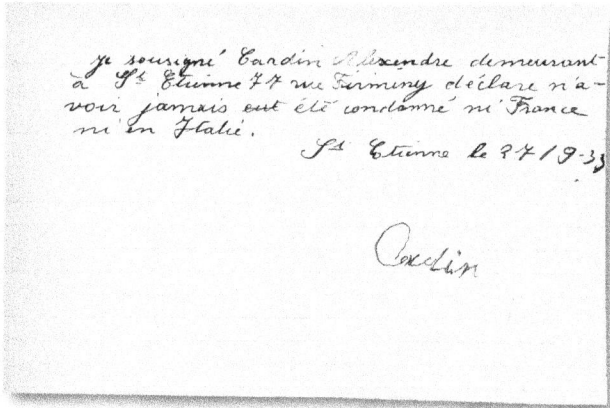

Le père de Pierre Cardin signe d'une plume mal assurée.

À l'époque de la demande de naturalisation, la plupart des enfants sont majeurs. Les filles se sont mariées. Italico Cesar a seize ans, parfait pour que l'administration l'imagine sous les drapeaux. Pierre, le futur couturier, est décrit comme « en âge de scolarité, est instruit dans les écoles françaises ». Un an plus tard, à peine, il commencera son apprentissage chez un tailleur de Saint-Étienne.

Le 13 décembre 1935, le préfet de la Loire rédige son avis motivé, « tant sur la demande principale que sur la remise des droits du sceau ». Il permet de comprendre très clairement quels sont, entre opportunisme et protectionnisme, les critères qui président aux choix administratifs :

> Considérant que de bons renseignements ont été recueillis sur sa famille et sa moralité et celles de sa femme et que leur attitude au point de vue national est correcte ; que tous deux se sont assimilés à notre culture et nos mœurs et qu'ils parlent assez correctement notre langue ; qu'ils fréquentent indifféremment des Français ou des compatriotes ; que l'enfant en âge de scolarité est instruit dans les écoles françaises ; que les divers membres de la famille jouissent d'une bonne santé et qu'aucun antécédent pathologique ne leur est connu ; considérant que Cardin père exerce depuis son arrivée en France la profession de manœuvre et que son accession au titre de citoyen français n'aurait de ce fait aucune influence sur le marché du travail ; qu'elle présenterait même un réel intérêt pour la collectivité par l'apport de plusieurs éléments sains...

« L'apport de plusieurs éléments sains » : voilà la force du dossier Cardin ! Cela mérite bien que l'État français les exonère de « 17/20 sur les droits du sceau ». Un an plus tard, une autre lettre arrive, probablement à la chancellerie. Il est encore question d'argent. Nous pensons que c'est Marie qui, cette fois, tient la plume :

> Saint-Étienne,
> 14 décembre 1936
> Monsieur,
> Vous seriez bien aimable de me faire un certificat de l'enregistrement de naturalisation pour éviter de faire les cartes d'identité car nous sommes encore assez malheureuses.
> Recevez, Monsieur, mes sincères salutations.
> Urgent.

La naturalisation est essentielle. Pouvoir en attester est vital pour les nouveaux Français. Un dernier document, qui clot le dossier Cardin, vient le rappeler. Il s'agit d'une lettre de Georges Pestourie, notaire à Bordeaux. Il écrit au ministère des Affaires sociales, sous-direction de naturalisation, 5ᵉ bureau, le 24 juin 1969, soit plus de trente ans après que les Cardin sont devenus français.

> Monsieur le directeur,
> Je vous prie de bien vouloir me délivrer une attestation de naturalisation destinée à des formalités d'immatriculation au registre du commerce, de l'enfant né à Saint-Biajio-Callalta (Italie) le 2 juillet 1922, de M. Cardin Alexandre et de son épouse.

Il s'agit de Pierre, alors au sommet de sa carrière, vingt ans après avoir ouvert sa maison de couture.

[1937]
Chagall, le mal-aimé

« Israélite russe, naturalisation sans intérêt national »

Les touristes à Paris peuvent aujourd'hui se tordre la tête et contempler son plafond peint pour l'Opéra de Paris. Chagall, notre Michel-Ange à nous. Chagall, ses violonistes perchés dans le ciel, ses vaches bleues et vertes, ses écuyères tête en bas. Chagall qui, établi à la fin de sa vie dans le sud de la France, habitait boulevard Matisse, un peu vexé de ne pas avoir de rue à son nom. Il aimait tant la France ! Il était déjà une star de la peinture, un nom qui compte, quand il a demandé sa naturalisation en 1926. Malgré ses appuis, il a fallu à l'artiste plus de dix ans pour obtenir sa nationalité française en 1937… et la perdre quelques années plus tard ! Il est une des victimes les plus emblématiques de la loi sur la révision des naturalisations de Vichy. L'immense peintre, un des plus grands de son siècle, n'est plus alors qu'un « israélite russe, sans intérêt national ». Il n'en tiendra pas rigueur à la France.

Chagall était un rêveur au sourire de faune. Son regard et sa peinture sont restés intacts. Purs. Malgré les humi-liations, les angoisses, les fuites. Retour sur une destinée qui traverse la Grande Guerre, la révolution russe et le nazisme.

Bœuf écorché à la Ruche et révolution rouge

1910. Un jeune peintre russe de vingt-trois ans, tout frais émoulu de son village natal de Witebsk, débarque à Paris. Paris, capitale des arts, rendez-vous obligé de tous les artistes de ce début de siècle. Moïse ne se fait pas encore appeler Marc. Il ne connaît pas un mot de français. Il trouve la Ruche, un de ces petits ateliers dans le 15e arrondissement de Paris, habités par la bohème artistique de tous les pays. « Tandis que dans les ateliers russes sanglotait un modèle offensé, que chez les Italiens s'élevaient des chants et les sons de la guitare, chez les Juifs des discussions, moi j'étais seul dans mon atelier, devant ma lampe à pétrole […] Sur les planches voisinaient les restes d'un hareng que je divisais en deux,

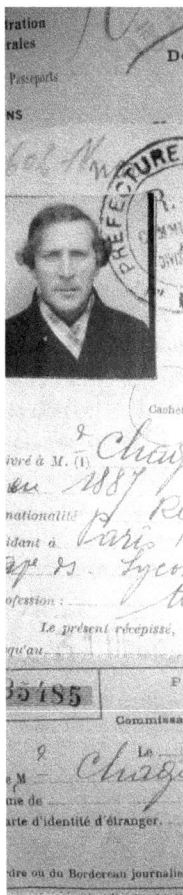

Photo d'identité de Marc Chagall.

la tête pour le premier jour, la queue pour le lendemain[1]. »

Les artistes sont pauvres, ont les yeux haves et creux, mais les rencontres sont faciles et enrichissantes. Chagall fait la connaissance d'Apollinaire, du peintre Robert Delaunay, et surtout, de Blaise Cendrars, le poète suisse qui parle si bien russe. « Le premier, il est venu chez moi à la Ruche. Il me lisait ses poèmes, regardant par la fenêtre ouverte et dans mes yeux souriait à mes toiles, et tous deux nous rigolions[2]. » Un autre Russe, Chaïm Soutine, peint dans l'atelier du dessus. Un jour qu'il achève son *Bœuf écorché*, il asperge son tableau d'un seau de sang frais pour raviver les couleurs. Le sang dégouline à travers le plancher. Horrifié, Chagall voit des gouttes rouges tomber de son plafond. Le peintre, qui, à son habitude, peint nu comme un ver, pour éviter de tâcher son seul jeu de vêtements, sort en trombe de son atelier en tenue d'Adam. Il hurle : « On assassine Soutine ! » Devant les gendarmes, il fera semblant de ne pas parler français[3]…

Puis vient l'année 1914. En mai, Chagall retourne en Russie muni d'un laisser-passer de trois mois. Sa réputation commence à se faire. Mais Chagall a laissé à Vitebsk une jeune fille, la longiligne Bella aux mains si fines et à la chevelure si sombre. Il veut l'épouser et la faire venir en France. En août, la guerre éclate. Plus question de voyage. Chagall est mobilisé jusqu'en février 1917. À Vitebsk, il assiste aux soubresauts de la révolution rouge. Il y croit. Un peu en tout cas. Devenu « camarade Chagall », il dirige une école des beaux-arts. Mais il est vite considéré comme suspect. « Mort au tableau ! » crient les tenants d'un art prolétarien. « Ma ville est morte […] Ni la Russie impériale, ni la Russie

soviétique n'ont besoin de moi. Je leur suis incompréhensible, étranger.[4] » Chagall fait des pieds et des mains pour fuir. Il n'a qu'une hâte : retrouver Paris, « son deuxième Vitebsk » et Montparnasse. C'est son ami Blaise Cendrars qui l'aide à financer son retour, avec l'aide du marchand de tableaux Ambroise Vollard, l'homme qui a révélé Matisse, Cézanne ou Picasso. Il passe par Berlin : déception, toutes ses toiles, exposées dans la célèbre galerie der Sturm, ont disparu. Elles ont été confisquées, le peintre étant un ressortissant « ennemi ».

En France, en revanche, il a le bonheur de retrouver, sous son lit, une série d'aquarelles emballées par l'un de ses collectionneurs et admirateurs.

« À Paris, je me suis senti renaître. » Il se met à écrire son autobiographie, *Ma vie*. Il peint des Tours Eiffel. Il passe ses vacances en Bretagne ou sur la Côte d'Azur avec Sonia et Robert Delaunay. Heureux papa d'une jeune Ida, mari comblé – la ravissante Bella est sa muse et son égérie –, il fait une croix sur la Russie. Les affaires commencent à très bien marcher. Le temps des crève-misère de la Ruche est bien loin ! Marc Chagall – puisqu'il se fait désormais appeler Marc – peut même s'accorder le luxe de jouer les mécènes. Et de contribuer à l'effort national. Le franc va mal, très mal. Tous les Français sont appelés à sauver la monnaie nationale. Le peintre contribue par le don d'une de ses gouaches. Le voilà généreux donateur adoubé par le Comité de soutien national du franc, qui lui adresse une

Carte d'identité de Moïse Chagall, dit Marc Chagall.

---

1. *Ma vie*, Marc Chagall, Stock, 2003.

2. *Ibid.*

3. *Quelques pas dans les pas d'un ange*, David Mc Neil, Folio, 2005.

4. *Ma vie*, Marc Chagall, *op. cit.*

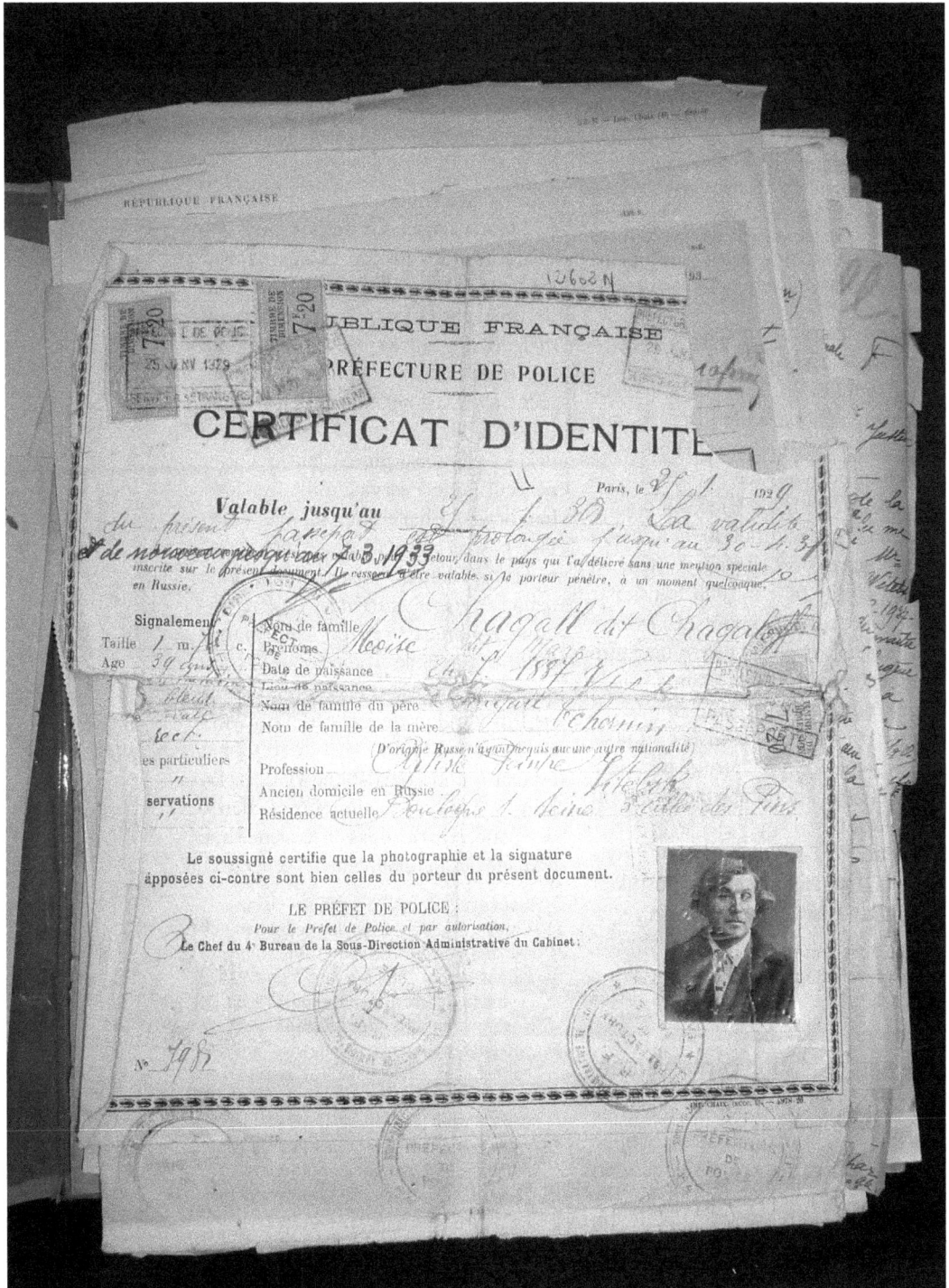

lettre de remerciements du maréchal Joffre, en personne, l'un des héros de la Première Guerre :

> Je tiens à vous adresser au nom du Comité national de la contribution volontaire et à mon nom personnel, nos remerciements chaleureux pour la part généreuse que vous avez bien voulu prendre au relèvement de nos finances et pour le précieux témoignage d'amitié que vous avez donné à la France.

Marc Chagall joint cette lettre à sa demande « d'admission à domicile ». Nous sommes en 1926, il veut régulariser sa situation en France. Dès que la loi d'août 1927 réduisant la durée de séjour du postulant de dix ans à trois ans est votée, il transforme son dossier en demande de naturalisation. Il se sent en confiance : bon citoyen, il gagne sa vie – « entre 2 000 et 3 000 francs par mois » – et paye ses impôts. Le peintre peut également se targuer d'un autre soutien, de poids. Léon Blum a pris la plume pour solliciter son ami Louis Barthou, ministre de la Justice, et plaider en faveur du « peintre russe, Marc Chagall, très honorablement connu dans notre pays »[5].

Le dossier ayant pointé les « sentiments francophiles » du postulant conclut sur une note très positive :

> Très bons renseignements,
> avis favorable 21 avril 1928.

Une naturalisation controversée

Que s'est-il passé ensuite ? Il semble que la demande de naturalisation remplie par Marc Chagall soit restée bloquée un certain temps à la préfecture de police. À Paris, celle-ci ne transmet guère à la chancellerie que moins de la moitié des demandes[6]. Pour Chagall, la raison est

peut-être dans cette note des RG, de juin 1928, retrouvée aux archives de la préfecture de police de Paris, qui stipule :

> Le postulant qui parle couramment français n'offre aucun intérêt quant à son âge.

Marc Chagall est trop vieux. Il a quarante et un ans. En 1928, la priorité est faite au repeuplement de la France, décimée par la Première Guerre mondiale. Et le peintre russe n'est pas, pour la préfecture en tout cas, suffisamment jeune et vigoureux pour fonder une famille nombreuse, même s'il a déjà sa fille Ida (qui, en tant que fille, ne peut faire le service militaire, autre handicap). Chagall ne semble pourtant pas se préoccuper du retard pris par la procédure. Artistiquement, il est débordé. Après *Les Fables* de La Fontaine, Ambroise Vollard lui a demandé d'illustrer la Bible. Toute la famille s'est rendue en Palestine en 1931 pour nourrir l'inspiration du peintre. Le voyage est un choc. Il lui permet de (re)nouer avec la tradition artistique yiddish. En juin 1933, il écrit néanmoins une lettre de relance. Qui a pour conséquence une enquête des Renseignements généraux.

> Nouveau rapport RG 22 juillet 1933.
> Chagall figure dans la collection de tableaux de M. Ferdinand Buisson, président de la Chambre des députés [...] Avant la guerre il avait exposé à Berlin une quarantaine de tableaux et cent soixante aquarelles, lesquelles ont été confisquées en sa qualité d'ennemi. Les tableaux et aquarelles qui figuraient dans divers musées de la capitale allemande auraient été brûlés lors de l'avènement du gouvernement hitlérien.

---

5. Louis Barthou est le rédacteur de la loi du 10 août 1927, qui libéralise l'accès à la naturalisation des étrangers.

6. *Qu'est-ce qu'un Français*, Patrick Weil, *op. cit.*

Adolf Hitler n'a été élu chancelier allemand que quelques mois auparavant. Ses sbires se sont mis à l'œuvre rapidement. Une menace qui n'accélère pas la décision française concernant Marc Moïse Chagall. La préfecture de police, en novembre 1933, écrit :

Renseignements satisfaisants, titres insuffisants, ajourner.

Il semble cette fois que le dossier ait été communiqué au bureau du sceau. Mais avec un avis défavorable. Le préfet de police est en effet clair :

21 juin 1934 –
avis du préfet de police :

Aucune remarque particulière n'est faite sur son compte mais les titres invoqués me paraissent insuffisants. Je vous propose d'ajourner l'examen de sa demande.

On se demande bien quels titres supplémentaires Chagall pouvait donner en gage de sa bonne foi ! Au bureau du sceau, on n'est pas plus amène.

Chagall Moïse, quarante-sept ans, russe, artiste peintre.
Proposition motivée du rédacteur :
venu en France en 1923 [...] A acquis depuis son retour en France une forte notoriété, au point de figurer sous le nom de Marc Chagall dans la collection de peintres français nouveaux.
Préfet défavorable.
Décision du chef de service « les titres du postulant, quoique certains, ne me paraissent pas balancer le défaut d'intérêt démographique. » Resté en Russie jusqu'en 1923.
Ajournement signé G. Combier, 30 juillet 1934.

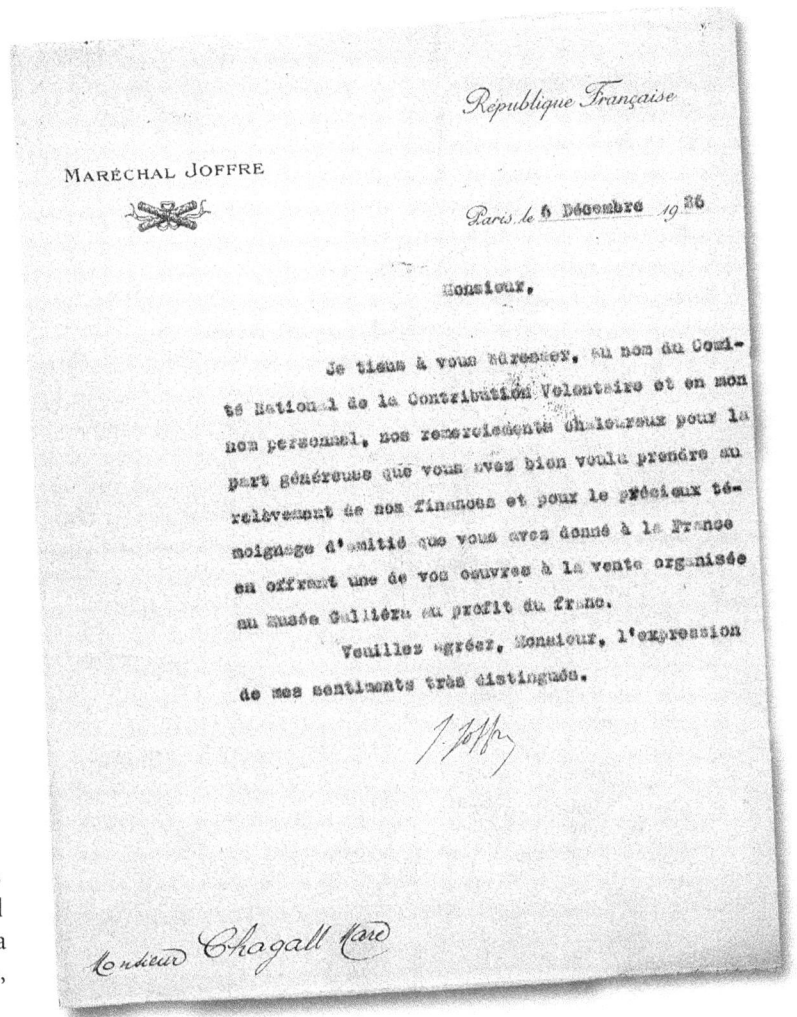

Lettre de remerciements du Maréchal Joffre à Marc Chagall, 1926.

Le chef de service, G. Combier, semble avoir une dent contre Chagall. Nous le retrouverons plus tard. Comment interpréter cette réticence persistante ? Dans les années 1930, les détracteurs de la loi de 1927 se sont faits plus vocaux. L'afflux de réfugiés d'Allemagne et d'Autriche fait grincer des dents. Le mot « juif » n'est pas prononcé, mais le vent de l'antisémitisme souffle fort. Un autre Russe, Stravinsky, a été naturalisé

171

en 1934, en un an à peine. Chagall, lui, est ajourné, le 1ᵉʳ août 1934, alors qu'il postule depuis déjà huit ans.

Dès avril 1935, Marc Chagall écrit une lettre de relance pour solliciter à nouveau sa naturalisation. Le contexte politique devient des plus inquiétants. À nouveau, de puissants appuis sont prêts à plaider en sa faveur. Comme Jean Paulhan, le patron de la NRF, qui écrit à Léon Bérard, l'actuel garde des Sceaux[7] :

> Paris, 9 juillet 1935
> Monsieur le ministre,
>
> Permettez de vous signaler – de vous signaler à l'écrivain, au lettré Léon Bérard – le fait suivant. Marc Chagall a demandé la nationalité française. Or sa demande après une enquête de quelques mois a été ajournée par votre département. Vous connaissez sans doute les toiles de Marc Chagall. Parmi les quatre ou cinq grands peintres dont mille élèves étrangers viennent à Paris recevoir la leçon, Chagall est un des plus aimés et des plus purs. Sa demande nous fait le même honneur que celle de Stravinski, le même honneur que nous pourrait faire celle d'Einstein ou de Picasso. Je m'assure que vous ne la laisserez pas repousser.
> Peut-être connaissez-vous mal l'œuvre de Marc Chagall. Édouard Herriot qui la connaît depuis longtemps peut vous en parler. Ou puis-je quelque jour vous conduire chez Chagall qui achève en ce moment pour la Bible qu'édite Ambroise Vollard une suite d'admirables eaux-fortes ? J'en serais très heureux.
> Je suis respectueusement vôtre,
>
> Jean Paulhan,
> directeur de la NRF.

Jean Cassou, le directeur du musée du Luxembourg, a lui aussi intercédé en faveur du peintre.

Pour preuve de sa bonne foi, il lui a même envoyé le courrier du bon ministre signalant qu'il « a pris bonne note de son intervention ». Et griffonné ce petit mot :

> Cher Chagall,
> J'espère que l'année 1936 vous apportera enfin la nationalité française. À part cela, que vous souhaiter. Vous avez le bonheur, la gloire… C'est nous qui nous souhaitons à nous-mêmes de garder longtemps votre amitié.
> De nous deux à vous deux,
>
> Affectueusement, Jean Cassou.

En revanche, André Dezarrois, directeur du musée du Jeu de paume, un autre « VIP » incontournable, est plus réservé sur le cas Chagall. En témoignent ces documents que David Mc Neil, le fils du peintre, nous a montrés. Les relations entre les deux hommes semblent douces-amères, du fait d'un contentieux autour d'une œuvre qui plaît à Dezarrois mais que Chagall ne veut pas lui vendre au prix proposé. Dezarrois a un moyen de pression sur le peintre : Chagall sait que le directeur du musée du Jeu de paume doit donner son avis à la direction des Beaux-Arts quant à sa naturalisation…

Voici ce que le peintre écrit en janvier 1934 :

> Cher monsieur Dezarrois,
> Comme vous ne m'avez jamais demandé le prix de mon tableau, j'ai été surpris de trouver votre lettre. Je ne vous cacherai pas que j'ai été blessé et abattu, et je ne savais pas quoi vous répondre. Votre estimation est si basse que je me demande à quoi bon. Avez-vous besoin d'un tableau de si peu de valeur ? Vous me demandez de faire un geste mais je l'ai d'ailleurs fait en vous offrant la gouache que vous possédez […] Surtout

---

7. Drôle de personnage que ce Léon Bérard. Ami des lettres, académicien, il a présidé le Comité pour la protection des artistes juifs persécutés par le gouvernement nazi. Mais deviendra quelques années plus tard ambassadeur de Vichy au Saint-Siège.

je vous prie, ne pensez pas que je vous réponds en rapport avec la naturalisation. Il est bien entendu que vous avez toute votre liberté de dire de moi ce que vous voulez.

Avec mes meilleures salutations,

Marc Chagall.

Une liberté dont Dezarrois ne va pas se priver! Certainement vexé par cette histoire de tableau, il envoie un rapport des plus mitigés au directeur des Beaux-Arts.

Note sur la demande de naturalisation formulée par M. Moïse Chagall, artiste peintre russe [Dezarrois nomme Chagall Moïse, et non Marc, contrairement à Paulhan! *NDA*].

M. Moïse Chagall a [...] une place très à part. Il peut être considéré avec Kisling comme le meilleur peintre juif. Il a souvent cherché ses modèles dans les ghettos de l'Europe centrale et de la Russie; il a traduit avec beaucoup d'humour [...] des types et scènes juifs [...] Dans cette période troublée et décadente de la peinture de 1910 à 1930, son nom demeurera parmi ces artistes internationaux qui vécurent en France et que l'on a classés sous l'étiquette d'école de Paris. Son art est un petit art d'anecdotier et d'illustrateur.

M. Moïse Chagall est un être fort doux mais aux idées très arrêtées. Il n'a jamais été possible d'obtenir de lui pour un petit prix une œuvre intéressante [...] En 1926, comme beaucoup d'artistes étrangers vivant à Paris, au moment de la chute du franc et de l'exposition au musée Gallière, il a donné une petite gouache [...] que je fis accrocher au Jeu de paume: elle y fut fort critiquée. J'ai

Marc Chagall peignant Solitude, *1933.*

exposé depuis en 1932 une toile plus accessible pour laquelle je suis toujours en discussion avec l'artiste quant au prix d'achat. Il l'a d'ailleurs reprise cette année.

On ne peut donc pas dire que M. Moïse Chagall ait mis un grand empressement à témoigner de sa générosité envers le pays auquel il a longtemps demandé l'hospitalité et aujourd'hui la naturalisation, le pays auquel il doit son épanouissement d'artiste [...] Il n'était pas un peintre russe, il ne sera jamais un peintre français.

André Dezarrois.

Heureusement, Chagall reçoit des « soutiens » moins empoisonnés. Dans son dossier s'accumulent des lettres de députés et autres notables. En décembre 1935, le garde des Sceaux s'active et envoie une dépêche de relance à la préfecture de police. Le préfet de police a-t-il senti le vent du boulet ? Quels autres « pistons » ont été activés ? Le candidat Chagall commence à devenir encombrant. Le 20 janvier 1937, comme par miracle, le préfet retourne sa veste. Il tamponne son courrier Urgent, chancellerie.

> 20 janvier 1937 –
> avis du préfet de police.
>
> M. Chagall, Moïse, dont une demande de naturalisation a été ajournée le 1er août 1934, sollicite la même faveur. Depuis mon rapport du 21 juin 1934, la situation du postulant est inchangée ; sa fille a épousé un Russe. En raison de bons renseignements récoltés par le pétitionnaire, j'estime que sa demande peut être prise en considération.

Il est rancunier, ce préfet ! Certes, il a dû se résoudre à manger son chapeau. Il souligne cependant que depuis le dernier rapport, la situation de Chagall est inchangée, et rajoute une pique : sa fille a épousé un Russe. C'est une mauvaise chose pour le peintre, car cela signifie qu'Ida ne va pas fonder une « famille vraiment française » selon le vocable en usage. D'ailleurs, malgré les interventions en haut lieu, le bureau du sceau continue à s'écharper sur le cas Chagall, cette affaire épineuse, qui « intéresse le cabinet ». En témoigne cette note.

> 18 février 1937.
>
> Situation inchangée. Si le préfet est devenu favorable, la fille du postulant a épousé un Russe. Aucun titre national à cette naturalisation. Je n'attache pas d'intérêt au point de vue français à son œuvre artistique qui paraît trop éloignée de la tradition française pour pouvoir l'enrichir. J'incline donc au refus.
>
> Signé G. Combier.

Ce bon vieux Combier ! Lui qui soulignait il y a quatre ans l'absence d'intérêt démographique se transforme aujourd'hui en critique d'art garant de la tradition française ! Les aversions de Combier ne peuvent emporter le morceau. Pour se couvrir, le bureau du sceau consulte le ministère de l'Éducation nationale. Jean Zay, le ministre, répond lui-même : « Je serais d'avis de donner une suite favorable à la demande de M. Chagall et je serais personnellement heureux d'en être informé. » Et de joindre une croquignolesque biographie de Chagall où ses parents sont évoqués comme d'« humbles israélites ».

Combier doit s'incliner. Après avoir eu connaissance de l'avis de Jean Zay, il transmet au directeur du bureau du sceau la patate chaude. Lequel décide d'opter pour un avis favorable. Le 4 juin 1937, après près de dix ans d'atermoiements, un tombereau de lettres de soutien, et on ne sait combien d'engueulades, Chagall est officiellement français. La même année, à Munich, ses tableaux sont exposés dans la galerie de l'Art dégénéré. Chagall souffle. Que lui importe la barbarie nazie, il est désormais français. Plus pour longtemps. Car si les soutiens de Chagall, les Jean Paulhan et autre Jean Cassou, l'appellent Marc, pour l'état civil, il reste irréductiblement Moïse. Un Juif.

Le naturalisé dénaturalisé

À la déclaration de guerre, Marc et Bella Chagall se réfugient près de Chambord, dans le joli village de Saint-Dyé-sur-Loire. C'est là qu'ils vivent au jour le jour la drôle de guerre et la débâcle. Assez vite, les Allemands prennent Paris et descendent sur Blois. Le peintre André Lhote, un ami proche, les exhorte de venir le rejoindre à Gordes dans le Vaucluse. Chagall y achète la Fontaine basse, une charmante maison XVIIᵉ avec un moulin. Le ciel de Provence est si bleu, l'air si doux que le peintre, incurable optimiste, a du mal à imaginer qu'il est en danger. Il est français. Que peut-il lui arriver ? Beaucoup de personnes s'inquiètent cependant pour son sort. Des Américains notamment. Eleanor Roosevelt, l'épouse du président américain, tente d'obtenir des visas de sortie pour un certain nombre d'artistes. Comme Kandinsky ou Ernst, il en fait partie. Varian Fry, jeune journaliste américain, a monté le Centre américain de secours. Il est chargé d'exfiltrer des intellectuels et des dissidents pourchassés par les nazis. Il veut sauver Chagall. Il lui écrit une première fois pour le conjurer de partir. « Il a refusé de quitter la France parce qu'il ne voyait pas pourquoi il fuirait, étant naturalisé depuis quelques années déjà », raconte Varian Fry dans ses Mémoires[8]. Le vote du statut des Juifs en octobre 1940 et les premières mesures raciales ébranlent Chagall. Mais il ne se résout toujours pas à faire ses bagages.

Il ne sait pas que la toute nouvelle Commission de révision des naturalisations, mise en place le 31 juillet 1940, s'est – déjà – attaquée à son cas. Réunie pour la première fois le 21 septembre 1940, elle n'a pas chômé. Les premiers décrets de déchéance tombent dès le 1ᵉʳ novembre. Le dossier Chagall est en bonne place pour être examiné dans les premiers : naturalisé en 1937, il fait partie des plus récents Français. De plus, la commission avait en ligne de mire les citoyens qui avaient été naturalisés contre l'avis des services, du fait d'intervention politique : c'est clairement le cas de Chagall.

À la séance du 10 octobre 1940, la commission émet donc son avis.

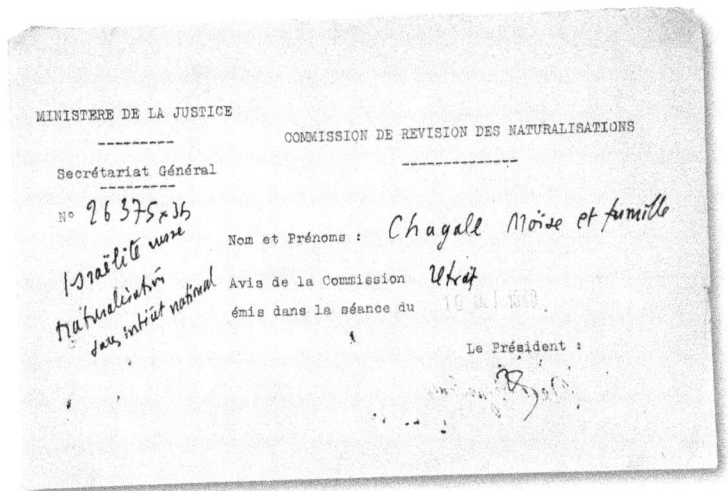

Avis de retrait.

Chagall (Moïse), artiste peintre, demeuré à Paris, naturalisé français par décret du 4 juin 1937, israélite russe. Naturalisation sans intérêt national.

19 octobre 1940. Avis de dénaturalisation de Chagall, « israélite russe sans intérêt national ».

En haut à droite, le mot « Juif » a été griffonné au crayon de papier. Dès septembre 1940, la commission tient une comptabilité scrupuleuse des Juifs et des non-Juifs pour avoir des statistiques quant au nombre de Juifs « retrayés ». Tout ceci se fait avant le recensement de la population juive et de l'établissement des fichiers préfectoraux. Dans le cas de Chagall, sa judéité est un fait connu. L'avis de retrait pour « Chagall Moïse et famille » – la commission a le droit de déchoir une famille entière – est signé par le président de la commission et non pas un secrétaire de séance : la commission a conscience qu'elle s'attaque à un gros poisson. En témoigne cette note manuscrite du 16 décembre 1940 :

L'intéressé est un peintre d'une certaine valeur. Les Beaux-Arts étaient favorables à sa naturalisation. Lettre de remercie-

---

8. *Livrer sur demande*, Varian Fry, éditions Agone, 2008.

Récépissé de demande de carte d'identité de Marc et Bella Chagall, 1937.

[...] Le 18 février 1937, la préfecture de police émettait l'avis qu'il n'avait aucun titre national ou social [aucune trace de cet avis de février 1937 dans le dossier Chagall, en contradiction avec l'avis d'avril 1937 où le préfet devient favorable : preuve qu'il y a eu intervention politique, *NDA*] [...] Les renseignements recueillis à son ancien domicile sont favorables tant au point de vue conduite et moralité que national. L'intéressé qui résiderait actuellement dans le département du Vaucluse a été vainement recherché au service des garnis.

P.-S. : on ne possède aucun renseignement en ce qui concerne ses véritables sentiments à l'égard de notre pays.

Ce qui permet au préfet de police de Paris de prendre sa revanche sur Chagall par cet avis – bien plus négatif que la moyenne – transmis au garde des Sceaux le 8 février 1941.

En vue d'assurer l'application de la loi du 22 juillet 1940, vous avez bien voulu me demander des renseignements sur M. Chagall Moïse [...] On ignore quels sont ses vrais sentiments à l'égard de la France et s'il peut justifier de quelques titres à l'acquisition de notre nationalité.

ments du maréchal Joffre et du maire de la ville de Grenoble pour des dons faits par l'intéressé à l'État et au musée de Grenoble de certaines de ses œuvres. En raison de la notoriété de l'intéressé connu sous le nom de Marc Chagall, je serais d'avis de faire procéder à une enquête sur sa situation actuelle.

Pendant ce temps, Chagall est toujours à Gordes. Malgré son visa pour les États-Unis, il ne prépare pas sa fuite. La souricière va se refermer, pourtant. Pour le compte de la commission, les RG ont conclu leur enquête sur les Chagall.

Enquête des RG, 30 janvier 1941.

Chagall Moïse a résidé 4, villa Eugène Manuel à Paris de 1936 au 1er juin 1940. Son loyer régulièrement acquitté s'élevait à 12 000 francs. En fin décembre 1940, il a fait transporter ses meubles dans un garde-meuble du Raincy. Il serait actuellement domicilié à Gordes (Vaucluse) ayant quitté son appartement depuis le 1er juin 1940. On apprend que l'intéressé est israélite d'origine russe, qu'il est artiste peintre d'une certaine notoriété

Chagall ne se doute pas de ce qui se trame à Paris. À Gordes, il continue à peindre. En mars 1941, Fry et le consul américain Howard Bingham sont obligés de se rendre dans sa villa pour le convaincre de fuir. « Gordes est un charmant village perché près d'une vallée vaste et paisible. Je peux comprendre pourquoi il ne voulait pas partir : c'est un endroit enchanteur. Chagall est un enfant, gentil, un peu égocentrique, et simple, raconte Fry dans son journal intime. Il aime parler de ses peintures et du monde, il se balade avec ses vieux pantalons froissés et sa chemise bleue foncé[9]. » Fry tente de « vendre » les appâts de New York à Chagall. Il

---

9. Journal intime de Varian Fry, cité dans *Marc Chagall and his Times, a Documentary Narrative*, Benjamin Harshav, Stanford University Press, 2009.

lui explique que dans le New Jersey, il y a des arbres, des forêts comme dans sa Russie natale. « Il y a des vaches en Amérique ? » demande tout à trac le peintre. Chagall adore les vaches qu'il a peintes de toutes les couleurs. Fry le rassure. Oui, il y a plein de vaches. « Le soulagement que je lis sur son visage me dit que sa décision est prise[10] », raconte Fry. Marc et Bella font leurs bagages et disent adieu à Gordes, sa maison basse et sa porte bleue. Ils déménagent à l'hôtel Moderne à Marseille en avril 1941 pour les derniers préparatifs de départ. Il était moins une.

À Paris, au début de mai, le ministre de l'Intérieur envoie une dépêche au préfet du Vaucluse pour enquêter sur Chagall. C'est juste quelques jours après le déménagement en catastrophe de Gordes vers Marseille. La préfecture de police du Vaucluse a donc trouvé une maison vide, quand elle est partie à la recherche de Chagall.

Voici son rapport daté du 27 mai 1941 :

> Par votre dépêche vous avez bien voulu me prier de procéder à une enquête sur le compte du nommé Chagall Moïse, et de vous donner un avis sur l'opportunité d'appliquer à l'intéressé la loi du 22 juillet 1940 sur la révision des acquisitions de la nationalité française. J'ai l'honneur de vous rendre compte que Chagall Moïse, réfugié à Gordes, n'a jamais donné lieu à aucune critique au sujet de sa conduite. À plusieurs reprises, dans ses conversations, il a témoigné son attachement à la France. Son séjour à Gordes a été trop court pour que l'on puisse se rendre compte de son activité artistique. Sollicité par un groupement d'artistes américains, M. Chagall Moïse

a demandé et obtenu de mes services un visa de passeport aller-retour pour se rendre à New York, où, en compagnie de sa femme, il doit organiser une exposition de peinture. Il semble cependant qu'il soit parti sans espoir de retour puisqu'il a vendu la maison qu'il possédait à Gordes.

La commission est toujours – comme à son habitude – un poil en retard quant aux déplacements de ses victimes. Heureusement pour Chagall ! La préfecture des Bouches-du-Rhône, où s'est réfugié Chagall, n'a ainsi pas été mise au courant de la procédure à l'encontre du peintre. La preuve, en avril 1941, quelques jours après être arrivés à Marseille, Marc et Bella ont été pris dans une rafle, la police de Vichy écumant les hôtels à la recherche de Juifs et autres indésirables : le gouvernement sait que Marseille est devenue la plaque tournante pour tous les départs clandestins et cela l'agace au plus haut point. Chagall a été arrêté comme juif et non comme représentant de l'art dégénéré. Quand Fry entend la nouvelle, il appelle le commissariat et fait un scandale : « Vous savez qui est M. Chagall !? C'est un des plus grands artistes vivants. Si cela venait à se savoir, le monde entier serait scandalisé. Vichy serait terriblement embarrassé. » Le commissaire, inquiet d'avoir fait une bourde, libère Chagall[11].

Le 7 mai 1941, Marc et Bella prennent le chemin de l'exil. André Breton, sa femme Jacqueline et sa fille Aube sont déjà partis sur un bateau *via* la Martinique en février. Mais au printemps, c'est *via* l'Espagne qu'il faut passer. Pour rejoindre Lisbonne, puis New York.

En juin, leur fille Ida et son mari sont déchus de leur nationalité. Leur cas a été examiné en même temps que celui de Chagall, l'avis de retrait concernant

10. *Livrer sur demande*, Varian Fry, *op. cit.*
11. *Ibid.*

AL 40106

Villa Montmorency
15 av. des Sycomores
Paris (16°)
le 23 juin 1933

Son Excellence
Monsieur le Ministre de la
Justice, Garde des Sceaux
Paris

Monsieur le Ministre

J'ai l'honneur de solliciter la
naturalisation.
Je suis artiste-peintre, de nationalité russe, né à Witebsk le 7/VI
1887. Je suis marié avec Madame
Hella Chagall, née Rosenfeld. J'ai
une fille, Ida Chagall, née le 18/V
1916.
J'ai résidé en France de 1910 jusqu'à
1914, fus mobilisé en 1915 et suis
revenu en France en 1923, depuis
cette date, je n'ai pas quitté la France
Veuillez, Monsieur, croire à mes sentiments
distingués.
Paris le 23 juin 1933

Artiste-peintre
Marc Chagall

Je me joins à la demande de mon
mari
Hella Chagall

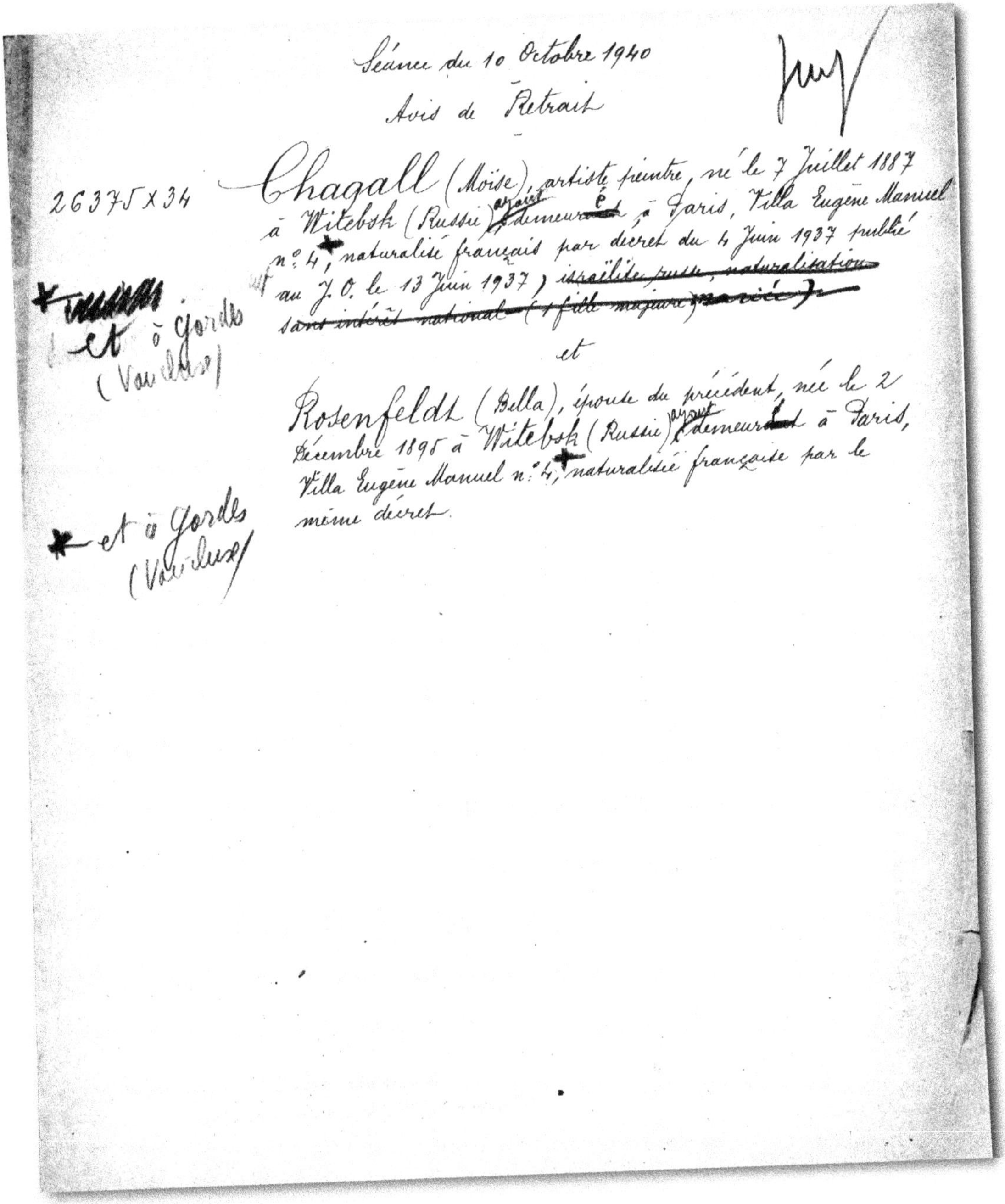

Séance du 10 Octobre 1940

Avis de Retrait

Juif

26375 X 34 Chagall (Moïse), artiste peintre, né le 7 Juillet 1887 à Witebsk (Russie) ayant ~~demeurant~~ demeuré à Paris, Villa Eugène Manuel n° 4,* naturalisé français par décret du 4 Juin 1937 publié au J.O. le 13 Juin 1937) ~~israëlite russe, naturalisation sans intérêt national (1 fille majeure) marié.~~

*[illegible] et à Gordes (Vaucluse)

et

Rosenfeldt (Bella), épouse du précédent, née le 2 Décembre 1895 à Witebsk (Russie) ayant ~~demeurant~~ demeuré à Paris, Villa Eugène Manuel n° 4,* naturalisée française par le même décret.

* et à Gordes (Vaucluse)

Page de gauche :
23 juin 1933, lettre manuscrite de Marc Chagall demandant sa naturalisation.

Avis de retrait de sa nationalité, en haut, à droite la mention « juif ».

toute la famille. Mais, sans doute à cause de la notoriété du peintre, Marc Chagall et sa femme ont été rayés de la liste des décrets de déchéance qui devaient être publiés. Les noms d'Ida et de son mari sont en revanche restés. Leur décret de déchéance est publié le 16 juin[12]. À Paris, le bureau du sceau continue de se torturer sur le cas du peintre. Le préfet du Vaucluse a été mis à contribution.

> 6 janvier 1942, le préfet du Vaucluse au garde des Sceaux.
>
> Chagall Moïse a quitté la commune en mars 1941 pour se rendre à New York [...] L'intéressé n'entretenant aucune relation avec des personnes habitant la commune de Gordes, il ne m'a pas été possible de connaître son adresse actuelle aux États-Unis.

De quoi alimenter la décision finale. Il y a toujours le mot « Juifs » griffonné au crayon de papier.

> 164ᵉ séance du 21 mars 1942 (après-midi).
>
> 1ʳᵉ SC
> Avis de retrait.
> Moïse, ayant demeuré à Paris et à Gordes, sans domicile actuellement connu, parti à New York après avoir vendu sa maison dans le Vaucluse, et Rosenfeldt Bella. Retrait.

La décision est notifiée le 30 juin 1943 aux intéressés. Où et comment ? Nul ne le sait. Le courrier a dû, on ima-gine, arriver à Gordes ou à Boulogne, et venir s'amasser dans une boîte aux lettres abandonnée. Marc Chagall en a-t-il eu vent ? Sa déchéance de nationalité est des plus officielles puisqu'elle fait l'objet d'un décret, le 15 mai 1943. Inscrit au *JO* du 29 mai 1943[13].

Le dossier est ouvert pour la dernière fois le 12 février 1945. Paris a été libéré. Même si les décisions prises par Vichy sont censément annulées en bloc, le bureau du sceau continue à fonctionner au cas par cas, en ré-examinant chaque dossier de « déchus ».

> Avis de déchéance
>
> 12 février 1945
> Proposition de classer. Artiste peintre de valeur. Est parti en raison de son origine raciale 22 février 1945.
>
> Approuvé.

Ce qu'en dit son fils David Mc Neil.

Mon père ne rêvait que d'une chose. Revenir en France. Il n'a jamais appris l'anglais. Le seul mot qu'il connaissait, c'était « *good bye* ». Dans la famille, on a su qu'il avait eu beaucoup de problèmes à être naturalisé français, que Jean Paulhan l'avait aidé. Mais personne ne savait qu'il avait été déchu. Le savait-il lui-même ? J'en doute.

---

12. Journal intime de Varian Fry, daté du 17 juin 1941. Cité dans *Marc Chagall and his Times*, Benjamin Harshav, *op. cit.*

13. Le décret est signé par la 1ʳᵉ sous-commission, dirigée par le président de la Commission de révision des naturalisations, Jean-Marie Roussel. Lequel sera mis à la retraite à la Libération.

[1937]
La longue route d'Abraham Drucker

« *Protéger les médecins français* »

Tin, tin, tin, tin, tin. Samedis soir de notre enfance, années 1980. *Champs-Élysées.* Ça brille, ça goldmanne, ça gainsbarre, ça balavoine. Ça micheldruckère au son des cuivres de Jean-Claude Petit et son orchestre. Nos grands-mères le trouvent bel homme. Nos grands-pères rappellent immanquablement qu'il a commencé en commentant le foot pour l'ORTF. Nos pères guettent sur son visage les premières rides. Comme lui, ils font du vélo. On termine ses phrases avant lui : formidable, Céline Dion nous fait le bonheur de nous interpréter sa magnifique dernière chanson. Trente ans après, Michel Drucker n'est plus du samedi soir mais des dimanches après-midi. Canapé rouge. Ça danyboone, ça ségolènise. Nos grands-mères sont mortes. Nos mères le trouvent bel homme. Nos pères mettent le son trop fort. On peut toujours finir ses phrases, comme on enquiquine un vieil oncle, formidable, madame Chirac, tout ce que vous avez fait pour les enfants malades. Peu importe qu'on l'aime ou qu'on le déteste, notre tonton télévisuel.

Abraham Drucker et Lola, sa femme, en 1937.

Michel Drucker est là, souriant dans la lucarne depuis cinquante ans. L'équivalent télé de ce qu'est le roquefort au fromage ou Johnny Halliday à la variété franchouillarde : une institution.

Certes Lola, sa mère, aurait préféré qu'il remporte un prix Goncourt et fasse la une du *Nouvel Obs.* Et Abraham, son père, mettait au-dessus de tout le service de l'État et la médecine. Mais Michel Drucker a répondu aux exigences parentales. Son père médecin le savait bien lorsque, lors de ses visites à domicile, il découvrait chez ses patients la tête de son fils en une de *Télé 7 jours* et *Téléstar*. La popularité est une reconnaissance. Autant que le diplôme de l'ÉNA décroché par son fils aîné Jean, qui fera une belle carrière dans l'audiovisuel, ou que celui de médecine obtenu par Jacques, le plus jeune. De quoi rassurer Abraham : en une génération, les Drucker sont devenus une incontestable famille française.

C'était le projet de sa vie. Celui pour lequel il n'a pas baissé les bras malgré les ajournements, les délais et les humiliations de guichet dont son dossier, aussi volumineux que ses démarches furent difficiles, a gardé de nombreuses traces. Devenir français. Mieux : devenir, en un seul mot, « médecin-français ». Son fils Michel se souvient. Il dit, ému de se remémorer cette figure dont on sent qu'elle n'a pas été que de douceur : « Mon père était fasciné par les grands médecins français. Pour lui, la médecine française était la meilleure du monde.[1] » Comme beaucoup de Roumains, Abraham est francophile, il connaît la langue française et ses grands écrivains. Hugo, Flaubert et Rousseau sont ses favoris. Pour Abraham, Juif de Bucovine, fils d'Isaac Drucker, commerçant impétueux de Davideni, élevé dans une triste baraque au milieu des bois, quitter les confins de la Roumanie a des airs d'aventure épique. Lorsqu'il s'en va, sait-il qu'il ne reverra jamais ces terres ? *Go west*, Abraham. Une étape à Vienne en Autriche. Il rencontre Lola Schaffler. Elle est jolie, elle est élève infirmière. Qui l'aime le suive ! Elle l'aime. Il part en éclaireur, elle arrive bientôt. D'abord Grenoble en octobre 1925. Il apprend la médecine à l'université. Il apprivoise la France par ses hôtels meublés et ses routes qu'il sillonne au gré des stages et des remplacements. Grenoble, Paris, Tours. Il est encore étudiant, en 1930, lorsqu'il épouse Lola, à Ploemeur, en Bretagne, et dépose sa première demande de naturalisation. Il officie comme interne au sanatorium de Kerpape-en-Ploemeur. Cinq ans qu'il a tourné le dos à la Roumanie, il veut déjà être français ! La loi de 1927 a beau être réputée libérale, et Abraham crouler sous les attestations enthousiastes de ses maîtres de stage, qui le présentent comme un médecin scrupuleux et « pénétré des devoirs qui

lui incombent », la chancellerie ajourne une première fois sa demande. Motif ? Il n'a pas effectué son service militaire en Roumanie (appelé alors qu'il était déjà en France, il s'est fait exempter ce qui vaut « insoumission » pour l'administration française) et il n'est pas en possession du baccalauréat français. « Pour protéger les étudiants français de qui on exige ce diplôme », le bureau du sceau remet donc le dossier Drucker sous la pile.

« Protéger » les médecins français, au même titre que les dentistes ou les avocats, contre la concurrence étrangère : voilà la grande affaire des organisations professionnelles durant les années 1930. Le lobbying des professions libérales est extrêmement puissant. Doublé bien souvent d'antisémitisme : la plupart des médecins étrangers exerçant alors dans l'Hexagone ne sont pas maghrébins ou africains comme aujourd'hui mais juifs fuyant les persécutions d'Europe de l'Est. Les syndicats médicaux vivent leur arrivée comme une menace. Ils obtiennent d'être consultés avant toute naturalisation. Insuffisant pour les carabins qui veulent restreindre l'accès à l'emploi pour les naturalisés. Ils se mettent en grève. Les manifestations tournent parfois à la violence. Et vont en 1935 jusqu'au lynchage dont est victime une étudiante juive de la faculté de médecine de Paris.

Comme récemment avec le fameux « plombier polonais », le climat n'est donc pas aux bras ouverts pour les blouses blanches étrangères. Mais Abraham ne se laisse pas abattre. Il est bien vu partout où il passe. Ses

---

1. Entretien avec les auteures.

Abraham Drucker s'engage à partir « aux colonies » en échange de sa naturalisation.

confrères ne tarissent pas d'éloges sur lui. Cinq ans après le premier refus, en 1935, il adresse un nouveau courrier au ministre de la Justice. Une de ces lettres un peu pompeuses que l'on écrit aux autorités quand on en attend presque tout. Superlatifs et alambiques :

> Je vous serais très reconnaissant de bien vouloir favorablement examiner la présente nouvelle requête, tenant à vous faire connaître que je serais désireux d'être incorporé dans la grande famille française, voulant ainsi essayer de m'acquitter de la dette de reconnaissance que j'ai contractée envers le pays qui m'a si largement ouvert les portes.

Le maire de Vannes et le préfet du Morbihan émettent des avis favorables. Des professeurs de médecine vantent son professionnalisme et sa francophilie. Un seul exemple, parmi les nombreux témoignages versés à son dossier : celui du docteur Raoul Caudrelier, chirurgien chef des hôpitaux de Vannes, où Abraham travaille depuis l'été 1934 et où il a créé « de toutes pièces un service orthopédique inexistant jusqu'alors ».

M. Drucker est un assistant chirurgical des plus distingués (écrit le médecin) [...] J'ai pu apprécier ses qualités de dévouement et de conscience professionnelle qui dénotent chez lui une moralité au-dessus de tout éloge. Il a su s'adapter complètement au caractère français, les malades ont entièrement confiance en lui.

Cette avalanche de compliments convainc le fonctionnaire qui traite le dossier. Il le conclut de cette appréciation générale :

> Affable, de bonne tenue, M. Drucker jouit de l'estime de ceux qui l'approchent.

Candidat idéal, le futur père du futur gendre idéal ? Las, cela ne suffit toujours pas. Ne voyant aucune réponse arriver, en 1936, Abraham tente d'amadouer la chancellerie avec un nouvel argument. Quelque chose dans le ton de sa lettre traduit une imperceptible impatience. Il propose une sorte de *deal* à la République :

> Je réside en France depuis onze ans sans interruption. Ma première demande date de 1930 alors que j'avais vingt-six ans. Je me suis marié et je m'engage sur l'honneur en cas de naturalisation d'aller résider aux colonies.

J'irai loin s'il le faut, mais faites-moi français! Cette proposition faite à la République, aucun des fils Drucker n'en avait connaissance avant que nous n'exhumions le dossier de leur père. « Je savais que les choses avaient été compliquées, nous dit Michel. Mais pas au point de vouloir partir loin de la métropole! » Si Abraham n'en a pas parlé à ses enfants c'est sans doute que l'idée de vivre aux colonies a duré le temps de l'écrire et de... se voir retoquer. Car ce n'est pas son lieu de résidence qui pose problème à l'administration mais son activité professionnelle. Alors, résignation. S'il doit choisir entre la médecine et la France, Abraham sacrifie la médecine. Dans un simple mot sans en-tête, quelques lignes laissées sur un papier orangé, il écrit l'impensable :

Je soussigné Drucker Abraham, docteur en médecine de l'université de Paris, m'engage à ne pas exercer la profession de médecin en France.

Paris, le 7 mai 1937.

Cinq lignes pour dire l'absurde et l'humiliation. Formé en France, loué par ses professeurs, confrères et patients, il doit renoncer officiellement à son rêve de jeunesse pour avoir une chance de devenir, à défaut de « médecin-français », français.

Depuis le 8 mai 1936, pourtant, il est diplômé de l'université de Paris. Il a soutenu son doctorat à partir « d'un cas inédit d'ostéochondromatose du genou ». Mais les lois sont telles que sans le diplôme d'État, réservé aux « Français », différent du diplôme d'université, il est interdit d'exercer. Cette prévention n'étant pas toujours respectée, on demande néanmoins à Drucker d'engager son honneur. Il fournit par ailleurs la promesse d'embauche d'un fabricant

de matériel orthopédique. Le préfet, dans un rapport, dit sa satisfaction. Reste une formalité : comme ils l'ont obtenu quelques années auparavant, les syndicats de médecins sont consultés avant toute naturalisation d'un médecin. Pour le dossier d'Abraham, c'est le président du syndicat des médecins de la Seine et des communes limitrophes, un certain P. Tissier, qui prend la plume et écrit au chef du bureau des naturalisations :

Ses notes aux examens ont été simplement moyennes [...] Sa valeur professionnelle n'est donc pas égale à la valeur moyenne des médecins français. Par ailleurs, M. Drucker ne voulant point postuler le doctorat d'État qui lui seul lui permettrait de pratiquer la médecine en France et voulant au contraire exercer une profession paramédicale, sa candidature au point de vue professionnel médical n'offre pas d'intérêt et sa situation ambiguë ne pourrait qu'aggraver les inconvénients de l'encombrement actuel de la profession médicale en France.

Mais que demander de plus qu'une parfaite assimilation, une déclaration sur l'honneur à ne pas faire de concurrence aux médecins français et la certitude d'une embauche dans une entreprise à celui qui, depuis une douzaine d'années, piétine à la porte de la France? La chancellerie ne peut plus refuser. Le 5 juillet 1937, Abraham Drucker verse 637,50 francs de droits du sceau. Lola, sa femme, s'acquitte aussi des taxes dues. Leur décret de naturalisation est enfin publié. Ils sont officiellement français le 17 juillet 1937. Le couple peut souffler. Quand Abraham commence-t-il à exercer la médecine? Impossible de le dire en lisant son dossier et son fils Michel ne le sait pas précisément. Toujours dépourvu du diplôme d'État en théorie indispensable pour mettre sa plaque, il

SYNDICAT DES MÉDECINS DE LA SEINE

ET DES COMMUNES LIMITROPHES

Téléphone : **DANTON 93-42**

CHÈQUES POSTAUX
PARIS, C. C. 90-70

S.59II

28, RUE SERPENTE - PARIS (6ᵉ)

Paris, le 11 Juin 1937

LE PRÉSIDENT

Monsieur le Chef du Bureau des
Naturalisations.

Monsieur le Chef du Bureau,

Par votre lettre du 22 Avril, vous avez demandé au Syndicat des
Médecins de la Seine de vous faire parvenir tous renseignements utiles
sur le compte de Monsieur DRUCKER Abraham.

Après enquête et rapport du délégué du Syndicat, nous avons
l'honneur de vous communiquer les conclusions suivantes :

M.DRUCKER Abraham, actuellement dans sa 34e année, originaire
d'ancienne Autriche, a acquis la nationalité roumaine par traité.
Après avoir fait des études secondaires en Roumanie et obtenu
le baccalauréat roumain, il a bénéficié d'équivalence pour le
baccalauréat français.
Il a passé le certificat de P.C.N. à Paris après deux années
d'études et fait 5 années d'études médicales successivement à
Tours, à Nantes et à Paris, en vue du doctorat d'Université. Ses
notes aux examens ont été simplement moyennes. Il n'a pas concouru
à l'externat des Hôpitaux ni fait de travaux scientifiques complémentaires.
Sa valeur professionnelle n'est donc pas égale à la valeur
moyenne des médecins français.
Par ailleurs, M.Drucker ne voulant point postuler le doctorat
d'Etat qui seul lui permettrait de pratiquer la médecine en France
et voulant au contraire exercer une profession para-médicale, sa
candidature au point de vue professionnel médical n'offre pas
d'intérêt et sa situation ambigüe ne pourrait qu'aggraver les
inconvénients de l'encombrement actuel de la profession médicale
en France.

Veuillez agréer, Monsieur le Chef du Bureau, l'assurance de notre
considération distinguée.

LE PRESIDENT DU SYNDICAT DES MEDECINS DE LA SEINE:

P. Tissier

Lettre du syndicat des médecins disant toute sa réticence à la naturalisation d'Abraham Drucker le Roumain.

fait comme beaucoup de médecins de l'époque : il passe outre. Ses patients ne s'en plaignent pas. Et les autorités ferment les yeux sur son engagement non tenu. Mais on le dénonce, anonymement. Une pièce du dossier, un rapport de police demandé en 1941 par la Commission de révision des naturalisations, fait allusion à une enquête du bureau de l'hygiène dont il a fait l'objet le 15 février 1938, « étant signalé comme exerçant illégalement la médecine ». Enquête sans lendemain, puisque « le rapport conclut en déclarant qu'il n'a jamais exercé au 146, avenue du Maine », son adresse parisienne d'alors. Est-ce pour s'éloigner des curieux et des jaloux que les Drucker mettent le cap, d'abord vers l'Isère, où il est interne quelque temps dans un hôpital psychiatrique, puis vers la Normandie ? C'est ici, à Vire, qu'Abraham s'installe comme médecin de campagne. C'est ici aussi que naîtront ses trois fils : Jean, Michel et Jacques. La vie française, douce et paisible comme un champ normand.

Pas longtemps : dénoncé pour avoir porté secours à un soldat canadien, Abraham est arrêté en 1942 et emprisonné à Compiègne[2] puis à Drancy. Les Juifs exerçant des professions médicales sont mis à contribution par les autorités. Simulacre de médecine. Le docteur Drucker réussit à en faire sortir quelques-uns mais voit la plupart des internés partir en déportation. Abraham le « médecin-français » a, lui, comme dit son fils, « échappé aux wagons plombés ».

Lorsque Michel Drucker naît, en 1942, ses parents ne sont donc français que depuis cinq ans. Des Français qui ont un drôle d'accent. Et parlent allemand ou yiddish quand ils ne veulent pas que les enfants comprennent. Des Français de Normandie qui mangent la goulasch et écoutent le violon de Yehudi Menuhin comme on écoute une prière. Des Français qui font faire le catéchisme aux enfants et leur apprennent à ne jamais dire qu'ils sont juifs. On ne sait jamais. Ou plutôt, on sait bien, lorsque l'on vient d'Europe de l'Est, qu'être juif, c'est être exposé aux persécutions depuis toujours. « On devait se fondre dans la masse, se souvient Michel. Et être les numéros un. C'était leur réponse à la discrimination, qu'on soit les meilleurs. Ils n'avaient de cesse de découdre l'étoile jaune. » Surtout Abraham qui traîne sa mallette de docteur dans les familles normandes. Parfois, quand ses patients lui parlaient de Michel, celui-ci croit savoir que son père savourait en silence. Et se disait : « L'idole de la France, c'est un petit Juif d'Europe centrale. »

Lola Drucker et ses trois fils, Michel, Jacques et Jean.

Ce qu'en dit Michel Drucker.

On m'a souvent reproché d'être trop lisse. Mon côté « coulis de framboise ». Oui, je dis merci, je suis toujours poli, c'est vrai. Mais quand je vois ce dossier, je comprends désormais pourquoi. Mes parents étaient pareils ! En tant que fils d'immigrés, on m'a toujours appris qu'il fallait dire merci. Ne jamais se plaindre, ne jamais critiquer. Travailler, et c'est tout. Dans ma famille, il fallait exceller. J'étais un peu le cancre des trois. Mais nous avons finalement tous plutôt pas mal réussi. Mon frère aîné Jean était devenu un grand fonctionnaire de l'État. Mon autre frère est un ponte de la médecine. Et moi, dans mon domaine, très modestement, je ne crois pas m'être mal comporté. C'est un parcours étonnant, quand on y pense bien. Aujourd'hui, si nous arrivions de Roumanie sans le sou comme nos parents, où serions-nous ? Dans une caravane sous le périphérique ? Ou dans un charter ?

---

2. À l'endroit même, hasard de l'histoire, où son fils Michel fera son service militaire vingt ans plus tard.

[1939]

Wassily Kandinsky,
l'éternelle fuite

« *Ce vieil artiste peintre d'origine russe* »

Wassily Kandinsky.

« Mon intention serait de rester en France jusqu'à la fin de ma vie et mon rêve est de devenir français. C'est ainsi que la naturalisation me rendrait vraiment heureux. »

La lettre, poignante, datée du 11 octobre 1938, est adressée à monsieur le garde des Sceaux. L'homme qui l'écrit est fatigué. Las de cette errance à laquelle il a été condamné ces vingt dernières années. Il a soixante-dix-sept ans et il vient, une ultime fois, de poser ses valises. Il lui faut, au crépuscule de sa vie, prendre un nouveau départ. Dans cet appartement moderne au sixième étage où il habite désormais, 135, boulevard de la Seine, près du pont de Neuilly, l'œil se perd, happé par les lignes d'horizon qui s'enfuient. Un *no man's land* où l'eau joue avec la lumière. Déboussolé, le vieil homme n'a plus de repères. Mais il faut faire semblant. Alors il a rassemblé son énergie. Il veut avoir des papiers. Pour ne plus être à la merci d'une expulsion. Comme tant d'émigrés, il s'est décidé à obtenir une naturalisation. Cet homme s'appelle Wassily Kandinsky.

Humblement, le peintre détaille dans sa lettre son parcours et déroule son CV. Dans ces brèves lignes est résumé un siècle de fureurs et de guerre où il a tenté de se consacrer à son art.

Je suis né russe. J'ai passé le temps de la Grande Guerre et de la révolution russe de 1917 à Moscou. Pendant le régime communiste, j'ai été professeur de la Haute École d'art ainsi que de l'université de Moscou. Mon activité était exclusivement et purement artistique. En 1922 j'ai été invité en titre de professeur par l'école d'État Bau Haus. En titre d'employé d'État j'ai été naturalisé. Cette école était fermée par le régime national socialiste en 1933 et j'ai quitté l'Allemagne pour m'installer à Paris et généralement en France, le pays libre, où j'ai la pleine possibilité de travailler dans le domaine de l'art dans le sens que je trouve juste et nécessaire.

« Juste et nécessaire. » Les mots ont une signification toute particulière dans la bouche de celui que les nazis ont classé comme représentant de « l'art dégénéré ».

Fuir. Wassily n'a fait que cela ces vingt dernières années. 1912, sa carrière explose. Il est fêté avec de nombreuses expositions en Allemagne à la galerie Der Sturm, il a constitué autour de lui la petite bande du Cavalier bleu avec Paul Klee ou Franz Marc. Mais la guerre le rattrape. Ressortissant russe, donc ennemi, il doit fuir, une valise à la main. Transiter *via* la Suisse, puis revenir à Moscou. Et la révolution d'Octobre éclate. Au début, Kandinsky est épargné. Il est nommé professeur à l'École d'art de Moscou. Mais, en 1922, l'art abstrait commence également à devenir suspect pour la doxa soviétique. Kandinsky ne croit pas à la peinture « productiviste » et reste fidèle à la peinture à l'huile sur chevalet : très réactionnaire… Il n'est même pas membre du parti communiste. L'invitation officielle du Bauhaus à venir en Allemagne, sa deuxième patrie, tombe à point nommé. Pour maintenir l'illusion d'un retour, il laisse ses toiles derrière lui. Avec sa jeune femme, Nina, il part à la gare avec deux minuscules valises. Le trajet à l'hiver 1921 de Moscou à Berlin est long et angoissant. Un ouragan les retarde d'une nuit. Des voyageurs se font arrêter. Ce jour-là, le peintre quitte sa patrie natale pour toujours.

Il débarque dans un Berlin hagard, envahi par des cohortes de réfugiés russes comme lui et dévasté par la crise. Kandinsky compte, comme Chagall son compatriote, sur des tableaux qu'il avait laissés lors d'un précédent séjour à la galerie Der Sturm en Allemagne pour renflouer ses comptes. Malheureusement, tout a été vendu, et avec l'inflation galopante du début des années 1920, il ne récolte qu'une maigre somme. Pendant trois mois, le couple

vivote, erre de meublé en meublé. Ils attendent la confirmation du poste de professeur au Bauhaus. Les temps sont troubles. Pourtant, en Allemagne, le couple Kandinsky va approcher un certain bonheur. Les voilà dans la petite ville de Dessau. Le peintre prend un nouveau chemin pictural. Il y a son vieil ami Paul Klee, l'architecte, Walter Gropius, voisin également. On fête Noël ensemble, et le Nouvel An aussi, sur l'air du *Beau Danube bleu*. Kandinsky est chez lui, il est désormais allemand, puisqu'il a obtenu la naturalisation en 1927. Il est allemand pendant les pires années, à un moment où la notion même de germanité devient de plus en plus excluante. Son ami Arnold Schönberg lui adresse ainsi une lettre pathétique quand Kandinsky lui propose de le rejoindre au Bauhaus : « Ce qu'on m'a forcé à apprendre […] c'est que je ne suis pas allemand, pas européen, peut-être à peine un être humain […] mais que je suis juif. » Wassily tombe des nues.

L'étau se resserre. Ses amis sont déjà partis, mais lui s'accroche. Il espère qu'il pourra rester en Allemagne. En avril 1933, la Gestapo procède à une perquisition du Bauhaus. Elle exige le renvoi de Kandinsky. L'artiste est désormais symbole du mal pour les nazis qui le voient comme chef de file de l'art dégénéré. « J'avais tout pour déplaire. J'étais russe (malgré la nationalité allemande), donc un étranger, suspecté d'être communiste, un artiste abstrait et qui plus est professeur au Bauhaus », raconte-t-il à l'un de ses amis[1]. Il faut s'échapper. Vite. Marcel Duchamp aide les Kandinsky à se procurer des papiers.

Lettre de demande de naturalisation de Wassily Kandinsky, « mon rêve est de devenir français ».

---

1. *Kandisky, sa vie*, Brigitte Hermann, bibliothèque Hazan, 2009.

12 OCTO 1938

K A N D I N S K Y Wassily

Neuilly s/S., 135 Bd de la Seine.

Bl 12 OCTO 1938

le 11 Octobre 1938.

Pices remises par le postulant le 12 oct

Monsieur le Garde-des-Sceaux

Ministre de la Justice, Paris.

Monsieur le Garde-des-Sceaux,

permettez moi de vous adresser une demande concernant ma naturalisation.
Je suis né russe (Moscou 1866). J'ai passé le temps de la grande
guerre et de la revolution russe de 1917 à Moscou. Pendant le
régime communiste j'ai été professeur de la Haute Ecole d'Art,
ainsi que de l'Université de Moscou, le Vice-Président de l'Aca-
demie des Sciences Artistiques, etc.
Mon activité était exclusivement et purement artistique.
En 1922 j'ai été invité en titre de professeur par la Haute Ecole d'Art en Allemagne (Ecole d'Etat - "Bauhaus"). En titre d'employé d'Etat j'ai été naturalisé.
Cette Ecole était fermée par le régime national-socialiste en
1933, et j'ai quitté l'Allemagne pour m'installer à Paris et généralement en France, le pays libre, où j'ai la pleine possibilité de travailler dans le domaine de l'art dans le sens que je
trouve juste et nécessaire.
Mon intention serait de rester en France jusqu'à la fin de ma
vie, et mon rêve est de devenir français. C'est ainsi que la naturalisation me rendrait vraiment heureux.
Je possède une fortune suffisante pour assurer la vie de ma femme
(née russe elle aussi) et la mienne.
Permettez moi de vous prier, Monsieur le Ministre, de donner votre
consentiment à ma naturalisation.
Le dossier de ma naturalisation se trouve à la Préfecture de Police, où j'ai déposé ma demande au commencement d'Août.
Ci-jointes une lettre de Monsieur André Dezarrois, Conservateur
du Musée des Ecoles Etrangères, une référence de Monsieur Jean
Cassou, Conservateur-Adjoint du Musée de Luxembourg, et quelques
indications sur mon activité artistique.
Veuillez agréer, Monsieur le Ministre, l'assurance de ma plus
haute considération.

W. Kandinsky
Artiste-peintre.

189

Je me joins aux signataires de la pétition formée en vue de la naturalisation de Kandinsky, l'un des plus originaux artistes de ce temps. Je suis persuadé que tous les artistes français se réjouiront de le compter parmi eux

Jean Cassou

Conservateur adjt du Musée du Luxembourg

Ce n'est pas une mince affaire : un Russe naturalisé allemand, voilà qui est des plus suspects. Il leur trouve un appartement à Neuilly[2]. Ils réussissent après « de pénibles efforts » à quitter Berlin. Ils arrivent le 21 décembre à Paris. Ils passent le Nouvel An seuls, à l'hôtel, Kandinsky est grippé. La république internationale des artistes qu'il a tant aimée est dispersée aux quatre coins de l'Europe. Kandinsky, le maître de l'art abstrait, est déboussolé. Paris n'en a que pour le cubisme, et boude les œuvres du peintre russe. Il est fauché et ses toiles ne se vendent pas.

Le dossier de naturalisation, rempli en 1938, soit cinq ans après l'arrivée en France de Kandinsky, reflète bien les affres du peintre. À la question « Que lui rapporte sa profession ? », le fonctionnaire a écrit un sec « ne lui rapporte rien actuellement ». Dommage, car le pays n'aime guère s'embarrasser de pique-assiette. Heureusement, le postulant se rattrape. Pour quel motif demande-t-il sa naturalisation : « Parce qu'il aime la France et que c'est le pays de l'art. » De surcroît, le prudent Kandinsky qui a échappé à la révolution russe et au régime nazi a bien pris soin de préciser

qu'il ne s'occupait que d'art. « Attitude politique : n'en manifeste pas. »

Kandinsky n'est pas le seul artiste à réclamer la bienveillance de la chancellerie en ces temps troublés. Comme lui, Marc Chagall ou Igor Stravinsky font des démarches identiques. Dans leurs dossiers, on retrouve donc les mêmes « supporters ». Pour Kandinsky, la galeriste Jeanne Bucher n'a pas hésité à lancer une pétition en faveur de la naturalisation de Kandinsky. Pétition signée par l'incontournable Jean Cassou, conservateur du musée du Luxembourg, enthousiaste : « Je me joins aux signataires de la pétition formée en vue de la naturalisation de Kandinsky, l'un des plus originaux artistes de ce temps. Je suis persuadé que tous les artistes français se réjouiront de le compter parmi eux. » Autre défenseur de la cause, André Dezarrois, du musée du Jeu de paume, qui se fend d'une longue lettre au ministre de la Justice pour plaider en faveur de Kandinsky.

Pour accepter ce poste [au Bauhaus, *NDA*], il fut contraint en 1926 de se faire naturaliser. Russe blanc, il est donc allemand d'occasion et a quitté volontairement l'Allemagne dès l'avènement du régime hitlérien. M. Kandinsky n'est ni

Recommandation du conservateur du musée du Luxembourg, Jean Cassou.

2. *Ibid.*

190

un sémite ni un bolchevique. Il est seulement le chef de toute l'école d'art abstrait que le régime actuel condamne en Allemagne et c'est cet esprit libre qu'on vise particulièrement [...]

À soixante-douze ans, M. Kandinsky va se trouver à Paris où il vit depuis cinq ans sans passeport et sans patrie. Il refuse de rentrer en Allemagne. Pouvez-vous, sous la caution que vous donneraient de très nobles esprits parisiens et des hommes de haute valeur, lui accorder la naturalisation française qu'il souhaite et qu'il n'a pas osé demander (il est prêt à le faire aujourd'hui) ou préférez-vous lui faire octroyer une carte de séjour qui lui évitera d'être chassé de chez nous. Je soumets cette requête tant au grand maître de la Justice française que vous êtes, qu'à l'amateur d'art dont je connais l'éclectisme profond.

Notons qu'André Dezarrois semble être plus convaincu par le cas Kandinsky que par le cas Chagall. Peut-être parce que Wassily Kandinsky est comme il le souligne « russe blanc » et n'est « ni un sémite ni un bolchevique ». Moins disert, le rapport de la préfecture de police sur le peintre résume les faits : « Ce réfugié russe a acquis la nationalité allemande en 1926. Il a été professeur en Allemagne dans une école d'art. Il a quitté ce pays sans esprit de retour à l'avènement du régime hitlérien. » Les

postulants étant considérés comme « très bien assimilés », leur demande est accueillie favorablement par la préfecture.

L'enquête de police se poursuit cependant. Il faut remonter dans le passé du postulant, et notamment à ses dernières résidences, en Allemagne. Les consuls de

Kandinsky dans son atelier, photographié devant Sérénité, *en août 1938.*

W. Kandinsky n'est « ni un sémite, ni un bolchevique », écrit le conservateur du Jeu de paume pour soutenir la candidature de Kandinsky.

de professeur dans une haute école d'art en Allemagne lui fut offert mais pour l'accepter il fut contraint en 1926 de se faire naturaliser. Russe blanc il est donc allemand d'occasion et a quitté volontairement l'Allemagne depuis l'avènement du régime hitlérien.

Son passeport arrive à expiration le 1er Août prochain, et on lui fait savoir à la Légation d'Allemagne qu'on le lui renouvellera très difficilement.

M. KANDINSKY n'est ni un sémite, ni un bolchevique. Il est seulement le chef de toute l'Ecole d'art abstrait que le régime actuel condamne en Allemagne, et c'est cet esprit libre, dont les disciples en Europe Centrale, aux Etats-Unis, et même en France, sont nombreux, que l'on vise particulièrement. De grandes collections, des Musées d'Etat, possèdent des oeuvres de KANDINSKY. Il est dans l'histoire de la peinture moderne, dans le monde slave et dans le

191

France à Leipzig et à Berlin sont sollici-tés. Celui de Leipzig est prudent.

> Les renseignements fournis sur son compte par la préfecture de Weimar où l'intéressé a résidé sont favorables. M. K. est représenté comme un homme sérieux et rangé n'ayant jamais attiré l'attention au point de vue politique comme au point de vue moral.

En revanche, dans le questionnaire, le diplomate n'a pas préféré s'avancer :

> Nature des sentiments qui paraissent déterminer sa demande : inconnu. Preuves qu'il peut avoir déjà donné de son atta-chement à la France : inconnu. Faculté d'adaptation à nos mœurs : inconnu.

Le consul de France à Berlin, lui, est plus tranché dans son jugement. Jugez plutôt :

> La première trace de la présence des époux Kandinsky remonte à février 1922 [...] Leur second séjour a duré du 12 décembre 1932 à 1933. Je n'ai pas pu recueillir de renseignements précis ni sur la personne de l'intéressé ni sur son épouse. Sa situation de fortune ne paraît cependant pas avoir été brillante puisque à son départ de Berlin, il semble avoir eu beaucoup de peine à payer les dernières mensualités de son loyer. Je ne vois pas l'intérêt qu'il y aurait d'octroyer la nationalité française à ce vieil artiste peintre d'origine russe qui, comme tant

d'autres, ont demandé l'hospitalité de la France pour la seule raison d'avoir été victimes du changement de régime en Allemagne.

La chancellerie ne suivra pas cet avis. Kandinsky est naturalisé le 13 juillet 1939. Un mois et demi avant l'entrée en guerre de la France. Les amis des Kandinsky l'enjoignent alors de fuir aux États-Unis. Le directeur du Moma à New York écrit à Eleanor Roosevelt pour lui demander de lui accorder un visa en urgence. Kandinsky refuse. Il ne veut plus fuir. Dans le Paris de l'Occu-pation, il survit. Économise sur la toile et la peinture, rarissimes en ces temps de guerre. Réussit à participer à quelques expositions clandestines comme celle organisée par la courageuse Jeanne Bucher, en pleine Occupation. Comme tous les récents naturalisés, il n'échappe pas aux fourches de l'infamante Com-mission de révision des naturalisations de Vichy. À sa séance du 25 octobre 1943, elle décide qu'il faut ouvrir une enquête complémentaire pour savoir si ce « vieil artiste peintre d'origine russe » mérite d'être encore français ou non. L'enquête n'aura pas le temps d'abou-tir. En décembre 1944, le vieil homme s'éteint à quatre-vingt-quatre ans.

des Beaux-Arts de Weimar n'ayant en effet pas répondu à mes lettres.

Je ne vois pas l'intérêt qu'il y aurait d'oc-troyer la nationalité française à ce vieil artiste peintre d'origine russe qui, comme tant d'autres ont demandé l'hospitalité de la France pour la seule raison d'avoir été victimes du changement de régime en Allemagne./.

Le consul de France à Berlin est dubitatif sur l'intérêt de naturaliser « ce vieil artiste russe ».

[1939]

Oscar Jonasz,
le garçon coiffeur

« *Urgent, service militaire* »

Avant la guerre, pour l'administration française, Oscar Jonasz n'est pas juif, ni israélite, ni rien du tout. Juste un jeune coiffeur, suffisamment vigoureux pour faire son service militaire. D'ailleurs, on le tamponne en gros sur la page de garde du dossier qu'il dépose en septembre 1938 : Urgent, service militaire. Et pour qu'on le voie bien, une main l'a écrit aussi à côté, écriture noire et penchée : Urgent, SM. L'Europe sent la guerre revenir. En Espagne, elle fait rage depuis deux ans déjà. Hitler a annexé l'Autriche et ne cache pas ses velléités d'impérialisme. La France a besoin de gonfler ses troupes. Elle veut se dépêcher d'accueillir Oscar. Il a dix-neuf ans. Sa signature est encore enfantine. Il est né à Ujpest, en Hongrie, en 1920, et est arrivé en France en 1923 avec ses parents, Louis et Maria. « Je suis coiffeur et je suis célibataire », indique-t-il dans sa lettre au ministre de la Justice. Il travaille dans le salon de coiffure d'André Rosenberger, 51, rue des Blés-d'Or au Blanc-Mesnil. Il gagne alors 120 francs par semaine. Et loge chez ses parents, qui louent pour « 2 000 francs » au 157, rue Henri-Barbusse à Drancy. Oscar Jonasz est encore mineur. Au dossier figure d'ailleurs l'autorisation que son père, Louis, lui donne de demander la nationalité française.

> Pour quel motif le postulant demande-t-il la naturalisation ? Pour accomplir son service militaire en France.

Bonne réponse ! À peine quelques mois d'instruction de son dossier et le 15 mars 1939, c'est chose faite. Oscar est français. À moins que… Un peu plus d'un an après la naturalisation d'Oscar Jonasz, le maréchal Pétain offre la France à la collaboration avec les nazis. Oscar devient « israélite » aux yeux du policier qui enquête sur lui pour la Commission de révision des naturalisations. Le rapport date du 17 novembre 1941. Une fois les informations d'état civil, date et lieu de naissance, rappelées, l'agent de police passe aux choses sérieuses. Il note :

> Le 26 juillet 1941, il a épousé à Drancy sa compatriote Weiszberg Charlotte, née le 1er février 1917 à Berettyoujfalu

(Hongrie). Ils n'ont pas d'enfant. Jonasz, entré en France en 1924 avec sa mère, est de confession israélite. Il s'est conformé aux prescriptions de l'ordonnance allemande du 13 octobre 1940[1]. Sa femme, également de race juive, est munie d'une carte d'identité à son nom de jeune fille, au titre de coiffeuse, délivrée le 28 février 1940 par la préfecture de Seine-et-Oise, valable jusqu'au 22 septembre 1942.

Le rapport nous apprend que, si Oscar s'est marié avec Charlotte, la vie des parents de Michel Jonasz – qui naîtra en 1947 à Drancy – est toujours précaire :

Les époux Jonasz ne sont pas encore dans leurs meubles; ils demeurent tantôt au 157, rue Henri-Barbusse, à Drancy, chez les parents du mari, tantôt 51, rue des Blés-d'Or au Blanc-Mesnil chez Mme Rosenberger, qui est la sœur de la dame Jonasz.

C'est ici que les deux époux travaillent, et probablement qu'ils ont fait connaissance. Oscar gagne désormais 245 francs par semaine, « plus les pourboires ». Charlotte, « apprentie coiffeuse », ne gagne que 82 francs par semaine.

Les dernières lignes du rapport amènent un dénouement inattendu. Citons-les *in extenso* :

Vu son âge, Jonasz n'a pas fait de service militaire. Les renseignements recueillis sur son compte ne sont pas défavorables tant au privé qu'aux points de vue politique et national. Son loyalisme semble être acquis à nos institutions.

Et c'est ainsi qu'Oscar Jonasz, pourtant repéré comme « israélite » et très fraîchement naturalisé, voit sa naturalisation « maintenue » par la Commission de révision.

1941 : rapport de police sur Oscar Jonasz. Y figure la mention de sa « confession israélite ».

À droite, lettre de demande de naturalisation d'Oscar Jonasz.

---

1. À la suite de la décision du chef de l'administration militaire allemande, le préfet de police impose aux Juifs de se présenter au commissariat de leur domicile pour y recevoir des cartes d'identité portant la mention « juif » ou « juive », tamponnée en lettres rouges.

SM 76254

Drancy le 6 Septembre 1938

Monsieur le Garde des Sceaux
        Ministre de la Justice.

J'ai l'honneur de solliciter la
naturalisation.

Je me nomme :

Jonasz Oscar
Né le 27 Avril 1920 à Ujpest (Hongrie)
En France depuis août 1924
Je suis coiffeur et je suis célibataire.
Je demeure chez mes parents à Drancy
157 Avenue Henri-Barbusse. (Seine)

Veuillez recevoir, Monsieur le Ministre,
mes salutations distinguées

                    O. Jonasz

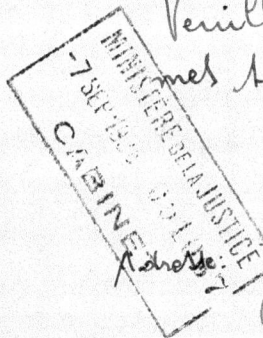

Adresse : Jonasz Oscar 157 Avenue Henri-
        Barbusse Drancy (Seine)

Partie 4

Après 1945, un nouveau droit de la nationalité

Après 1945,
un nouveau droit
de la nationalité

« La France, hélas, manque d'hommes et ce vide terrible se fait sentir non seulement quant au nombre brut mais encore quant à la qualité! Ah, messieurs, nous touchons là à la cause profonde de nos malheurs et à l'obstacle principal qui s'oppose à notre redressement. » On se croirait en 1918. Nous sommes le 2 mars 1945 et c'est le général de Gaulle qui parle. Il évoque la nécessité d'« introduire au cours des prochaines années, avec méthode et intelligence, de bons éléments d'immigration dans la collectivité française ». C'est dit et assumé : la gestion de l'immigration est l'une des premières tâches que doit endosser le gouvernement issu de la Résistance. Notons d'ailleurs un changement sémantique intéressant. En 1927, les députés employaient le mot « étranger », de Gaulle, lui parle, d'« éléments d'immigration ». Insensiblement, le mot « immigré » va se substituer au mot « étranger », dans le vocabulaire officiel, puis dans le discours public. Avec quelquefois une connotation négative. Un retournement ironique, car, à l'origine, les premiers à avoir utilisé le mot « immigré » furent les communistes (en témoigne le nom MOI, main-d'œuvre immigrée, un des organes de la Résistance).

Qui sont donc ces « bons éléments d'immigration »? En 1945, comme en 1927, la définition fait débat. On retrouve ainsi dans l'entourage du général de Gaulle de bien étranges personnages, comme George Mauco, qui, en 1943, dénonçait les tares des « réfugiés juifs » et prône, en 1945, une sélection des étrangers en fonction de leur origine ethnique. Mauco milite pour promouvoir en priorité les « naturalisations nordiques ». De Gaulle est sensible à l'argument. En témoigne cette lettre qu'il envoie à Henri Teitgen, le garde des Sceaux, le 12 juin 1945 : « Sur le plan ethnique, il convient de limiter l'afflux des Méditerranéens et des Orientaux qui ont depuis un demi-siècle profondément modifié la composition de la population française [1]. » C'est finalement le garde des Sceaux qui aura gain de cause. Il refuse catégoriquement d'introduire un critère ethnique. Un nouveau Code de la nationalité est promulgué. Il ne modifie pas fondamentalement les dispositions de la loi de 1927. Le vrai changement? Le ministère de la Justice est dessaisi de la gestion au quotidien des naturalisations. En décembre 1945, un tout nouveau ministère est créé: le ministère de la Population. Qui permet d'affecter plus de moyens pour le traitement des dossiers: deux cent mille sont en attente! Nous nous en rendons compte dans nos dossiers puisque les en-têtes ont changé: les préfets envoient désormais les dossiers à « monsieur le ministre de la Santé publique et de la Population ».

Les critères sont toujours les mêmes: le loyalisme, les sentiments envers la France, la faculté à « créer une famille vraiment française », selon le terme consacré, puisqu'il s'agit de repeupler le pays. Mais les mots n'ont plus le même sens. La définition de loyalisme est à géométrie variable. Le bon Français a changé de camp entre 1940 et 1945. En 1945, priorité absolue est donnée aux résistants. Comme Charpak. Ou le communiste Joseph Minc, membre de la MOI, un des principaux groupes de résistance armée pendant la guerre. Nouveau virage dans les années 1950. Pendant la Guerre froide, une vigilance toute particulière est apportée aux dossiers des candidats qui disent appartenir à un parti: les communistes et les syndicalistes sont mal vus. Les demandes de l'écrivain Julio Cortázar, poursuivi pour ses sympathies avec le parti communiste et ses voyages à La Havane, seront ainsi rejetées à plusieurs reprises.

---

1. CAC Fontainebleau, 860269, cité dans Janine Ponty, *L'Immigration par les textes, op. cit.*

[1946]
Georges Charpak, jeunesse d'un Nobel

« *Étant donné ses sentiments anti-allemands* »

Georges Charpak en 1946, à la date de sa naturalisation.

Déclarations diverses des postulants :

Je désire être naturalisé français car je suis devenu absolument français par ma formation. J'ai servi la France dans la Résistance, j'ai été arrêté et déporté pour cela, je désire maintenant continuer à servir la France par mon travail.

Nous sommes le 6 novembre 1945, il a vingt et un ans à peine.

Avant cela, il a indiqué son état civil :

Nom : Charpak
Prénom : Hersz
Né à Dabrovica
le 1ᵉʳ août 1924
Nationalité : polonaise
Profession : étudiant

À la rubrique Degré d'assimilation, le fonctionnaire a écrit en diagonale de façon à barrer la page « Peut être considéré à tout point de vue comme français » et noté qu'il avait une « instruction supérieure, élève à l'école des Mines ». Le futur Prix Nobel de physique[1] ne s'ap-

pelle pas encore Georges. Il porte un prénom juif. Il est venu en France « pour suivre ses parents » à l'âge de sept ans. Hasard administratif ou signe des temps, une information capitale pour la biographie du jeune étudiant apparaît presque de façon secondaire au détour de considérations sur sa « situation de fortune » :

Situation de fortune

Que lui rapporte sa profession ? Élève à l'école des Mines, bourse mensuelle de 3 000 francs.
Quel est le montant de son loyer ? Habite chez ses parents.
S'engage-t-il à payer l'intégralité des droits du sceau [30 000 francs] pour la naturalisation, [15 000 francs] pour la réintégration ? Non.
Dans la négative, quelle somme offre-t-il ? 2 000 francs.
La somme offerte paraît-elle en rapport avec ses ressources ? Titres évoqués à l'appui de la remise sollicitée ? Déporté politique en 1944. Rapatrié en mai 1945.

Les traumatismes historiques sont choses toutes relatives ! Qu'un gamin de vingt ans ait été arrêté et déporté un

---

1. Il l'obtiendra en 1992 pour ses travaux sur la détection des particules ; il est à ce jour un des cinquante-cinq récipiendaires français du prix Nobel.

201

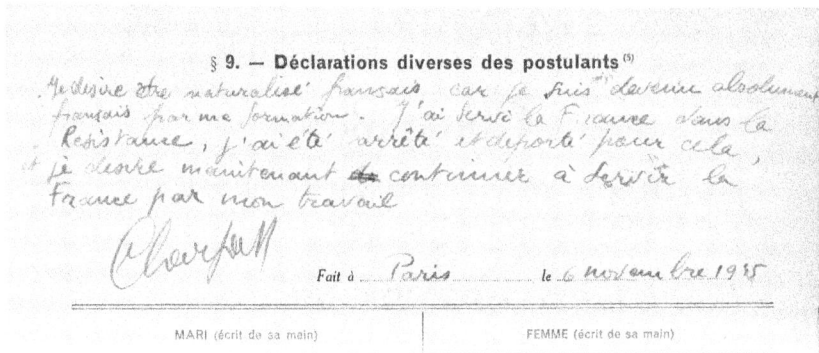

§ 9. — Déclarations diverses des postulants [5]

Je désire être naturalisé français car je suis devenu absolument français par ma formation. J'ai servi la France dans la Résistance, j'ai été arrêté et déporté pour cela, et je désire maintenant ~~de~~ continuer à servir la France par mon travail

Fait à Paris le 6 novembre 1945

MARI (écrit de sa main)   FEMME (écrit de sa main)

an n'émeut pas plus que ça le commissaire de police du 13ᵉ arrondissement de Paris. Celui-ci conclut d'ailleurs le dossier Charpak sans une allusion à la déportation mais sur ce qui semble importer en novembre 1945 : les taxes.

> Avis motivé tant sur la demande principale que sur la remise éventuelle des droits du sceau : avis favorable, assimilé bons renseignements, peut être taxé à 5 000 francs.

Mais les taxes ne sont pas tout. Comme toujours une enquête de police s'impose. D'autant que les sommiers judiciaires indiquent :

> Deux ans, 2 000 francs, Montpellier, (c) section spéciale 23 décembre 1943, activité communiste.

Le préfet de police de Paris se tourne vers son homologue de l'Hérault, le jeune Charpak ayant vécu à Montpellier à partir de 1942. Celui-ci lui répond en février 1946. Son rapport est très fourni. Il raconte ce que fut l'héroïsme ordinaire de ces lycéens qui, à l'heure des premières amours, s'engagèrent avec la fougue de leur jeunesse dans la Résistance :

> Charpak Hersz, de nationalité polonaise, est né le 1ᵉʳ août 1924 à Dabrowice (Pologne) de Mordko et de Anne Schapiron. Il est arrivé à Montpellier avec sa

mère le 1ᵉʳ octobre 1942. Célibataire, il était étudiant au lycée de Montpellier et domicilié 70, faubourg Figuerolles. Il suivait alors les cours de maths spéciales et fut ensuite reçu à l'école des Mines comme élève étranger.
Avant de venir à Montpellier, il était domicilié avec sa famille à Paris où son père exerçait la profession de voyageur de commerce. Le 15 juillet 1942 [la veille de la rafle du Vél' d'Hiv! *NDA*], celui-ci vint se réfugier à Nîmes afin d'échapper aux investigations de la Gestapo. Fin septembre sa femme et ses enfants vinrent à Montpellier où ils arrivèrent sous le nom d'emprunt de Charpentier.
L'intéressé était alors titulaire d'une fausse carte d'identité au nom de Charpentier Georges. Cette carte lui avait été établie à Paris en juillet 1942.
Son père fut incorporé dans un groupe de travailleurs étrangers et, après diverses mutations, se retrouva au 803ᵉ GTE à Beaucaire qu'il quitta clandestinement le 15 juin 1943 pour venir retrouver sa famille à Montpellier.
Étant donné ses sentiments antiallemands, l'intéressé fut contacté par les groupes de Résistance locaux. C'est ainsi qu'il entra en relation avec Mlle Tsitckiwily Élise, également de nationalité polonaise, étudiante au lycée de jeunes filles à Montpellier. Tous deux furent chargés de la distribution de tracts et brochures.
Le 10 août 1943 ils procédèrent à une diffusion de tracts édités par la Fédération des jeunesses communistes de France et invitant les jeunes gens à lutter

Extrait du formulaire de demande de naturalisation rempli par Georges Charpak.

202

contre le STO à l'école des Chantiers de jeunesse du Plan des quatre seigneurs. Seule, Mlle Tsitckiwily, remarquée par le nommé Leclerc, commissaire-adjoint à ladite école, fut appréhendée par celui-ci. Son domicile fut l'objet de perquisitions qui amenèrent la découverte de brochures et tracts divers.

Charpak vint alors se constituer prisonnier et fut incarcéré à son tour. Déféré devant la Cour spéciale, il fut condamné le 23 décembre 1943 à deux ans de prison et 2 000 francs d'amende pour menées communistes. L'intéressé aurait été, par la suite, déporté au camp de Dachau.

Aucune critique n'a été présentée en ce qui concerne la conduite et la moralité de l'intéressé pendant son séjour à Montpellier. Au lycée on le présentait comme un bon élève et il n'y fut l'objet d'aucune remarque défavorable.

En raison de ce qui précède, rien ne semble s'opposer à ce que la demande de l'intéressé soit prise en considération, sous réserve, toutefois, de renseignements favorables à recueillir d'autre part.

L'inspecteur Fuliana

Pourquoi Georges Charpentier-Charpak se constitua-t-il prisonnier ? À l'époque, les jeunes résistants sortaient souvent par couple. On s'embrassait sous les porches pour tromper la vigilance des policiers après avoir glissé dans la boîte aux lettres les papiers compromettants. Élise et Georges ont-ils distribué des tracts ensemble ? Était-elle le « partenaire » de résistance de Georges ? Ou plus qu'une camarade de clandestinité ? Qu'est-elle devenue d'ailleurs, la jeune Élise ? Le préfet parisien n'a pas ces interrogations. À la recherche de « renseignements favorables à recueillir d'autre part », il cherche à savoir si Charpak a bien été résistant. Il se tourne donc vers le gouvernement militaire de Paris, Iʳᵉ région militaire. Le commandant de la subdivision de Paris, le général Devaux, est interrogé. C'est lui qui peut attester de la véracité

de la résistance et donc du loyalisme de Charpak. Le 3 avril 1946, il remplit un formulaire pré-imprimé, signe que la demande est courante.

De l'examen des pièces communiquées, il ressort que l'intéressé a accompli les services militaires suivants :
– recrutement et n° matricule : néant ;
– engagé ou appelé le : néant ;
– guerre 1914-1918 : néant ;
– guerre 1939-1945 ; FFL : néant ;
– Titres de résistance, FFI : EV (engagé volontaire, *NDA*) dans les FFI en février 1943. Déporté à Dachau (août 1943 à mai 1945) (attestation jointe).
Blessures, citations, décorations, réforme : un témoignage de satisfaction. En conséquence, je transmets <u>sans objection</u> la demande de naturalisation formulée par M. Charpak Georges.

En ces temps d'épuration, pouvoir prouver que l'on a été résistant et/ou déporté est essentiel. L'administration républicaine se remet en place après la Libération. Les attestations jointes nous surprennent : elles datent de ces temps où les photocopieuses n'existaient pas. Elles ont été recopiées à la main, sur du papier quadrillé, avec le souci de conserver la mise en page initiale puis certifiées conformes aux originales par le commissaire de police.

Honneur et patrie
Témoignage de satisfaction à l'ordre de la XVIᵉ région
Le général de brigade Henri Zeller, commandant de la XVIᵉ région militaire, exprime sa satisfaction à
volontaire Charpak Georges
pour sa belle action pendant la période de guerre clandestine et de libération du territoire national
activité soutenue en faveur de la Résistance
attitude noble et résolue face à l'ennemi.
Montpellier, le 17 octobre 1945,
signé H. Zeller
cachet XVIᵉ région militaire.

203

Pour garantir le statut d'ancien résistant, que quiconque ne puisse s'en prévaloir indûment, le gouvernement français a créé un instrument administratif. Dans chaque région, des commissions locales statuent avant d'être infirmées ou confirmées par une commission nationale. Dans le cas du jeune Charpak, c'est la commission de la XVIᵉ région militaire qui est compétente en première instance :

> XVIᵉ région militaire
> ÉTAT-MAJOR
> NOTIFICATION
> En vertu des pouvoirs qui lui sont conférés par la dépêche ministérielle 634 EFI I/P du 15 novembre 1944, la commission régionale de l'homologation des grades obtenus à titre FFI de la région de Montpellier a statué pour le maintien dans le grade fictif de capitaine
> en faveur de M.
> Nom : Charpak Prénom : Hersz
> Pseudo dans les FFI : Charpentier
> né le 1ᵉʳ août 1924 à Dabrovica (Pologne)
> demeurant à Paris 13ᵉ 85, boulevard du Port-Royal
> affecté à
> homologation à dater du 1ᵉʳ mai 1945.
> L'homologation définitive du grade FFI étant soumise à la commission nationale, puis prononcée par le ministre de la Guerre, la présente notification ne correspond qu'à un titre provisoire d'homologation.
> Fait à Montpellier,
> le 17 septembre 1945,
> pour la commission régionale d'homologation,
> le commandant Puget, président.

Où l'on voit que le recensement, la désignation, l'homologation officielle sont un des piliers de la vie moderne. Très vite après la libération par les armes se joue la reprise en main de l'État par celle de l'administration. Un autre document atteste de la déportation de Charpak :

> Ministère des Prisonniers,
> Déportés et Réfugiés
> Direction de la captivité
> Sous-direction des fichiers statistiques
>
> CERTIFICAT
> Le chef du bureau des fichiers des internés déportés politiques certifie, d'après des documents que possède son service, que M. Charpak Georges, né le 1ᵉʳ août 1924 à Pologne, a été DÉPORTÉ POLITIQUE à Dachau
> du 10 août 1943 au 11 mai 1945.
> Le présent certificat a été délivré pour faire valoir ce que de droit.
> Paris, le 6 novembre 1945
> (signature et cachet)

Le dossier s'étoffe encore à l'été 1946. Le 1ᵉʳ août, c'est aussi sur une page de cahier d'écolier que G. Charpak écrit.

> Paris, 1ᵉʳ août
> Monsieur le directeur,
> Je me permets de vous envoyer, afin qu'elle soit jointe à mon dossier, la copie de la décoration qui vient de m'être décernée pour mon activité pendant l'Occupation. Et vous prie d'agréer, monsieur le directeur, l'expression de ma respectueuse considération.
> Charpak Hersz-Georges

Voici la copie en question :

> Ministère de l'Intérieur
> Bureau central du personnel
> Distinctions honorifiques
>
> Paris, le 26 juin 1946
> Le ministre de l'Intérieur
> à M. Charpak (Hertz-Georges) étudiant, boulevard du Port-Royal, 85, à Paris.
>
> J'ai l'honneur de vous faire connaître que par décret en date du 14 juin 1946 rendu sur ma proposition, le gouvernement de la République française vient de vous décerner la médaille d'argent de la Reconnaissance française.
> Je suis heureux de vous transmettre ce témoignage de haute estime.
> Signé André Le Troquer.

L'affaire suit son cours. Un cours trop tranquille, bien trop tranquille

Certificat de déporté politique à Dachau. Charpak était prisonnier à Dachau entre 1943 et 1945.

Ministère
des
PRISONNIERS, DÉPORTÉS
ET RÉFUGIÉS.

DIRECTION de la CAPTIVITÉ

Sous Direction
des FICHIERS & STATISTIQUES

44,272

Modèle A.

REPUBLIQUE FRANÇAISE

4752×46

CERTIFICAT.

Le Chef du bureau des Fichiers des Internés déportés Politiques
certifie, d'après des documents que possède son service que

Monsieur CHARPAK Georges, né le 1.8.1924
à POLOGNE, a été DEPORTÉ POLITIQUE
à DACHAU
du 10 août 1943 au 11 Mai 1945.

Le présent certificat a été délivré pour valoir ce que de droit

Paris le 6. 11. 1945

NOM et ADRESSE
de l'intéressé

Monsieur Charpak
35 B⁴ du Port Royal
Paris 13ᵉ

Pour le sous Directeur des
Fichiers et STATISTIQUES
le chef de l'accueil.

Signé Wildbla.

Cachet du
ministère.

Certifié conforme à l'original
qui nous a été remis
Paris, le... 15 NOV 1945
Le Commissaire de Police.

pour l'étudiant impatient qu'est devenu Georges Charpak. Il a passé des mois entiers en enfer, à Dachau, chaque jour compte désormais. Et la lenteur administrative, mâtinée d'arbitraire, est difficile à supporter.

Paris, 7 octobre 1946
Monsieur le directeur,

J'ai l'honneur de vous demander de m'accorder audience afin de vous exposer mon cas. J'ai déposé il y a plus d'une année une demande de naturalisation, différentes circonstances favorables me faisaient espérer une solution rapide : résistant, décoré, déporté et surtout élève à l'École nationale supérieure des mines de Paris dont je sors ingénieur des Mines dans dix-huit mois ; à ce titre donc je bénéficie des dispositions spéciales relatives à la naturalisation des étrangers travaillant dans la profession minière.
Sur recommandation de la direction de l'école des Mines et du ministère de la Production industrielle, je fus reçu en juin 1946 par M. Hubert qui me dit prendre mon dossier en main, et le faire bénéficier des dispositions sus-nommées ; c'est pourquoi grand fut mon étonnement, après plusieurs mois, en voyant des personnes de ma connaissance, commerçants, et ne bénéficiant à aucun titre de circonstances favorables, ayant déposé leur demande six mois après moi, être naturalisés ; je me suis permis d'aller m'informer de mon dossier à vos services où l'on constata, après recherches, qu'il n'était ni classé chez eux ni en instance de décret.
Je commence la seconde année à l'école des Mines dans quinze jours, année que je pensais faire en tant que Français, ce qui eût beaucoup simplifié et clarifié ma situation et m'inquiète donc à juste titre de la rigueur spéciale qui frappe mon dossier.
Avec l'espoir que vous prendrez mon cas en considération et m'accorderez audience, je vous prie d'agréer, monsieur le directeur, l'expression de ma respectueuse considération.

Charpak

Je signale aussi le dossier de ma famille, dont mon frère, âgé de dix-huit ans, également en instance dans vos services.

Il est entendu : une semaine après, le 12 octobre, le ministre de la Santé publique et de la Population en charge des naturalisations écrit au préfet de police :

Mon attention est appelée sur une demande de naturalisation présentée par M. Georges Hersz Charpak [...]
Je vous prie de me faire connaître l'état de cette affaire et d'en activer l'instruction.

Avant la fin de l'année 1946, ce sera chose faite : Georges Charpak pourra tranquillement désormais « servir la France » par son travail. Et quarante-six ans plus tard, recevoir, comme scientifique français, un prix Nobel.

À l'heure où nous écrivons ces lignes, Georges Charpak est un vieil homme qui se dit « épuisé » et « en sursis ». Nous aurions aimé le rencontrer pour évoquer avec lui ces années de jeunesse et d'apprentissage. Pour qu'il nous parle de « sa » France. Il ne l'a pas souhaité. Lors d'un premier échange téléphonique, il s'est même fait bougon : à quoi bon ressasser le passé, il avait, nous disait-il un peu véhément, « le monde à changer » ! Pas question en tout cas de publier des pièces de son dossier. Puis il a rappelé, plusieurs fois. Il avait parlé de notre projet avec ses enfants. Ceux-ci l'avaient « engueulé » de ne pas vouloir s'y associer. Il en convenait finalement : il n'était pas inutile, en ces temps d'identification nationale exacerbée, de rappeler que la France était aussi faite de gens comme lui, polonais, juif et communiste. Il comprenait notre souci de vouloir faire connaître ce patrimoine.

[1947]
Joseph Minc,
le résistant communiste

« *Loyalisme : tous ses parents ont été tués par les Allemands* »

Cet homme-là a vu le siècle. Joseph Minc a connu la Première Guerre, la révolution russe, la Seconde Guerre, la Résistance… Le père d'Alain Minc, le faiseur de rois du CAC 40, nous a reçues au printemps 2010 dans l'appartement parisien où il vit depuis la Libération. C'est un monsieur de cent trois ans toujours très actif, qui se promène une heure par jour dans Paris et doté d'une mémoire phénoménale. Il a scruté, attentif, le dossier de naturalisation, son dossier, que nous avons exhumé des archives. Juste après la Libération, il a sollicité la naturalisation française. Après s'être caché pendant cinq ans parce qu'il était juif. Et échappé *in extremis* à la rafle du Vél' d'Hiv : deux jours avant, le 16 juillet 1942, hasard incroyable, Joseph et sa femme avaient décidé de changer encore d'adresse. Le jour de la rafle, des amis l'ont prévenu que des policiers étaient venus les demander dans leur ancien logis. Téméraire

Joseph Minc
et sa femme Lisa
en 1947.

ou peut-être inconscient, Joseph Minc a pris le métro, direction le Vél' d'Hiv.

«C'était le métro aérien. D'en haut, j'ai vu les bus de femmes et d'enfants, qu'on poussait dans le stade. J'avais mes faux papiers, où je me prénommais Joseph Mine, j'avais fait rajouter une barre au C. Est-ce que j'avais peur ? Je ne crois pas, je voulais voir. Vous savez, je n'ai jamais voulu mettre l'étoile jaune, cette saleté. Pendant toute la guerre, je prenais le métro, je me déplaçais librement, je travaillais, je distribuais des tracts clandestinement car j'étais dans la Résistance avec la MOI, j'ai échappé à beaucoup d'arrestations. Je suis resté un homme libre[1]. »

La France, donc. Car, plus que jamais, sa patrie est ici. À Brest Litovsk, où Joseph Minc est né, il n'y a de toute façon plus personne. « Ma femme voulait retourner en Pologne une fois, au moins. Pas moi. Pour voir quoi, au juste ? Tout a été détruit. Tout ce que nous avons connu

---

1. Entretien avec une des auteures.

est mort. Il y avait quarante mille Juifs dans la communauté. Après la Seconde Guerre il ne restait plus que six familles. » Toute la famille, son père, ses frères, ses sœurs…, a péri pendant la Shoah. Seul survivant, l'oncle Chaïm, qui avait émigré en Palestine avant guerre. « Quand j'ai repris contact avec sa famille, ils ont insisté pour que je vienne m'installer en Israël. Mais, moi, je me sentais français. » Et puis il n'a jamais été nostalgique de son pays, Joseph. « L'antisémitisme était très fort là-bas. Quand on sortait du quartier, on nous insultait, on nous jetait des pierres, on lâchait les chiens. Regretter Brest-Litovsk ? Mais pourquoi donc ? Si j'étais resté là-bas, j'aurais été exterminé. »

À la fin de la guerre, Joseph Minc entreprend donc des démarches pour devenir français. Et enfin avoir de vrais papiers. Dans son dossier, plusieurs pièces plaident en sa faveur. Son certificat de résistance stipule qu'il a participé « de façon très active à la Résistance de novembre 1940 à la Libération ». La préfecture de police rappelle :

Joseph Minc est venu en France en 1931. De juin 1942 à août 1944 il a quitté ce domicile et a vécu clandestinement, sans quitter Paris, pour se soustraire aux mesures antisémites. Fait prisonnier le 18 juin 1940 il a été libéré du camp de prisonnier de Belfort le 26 septembre 1940. Justifie de sa participation au mouvement de la Résistance.

Quelques mois, et tout a basculé. Le « loyalisme envers la France », selon le terme consacré, a changé de bord. Le « bon Français » n'est désormais plus le collaborateur, mais le résistant. On a oublié qu'il y a encore peu, ces derniers étaient des « terroristes », des membres de « l'armée du crime », comme Vichy

avaient surnommé les résistants. Joseph connaît bien cette « armée du crime » : ce sont ses compagnons communistes et combattants clandestins qui constituent sa vraie famille. De cette grande tribu, la plupart ne sont pas sortis vivants. Son ami Joseph Epstein, alias colonel Gilles, juif polonais, l'un des chefs de la Résistance, a été fusillé au mont Valérien deux mois après les membres du groupe Manouchian[2]. Après guerre, ces derniers ne sont plus considérés comme « terroristes », mais comme des « héros » posthumes.

Un changement de cap qu'on distingue dans quelques petites lignes, rajoutées dans le dossier de naturalisation que remplissent tous les postulants. Auparavant, on demandait quelles avaient été les occupations et l'attitude des candidats pendant la guerre de 1914-1918 et la guerre de 1939-1940. On a rajouté désormais un troisième item : *quid* de « l'attitude pendant l'occupation allemande » ? De même à la question « Son loyalisme est-il assuré ? ». Une mention en italique rajoute « Précisez le cas échéant les preuves qu'il en a données, notamment pendant la Résistance ». Avec son pedigree, Joseph Minc est le candidat idéal. Impressionné, le fonctionnaire a à nouveau griffonné dans les observations : « S'est engagé volontairement en 1939, a été prisonnier. Puis a fait de la résistance pendant l'occupation allemande » et, certificat ultime de patriotisme : « Tous ses parents ont été tués par les Allemands. »

---

2. C'est lors d'une rencontre avec Joseph Epstein que Missak Manouchian, filé par la police, va être arrêté. Epstein tombera lui aussi peu après. *Cf. La Traque de l'affiche rouge*, le documentaire de Denis Peschansky.

CENTRE D'ACTION ET DE DEFENSE DES IMMIGRES (C.A.D.I.)
Mouvement de Résistance reconnu par le C.N.R.
Président: M. Justin GODARD   20700 K46

116, rue Réaumur, 116
PARIS 2°

Tél: CEN: 94-18
          94-26

Paris, le 13 Juin 1946

A T T E S T A T I O N

Le Centre d'Action et de Défense des Immigrés
(C.A.D.I.) reconnu Mouvement de Résistance par le CONSEIL
NATIONAL DE LA RESISTANCE certifie que

Monsieur Joseph MINC

a participé d'une façon très active à la Résistance depuis
Novembre 1940 jusqu'à la Libération.

Le Secrétariat Général:

S. KOWALSKI

(Signature et Cachet)

Joseph Minc joint à sa demande (en bas) un certificat de résistance (à gauche).

P - 44158
20700 K46

Monsieur le Préfet

Je soussigné Minc Joseph demeurant 31 rue de Cléry à Paris 2ème de nationalité Polonaise, ai l'honneur de solliciter de votre haute bienveillance la nationalité Française pour moi ainsi que pour ma femme.

Veuillez recevoir Monsieur le Préfet l'assurance de ma haute considération.

Joseph Minc

JOSEPH MINC
31 rue de Cléry
PARIS 2

Je me joins à la demande de mon mari.

Liza Minc

Pourtant, les conservatismes et les lobbies ont la vie dure. Joseph Minc a encore quelque chose à se faire pardonner. Il est dentiste. Comme les médecins et les avocats, les dentistes font partie des professions jalousement défendues par le *numerus clausus*. Comme tous les étudiants étrangers, Minc a obtenu un diplôme d'université mais non un diplôme d'état, réservé aux Français: il n'avait donc pas le droit d'exercer son métier en France sauf à contourner la loi. Bref, bien qu'il ait été pourchassé en tant que juif, bien qu'il soit l'un des petits soldats de la Résistance, son dossier doit d'abord être soumis… à la commission de santé publique. Et là, c'est la douche froide. Le syndicat pro-fessionnel des prothésistes répond d'un sec: « Joseph Minc n'est pas membre de notre syndicat, nous ne le connaissons pas, il nous est donc impossible de fournir des renseignements sur son compte. »

Plus fielleusement, le Conseil de l'ordre enfonce le clou.

Joseph Minc n'a qu'un diplôme d'université obtenu à Bordeaux en 1940. Il est donc inconnu d'un point de vue déonto-

209

logique et professionnel puisqu'il n'a pas pu travailler jusqu'à cette date en tant que prothésiste. Au cours de sa séance du 24 octobre 1943, le Conseil a estimé qu'il ne pouvait donner d'avis quant à cette demande de naturalisation puisque de toute façon les titres de M. Minc sont insuffisants pour exercer l'art dentaire.

La demande du résistant est ajournée. À quasi quarante ans, Joseph Minc va devoir se replonger dans les livres de chirurgie dentaire. Il prend un professeur particulier de français : « Malheureusement, je n'ai jamais réussi à perdre mon accent. Moi, j'ai appris le français en lisant le journal *L'Humanité*, j'écrivais mieux que je ne parlais. » Joseph Minc obtient le diplôme d'État, enfin, en décembre 1947. Il écrit à nouveau à la chancellerie : « Ayant subi avec succès l'examen de culture générale, j'ai l'honneur de renouveler ma demande de naturalisation. » Qui aboutit le 28 février 1948. Affaire close ? En 1954, le dossier de Joseph Minc est rouvert. Un mystérieux « bulletin de recherche » a été agrafé au dossier. L'en-tête : « direction de la Sûreté nationale, ministère de l'Intérieur ». L'objet : « demande renseignements ». Un nom est griffonné : inspecteur Richaud. Service du CC (commissariat central). Plus la mention « renseignements généraux ». Joseph Minc avait-il sa fiche RG ? On imagine que c'est son engagement au parti communiste qui le rend suspect. Énième balancement de l'histoire : en 1954, en pleine Guerre froide, le militant PC ancien résistant n'a plus aussi bonne image. Et Minc peut se féliciter d'être déjà français : en 1954, la naturalisation lui serait certainement passée sous le nez. Joseph Minc n'est jamais retourné à Brest Litovsk. La dernière image qu'il en garde, c'est celle du 28 septembre 1931 où, avec sa petite valise, il a pris le train. Il avait hâte de découvrir la patrie d'Anatole France. C'était une belle journée.

Ce qu'en dit Alain Minc, fils de Joseph Minc.

La première fois que j'ai vu le décret de naturalisation de mes parents, c'était en 2002. Je devais refaire ma carte d'identité et j'étais stupéfait qu'on me demande des comptes, alors que je suis né en France. Moi qui croyais au droit du sol ! C'est d'autant plus ironique que j'ai été major de l'ÉNA, fonctionnaire, bref, forcément français… En tout cas, je ne me suis jamais vraiment senti fils d'immigrés. En revanche, on a souligné mes origines juives deux fois, l'une quand j'ai intégré Science Po, l'autre quand j'ai été nommé au directoire du *Monde* : Hubert Beuve-Mery m'a dit que c'était la première fois qu'il y avait quelqu'un d'origine juive. Pourtant, cela ne veut pas dire grand-chose pour moi. La culture, la religion juive ne me passionnent pas. L'histoire, la Résistance, oui. J'ai juste appris l'allemand, très proche du yiddish : cela m'agaçait que mes parents parlent ensemble en yiddish et de ne rien comprendre. Je suis un pur produit du système d'intégration à la française. Aujourd'hui, ce qui me distingue finalement le plus de mes pairs n'est pas tellement que mes parents aient été des immigrés. Mais plutôt qu'ils aient été communistes.

[1947]

Mamigon Aznavourian, l'Arménien résistant

« Assimilation incomplète »

À quatre-vingt-cinq ans, il se rappelle encore les queues interminables devant le guichet de la préfecture. Charles Aznavour était un titi parisien, il parlait le français bien mieux que son père, alors c'était lui qui allait renouveler les titres de séjour. « On avait nos passeports d'apatrides. Les passeports Nansen[1]. Du nom de ce Scandinave, un grand monsieur celui-là, l'un des seuls qui s'est intéressé au sort des étrangers comme nous[2]! » Les Aznavourian venaient d'Arménie. Arménien: ça ne rentrait pas dans les cases des formulaires. Les fonctionnaires râlaient, pestaient, soupiraient. Regardaient de haut ces immigrés qui n'étaient même pas fichus de donner une nationalité une bonne fois pour toutes. C'est compliqué de venir d'un pays qui n'existe plus que dans les cœurs et a été

Knar Bagdassarian, épouse Mischa Aznavourian, jeune comédienne et journaliste en Turquie.

rayé des cartes d'état-major. « Je me rappelle ces échanges surréalistes. – Vous êtes quoi, vous, madame? – Église catholique d'Arménie. – Hein, quoi? C'est quoi ça? Bon, on va mettre turc. Quelquefois, ils mettaient russe. Moi, je leur criais dessus. Les Arméniens ont trois mille ans de plus que les Russes! »

De cette histoire, douloureuse, les parents Aznavourian ne parlaient presque pas. Mais il y a des non-dits qui pèsent plus lourd que tous les longs discours. « Ils ne pouvaient même pas se permettre d'être nostalgiques. Être nostalgiques de quoi? D'un pays où il n'avaient plus le droit de vivre? » Quand en 1924 les Aznavourian débarquent en France, ils sont en effet des rescapés. Knar, la mère de Charles, a perdu à quinze ans toute sa famille dans le génocide arménien, son père, sa mère, ses deux sœurs, son frère. Seule sa grand-mère a survécu. Les deux femmes ont réchappé au massacre par miracle. Entre 1915 et 1916, plus d'un million d'Arméniens sont morts déportés ou tués en Turquie. La

---

1. Cet ex-explorateur norvégien a fondé le comité Nansen, en 1920, qui sauvera quatre cent cinquante mille réfugiés pour la plupart fuyant la Russie soviétique. Le 1er septembre 1921, il devient le premier « haut-commissaire pour les réfugiés » de la SDN. Il crée un passeport pour ces réfugiés apatrides : le passeport Nansen.

2. Entretien avec l'une des auteures.

population a été décimée aux deux-tiers. Knar et sa grand-mère étaient en visite à Istanbul, l'une des seules villes – relativement – épargnées par la fureur meurtrière : il fallait faire bonne figure auprès des ambassades étrangères. Knar est comédienne, issue d'une famille d'intellectuels. Elle rencontre un jeune garçon, chanteur. Il a beaucoup de prestance, une voix de baryton chaleureuse et un rire sonore. Mamigon a quitté son Caucase natal pour aller trouver du travail à Istanbul. Mauvaise pioche. Bientôt, la ville devient irrespirable. Knar et Mamigon se marient en hâte, puis fuient, avec la grand-mère. Impossible d'attraper l'un de ces bateaux français qui patrouillent au large des côtes d'Istanbul, bien que la France soit théoriquement une amie de l'Arménie. Ils réussissent par miracle à monter dans un bateau italien, grâce au passeport russe de Mamigon : une Arménienne riche est à bord du bateau, généreuse, elle s'est offert de payer la traversée à tous ses compatriotes exilés. Le bateau file à Salonique. L'étape durera un an. Knar tombe enceinte, accouche de sa fille Aïda. Mais les Aznavourian veulent

partir plus loin. Aux États-Unis. Il faut d'abord passer par la France. Ils trouvent place dans un autre cargo qui met le cap vers l'Europe. Sept jours de traversée direction Marseille, puis Paris. La mer est dangereuse, les pirates s'attaquent souvent aux bateaux sur ce trajet. Knar serre les dents, elle est à nouveau enceinte, endure les nausées des premiers mois. Ils arrivent enfin à Marseille, puis à Paris le 9 octobre 1923. Une date gravée dans le marbre. Quelques mois plus tard, Knar donne naissance à son cadet, Charles.

Le Rêve américain s'évanouit vite. Il n'y a plus de visa : le quota « arménien » est plein depuis longtemps. Ce sera donc Paris. Mamigon chante toujours. Knar est toujours comédienne. Mais il faut vivre. Et il est difficile de faire carrière en arménien, quand on habite la France. Alors Knar se met à la couture. Et Mamigon à la cuisine. Son père a réussi également à rejoindre Paris, Dieu sait comment. Le père et le fils tiennent un restaurant rue Champollion. Mamigon, trente ans, y chante le soir pour réchauffer le cœur des exilés, tout en tenant les fourneaux. Il aime Paris.

Les parents de Charles Aznavour, Mamigon et Knar Aznavourian, en 1947.

PRÉFECTURE DE POLICE

Circulaire ministérielle du 5 février 1945

NATURALISATION
RÉINTÉGRATION

PHOTOGRAPHIES (1)

Nom, Prénoms : AZNAOURIAN Mamidos

Date et lieu de naissance : né le 26 Mai 1897 à athhatzich Irani

Nom, Prénoms : PAPAZIAN Knar

Date et lieu de naissance : à Ismick Turquie en 1900

C'est un bon vivant, il aime sortir, recevoir des amis, chanter, aller au théâtre. À Paris, la vie artistique est trépidante. Et on n'est pas du genre à se plaindre, dans la communauté. C'est ici qu'ils feront leur vie, les Aznavourian en sont certains.

Pour preuve, dès 1926, alors que Charles a seulement deux ans, ils décident d'effectuer une déclaration auprès du juge de paix pour que leur petit dernier ait la nationalité française. Elle lui est octroyée automatiquement, il est né en France, une chance. Tout naturellement, en janvier 1928, ils veulent également régulariser la situation du reste de la famille. Les voilà à nouveau devant le commissariat de police à expliquer ce qu'est un Arménien. Le voisin qui habite à l'étage du haut, rue Monsieur-le-Prince, arménien également, s'est fait une spécialité d'aider ses compatriotes à remplir les papiers. Il conseille les parents Aznavourian. Mamigon est déclaré russe. Il devient indifféremment Mamigon, Mamikon, Mamilon. Aznavourian, Aznaourian, Aznaorian au gré des humeurs orthographiques des guichetiers. Même flou artistique pour Knar. Une main a écrit « Turquie ». Puis barré pour « Asie Mineure ». Knar n'a même pas pu récupérer son vrai patronyme. Au guichet, Mamigon, ne se rappelant plus son nom de jeune fille, a pris le premier nom qui lui passait par la tête. Papazian, donc, et non Bagdassarian. Knar a pleuré : « Tu assassines pour la deuxième fois mes parents. » C'était trop tard, « Papazian », ce nom inconnu, était inscrit dans le dossier. La jeune femme, resca

Le père de Charles Aznavour, avec dans ses bras sa sœur « en exil » à Salonique (Grèce).

pée du massacre, était désormais Knar Aznavourian, née Papazian, turque. Autre problème, les Aznavourian n'avaient plus aucun papier, plus aucun document, rien. Mamigon a eu beau expliquer au fonctionnaire qu'il avait « servi dans la légion arménienne dans le Caucase », peine perdue. Le fonctionnaire a rajouté un lapidaire : « N'a aucune pièce pour le prouver. »

Qu'elle est cruelle, parfois, cette administration qui veut réduire les êtres à une identité de papiers, les faire rentrer de force dans des cases ou des listes ! Mamigon s'est incliné. Il était arménien ? Il se dirait russe. Il est chanteur et musicien avant tout ? Il s'enregistre comme « restaurateur ». Sur le dossier de naturalisation la mention « artiste dramatique » a été rayée pour être remplacée par le métier qui assure sa subsistance. Même si sa passion, c'est la musique. À la maison, Mamigon passe son temps à jouer du tar, du kamentche, ou du deff, les instruments traditionnels arméniens, pendant qu'Aïda et Knar l'accompagnent au piano. « Papa chantait, c'était son métier. Je me rappelle qu'il chantait souvent en fermant les yeux, c'est une chose que j'ai gardée de lui. Sa spécialité ? Les chansons du poète troubadour Sayat Nova. S'il avait possédé la langue, il aurait pu faire carrière avec sa belle voix de baryton […] Il a renoncé à ses penchants bohèmes pour subvenir aux besoins de ses enfants[3]. » Charles et Aïda ont été inscrits à une école du spectacle à Paris. À l'âge où on perd ses dents de lait, ils ont commencé à courir le cachet.

Trop poète, trop brouillon, trop oriental : Mamigon ne sait pas bien

---

3. *À voix basse*, Charles Aznavour, éditions Don Quichotte, 2009.

jouer au « bon citoyen » devant les gardiens de l'identité nationale. Le commissaire de police conclut le dossier de façon abrupte. « La demande du sieur Aznavourian paraît prématurée. S'exprime difficilement en français. Ses sentiments sont peu connus. »

La préfecture de police n'est pas plus amène.

Je vous propose d'ajourner à deux ans l'examen de la demande de naturalisation du postulant qui parle mal notre langue.

L'affaire est entendue. Le bureau du sceau tranche :

Affaire Aznavourian
Proposition motivée du rédacteur : Restaurateur russe âgé de trente et un ans en France depuis quatre ans. Ne peut justifier d'aucun service pendant la guerre. Marié en 1921 avec une Arménienne. Une fille mineure, un fils français par déclaration du 23 novembre 1926. Pas de condamnation. Le commissaire de police et le préfet signalent que le postulant parle mal le français. Dans ces conditions, proposition d'ajourner.

Décision du chef de service
Le postulant, russe, est trop peu connu. Par ailleurs, assimilation insuffisante. Motif ajournement.

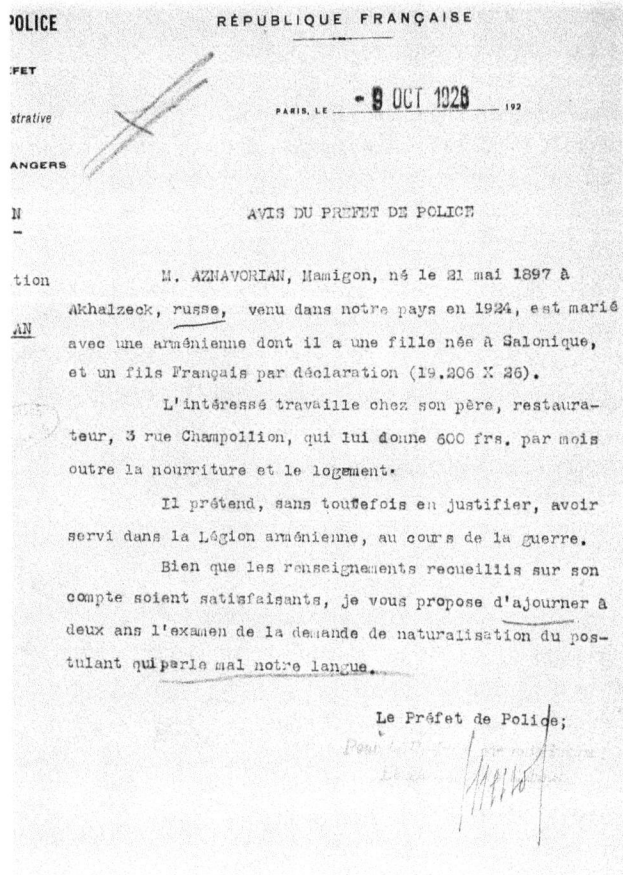

RÉPUBLIQUE FRANÇAISE

PARIS, LE - 9 OCT 1928 192

AVIS DU PRÉFET DE POLICE

M. AZNAVORIAN, Mamigon, né le 21 mai 1897 à Akhalzeck, russe, venu dans notre pays en 1924, est marié avec une arménienne dont il a une fille née à Salonique, et un fils Français par déclaration (19.206 X 26).

L'intéressé travaille chez son père, restaurateur, 3 rue Champollion, qui lui donne 600 frs. par mois outre la nourriture et le logement.

Il prétend, sans toutefois en justifier, avoir servi dans la Légion arménienne, au cours de la guerre.

Bien que les renseignements recueillis sur son compte soient satisfaisants, je vous propose d'ajourner à deux ans l'examen de la demande de naturalisation du postulant qui parle mal notre langue.

Le Préfet de Police ;

Avis du préfet de police qui suggère d'ajourner la demande du père de Charles Aznavour car le postulant « parle mal notre langue ».

Pas de naturalisation donc pour les Aznavourian. Quand éclate la guerre, en 1939, Mamigon n'est pas français. Il n'est donc pas mobilisé. Pourtant il s'engage, comme une évidence. Et part au front. La famille reste seule à Paris. Les enfants ont grandi. Aïda a dix-sept ans, Charles, seize ans. Ils font bouillir la marmite, grâce aux cachets qu'ils ramènent à la maison, ce sont les premières vraies scènes, les premiers contrats. Maman fait de la couture le soir. Sa machine à coudre Singer ronronne dans le salon. Mami-

gon est démobilisé en septembre 1940. Il est heureux de retrouver sa famille, mais la capitulation lui laisse un goût amer. Les Aznavourian restent à Paris. Un Paris désormais aux couleurs du IIIe Reich. Ils ont encore déménagé et sont désormais rue Navarin dans le 9e arrondissement. À la maison viennent très souvent Missak Manouchian et sa femme Mélinée, deux amis proches qu'ils ont connus aux JAF (Jeunesses arméniennes de France). Missak Manouchian apprend les échecs à Charles. Le jeune garçon ne sait pas à l'époque que derrière le jeune poète doux et rêveur se cache l'un des chefs des FTP-MOI (Francs-tireurs partisans, Main d'œuvre immigrée), l'un des réseaux les plus actifs de la Résistance, constitué d'étrangers. Les Aznavourian sont eux aussi engagés dans ce mouvement. Ils aident des Arméniens enrôlés de force dans l'armée allemande à passer dans le maquis en leur confectionnant des faux papiers. Ils cachent trois Juifs dans l'appartement. « Moi, j'aidais comme je pouvais. J'étais chargé de faire disparaître les uniformes allemands des Arméniens enrôlés qu'on faisait fuir », se souvient Charles Aznavour. « Je me rappelle une paire de bottes, si belles. J'adore les chaussures et je ne me suis pas résolu à les brûler alors que c'était dangereux de les garder à la maison. Je me disais que les porterais après la guerre. » Quand Missak Manouchian est arrêté et fusillé au mont Valérien avec tous les autres résistants, dont les visages seront placardés dans tout Paris dans l'ignominieuse *Affiche rouge*, chef-d'œuvre de propagande vichyste, Mélinée, sa veuve, se réfugie chez les Aznavourian. Ils échapperont à la vigilance des brigades spéciales de la préfecture de police.

1945 : c'est la Libération. Les Aznavourian retentent leur chance. Le 25 juin 1945, ils adressent une nouvelle lettre au bureau des naturalisations.

Monsieur le ministre,

J'ai l'honneur de solliciter de votre haute bienveillance ma naturalisation française et celle de ma femme. Nous sommes arméniens d'origine et de nationalité russe. Notre fils Charles Aznavourian est français et vient d'être appelé sous les drapeaux. Je me suis engagé volontaire dans l'armée française pour la durée de la guerre le 16 avril 1940. Pendant l'occupation allemande, j'étais dans la Résistance au Front national arménien dont je possède l'attestation.

La nationalité est toujours russe. Mamigon, de restaurateur, est devenu « aide-cuisinier ». Avant guerre, il avait sa propre affaire. Mais son associé est parti avec la caisse. Il a fallu repartir de zéro. Et travailler là où il pouvait s'employer. Désormais, ce sont ses deux enfants, Aïda et Charles, qui déclarent « profession artiste ».

Malheureusement, Mamigon n'a pas fait de francs progrès en français.

Degré d'assimilation : lit et parle assez difficilement notre langue.

Ce qui peut le sauver en revanche, ce sont justement les événements qui se sont passés pendant la guerre :

Son loyalisme paraît-il assuré ? Préciser le cas échéant les preuves qu'il en a données notamment dans la Résistance : a appartenu au Front national arménien.

Hélas, le Front national arménien n'est pas suffisamment évocateur pour le commissaire de police. Qui conclut le 16 juillet 1945 :

Demande sans intérêt au point de vue national en raison de l'âge des postulants. Pas d'enfants mineurs.

Traduction : Charles est le seul intéressant d'un point de vue naturalisation puisqu'il est apte au service militaire, mais il est déjà français. Ses parents, en revanche, ne sont pour le bureau du sceau que deux « vieux » Arméniens, de quarante-huit ans pour l'homme et quarante-cinq ans pour la femme... En 1945, l'objectif est plus que jamais de repeupler la France avec de bonnes familles, capables d'apporter ces « douze millions de beaux bébés qu'il faut à la France » sur les dix prochaines années, comme l'a dit de Gaulle. Mamigon est trop âgé pour ce rôle.

La demande des Aznavourian traîne. Heureusement pour eux, l'enquête de la préfecture leur est plus favorable. Elle permet de se faire une idée de la situation de la famille après guerre et des débuts professionnels de Charles qui commence à percer sur scène.

> Aznaourian Mamigon,
> réfugié russe, a deux enfants.
>
> Aïda, née le 31 décembre 1922 à Salonique, réfugiée russe, titulaire d'une CI (sans profession)[4]. Chanteuse de cabaret, elle est actuellement sans engagement.
> Charles, né le 22 mai 1923 à Paris 6e, de nationalité française par déclaration, marié à une Française, qui, artiste, fait actuellement partie de la troupe des Compagnons de la chanson.
> Arrivé en France en 1923, l'intéressé est domicilié depuis janvier 1940, 22, rue Navarin, 9e, où il occupe avec sa famille un appartement au loyer annuel de 4 200 francs.
> Aznaourian est titulaire d'une CI (travailleur) et valable jusqu'au 11 juin 1948 au titre d'aide-cuisinier.
> Depuis janvier dernier, il est employé à ce titre au restaurant Orient, 17, rue Lamartine, où il gagne 9000 francs par mois.
> Sa femme titulaire d'une CI (sans profession) n'exerce aucune profession salariée.
> Aznaourian bien qu'étant en France depuis vingt-quatre ans ne s'exprime qu'avec difficulté dans notre langue. Son assimilation laisse beaucoup à désirer. Par contre, sa femme et ses enfants parlent couramment le français, sans accent. Ayant contracté un engagement volontaire le 16 avril 1940, l'intéressé a été incorporé le 17 avril 1940 dans un bataillon de marche de Volontaires étrangers. Muté au 2e bataillon de pionniers le 8 juin 1940, il a été démobilisé à Toulouse le 11 septembre 1940.

> Titulaire d'un diplôme décerné par le comité national des FTP, le 21 septembre 1944, il déclare avoir travaillé sous les ordres du commandant FTP Manouchian de 1943 jusqu'à la Libération. C'est ainsi qu'il aurait facilité le passage de jeunes gens dans le maquis et qu'il aurait procuré des papiers à des réfractaires. Les déclarations paraissent d'ailleurs confirmées par des renseignements pris dans son entourage.
> Il semble qu'on puisse accorder crédit aux sentiments francophiles dont il se réclame. Il n'a pas jusqu'à ce jour attiré l'attention de nos services d'un point de vue politique. Quant au privé il ne fait pas l'objet de remarques défavorables.

Un engagement volontaire, un certificat de résistance en béton armé. Voilà qui peut bien contrebalancer un accent trop marqué et des fautes de syntaxe ! Et assouplir l'opinion du préfet de police.

> Avis du préfet de police,
> 10 mai 1947
>
> M. Aznaourian Mamigon [...] sollicite à nouveau la naturalisation, une précédente requête ayant été ajournée le 29 novembre 1928 [...] Les renseignements recueillis sur les postulants ne sont pas défavorables. Seule l'assimilation du mari est incomplète. Toutefois, en raison de son engagement volontaire, je ne m'oppose pas à l'examen bienveillant de sa demande.

Le bureau du sceau va suivre les recommandations du préfet. Malgré ses problèmes avec le français, Mamigon est naturalisé le 9 août 1947. Près de vingt ans après sa première demande ! C'est grâce à son fils Charles qu'il prendra sa revanche. Charles accomplira le rêve de son père : lui acheter son propre restaurant. Baptisé « Chez Aznavour, tout le monde y court ». Preuve que le père, contrairement à ce que pensait le

---

4. CI : carte d'identité.

fonctionnaire de police, savait s'amuser avec notre langue : « il avait juste un accent très fort », dit aujourd'hui son fils. Ah, la langue française. Charles l'a domptée, tordue, modelée.

> La langue française [...] est viscérale chez moi et l'amour que je lui porte a probablement nourri mon talent. J'en aime le rythme, la mélodie, les accents, la richesse, la versification. À celui qui veut écrire, elle offre un éventail incroyable de possibilités. C'est pourquoi je cherche sans cesse à la connaître mieux et à parfaire mon vocabulaire, jour après jour, mot après mot. Je ne décolère pas lorsque j'entends d'énormes fautes de français dans la bouche de nos charmants annonceurs de radio ou de télévision. Spontanément, je les corrige à haute voix[5].

Charles, le fils d'immigré, complexé de ne pas avoir été à l'université, n'a eu de cesse de tracer son chemin comme « aventurier des mots et de la chanson ». Aznavourian est devenu Aznavour, l'ambassadeur de la langue française. Qui pourtant garde toujours une place dans son cœur pour ceux-là, qu'on été ses parents : « Ils sont venus, les poches vides et les mains nues [...] Les émigrants. »

Ce qu'en dit Charles Aznavour.

Je suis très fier de mes origines, de mon passé d'immigré, je n'ai jamais cherché à les cacher. J'ai juste fait tomber le « ian », parce que c'était déjà un nom bien compliqué sur une affiche de spectacle. Mais je me sens français jusqu'au bout des ongles : à l'étranger, d'ailleurs, je crois avoir été un bon ambassadeur de mon pays. Ce n'est que depuis le tremblement de terre en Arménie en 1988 que j'ai vraiment ressenti ce lien avec mes racines. Mais la France est le pays que j'aime. J'aurais même aimé être plus français que les Français, venir d'un tout petit village dans la campagne, qui aurait vu grandir mes parents, mes grands-parents, mes arrière-grands-parents... Nous, les enfants d'immigrés, nous n'avons pas cette chance. Mes parents ont tellement voyagé et fui qu'ils ont dû tout laisser derrière eux. Ils n'avaient pas le choix, ils devaient aller de l'avant. Et ne surtout pas ressasser le passé. Alors que c'est bien de pouvoir se reposer sur un passé, de se construire dessus... On a eu un drôle de parcours, quand j'y pense. D'abord on a failli aller aux États-Unis. Puis après guerre, l'URSS voulait faire revenir en masse les Arméniens. On a fait faire tous nos papiers : mes parents étaient plutôt des sympathisants du parti communiste... Mélinée Manouchian, la veuve de Missak Manouchian, était déjà partie là-bas. Nous nous écrivions fréquemment. Mais il y avait la censure. Alors on avait des codes : encre noire quand c'était vrai, encre rouge quand on racontait des choses délibérément fausses. Elle nous a fait ainsi comprendre qu'il fallait absolument qu'on reste en France. Heureusement, car la plupart des Arméniens qui sont revenus ont été dépouillés par le gouvernement et quelquefois envoyés au goulag. On a rangé ces passeports soviétiques, et on n'y a plus pensé. Un jour, Simone Signoret m'appelle, le ton grave. « Charles, on a retrouvé des passeports pour l'URSS à votre nom. » Elle l'avait appris *via* le Parti communiste. En fait, on avait vendu à Emmaus un vieux meuble. On avait laissé dans le tiroir ces fameux papiers...

---

5. *Ibid.*

N N 1 5 5 8 1

Paris le 13 Août
1946

13357 × 47

Monsieur le ministre
de la Justice,

J'ai l'honneur de solliciter
de votre haute bienveillance
ma naturalisation dans la
nationalité Française

Je me nomme de Staël Nicolas
24/XII/1913 St Petersbourg.
refugié russe. en France 1938
83 boulevard Montparnasse VIe
marié femme française
engagé volontaire I.R.E.C.
Veuillez agréer Monsieur le
ministre l'assurance de
mes sentiments respectueux
et dévoués   Staël

STAËL
N. Jeanne des champs
VIe

[1948]
Nicolas de Staël, l'orphelin apatride

« *Infraction à la législation sur les étrangers* »

Je désire me fixer définitivement en France ayant épousé une Française et Paris est le seul endroit du monde où l'on peut peindre librement.

> Staël,
> fait à Paris le 20 août 1946.

L'aristocratie vaincue, la liberté, l'exil, l'amour, la peinture : toute la vie de Nicolas de Staël est dans ces quelques lignes inscrites à la va-vite à la fin de son dossier de demande de naturalisation. De tous ses titres de noblesse, il a fait le ménage, ne gardant que le nom, celui avec lequel il signe ses toiles. Même son écriture est graphique. En 1946, il a trente-trois ans et des années d'errance dans les jambes, ces jambes immenses qui le font culminer à près de 2 mètres. La vie du peintre est à l'image de l'histoire européenne de la première moitié du XXᵉ siècle : une succession de déchirements et de départs.

Nicolas de Staël, en légionnaire.

Page de gauche : Lettre manuscrite de demande de naturalisation de Nicolas de Staël, 1946.

Tout commence en mars 1917, au bord de la Neva, à Saint-Pétersbourg[1]. On a mis les enfants au fond de la calèche. Emmitouflés, rassurés par la niania, cette nounou qui veille sur eux depuis qu'ils sont nés. Ils sont si petits encore. Marina, cinq ans, Olga, un an, et Nicolas, le garçon au prénom du tsar, à peine trois ans. Il faut les extraire au plus vite de cette forteresse qui s'est transformée en nasse depuis que les insurgés en ont pris les commandes. L'empire tsariste vacille. Les bolcheviques marquent leurs premiers points. Et le symbole du basculement d'un monde est la forteresse Pierre-et-Paul, où les de Staël von Holstein vivaient jusqu'alors, au numéro 7. Cette famille qui fuit la peur au ventre n'est pas n'importe laquelle. Le père de Nicolas, Vladimir Ivanovitch, est un des piliers du régime. Descendant d'une lignée de chevaliers[2], il a été nommé général major de l'armée du tsar de Russie et en 1908, promu vice-commandant de la forteresse Pierre-et-Paul de Saint-Pétersbourg, le symbole du tsarisme. Personne dit-on ne prononce son nom

---

1. Une grande partie du récit de la vie du peintre est tirée de la très précieuse biographie de Laurent Greilsamer : *Le Prince foudroyé*, Fayard, 1998.

2. L'un d'eux a épousé Germaine Necker, la fille du ministre des Finances de Louis XVI.

sans baisser la voix. C'est là que, traditionnellement, les opposants sont enfermés. Bakounine, Maxime Gorki ou le frère de Lénine y ont été emprisonnés. Vladimir de Staël von Holstein est le « geôlier en chef » de cette « Bastille de la Neva », qui, depuis la débâcle de l'armée russe, mal préparée pour affronter les troupes allemandes, ne désemplit pas. D'anciens hauts dignitaires suspectés de corruption ou de trahison, comme le ministre de la Guerre en personne, y sont incarcérés. Le 8 mars 1917, les insurgés des soviets fraternisent avec les gardes et prennent sans coup de feu le Palais d'hiver. Les Romanov jettent l'éponge. Les Staël doivent s'enfuir.

On dit que les souvenirs d'enfance façonnent les personnalités. Nicolas de Staël a trois ans et demi lorsqu'il trouve refuge avec sa famille chez ses grands-parents maternels. Perspective Nevski, ils possèdent un élégant hôtel particulier où l'on tente de maintenir son rang. L'éducation bourgeoise reprend. On parle français à table, les gouvernantes sont suisses ou françaises. Des toiles de maîtres couvrent les murs, natures mortes, vanités ou portraits. Atmosphère Russie éternelle : caviar, porcelaine fine, musique, neige, cochers, chapkas fourrées, manteaux d'ours, huile de phoque, vodka et bals. Lubov Bérednikov, la mère du futur peintre, aime le piano et le dessin. Et, malgré la guerre, elle tente de préserver une vie agréable à ses enfants. Après la saison des nuits blanches, quand vient l'été, elle les emmène sur la côte sud de la Finlande. La famille loue une grande isba avec plage privée. Elle y séjourne

Nicolas de Staël (à droite) et sa sœur Marina dans les bras de leur mère.

avec bonnes et nourrices. Le soir, les niania racontent les légendes russes.

Le décor a beau être feutré, les événements s'accélèrent. La colère de la rue n'est pas apaisée. Vladimir Ivanovitch est mis à la retraite. En octobre 1917, Lénine appelle à la révolution. L'empire s'effondre et avec lui, la vie dorée des Staël. Ils vivent désormais reclus dans leur hôtel particulier. Sortir dans la rue est dangereux. Un jour qu'ils vont prier avec une niania, Nicolas et Marina sont arrêtés par un soldat. Il arrache violemment la croix du cou de la petite fille. Un peu plus tard, leur oncle Vania est mis à mort dans la rue. C'est la fin d'un monde, dont ils étaient les seigneurs. Lubov comprend qu'il faut quitter cette Russie dévastée par la guerre civile. Après un périple éprouvant, ils rejoignent Vilnius la Lituanienne. Puis Ostrow en Pologne, où il faut accepter la défaite et repartir de zéro. Vladimir, le père de famille, n'est plus que l'ombre de lui-même. Il est épuisé, pauvre vieillard de soixante-cinq ans paralysé. C'est là qu'il meurt, en 1921, à l'âge de soixante-huit ans. Nicolas vient juste de fêter ses sept ans. Il assiste aux obsèques solennelles de son père. La famille s'installe au nord, près de Dantzig. Mais très vite, Lubov s'affaiblit à son tour. Un cancer du sein. Elle s'éteint en juin 1922. Ils sont désormais orphelins.

Le 15 décembre de la même année, un décret soviétique révoque la nationalité de tous les Russes qui ont émigré. Les petits de Staël viennent de perdre leur père et leur mère. Ils perdent leur patrie. Et se voient remettre un passeport Nansen, émis par la Société des Nations, *via* l'Office international Nansen, pour permettre aux réfugiés russes de circuler librement. Lubov, avant de mourir, a cherché à qui confier ses enfants. Ils se retrouvent en Belgique, près de Bruxelles, dans une famille qui recueille des orphelins de la Blanche Russie. Jusqu'à la fin de sa vie, Nicolas appellera ses parents adoptifs « papa et maman ». Eux le surnomment Kolia et veillent sur lui comme sur leur propre fils. Le gamin a du charisme. Il est beau et déjà très grand pour son âge. Pendant les cours de russe qu'on lui impose pour ne pas rompre avec sa culture d'origine, il ne cache pas son désintérêt : il dessine.

Les exilés connaissent la fatalité du voyage. Partir ne fait pas peur à « Nicky de Petrograd ». Il n'est de nulle part, il est de partout, pourvu qu'il y ait des œuvres à admirer. Il a vingt ans. Il sillonne l'Espagne et la France à vélo, ne s'arrête que dans les musées et les églises et se nourrit de pain et de fruits. Parfois l'apatride se joue des gardes-frontières. Il saute du train juste avant la douane pour partir à travers champs. Il veut croire que le pire est derrière lui. Il a tant à faire, l'élève de l'Académie royale des beaux-arts de Bruxelles. Tout lire, tout voir, tout comprendre. Frotter ses yeux à la lumière d'Afrique. Le voilà traînant ses 196 centimètres et ses boîtes de peinture au Maroc. Été 1936. La France connaît ses premiers congés payés. Nicolas se saoule de soleil et d'étude. Il écrit à son père adoptif : « Je sais que ma vie sera un continuel voyage sur une mer incertaine. » Un jour, la mer incertaine dévoile une plage irrésistible : Jeannine Teslar, surgie du Sud marocain, avec son mari et son fils de cinq ans, Antek. Elle est fine comme une liane, a un visage de madone et des mains d'artiste. Elle lui montre ses aquarelles. Il veut vivre avec elle. Elle aussi. Son mari s'incline.

Paris est une fête pour les impétrants peintres. Nicolas s'inscrit au cours de Fernand Léger. Il obtient un permis de séjour. Jeannine peint dans leur tout petit appartement. Elle est solaire. Autour d'elle gravitent des peintres, des poètes, des comédiens. Un soir, lors d'un dîner, on leur présente Jeanne Bucher, la galeriste qui défend les Picasso, Miro, Kandinsky et Braque. De Staël n'est qu'un jeune peintre de plus ? Jeanne Bucher souligne son nom dans son carnet. Nicolas a vingt-cinq ans. Tout est possible, l'amour, l'amitié, l'art. La guerre aussi, hélas, qui déjà revient. Septembre 1939, Hitler, après avoir envahi l'Autriche, menace la Pologne. Cinq mois plus tard, Nicolas de Staël, qui a laissé Jeannine dans sa famille en Bretagne, s'engage. Légion étrangère comme tous les non-Français. Alors qu'il se rend à l'école militaire aux premiers jours de la guerre pour proposer ses bras à la France, celle-ci lui refuse le séjour un mois après, comme l'attestent de nom-

En 1947, Nicolas de Staël remplit son dossier pour lui et sa petite fille Anne.

breux documents retrouvés à la préfecture de police de Paris. Mais dans sa grande indulgence, elle l'autorise à résider en France, c'est-à-dire à combattre. Comme cette note du directeur de la police générale au ministre de l'Intérieur le résume :

> Cet étranger a fait l'objet d'un refus de séjour par votre décision du 10 octobre 1939 en raison des circonstances de guerre, mais avait été autorisé à résider en France jusqu'au 20 mars 1940 par décision ministérielle du 15 novembre 1939.

L'administration a parfois des raisons que la raison ignore ! Toujours est-il que le matricule 92062/7310 rejoint le centre de la Légion à Sidi Bel Abbès, Algérie. Pense-t-il à son père lorsqu'on l'affecte au premier régiment de cavalerie en février 1940 ? Direction Sousse, en Tunisie, où il travaille au service de cartographie. La défaite est éclair. En septembre, Nicolas de Staël est démobilisé.

Il retrouve Jeannine à Nice. Ils logent au numéro 1 de la rue de Russie, ça ne s'invente pas. Leur séparation a duré un an. Elle est tombée malade dès son départ, une sérieuse pathologie pulmonaire fait craindre le pire à ses proches. Mais Jeannine veut du soleil et du de Staël. Elle récupère la nationalité française, perdue à l'occasion de son mariage avec Teslar le Polonais, grâce à une relation vichyssoise. Réintégrée sous Vichy, la chose est suffisamment rare pour être soulignée. Elle n'est plus polonaise. Il n'est toujours qu'un apatride qui s'est engagé pour la France. Il va la soigner, s'occuper de tout et du reste. Il multiplie les petits boulots, peintre en bâtiment, employé chez un

antiquaire… Elle se remet à peindre, réussit à vendre quelques toiles. Son fils est un gamin malin : il négocie du pain sur le marché noir. C'est la France de la débrouille. Et des artistes fauchés : Nice regorge alors de réfugiés, plus ou moins illégaux et souvent marginaux. La ville est petite, les soirées longues. On refait le monde et la peinture autour d'un pauvre rutabaga. En 1941, allant contre tous les avis médicaux qui lui promettaient une grossesse fatale, Jeannine tombe enceinte. Nicolas voudrait l'épouser mais elle n'est pas encore divorcée. En octobre 1941, la préfecture lui intime de quitter les Alpes-Maritimes. Il lui répond au début de novembre. Voici sa lettre, retrouvée dans les archives de la préfecture de police de Paris :

> Monsieur le préfet,
> J'ai reçu le 15 octobre un avis m'enjoignant de quitter votre département dans le délai d'un mois. J'ai l'honneur de solliciter de votre haute bienveillance l'autorisation de demeurer dans les Alpes-Maritimes. Titulaire d'un passeport Nansen, j'habitais la France depuis 1936 et dès la déclaration de la guerre je me suis engagé et ai fait toute la campagne avec la Légion étrangère. Démobilisé en septembre 1940 au premier régiment étranger de cavalerie avec des états de service les plus élogieux de la part de mes chefs, j'ai rejoint ici Mme Jeannine Teslar née Guillou, fille du contre-amiral Guillou, ma compagne depuis quatre ans et avec qui j'aurais depuis longtemps régularisé ma situation si les lois m'en avaient plus rapidement donné la possibilité et le droit. Cette dame est enceinte de cinq mois. Son état de santé selon les médecins, les docteurs Daveo et Leca, nécessite un repos absolu. Je ne puis sans danger l'exposer aux aléas d'un déménagement précaire.

Extrait du formulaire de demande de naturalisation rempli par Nicolas de Staël.

222

9. — Déclarations diverses des postulants [5]

Je desire me fixer definitivement en France ayant épousé une française et Paris est le seul endroit du monde ou l'on peut peindre librement

Staël

Fait à *Paris* le *20/8/1946*

MARI (écrit de sa main)	FEMME (écrit de sa main)
J'affirme, sous la foi du serment l'exactitude des renseignements ci-dessus donnés par moi. SIGNATURE : *Staël*	J'affirme, sous la foi du serment l'exactitude des renseignements ci-dessus donnés par moi. SIGNATURE :

AVIS MOTIVÉ
tant sur la demande principale que sur la remise éventuelle des droits de Sceau

MARI	FEMME
M. de Staël von Holstein est artiste il est en France depuis 9 ans. Il a été incorporé dans la Légion étrangère. Il est inconnu aux Sommiers Judiciaires. A une fillette. Avis favorable à sa naturalisation.	Paris, le *22-8-1946* LE COMMISSAIRE DE POLICE,

(1) Prière de bien vouloir inviter l'intéressé à fournir la liste *en double exemplaire*, de ses résidences successives depuis sa naissance jusqu'à ce jour (avec adresses complètes).

(2) Si l'intéressé a contracté plusieurs unions, ces renseignements devront être fournis pour chacune d'elles.

(3) S'ils sont Français, préciser les dispositions de notre Loi en vertu desquelles ils ont acquis notre nationalité.

(4) En ce qui concerne les enfants, indiquer s'ils vivent avec leurs parents. Dans la négative, indiquer l'adresse de la personne chez laquelle ils sont élevés.

(5) Si le postulant ne sait pas écrire, la déclaration est reçue par le Maire ou le Commissaire de Police.

Installé à Nice dans mes meubles je m'occupe encore du fils de ma future femme âgé de dix ans pensionnaire à l'école de Sasserno. J'ai fait mes études au collège Cardinal-Mercier en Belgique. Artiste peintre je ne me suis jamais occupé de politique et mon casier judiciaire est vierge. J'espère que, prenant en considération les motifs qui me poussent à vous écrire, vous consentirez à prendre à mon égard une mesure favorable. Je vous prie, monsieur le préfet, d'agréer l'expression de ma plus respectueuse considération.

Nicolas de Staël.

Il est entendu puisque c'est à Nice que naît, en février 1942, la première de ses quatre enfants, Anne. Le bébé hérite de la nationalité russe de son père. La vie pour la jeune famille est dure mais joyeuse. Nicolas travaille sans relâche pour nourrir sa famille. Il est sur des chantiers le jour, à ses pinceaux le soir. À Nice, il fréquente des artistes. Ils s'encouragent. On les traite de « dégénérés » ? Ils se moquent

des injures. Aidés par certains galeristes comme Jeanne Bucher, ils poursuivent leur œuvre, vaille que vaille. Les choses se passent à Paris. On n'a qu'une vie. Il ne veut pas laisser passer sa chance. C'est ainsi que Nicolas de Staël demande la délivrance d'un laisser-passer aux autorités allemandes. Le document figure dans le dossier de la préfecture de police. Il est dans les deux langues officielles de l'époque, l'allemand d'abord, le français ensuite. On y apprend que « l'artiste peintre » souhaite quitter « définitivement » Nice pour s'installer à Paris, qu'il a prévu de passer la frontière à Chalons.

Motif du voyage : Rapatriement (cert. de domicile). D'importantes expositions de peinture se tiennent actuellement à Paris, et le demandeur souhaiterait exposer.

Le 6 janvier 1944, Jeanne Bucher, bien que sous les regards suspicieux de la propagande et de l'occupant, organise

une exposition du grand Kandinsky. Au milieu des toiles du vieux maître, devenu français en 1939, elle accroche deux ou trois tableaux de ce jeune peintre aussi géant qu'exalté. Picasso est du vernissage. Première rencontre. L'Espagnol dit au Russe, lentement, détachant chaque syllabe et souriant : « Prenez-moi dans vos bras ! » On connaît pire comme intronisation.

L'heure pourtant n'est pas à la gloire. La guerre affame les Parisiens. Le froid les congèle. Nicolas délatte le parquet de leur logement pour donner un peu de chaleur à Jeannine dont la santé est toujours très fragile. Ils vivent pauvrement. Et la justice se mêle encore de leur soutirer de l'argent. Le 24 janvier 1944, trois semaines après l'exposition chez Jeanne Bucher, le peintre est convoqué au tribunal de police. Il a omis, lorsqu'il est arrivé à Paris en août 1943, de faire viser sa carte d'identité. C'est une infraction à la législation sur les étrangers. Il est condamné à 600 francs d'amende. Rien de grave. L'administration se demande malgré tout s'il ne devrait pas être expulsé, comme en atteste ce tampon « Éloignement » apposé sur un rapport écrit en avril 1944. Rapport détaillé sur la vie familiale et artistique du peintre, où l'on apprend que :

> Depuis sa rentrée à Paris, il peint et retire ses moyens d'existence de la vente de ses tableaux. Il expose ses œuvres à la galerie L'Esquisse, 66, quai des Orfèvres et à la galerie Jeanne-Bucher, 9 ter, boulevard du Montparnasse.
> Il déclare que son art lui rapporte environ 10000 francs par mois.

Une vie de misère et de chagrin : au terme d'une longue maladie, Jeannine meurt en 1946, alors que l'on procède à un avortement thérapeutique. Fran-çoise Chapouton, une jeune Savoyarde qui donnait des leçons particulières d'anglais au fils de Jeannine, veille sur ses derniers jours. Elle a dix ans de moins que Nicolas. Il s'accroche à elle comme à une bouée de vitalité. Et il l'épouse le 22 mai 1946 à Saint-Jean-de-Maurienne, en Savoie. Laurence, leur fille, naît à peine un an plus tard. Puis, encore un an après, Jérôme.

Entre ces deux naissances, Nicolas de Staël a demandé et obtenu, le 10 avril 1948, la nationalité française. Son dossier est allé relativement vite malgré les réticences d'un certain Fournier qui écrit le 19 janvier 1948 :

L'éducation nationale n'emploie pas ce peintre, il me paraît utile de la consulter. Je constate que les pièces produites ne prouvent nullement que le postulant a été EV*/Convoquer le postulant et lui demander la justification de son EV et de son SM**.

* (Engagé volontaire, *NDA*.)
** (Service militaire, *NDA*.)

La convocation a dû bien se dérouler puisque le 2 février 1948 une autre main note :

Bonne impression.
Naturaliser le postulant.
60-62 CNF
Une mineure au décret : Anne.

On ne sait pas ce que représentait la France pour Nicolas de Staël, l'éternel apatride nomade. Son biographe parle d'apaisement, d'enracinement discret :

Français ? Il ne le proclame pas. Il connaît trop la violence de l'histoire pour revendiquer une pause. Mais il ne peut l'exclure désormais. À lui de se débarrasser de ses guenilles d'apatride. Aux autres de juger ! Lorsque

Pierre Lecuire, dans un texte consacré à sa peinture, le distingue en tant que peintre français, il hésite encore. Par pudeur. De crainte de se parer d'un titre de gloire qu'il ne mériterait pas. « Français... On le verra bien après ma mort, non ? » répond-il à son ami[3].

Sa mort, y pense-t-il déjà ? Étrangement, la dernière pièce à son dossier date d'un mois avant son suicide : le 18 février 1955, sa femme Françoise demande une copie de l'acte de naturalisation du peintre. Elle joint une enveloppe timbrée à son adresse parisienne, alors que depuis des mois Nicolas de Staël vit dans le sud de la France, à Antibes, où un ami lui prête un atelier donnant sur le fort. Le préposé au bureau des naturalisations a juste écrit en marge du courrier de Françoise : « Répondu le 2 mars 1955 ». Deux semaines plus tard, le 16 mars, vers 22 heures, épuisé par des tourments sentimentaux, Nicolas de Staël, Kolia, Nicky de Petrograd, se jette dans le vide, depuis la terrasse de son immeuble. Il avait quarante et un ans.

---

3. *Le Prince foudroyé*, Laurent Greilsamer, *op. cit.*

[1948]

Joseph Kozma,
le résistant

*« Pour échapper aux " nazistes "
et aux lois raciales »*

*Joseph Kozma et
sa femme Lilli Apel
en 1948.*

Son histoire avec la France n'avait pas très bien commencé. Le 28 mars 1933, Joseph Kozma débarque à Paris, avec la femme qu'il aime. Lilli Apel a quarante-deux ans, quatorze ans de plus que lui. C'est une femme talentueuse, récemment divorcée. Lilli est allemande, Joseph hongrois. Ils se sont rencontrés dans le Berlin des Années folles. Lilli était déjà une pianiste renommée, Joseph, lui, venait se frotter à la scène allemande, après avoir été l'élève de Bela Bartok à Budapest. Tous deux travaillent dans la troupe de Bertold Brecht. Mais pour le nouveau régime, leur seul point commun est qu'ils sont juifs. Hitler vient d'être nommé chancelier du Reich. Il faut fuir. Comme beaucoup, ils se dirigent vers la France. Lilli, diplômée du conservatoire de Strasbourg, connaît bien le pays et elle en maîtrise parfaitement la langue. Le couple traverse la frontière clandestinement. Lilli n'a pas de visa de sortie, pas de papiers : elle déclare à la préfec-ture à Paris que son passeport est resté à l'ambassade en Allemagne pour renouvellement. Joseph, lui, est hongrois, mais pour demander l'asile, il se déclare réfugié politique allemand, également. Mauvaise pioche. Après avoir étudié son cas, le ministère de l'Intérieur donne des directives le 8 septembre 1933 à la préfecture de police : « Il n'y a pas lieu d'autoriser le sujet hongrois Kozma Joseph à résider en France. Cet étranger ne saurait en effet être considéré comme réfugié politique allemand. » Joseph Kozma fait l'objet d'un avis de refoulement le 22 septembre. Il n'est cependant pas reconduit à la frontière et son cas est à nouveau examiné par la préfecture.

Le né Kozma n'exerce aucun emploi salarié et se destine à la carrière de compositeur de musique [...] L'inté-ressé sollicite l'autorisation de se fixer en France pour poursuivre ses études musicales et contracter mariage avec sa maîtresse, réfugiée allemande. Ayant lui-même résidé pendant trois ans à Ber-lin, il reconnaît que c'est pour ce motif

PARENTS —	Nom et Prénoms de l'intéressé et de son conjoint le cas échéant	Date et lieu de naissance	Nationalité (3)	Profession	Adresse
Père du postulant	KOZMA Bernard	le 1879 Budapest	Hongrois	Professeur	sans nouvelles depuis 1942. Habitait
Mère du postulant . . .	AUSTERLITZ zelma	le 1861 Budapest	id	Pianiste	Iskola 27. à Budapest avec sa mère
Père de la postulante .	APEL Alfred	le ? Brems	allemand	id	décédé
Mère de la postulante .	LUDEVI Bertha	le ? capiau	id	→	Décédée

FRÈRES ET SŒURS —

Du postulant	KOZMA akos	né le sept 1923 Budapest	Hongrois	sténo	chez ses parents à Budapest. y'a pas de nouvelles depuis 1942
De la postulante . . .					

II. — DOMICILE

QUESTIONNAIRE	RÉPONSE	
	En ce qui concerne le postulant	En ce qui concerne la postulante
Lieu du domicile actuel : rue et n°	Paris VII 80 rue de l'Université	Paris VII 80 rue de l'Université
Carte d'identité n° . . . . . ou récépissé de demande de C. I. n°	C I. 42 40CK7003 5.	C I V. 42. HC 74548 cc 589261
Délivré le	29 avril 1943	27-9-45
Par	la Préf. des Alpes Maritimes	Préfecture de Police
Valable du _____ au _____	Du 29-3-1943 au 29-3-1946	Du 27-9-45 au 27-9-48
Depuis quelle date le postulant réside-t-il d'une manière ininterrompue en France ?	1933	1933

III. — RENSEIGNEMENTS
§ 1er — Conduite, Moralité et Loyalisme

Sa conduite et sa moralité ont-elles donné lieu à quelques observations ? . .	— non —	— non —
Jouit-il de la considération publique ?	— oui —	— oui —
A-t-il fait l'objet de mesures de police (refus de carte d'identité, refoulement, expulsion, de condamnations ou de contraventions) ?	— non —	— non —

— 2 —

QUESTIONNAIRE	RÉPONSE	
	En ce qui concerne le postulant	En ce qui concerne la postulante
Les membres de la famille (ascendants, descendants, conjoints, frères ou sœurs) ont-ils fait l'objet de remarques au point de vue de la conduite, de la moralité, des antécédents judiciaires? Ont-ils fait l'objet de mesures de police et notamment l'objet d'un arrêté d'expulsion?	— non —	— non —
Pour quels motifs a-t-il quitté son pays d'origine et les pays étrangers où il a résidé?	Pour échapper aux nazistes - et pour les lois raciales —	
Pour quels motifs est-il venu en France?	id.	id.
Pour quels motifs sollicite-t-il sa naturalisation?	Pour sa situation et ses études.	Pour suivre son mari.
Entretient-il encore des rapports avec le pays dont il possède la nationalité et les pays étrangers où il a vécu? Y a-t-il encore des intérêts et des attaches de famille?	non	non
Paraît-il avoir perdu tout esprit de retour dans son pays?	oui	oui
Quelles ont été ses occupations, son attitude :		
1º pendant la guerre 1914-1918? . .	—	—
2º pendant les hostilités 1939-1940? .	Légion étrangère le 1-5-1940	
3º pendant l'occupation allemande ? .	Démobilisé un mois après -	
Ses enfants, ou lui-même, ont-ils rendu des services à la France?	—	
Quelle est son attitude politique? . .	ne s'occupe pas de politique	ne s'occupe pas de politique
Son loyalisme paraît-il assuré? Préciser, le cas échéant, les preuves qu'il en a donné, notamment dans la Résistance. .	oui - a fait partie de F.F.I Date d'entrée dans la résistance juillet 1942 - Blessé par éclatement d'une mine à Laurettes en service commandé Groupe FFI - R.2 Ginette Place de Cannes	
Les membres de sa famille ont-ils fait l'objet de remarques au point de vue du loyalisme ou de l'attitude politique? .	non	

— 3 —

qu'il s'est déclaré réfugié politique allemand, mais il reconnaît qu'il n'a pas été molesté par les hitlériens.

Pas molesté. Pas persécuté. Pour la police, c'est clair comme de l'eau de roche, Joseph est un faux-réfugié qui abuse de l'hospitalité française. Pour obtenir l'autorisation de rester sur le sol français, le clandestin se donne du mal. Il insiste sur le fait qu'il ne vivra pas aux crochets de la République. Joseph et Lilli déclarent ainsi qu'ils vivent « des subsides que les parents de cette dernière installés en Palestine leur envoient ». Et surtout Joseph Kozma joint à sa demande des garanties solides : la galeriste Jeanne Bucher – toujours elle ! – s'est portée caution pour l'artiste, tout comme elle a aidé Kandinsky, Chagall ou Nicolas de Staël. Elle a même hébergé quelques jours le jeune couple dans sa galerie. Pendant des mois, les Kozma écument tous les meublés de la capitale, d'un méchant hôtel, au métro Barbès-Rochechouart (« Ne nous rappelons ni nom ni rue », a précisé Joseph Kozma dans la liste des résidences successives retrouvée dans son dossier de naturalisation), au fameux hôtel des Étrangers dans le 5ᵉ arrondissement, qui a vu défiler tant d'artistes errants.

L'avis de refoulement est levé : enfin, les Kozma ont un titre de séjour. Joseph Kozma s'inscrit à la faculté de musicologie. Le couple subsiste tant bien que mal. Lilli la concertiste donne désormais des cours particuliers de piano. Joseph, l'étudiant de Bela Bartok, trouve un petit job dans une école de gymnastique pour riches bourgeoises : il joue du piano à 10 francs de l'heure pour rythmer étirements et entrechats. Ils n'ont pas grand-chose à se mettre sous la dent : « Parfois, nous n'avions que du pain à manger, alors avec Lilli, nous nous installions devant une rôtisserie pour agrémenter notre pain sec des effluves du traiteur[1] ». Leur situation s'améliore cependant peu à peu. Joseph commence à caser quelques chansons. Il fait le siège des bureaux de production de cinéma pour se « vendre ». C'est là qu'il rencontre Jacques Prévert. Prévert est déjà un pilier de la scène parisienne, copain des surréalistes. Il prend sous sa protection ce compositeur hongrois toujours un peu dans la lune, rêveur perdu dans la capitale. Joseph lui fait entendre ses mélodies, simples et entêtantes. Jacques adore. Il lui propose de mettre ses poèmes en musique. Joseph devient « Io », son surnom dans la bande à Prévert. Il détonne dans le groupe, Io. Taciturne, un peu réservé, le regard caché par ses grosses lunettes à verres épais, il semble gêné par son accent et son physique « oriental », cheveux très noirs et sourcils broussailleux. Et ne se défait jamais d'une politesse presque exagérée, comme s'il s'excusait d'être là. Il forme un drôle de couple avec Lilli, blonde sévère un peu austère et aux rares sourires. Mais leur talent à tous deux est indéniable. « Io » signe ses premiers « tubes », sur les paroles de Prévert et commence à se tailler une petite renommée dans le milieu. Il rencontre le cinéaste Jean Renoir pour qui il écrit la partition de *La Grande Illusion*.

Mais la guerre éclate. Joseph se porte volontaire à la Légion étrangère. Il est incorporé le 1ᵉʳ mai 1940. Déjà tout semble perdu pour la France. Joseph reste six semaines sur le front. Il est hospitalisé et, reconnu inapte, démobilisé peu de temps après. Il retourne à Paris auprès de Lilli. Les Allemands

*Pages précédentes :
Extrait du formulaire de demande de naturalisation rempli par Joseph Kozma.*

Extrait du formulaire de demande de naturalisation rempli par Joseph Kozma.

---

1. *Jacques Prévert en vérité,* Yves Courrière, Gallimard, 2002.

§ 9. — **Déclarations diverses des postulants** [5]

Je demande ma naturalisation, parceque j'aime la France, où j'ai trouvé des amis et des attaches. La musique française m'attire et j'essaye de l'assimiler. J'ai quitté mon pays définitivement et je n'ai plus aucune attache dans mon ancien pays.

Fait à **Paris** le **28. Sept. 1945**

MARI (écrit de sa main)	FEMME (écrit de sa main)
J'affirme, sous la foi du serment l'exactitude des renseignements ci-dessus donnés par moi. SIGNATURE : *Joseph Kozma*	J'affirme, sous la foi du serment, l'exactitude des renseignements ci-dessus donnés par moi. SIGNATURE : *Lilly Kozma*

approchent. Les Kozma sont juifs. Ils ont vu de leurs propres yeux la montée des persécutions antisémites à Berlin. Ils savent ce que signifie pour eux l'avancée des nazis. Il faut partir de Paris, vite. Leur copain Jacques Prévert et un autre Hongrois, le photographe Brassaï, sont de l'équipée. C'est la panique dans la capitale, les gares sont prises d'assaut. Il est inutile d'espérer prendre un train. Prévert embarque toute la bande au métro Luxembourg. Ils prennent la petite ligne de la banlieue Sud – l'ancêtre du RER – jusqu'au terminus, Saint Remy-lès-Chevreuses. Dans la vallée de Chevreuse, le petit groupe marche jusqu'à la route d'Orléans. Là, ils font du stop, marchent encore avec le flot des réfugiés, se font trimballer par des militaires. Ils veulent atteindre Pau, où un copain de Jacques peut les héberger [2]. La liste des « résidences successives » que Joseph Kozma a soigneusement consi-

gnée sur une page de cahier et qu'on retrouve dans son dossier de naturalisation permet de reconstituer leur rocambolesque itinéraire.

Exode
13 juin 1940. Partis à pied.
Pau, Pyrénées, hébergés à la mairie
28 juin 1940 à fin août 1940. Évacués sur Ozeux, près d'Orthez. Dans maison réquisitionnée par les réfugiés.

Une lettre émouvante du maire d'Ozeux qu'il a écrite après la guerre – il se porte garant du couple – raconte ces jours étranges.

8 octobre 1946

Je soussigné Dahetz Jean-Marie, propriétaire agriculteur éleveur à Ozeux, président du syndicat agricole local, certifie qu'en juin 1940, époque durant laquelle j'étais maire de la localité, je fus instamment invité par monsieur le préfet d'avoir à organiser sans délai un centre d'accueil en vue de la réception et du séjour d'un certain nombre de réfugiés. Au nombre de ces derniers figuraient notamment les époux Kozma, sujets

2. *Ibid.*

231

hongrois, fuyant devant l'invasion allemande. La solitude, les soucis d'insécurité et une certaine inactivité due aux circonstances pesaient sur eux et ils en souffraient visiblement. Bien que non familiarisés avec les travaux agricoles (Mme Kozma étant pianiste, monsieur, compositeur), tous deux n'hésitèrent pas cependant à se mettre à la disposition de la population rurale très éprouvée par le départ des jeunes recrues et le manque absolu de main-d'œuvre pour exécuter certains travaux agricoles, s'efforçant de se rendre utiles dans les diverses tâches avec tout le dévouement possible [...] La tenue et la conduite Mme et M. Kozma étaient en tous points irréprochables [...] La plupart de ces réfugiés comme nous-mêmes, Français, étions amenés à parler des malheurs de notre pays, dont nous, Français, souffrions amèrement. Saisissant ces occasions, Mme et M. Kozma ne manquaient pas de prouver admiration et affection pour la France où ils avaient trouvé refuge et bonne hospitalité et leurs sentiments pour cette France étaient marqués d'entière sincérité à l'unisson de ceux de notre population.

L'armistice est signé. Brassaï veut retourner sur Paris. Pas les Kozma. Heureusement pour eux. Ils ne le savent pas mais ils sont recherchés. En témoigne ce rapport de la préfecture de police, du 10 décembre 1940[3].

> Vainement recherché par
> le département de la Seine.
> A épousé une femme d'origine
> allemande devenue hongroise
> par mariage.
> Entré en France en 1933.
> Confession israélite.

Cette même préfecture de police qui après la guerre précisera avec pudeur qu' « au cours des hostilités 1939-1944, les époux KOZMA en raison de leur origine raciale ont vécu dans la clandestinité. »

Voilà d'abord les Kozma à Navarreux, dans les Basses-Pyrénées, pour

quelques mois. Ils ont visiblement laissé un bon souvenir aux habitants du cru. En témoigne cette enquête de voisinage très détaillée de la gendarmerie de Navarreux, consignée dans leur dossier de naturalisation.

> Mlle MIRANDE Francine,
> 67 ans, sans profession [...]
> nous déclare :
> « En 1940, j'ai eu comme locataires les époux KOZMA ; c'est des gens très bien et dont je n'ai qu'à me féliciter. À plusieurs reprises nous avons parlé du régime allemand qu'ils n'aimaient pas puisque ce régime les avait expulsés. »

> M. COUTURE Édouard, 34 ans :
> « J'ai connu les KOZMA car ils habitaient en 1940 chez ma voisine. À mon avis, ces personnes sont très bien et ont de très bons sentiments nationaux. Leur demande peut être prise en considération car ils n'aimaient pas le régime nazi. »

Après Navarreux, les Kozma décident de mettre le cap vers le sud. Jacques Prévert les y a précédés : il cherche une position de repli pour son ami Kozma. Il lui a déjà trouvé des contrats sur Nice, une tournée des cabarets au piano avec la chanteuse Germaine Montero. Et un endroit où loger à Palavas-les-Flots. Un rapport de police permet d'en savoir plus sur cette période.

> Inspecteur Fullana Jean
> à M. le commissaire principal,
> 21 avril 1947.
>
> Kozma a effectivement résidé à Palavas d'octobre 1940 à août 1943, en compagnie de son épouse. Le ménage était alors domicilié au chalet Sadaras, appartenant à M. Couderc, croupier au casino de Palavas. L'intéressé était connu comme compositeur de musique et pianiste. Il composait pour certains producteurs de films. Son épouse, également

---

3. Archives de la préfecture de police.

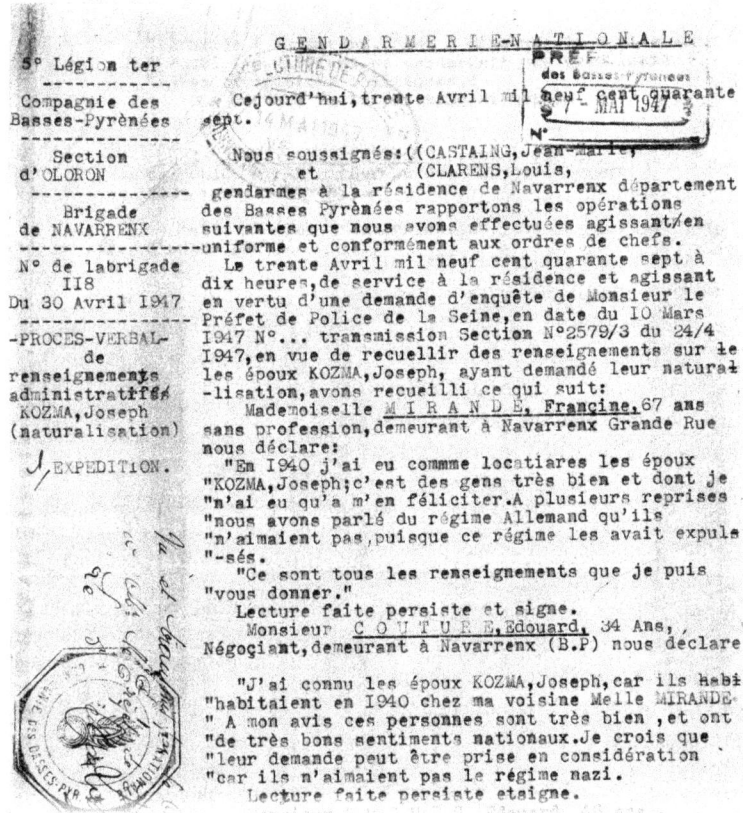

Extrait de l'enquête de voisinage menée par la gendarmerie de Navarreux sur les époux Kozma.

musicienne, l'aidait dans ses travaux. Le ménage vivait de droits d'auteur [...] À plusieurs reprises M. Kozma prêta son concours pour des fêtes de bienfaisance organisées à l'hôpital Saint-Pierre, au profit des blessés militaires en traitement. En août 1943, le ménage Kozma quitta Palavas pour se rendre à Nice chez M. Prévert.

Pendant l'Occupation, Paris, capitale des plaisirs, continue à faire tourner spectacles et divertissements. L'industrie du film prospère. Les nazis ont certes exigé son « aryanisation » apparente, du moins. Mais des artistes réussissent à travailler en sous-marin.

Grâce à Jacques Prévert, Joseph Kozma compose pendant toute la guerre. Il le rejoint à Tourrettes-sur-Loup où se tourne le film *Les Visiteurs du Soir*. Il écrit la partition sous le pseudonyme de George Mouqué. Io gagne de l'argent en faisant la tournée des cabarets, au piano. Pour boucler les fins de mois, il travaille à la fabrique Croquefruit, où pour 75 francs par jours il emballe des pâtes de fruits[4]. Mais la situation se complique. En août 1942, dix mille Juifs étrangers sont arrêtés en zone libre. Qui ne l'est plus longtemps puisque les Allemands l'envahissent en novembre 1942. Jacques Prévert se débrouille pour faire des faux papiers à Io, ainsi qu'à son

---

4. *Jacques Prévert, en vérité*, Yves Courrière, *op cit.*

autre protégé, le décorateur Alexandre Trauner, juif également, qui travaille aussi sur tous les films Carné-Prévert de l'époque. Sur la feuille blanche où il a consigné ses adresses successives, Joseph Kozma a rajouté à côté de « Tourettes-sur-Loup », « Le Prieuré, en clandestinité ». C'est dans cette auberge, caché sous la protection de Prévert, toujours, qu'il travaille sur le film culte *Les Enfants du paradis*[5].

« De la musique avant toute chose » ? Pas pour Kosma. Il rentre dans la Résistance dès 1942. Et fait partie des FFI (Forces françaises de l'Intérieur). Le 6 juin 1944, les alliés débarquent. Joseph prend le maquis en juillet 1944 avec le groupe « Ginette ». Il prend part aux combats de libération. Il est blessé. Comme Blaise Cendrars ou Apollinaire, l'attestation de l'hôpital est la meilleure lettre de recommandation dont il peut rêver quand il demande sa naturalisation en 1945.

Attestation sanatorium de la Maison-Blanche,
Vence 2 octobre 1944

Je soussigné certifie que M. Joseph Kozma brassard FFI R2 a été blessé le 28 août 1944 en revenant du maquis sur un champ de mines route des Templiers. Il a été transporté ce jour à 16h30 au poste de secours n° 1 à Vence où je l'ai examiné et pansé. Il était porteur de plaies multiples de tout le membre supérieur droit, de quelques plaies du bras gauche et de la moitié droite de la tête. Transporté à l'infirmerie militaire américaine de la Colle-sur-Loup, il y est resté jusqu'au 4 septembre. Il a été soigné par la suite au sanatorium la Maison-Blanche à Vence d'où il est sorti le 3 octobre 1944.

Quand, en septembre 1945, Joseph Kozma décide de demander la nationalité française, il n'est plus du tout le « faux réfugié » que la préfecture de police souhaitait refouler.

Son dossier de demande résume ses faits d'armes.

Pour quels motifs a-t-il quitté son pays d'origine et les pays étrangers où il a résidé? Pour échapper aux nazistes [*sic*!] et aux lois raciales.
Son loyalisme paraît-il assuré? Oui, a fait partie des FFI. Date d'entrée dans la Résistance 1942. Blessé par éclatement d'une mine à Tourettes en service commandé groupe FFI R2 Ginette.

Non seulement Kozma est un résistant, mais il est déjà un artiste renommé. Et ce, malgré l'Occupation.

Le secrétariat d'État à la présidence du Conseil et à l'Information précise ainsi que :

M. KOZMA Joseph, ancien blessé de guerre, est le compositeur de la musique de nombreux films et entre autres de *La Grande Illusion*, *Les Enfants du paradis*, *La Marseillaise*, *Partie de campagne*, etc., est à l'heure actuelle le plus célèbre compositeur de musique cinématographique.

Peu à peu, il abandonne son Z et de Kozma devient Kosma. Juste après la guerre, il compose *Si tu t'imagines*. Et le thème célèbre mondialement: *Les Feuilles mortes*.

Laissons Serge Gainsbourg lui rendre hommage :

Oh, je voudrais tant que tu te souviennes
Cette chanson était la tienne
C'était ta préférée, je crois
Qu'elle est de Prévert et Kosma.

---

5. Après guerre, Kozma aura toutes les peines du monde à récupérer les droits sur son œuvre. Le compositeur Maurice Thieret qui lui a servi de prête-nom prétend en effet avoir composé seul la musique ! Il faudra une audition solennelle devant la Sacem, avec les témoignages de Marcel Carné et Jacques Prévert, pour que le musicien soit crédité, comme le raconte *Main basse sur la musique*, le livre de Rémi Godeau et Irène Inchauspé, Calmann Levy, 2003.

[1948]

Serge Reggiani, c'est lui, c'est l'Italien

« *Dans le cas où les représentations seraient suspendues* »

Octobre 1946, dossier d'après Seconde Guerre mondiale. À gauche les questions du formulaire. À droite, les réponses :

Quelles ont été ses occupations, son attitude :

1. pendant la guerre 1914-1918 ;	Trop jeune
2. pendant les hostilités 1939-1940 ;	N'a pas été mobilisé
3. pendant l'occupation allemande ?	A continué à travailler
Quelle est son attitude politique ?	Bonne
Son loyalisme paraît-il assuré ?	Oui
Préciser le cas échéant les preuves qu'il en a donné, notamment dans la Résistance	Aucune preuve

Toutes les ambiguïtés de la période sont résumées. Qui a résisté ? Qui a collaboré ?

Et si la plupart avaient été entre les deux, ni des héros, ni des salauds ?

Serge Reggiani ne chantera *Les loups sont entrés dans Paris*, chanson métaphore de l'Occupation, que bien des années plus tard. Pour l'heure il commence à se faire connaître comme comédien. C'est en tant qu'« artiste dramatique » qu'il demande sa naturalisation en 1946. Il a vingt-quatre ans. Il est né en Italie, à Reg-gio d'Emilia, en mai 1922. Il arrive à Paris à neuf ans avec son père et sa mère. La famille s'installe dans le 10ᵉ arrondissement, d'abord à l'hôtel de Lyon, cour des Petites-Écuries. Ferruccio est coiffeur, Letizia ouvrière. Un temps garçon coiffeur comme son père, le jeune Serge qui a été à l'école à Paris s'inscrit au Conservatoire. Il en ressort avec le premier prix de tragédie en 1938. La guerre vient, les bruits de botte résonnent depuis longtemps aux frontières allemandes, espagnoles et italiennes. Les patriotismes se réveillent. Mobilisation générale. Reggiani n'en est pas. Il n'a que dix-sept ans. Débâcle express. Défaite et Occupation. Les loups sont dans Paris, avec leurs uniformes vert-de-gris et croix gammées. Mais la vie continue. Le spectacle aussi. En 1941, il décroche ses premiers contrats. Il joint à son dossier de naturalisation la copie de son engagement par le théâtre du Gymnase, à Paris. Il y jouera Michel dans la pièce de Jean Cocteau, *Les Parents terribles*. Au moins trente représentations, payées 10 000 francs par mois « toutes

Extrait du formulaire de demande de naturalisation rempli par Serge Reggiani en 1948.

le décrit comme un « artiste dramatique » qui enchaîne les boulots :

> Il vient d'exécuter un contrat de huit semaines pour le compte de la société Équipes artisanales cinématographiques de production, ce qui lui a rapporté 360000 francs. Prochainement il doit exécuter un contrat de seize semaines pour 500000 francs à la maison Vondas 24, place Malesherbes [...] Pendant l'Occupation, il s'est produit dans différents théâtres de la capitale. En janvier 1944, il a été invité par les services allemands du travail obligatoire à se rendre en Allemagne. Il s'est alors réfugié à Charme-la-Grande (Haute-Marne) et est revenu à son domicile dès la libération de la France.

En août 1945, le comédien s'installe dans l'Ouest parisien. À Neuilly-sur-Seine d'abord. Comme tous les demandeurs, Reggiani subit une visite médicale. Constatant qu'il « ne présente aucun signe clinique de maladie vénérienne ou d'affection mentale, qu'il est sain, robuste et bien constitué », le médecin le déclare « apte pour le service militaire dans le service armé. En conséquence, j'émets un avis médical favorable à sa naturalisation. » En 1943, premier rôle du *Carrefour des enfants perdus*, un film de Léo Joannon, il séduit une jeune actrice, Janine Casaubon, plus connue sous le pseudonyme de Janine Darcey. Ils se marient le 5 juin 1945, juste à temps pour accueillir, en novembre, leur fils Stéphane. Marié, père de famille, lancé dans une carrière prometteuse, Serge Reggiani voit sans doute l'heure venir de régulariser sa situation. En demandant la nationalité française. Il a toutes ses attaches ici, celui qui chantera plus tard *L'Italien*.

matinées comprises ». « Les costumes nécessaires à votre rôle seront fournis par vous », précise Paule Rolle, la directrice du théâtre. *Show must go on?* Tout est presque comme avant la guerre. Presque :

> Dans le cas où les représentations seraient suspendues par ordre des autorités françaises ou occupantes, il est entendu que nous ne vous devrions aucune indemnité.

Ainsi ira la vie de Reggiani dans le Paris occupé, allant d'un contrat à l'autre, tentant, on n'a qu'une jeunesse, de mettre son nom en haut de l'affiche. Lorsqu'il demande en 1946 la nationalité française, une rapide enquête est effectuée sur lui. Le policier en charge

[1949]
Achod Malakian (Henri Verneuil), fils de Mayrig

« *Le postulant est jeune et peut par la suite créer un foyer français* »

Le petit garçon lèche son cornet de glace vanille pistache consciencieusement. Sur les quais du port de Marseille, ils se tiennent debout tous les cinq. Lui, papa, maman, tante Kayane et tante Anna, les yeux clignant devant le soleil blanc de midi. Le marchand ambulant est passé devant eux, avec sa petite musique. Les grands ont sorti le portefeuille avec un geste lent, comptant et recomptant les pièces pour lui payer une glace, à lui seul. Il était un peu triste, le petit garçon, il avait l'impression d'être égoïste, mais ils lui ont expliqué en chœur: « Tu sais, en France, il n'est pas convenable pour les grandes personnes de sucer avec leur langue une glace devant le monde. [1] » Alors, il a continué à suçoter la crème glacée, appliqué, jetant un coup d'œil à d'autres très grandes personnes qui léchaient bruyamment leur cornet. Ce n'étaient certainement pas des Français de France, a-t-il pensé.

Henri Verneuil alias Malakian Achod en 1949, à la date de sa naturalisation.

L'enfant est exténué, le voyage en bateau a duré plusieurs jours. Il sait qu'on est arrivé en France. Papa leur en a parlé pendant tout le trajet de cette fabuleuse contrée. « Ce pays où le " pouvoir d'achat " remplaçait le " pouvoir de vivre " des terres barbares que nous venions de quitter [2]. » Mayrig – c'est comme ça qu'il l'appelle, ça veut dire maman en arménien – passe machinalement les mains sur les huit boutons de sa robe pour se rassurer: dans chacun d'entre eux, elle a dissimulé une pièce d'or. La promesse de leur futur, dans cette nouvelle patrie dont ils ne connaissent pas la langue. Ils montent l'interminable rue de Paradis en traînant les valises gonflées. Sur un bout de papier, on leur a indiqué l'adresse d'un meublé. La chambre est minuscule, mais cela fera l'affaire. La nuit, le petit garçon s'est relevé. Il a été piqué par des punaises qui infestent leur logis. Les parents n'osent pas se plaindre à la logeuse: « Elle va dire que ce sont des punaises arméniennes que nous avons ramenées avec nous… »

1. *Mayrig*, Henri Verneuil, éditions Robert Laffont, 1985.
2. *Ibid.*

Le petit garçon s'appelle Achod Malakian, il est arménien, nous sommes en 1924, il a quatre ans, il ne parle pas un mot de français. Mais ses parents sont convaincus qu'il deviendra quelqu'un, c'est sûr. Qu'il fera quelque chose de grand dans sa vie. Docteur, ingénieur, peut-être. En attendant, il faut vivre. Le soir, la petite chambre devient atelier de couture. Les trois sœurs, qui, là-bas, avaient des domestiques, cousent, cousent, cousent des chemises à la chaîne. Agop, le père, qui était armateur de pêche et possédait vingt bateaux, travaille de nuit sous les ordres d'un contremaître, comme ouvrier, aux raffineries des Sucres Saint-Louis. Ils ont appris à parler français. Suffisamment pour se débrouiller. Mais jamais assez pour la préfecture quand il faut faire la queue au guichet renouveler les papiers.

« Réfugié d'origine arménienne »

Telle était l'inscription manuscrite face à la question imprimée « Nationalité », sur ces cartes d'identité pliées en accordéon que nous allions chercher dans les préfectures de police. Dans de vastes salles garnies de bancs en bois, nous attendions des journées entières avant d'être appelés d'un nom écorché par la prononciation française, puis déformé par l'écriture. Que de fois j'ai accompagné mes tantes ou ma mère sur ses bancs de misère, tremblantes de peur devant des fonctionnaires mûris dans des bureaux, agacés par notre ignorance de leur langue [...]
– Papiers d'état civil, acte de naissance?
– Nous sommes des réfugiés, monsieur, elle a un passeport avec un visa français.
– Il me faut un acte d'état civil. Écrivez à votre mairie d'origine!
Le « au suivant » mettait un terme à l'interrogatoire. Nous repartions vers d'autres salles d'attente sur d'autre bancs, à la recherche de cet introuvable acte de vie. Nous adresser à nos mairies d'origines, c'était demander à nos bourreaux d'hier

de certifier que nous étions vivants, que nous avions échappé à l'acte de destruction collectif du 1,5 million d'Arméniens qu'ils venaient de massacrer.[3] »

En 1933, Agop décide de demander sa naturalisation française. On lui a expliqué comment faire. Il écrit donc soigneusement à « Monsieur le ministre » le 13 décembre 1933.

À monsieur le garde des Sceaux
Monsieur le ministre,

Je soussigné Malakian Agop, né le 15 mars 1889 à Rodosto, marié, père d'un enfant, ai l'honneur de m'adresser à votre haute bienveillance aux fins de solliciter la faveur de la naturalisation française. Je suis en France depuis de longues années et mon passé est irréprochable. Ni intérêt ni parenté ne me rattachent à mon pays d'origine que j'ai quitté sans espoir de retour pour faire parti [sic] de la Belle et Grande Famille française. Dans cette attente, j'ai l'honneur monsieur le ministre de vous adresser mes plus vifs remerciements anticipés ainsi que l'assurance de mon profond respect.

Il espère bien obtenir gain de cause. Il a tout fait pour s'intégrer dans son pays d'adoption. D'abord travaillé de nuit, comme ouvrier. Puis, à la demande de sa femme, s'est lui aussi converti à la couture. Désormais, c'est toute la famille qui fabrique des chemises. Et écourte son sommeil. Pour assurer un avenir au petit.

En témoigne cette petite ligne dans le dossier de demande :

Ses enfants sont-ils assimilés? Son fils suit les cours de l'institution Mélizan, rue Fortunée à Marseille.

Le commissaire de police, qui connaissait évidemment bien Marseille, savait à l'évidence ce que signifiaient ces quelques mots. L'institution Mélizan!

Achod Malakian
(Henri Verneuil)
et sa mère.

Page de droite,
lettre de demande
de naturalisation
écrite par Agop
Malakian, le père
d'Henri Verneuil.

3. *Ibid.*

19030 ×84   A V 42392

Marseille le   13 DEC 33

Monsieur le Garde des Sceaux

Minsitre de la Justice à Paris.

Monsieur le Ministre

D.A.

Je soussigné Malakian Agop;
né le 15 Mars 1889 à Rodosto (Asie Mineure)
marié père d'un enfant ai l'honneur de
m'adresser à votre haute bienveillance
aux fins de solliciter la faveur de la
Naturalisation Francaise .
        Je suis en France depuis
de longues années et mon passé est irrépro
chable ni interet ni parenté me rattachent
à mon pays d'origine que j'ai quitté sans
espoir de retour pour faire parti de la
Belle et Grande Famille Francaise.
        Dans cette attente j'ai l'honneur
Monsieur le Ministre de vous adresser mes
plus vifs remerciements anticipés ainsi
que l'assurance de mon profond respect

                    A. Malakian

        Je soussignée Kirazian Araxi
epouse Malakian née le 5 Avril 1894 ai
l'honneur de souscrire à la requete que dessus
de mon epoux et solliciter ma propre
Naturalisation Francaise.

                    Araxi Malakian

                    Malakian Agop.
                    101. rue Saint
                    Jacques

Les Malakian se sont renseignés partout pour savoir quelle était « la plus grande école de Marseille » pour leur fils adoré. On leur avait parlé de ce cours privé, où se retrouvaient tous les notables de la ville, les docteurs, les ingénieurs. C'était hors de prix, mais ils n'ont pas hésité. Achod irait à Mélizan. Le petit garçon n'a jamais dit à ses parents combien il était malheureux dans cette école de riches. Lui, le fils d'immigrés, jamais habillé comme il fallait, dont on écorchait sans arrêt le nom. À tel point qu'il se rendrait coupable de sa première trahison d'enfant: avoir secrètement honte de la tenue « pauvre » de ses tantes si dévouées. Un jour, une belle dame en vison, une maman de l'école, l'a invité à l'anniversaire de son fils. Une méchante plaisanterie, les enfants sont cruels. Mayrig avait passé l'après-midi à préparer des baklavas pour ce grand événement. Achod est arrivé, tiré à quatre épingles. La maîtresse de maison, une dame en vison, très élégante, a pris la boîte en remerciant rapidement. Le petit garçon se réjouissait de prendre sa revanche sur les autres, mais on n'a jamais servi ses baklavas au goûter. En partant, Achod a vu qu'elle avait laissé les délicieuses pâtisseries à l'office. C'était toujours mieux que de les jeter… De cela, Achod n'a jamais parlé. Préférant laisser à ses parents l'illusion qu'il s'intégrait parfaitement dans la haute société de Marseille.

Oui, les Malakian ont fait tout leur possible pour entrer dans « la Belle et Grande Famille française ». Le préfet de police a d'ailleurs donné un avis favorable à la demande. Pourtant, le bureau du sceau n'est pas d'accord. Le 23 mai 1934, à peine cinq mois après la demande, il conclut.

> Titres insuffisants, attaches à l'étranger. Ajournement à trois ans et informer le fils qu'il pourra faire une demande personnelle avec l'autorisation de son père dès qu'il aura atteint l'âge de 18 ans, le 18 mars 1938.

Quelles attaches à l'étranger alors que de l'Arménie, tout a péri? Pourtant Agop ne se décourage pas. Dès 1937, il renouvelle sa demande. Le préfet de police est toujours de son côté et tente de faire pencher la balance en sa faveur,

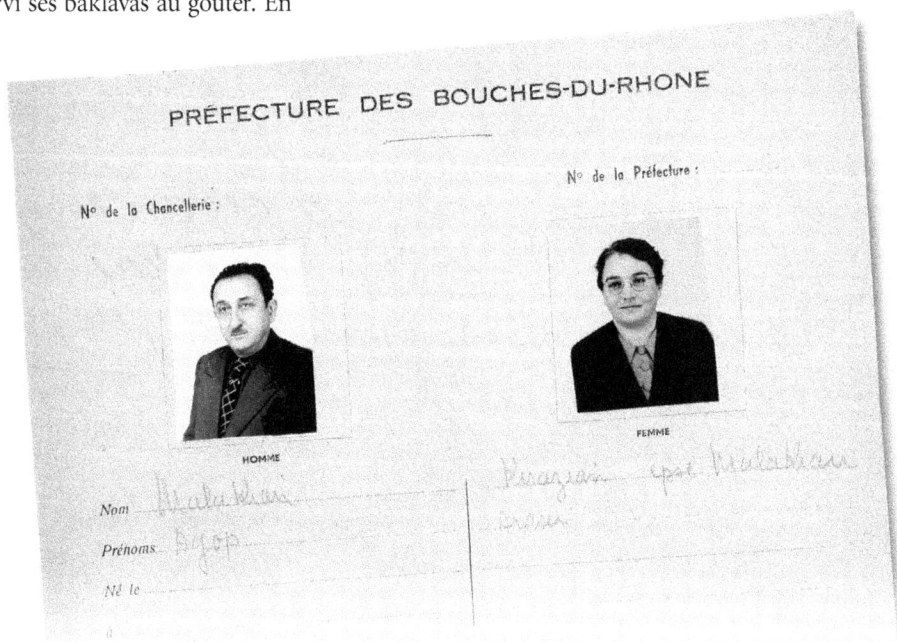

en insistant sur l'argument du « fils » :
ça marche souvent.

> Le nommé Malakian **Agop** né en Turquie le 15 mars 1889 a formulé en 1933 une demande de naturalisation qui a été ajournée le 31 mai 1934. Le postulant qui renouvelle sa requête fait toujours l'objet de bons renseignements. Son fils, âgé de 17 ans est de bonne constitution et pourra en temps utile être déclaré apte au service armé. En tenant compte d'autre part de la bonne assimilation des intéressés, je maintiens les conclusions favorables de mon précédent rapport sous réserve du paiement de la moitié des droits du sceau.

Hélas, la guerre va contrecarrer les plans des Malakian. La demande de naturalisation reste en souffrance. Qu'importe, ils viennent de connaître un grand bonheur. Leur fils est parti en école préparatoire à Aix-en-Provence et s'est inscrit au concours des Arts et Métiers, section étrangers. Il est admis à l'été 1940. Si toute la France pleure la défaite, chez les Malakian, on fête la victoire. En tant qu'étudiant, Achod ne connaîtra pas la guerre. Il obtient un sursis pour études : il ne sera pas mobilisé. Ni son père, d'ailleurs, qui est toujours considéré comme un étranger pour la France.

À la fin de la guerre, Achod trouve un job comme journaliste critique de cinéma au journal *Horizon*. Il bifurque vers sa passion : le cinéma. Il rencontre Fernandel. La vedette sympathise avec le jeune homme. Et accepte de jouer pour lui dans son premier court-métrage : *Escale au soleil*. Les premiers contrats de metteur en scène commencent à tomber. Ses parents sont toujours ouvriers chemisiers. Tante Anna est morte, sans faire de bruit, comme elle avait vécu. Tante Kayane ne s'est jamais mariée

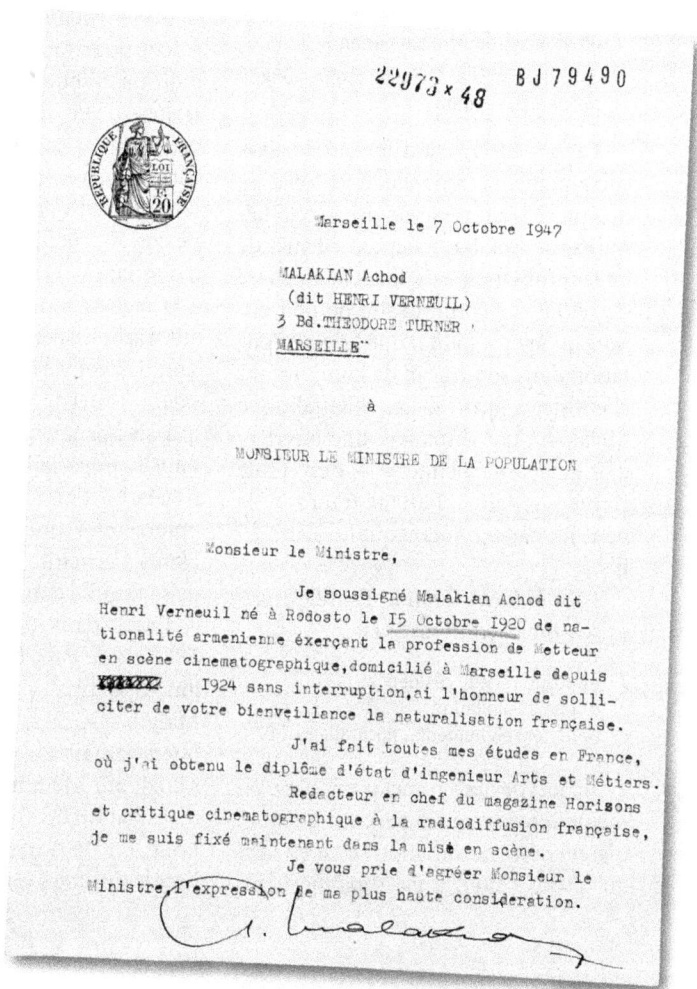

Lettre de demande de naturalisation écrite par Henri Verneuil, de son vrai nom Achod Malakian.

et est restée avec la famille. En 1948, Achod demande à son tour la naturalisation française. Suivi par son père Agop, qui n'a pas abandonné son rêve de devenir français.

Le dossier du fils passe comme une lettre à la poste.

> Le postulant est jeune et peut par la suite créer un foyer français. De plus le postulant désire se fixer définitivement sur notre sol.
> Son père travaille comme artisan chemisier.

Gagne en tant que metteur en scène environ 150000 francs par an.
Avis du bureau : Élément jeune, longue résidence, célibataire.

Les parents d'Achod ont désormais la soixantaine. La république va-t-elle les accepter ? Leur persévérance – cela fait quinze ans qu'ils ont fait cette demande de naturalisation – est finalement payée de retour. Le commissaire de police a noté qu'Agop « jouit d'une bonne réputation dans son travail de commerçant chemisier à façon ». La petite fabrique Malakian, qui emploie « une ouvrière d'origine arménienne » – c'est tante Kayane –, fait « 140000 francs » de bénéfice par an. Autant que le salaire du fils.

La « Belle et Grande Famille française » ouvre enfin ses bras :

Apatride longue résidence.
Bonne assimilation,
bons renseignements, naturaliser.

Achod devient français en 1949, en même temps que ses parents. De quoi digérer cette humiliation : c'est en tant qu'étranger qu'il a été diplômé ingé-
nieur. « Même les sciences se coalisaient pour rappeler au candidat qu'il était né ailleurs. C'est avec un peu de tristesse que je m'engageais dans ce créneau, en espérant une intégration future dans cette forteresse dressée par l'orgueil national et la raison d'État qui ne voyait aucune urgence dans cette assimilation. Elle fut longue cette quête à la recherche d'une identité. Si la loi autorisait l'espérance d'une naturalisation, les gouvernements d'alors opposaient l'inertie de longues enquêtes qui se bornaient à un dossier enlisé dans la poussière de fonds bureaucratiques.[4] » Plus tard, Achod Malakian optera pour un autre nom de scène : Henri Verneuil. Il racontera l'histoire de sa famille dans un livre, *Mayrig*, les adaptera dans deux films *Mayrig* et *588, rue de Paradis*. Claudia Cardinale jouera sa mère, Omar Sharif, son père. Malgré le succès, Henri Verneuil n'oubliera jamais qu'il est d'abord Achod Malakian. Membre de la commission de la Nationalité présidée par Marceau Long, en 1987, il se battra pour libéraliser le droit des réfugiés.

---

4. *Ibid.*

[1949]
Brassaï,
l'Œil de Paris

« Avis réservé, loyalisme non éprouvé »

D ans la dernière page de son dossier de natura-lisation, à la question 9, « déclaration diverses des postulants », il s'est lâché. Les lignes serrées les unes contre les autres pour en dire le plus possible dans le minuscule paragraphe, il s'est lancé dans un vibrant plaidoyer, quitte à frôler l'immodestie.

> Sous le nom « Brassaï », je publie des photos en France et à l'étranger dans des grandes revues illustrées. En 1933, la revue *Arts et métiers graphiques* a publié mon album *Paris de nuit* qui a eu un succès considérable. Depuis 1937, je suis membre de la Confédération française de la photographie ainsi que de la société des illustrateurs et des auteurs. On me considère comme l'un des meilleurs photographes français et on m'a même surnommé « l'Œil de Paris ». Je participe à toutes les grandes expositions françaises à l'étranger, représentant la photographie française et mon plus grand désir est que je puisse le faire en qualité de Français.

Ce tableau d'honneur semble avoir laissé de marbre le fonctionnaire du bureau du sceau. Lequel conclut d'un

Jules Halasz dit Brassaï en 1949.

sec: « Avis réservé. Loyalisme non éprouvé. » Nous sommes en août 1948. Brassaï vient de se marier le 17 juillet avec Gilberte, une jeune Française. Natif de Brasov, en Transylvanie – ville qui était à l'époque rattachée à l'Autriche-Hongrie et qui appartient désormais à la Roumanie –, Gyula Halász, de son vrai nom, a connu Paris tout petit. Toute la famille avait suivi papa, un féru de littérature française, qui avait obtenu un poste temporaire à la Sorbonne. Gyula est ensuite retourné en Hongrie, il a étudié à Budapest, puis à Berlin. Il ne s'est établi à Paris que depuis 1924, jeune peintre de vingt ans et des poussières, attiré par les lumières et la bohème de Montparnasse. Picasso, Prévert, Cocteau, il les connaît tous. Sa patrie? Elle est entre la Coupole et Saint-Germain-des-Prés, c'est le Paris des artistes. La ville interlope aussi qu'il a photographiée sous toutes ses coutures. Mais foin des sentiments, l'œil de la police dissèque froidement celui qu'on appelle l'Œil de Paris.

Décryptons le rapport:

Halasz Jules a épousé le 17 juillet 1948 notre compatriote Boyer Gilberte qui a conservé sa nationalité.
Aucun enfant n'est encore issu de ce mariage.
L'intéressé réside en France depuis 1924 [...] Fixé en France, sa femme étant française, Halasz désire acquérir notre nationalité. Possédant une bonne culture générale (serait bachelier en Roumanie), il s'exprime très bien dans notre langue, ayant gardé toutefois un léger accent étranger. Son assimilation est satisfaisante [...]
Photographe, il est inscrit au registre du commerce de la Seine sous le nom de « Brassaï ». Il exerce cette profession depuis 1929. Imposé sur les bénéfices commerciaux pour un forfait annuel de 240 000 francs, son chiffre d'affaires pour l'année 1948 s'est élevé à 500 000 francs.
Halasz déclare avoir servi dans l'armée d'Autriche-Hongrie de mars 1917 à fin 1918.
En France, il n'a rendu aucun service d'ordre militaire.
Il n'a pas souscrit d'engagement en 1939 et n'a appartenu à aucun groupement de Résistance pendant l'Occupation.

À cet endroit-là du rapport de police, on se dit que Brassaï peut oublier sa naturalisation! La police du loyalisme est terriblement zélée après la Libération. Les bons Français d'hier sont devenus les mauvais, il faut nettoyer, punir, honorer. Mais la France n'aurait pas naturalisé grand monde après guerre si elle avait réservé ce privilège aux résistants... Comme l'immense majorité des Français pendant cette période sombre, Brassaï n'a été ni résistant ni collaborateur. À la débâcle, il a fui Paris comme tant d'autres, errant sur les routes en compagnie de Jacques Prévert vers les Pyrénées puis se réfu-

giant à Cannes. Puis, en octobre 1940, il décide de rentrer à Paris.

« Je voudrais sauver au moins mes biens: l'œuvre de ma vie. Je sais bien, hélas, que c'est une lourde décision car je serai coupé du monde extérieur (peut-être même des miens) et je ne peux pas savoir pour combien de temps[1] », écrit-il ainsi à ses parents en octobre 1940. Comme Cocteau, Prévert, Picasso et bien d'autres, il traversera la guerre dans Paris occupé. Sans œuvrer directement pour la Résistance comme un Desnos ou un Éluard. Mais sans frayer non plus avec l'occupant comme Guitry. Contrairement aux musiciens, chanteurs, acteurs qui n'ont pas manqué d'engagement dans les cabarets du Paris occupé, Halasz ne va pas s'exposer pendant la guerre. Son activité essentielle est de photographier les œuvres de Picasso qui l'a recruté pour un catalogue. Halasz reste un étranger, donc un suspect. Sa nationalité est flottante. Il est né dans une ville austro-hongroise, se vit comme hongrois, mais sa ville est désormais roumaine, et est donc alliée de l'Allemagne. Naïveté ou inconscience? En octobre 1940, Brassaï souhaite lancer une procédure de naturalisation et écrit à son père: « Je demanderai ma naturalisation à l'ambassade de Hongrie. Je vous tiendrai au courant dès que ce sera possible. En attendant, envoyez-moi l'extrait de naissance de ma mère en deux exemplaires (en allemand). Il suffit de prouver que deux de mes grands-parents sont aryens[2]. » Évidemment la procédure tournera court. Sous Vichy, on ne naturalisait guère.

Extrait du formulaire de demande de naturalisation rempli par Brassaï en 1949.

1. *Lettre à mes parents, 1920-1940*, Brassaï, Gallimard, 2000.

2. *Ibid.*

9. — Déclarations diverses des postulants [5]

Sous le nom "Brassaï", je publie des photos en France et à l'étranger dans les grandes revues illustrées. En 1933, Arts et Métiers Graphiques a publié mon album "Paris de Nuit" qui avait un succès considérable. Depuis 1937 je suis membre de la Confédération française de la Photographie, ainsi que de la Société des Illustrateurs et Auteurs photographes. On me considère comme un des meilleurs photographes français et on m'a même surnommé "l'œil de Paris". Je participe à toutes les grandes expositions représentant la photographie française et mon plus grand désir que je puisse le faire en ma qualité de français.

J'affirme, sous la foi du serment l'exactitude des renseignements ci-dessus donnés par moi.

Fait à Paris, le 9 Sp. 1948
Halasz

MARI (écrit de sa main)	FEMME (écrit de sa main)
J'affirme, sous la foi du serment l'exactitude des renseignements ci-dessus donnés par moi. SIGNATURE	J'affirme, sous la foi du serment, l'exactitude des renseignements ci-dessus donnés par moi. SIGNATURE :

AVIS MOTIVÉ

MARI	FEMME
Avis réservé - Loyalisme non éprouvé -	

Paris, le 14 SEPT 1948

LE COMMISSAIRE DE POLICE.

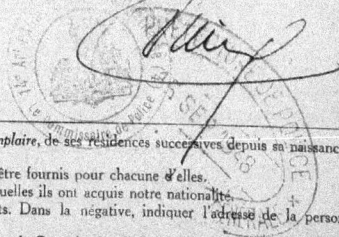

---

(1) Prière de bien vouloir inviter l'intéressé à fournir la liste *en double exemplaire*, de ses résidences successives depuis sa naissance jusqu'à ce jour (avec adresses complètes).
(2) Si l'intéressé a contracté plusieurs unions, ces renseignements devront être fournis pour chacune d'elles.
(3) S'ils sont Français, préciser les dispositions de notre Loi en vertu desquelles ils ont acquis notre nationalité.
(4) En ce qui concerne les enfants, indiquer s'ils vivent avec leurs parents. Dans la négative, indiquer l'adresse de la personne chez laquelle ils sont élevés.
(5) Si le postulant ne sait pas écrire, la déclaration est reçue par le Maire ou le Commissaire de Police.

Le rapport de police nous permet d'en savoir plus sur Brassaï pendant la guerre. De quoi atténuer la sévérité du « n'a appartenu à aucun groupement de Résistance pendant l'Occupation ».

> Malgré cela, son attitude pendant cette période n'a donné lieu à aucune remarque particulière et aucun fait de nature à rendre douteux son loyalisme n'est à signaler.

> Le 18 mars 1943, il a été convoqué par son consulat à Paris qui lui a donné l'ordre de regagner la Roumanie pour être mobilisé. Il s'est soustrait à cette obligation en se cachant 12, rue Servandoni, chez des amis, jusqu'à la Libération.

Rappelons que la Roumanie se trouvait du côté de l'Allemagne pendant la guerre. « Mobilisé comme ex-officier de l'armée roumaine, j'ai préféré déserter », raconte-t-il à Pierre Reverdy[3]. Il fuit son appartement, vit avec une fausse carte, ce qui ne l'empêche pas de continuer de voir tous ses amis, comme auparavant : les résistants Éluard et Desnos, Nusch, femme d'Éluard, Pierre Reverdy, Leon Paul Fargue. Et évidemment Picasso qui se fait pincer par les inspecteurs du ravitaillement dans son QG, le restaurant Le Catalan : avec ses amis, Picasso a mangé des chateaubriands grillés, un jour sans viande…

« Loyalisme non éprouvé », certes. Mais la balance est prête à pencher favorablement pour Brassaï. La chambre de commerce de Paris est également sollicitée. Contrairement au syndicat des dentistes ou des médecins, fidèle à un protectionnisme de triste mémoire, et ce même après la guerre, les autres organismes professionnels semblent plus ouverts.

> Eu égard aux renseignements commerciaux que nous avons recueillis sur l'activité professionnelle, notre compagnie estime qu'une suite favorable peut être réservée à sa demande.

Le dernier avis du préfet de police, daté de juillet 1949, prend compte de tous ces avis favorables.

> Halasz est établi photographe et déclare gagner 20 000 francs par mois […] Tenant compte de la nationalité française de sa femme, je ne m'oppose pas à la prise en considération de sa requête.

Riche et marié à une Française. Voilà ce qui a emporté la mise. Brassaï est naturalisé par le décret du 4 novembre 1949. Bien plus tard, en 1975, son dossier est à nouveau sorti par le secrétaire d'État à la Culture. Il demande une attestation de nationalité : l'ex-immigré hongrois a été nommé chevalier de la Légion d'honneur.

---

3. *Conversations avec Picasso*, Brassaï, Gallimard, 1969.

[1949]

Anna (veuve) Mangel, mère du mime Marceau

« *Le certificat de déportation manque au dossier* »

Anna Mangel, mère de Marcel Marceau, alias le mime Marceau, en 1949.

Est-ce parce qu'il est le fils d'un fantôme que Marcel Mangel, dit Marcel Marceau, a choisi le théâtre silencieux? Le dossier de naturalisation de ses parents est l'un des plus émouvants qui nous aient été donné à voir.

Un mort peut-il être naturalisé ?

À la rubrique « Domicile », une simple mention: déporté en Allemagne. Une annotation absurde, kafkaïenne, vertigineuse. Comme si, ce 14 mars 1945, c'était un fantôme qui remplissait le dossier de naturalisation de Mangel, Charles, né à Bendzin (Pologne) et de son épouse Anna Mangel née Werzberg. Anna est bien là, elle a posé pour la photo d'identité, mais elle est seule. À côté, une page blanche, celle de son mari, qui s'est évaporé le 19 février 1944.

Ce jour-là, Charles a été arrêté à Limoges dans sa boucherie par la Gestapo. Sa famille ne l'a plus revu. Un an après ce jour maudit, Anna Mangel, sa femme, ne sait toujours pas où on a expédié son mari. Elle ne sait pas qu'il n'est resté à Drancy que deux semaines ni qu'il faisait partie du convoi 69[1], parti pour Auschwitz le 7 mars 1944. Elle espère, encore. Se dit qu'il reviendra peut-être, certainement, même. En mars 1945, tous les camps sont encore loin d'être libérés. Auschwitz l'a été à la fin de janvier, Buchenwald ou Dachau le seront dans deux mois. Ceux qui par miracle ont survécu ont été emportés par les nazis dans de terribles marches de la mort, à travers l'Europe. Une légion de cadavres errant sur les routes bombardées: beaucoup périssent d'épuisement, ou fusillés par les Allemands quand ils ne peuvent plus avancer. Tout cela, Anna ne peut l'imaginer. Les premiers déportés ne seront de retour à Paris, campant au Lutétia transformé en hôpital, qu'à partir

---

1. Sur les mille cinq cents personnes du convoi, mille trois cent onze seront gazées dès l'arrivée. Et seulement cent dix sélectionnées. Seules vingt survivront.

d'avril 1945, témoignant à voix basse de l'horreur qu'ils ont vécue.

En mars 1945, on peut encore espérer. Anna se dit que Charles, le robuste Charles, qui a passé toute la Première Guerre interné dans un camp comme ennemi de la Prusse – déjà –, a dû s'en sortir cette fois encore. Il va revenir, c'est sûr. La vie continue. Anna l'a décidé. Cette vie, leur vie, va reprendre là où elle s'était arrêtée. Les Mangel avaient demandé leur naturalisation avant la guerre, ils ne l'avaient pas obtenue ; Anna, dès mars 1945, alors que l'armistice n'est même pas encore signé, se relance dans le marathon administratif. Devenir française. Malgré la trahison du gouvernement de Vichy.

Le 14 mars 1945, Mme Mangel Anna (madame, et non pas veuve, la distinction est d'importance) écrit donc à M. le préfet de Dordogne :

Je soussignée Mangel Anna, ai l'honneur de vous demander la naturalisation française pour mon mari et moi. Mon mari, Mangel Charles, boucher de profession, a été pris à son travail – employé dans une boucherie à Limoges – le 19 février 1944 par la Gestapo et déporté à destination inconnue. Nous sommes venus à Strasbourg (Bas-Rhin) vers 1900 et nous sommes mariés à Strasbourg le 28 octobre 1920. De ce mariage il est résulté deux fils qui ont acquis la nationalité française.
Mangel Simon, instituteur, résistant depuis début 1942.
Mangel Marcel, étudiant qui va être mobilisé incessamment.
Mon mari avait fait une première demande de naturalisation en 1936. Cette demande a été adressée à la préfecture du Bas-Rhin le 11 novembre 1936 et enregistrée sous le numéro 8406. Par décision du 21 avril 1939, M. le garde des Sceaux a prononcé l'ajournement de cette demande pour une durée de quatre ans, spécifiant toutefois qu'il nous serait loisible de formuler une

nouvelle demande après expiration du délai d'ajournement. En raison des événements, cette demande n'a pu être renouvelée plus tôt. Je vous saurais gré, monsieur le préfet, de bien vouloir donner suite à cette nouvelle demande de naturalisation pour mon mari et moi et vous prie de croire à mes sentiments distingués.

Le dossier de demande de naturalisation rempli à la préfecture est surréaliste. En effet, comme dans tous les dossiers, il y a deux colonnes. L'une pour l'homme. L'autre pour la femme. Ici, la colonne réservée à Charles l'absent est remplie entièrement.

Domicile : déporté en Allemagne.
Frères et sœurs du postulant : Mangel Isaac, quarante-cinq ans, français, commerçant à Lyon-Villeurbanne, déporté en Allemagne, sans nouvelles.
Résidences successives : Strasbourg, rue de Férette, domicilié de 1912 à 1926, puis de 1926 à 1939 (entre-temps à Lille).
Profession : boucher.

Pour quels motifs est-il venu en France : pour travailler.
Pour quels motifs a-t-il quitté son pays d'origine : pour manque de travail.
Pour quels motifs sollicite-t-il sa naturalisation : pour créer une famille française.

Ses enfants ou lui-même ont-ils rendu des services à la France : oui, ses deux fils ont servi à la Résistance.

Degré d'assimilation : renseignement ignoré du fait que l'intéressé est déporté en Allemagne.
Que lui rapporte sa profession : néant, déporté.
Quelle a été son attitude pendant la guerre de 1939-1940 : néant.

Néant. Là où a été englouti Charles. Charles Mangel semble revivre cependant une nouvelle fois dans ces froids documents administratifs qui s'entêtent à lui accorder une seconde existence de papier. Ainsi, on sursaute à la vision de ce « Certificat de bonne vie et mœurs » délivré à Charles Mangel, le 8 mars 1946. Et on a la gorge serrée devant cette « déclaration à souscrire par l'étranger en instance de naturalisation ».

Lieu du domicile : déporté.
Numéro de carte d'identité : a été déporté avec tous ses papiers.
Situation militaire : interné en Allemagne pendant son temps de service.
Depuis juin 1940 : néant.
Observations : cette déclaration a été rédigée par son fils aîné Mangel Simon qui signe pour son père déporté.

« Insoumis, mauvais contribuable : ajourner »

Pour retrouver la signature de Charles, il faut fouiller dans le dossier. Et remonter à une lettre datant du 2 août 1937. Cette fois, Charles Mangel avait signé en bas de la page, Charles en chair et en os.

2 août 1937,
Monsieur le préfet,
J'ai l'avantage de vous faire savoir les localités dans lesquelles j'ai habité avant de me fixer à Strasbourg. Je suis né en 1895 à Bendzin en Pologne. À l'âge de dix ans, je suis parti pour Darmstadt en Allemagne et de 1909 à 1912 j'ai été en apprentissage (boucher à Bernsheim). En 1912 j'ai été un an à Strasbourg et après un passage en 1913 à Duburg, j'ai été en 1914 à Giessen (Allemagne), où je suis resté interné jusqu'en 1918. Dès la fin de la guerre je suis venu m'établir à Strasbourg où je travaille jusqu'à ce jour.
Charles Mangel

Comme beaucoup de ses compatriotes de Bendzin (par exemple Charles Lustiger, le père du cardinal), en Silésie du Sud, Charles a fui les pogroms avec sa famille et s'est établi dans l'Allemagne toute voisine. C'est – théoriquement – le même pays, puisque la Silésie a été rattachée à la Prusse en 1871 mais dans les faits c'est bien plus compliqué. La preuve : en 1914, Charles est interné dans le camp de Giessen, où sont enfermés des prisonniers de guerre français ou anglais. On ne saura jamais ce que Charles a vécu lors de ce premier enfermement en camp, prélude sinistre à ce qui allait survenir plus tard, mais on imagine que c'est pour cela que, dès 1918, il décide de s'établir de l'autre côté de la frontière à Strasbourg. Il parle allemand parfaitement, alsacien aussi. Français un peu moins. Anna, elle, est arrivée toute petite à Strasbourg. En 1936, les Mangel savent déjà ce qui se passe dans l'Allemagne nazie. « On avait écouté le discours d'Hitler, quand il avait été nommé chancelier en 1933, tout le monde comprenait l'allemand. Et on était en contact avec la communauté juive en Allemagne », se rappelle Georges Loinger[2], leur neveu. Pourtant, les Mangel ne se pressent pas pour obtenir la nationalité française, alors que leurs frères et sœurs ont déjà accompli cette démarche dès les années 1920. Charles est un rêveur, pas un pragmatique. Il n'aime qu'une chose : chanter ses airs d'opéra dans sa boucherie. Anna est, elle, plus terre à terre. On suppose que c'est elle qui, en mai 1936, se décide à effectuer une « déclaration » pour leurs deux fils, Simon, quinze ans, et Marcel, treize ans. Ils sont nés en France, ils deviennent français. C'est désormais au tour des parents d'entamer les procédures.

Problème : le dossier de Charles semble chiffonner la préfecture. La naturalisation est devenue difficile à obtenir dans les années 1930. Avec la crise et le chômage, la France ne veut plus des Polonais. Les travailleurs qu'elle avait fait venir dans les années 1920 sont renvoyés par convois entiers alors que leurs enfants, bien souvent, sont devenus français car nés en France. Et puis dans l'Est, l'afflux de réfugiés juifs allemands en gêne plus d'un. Bref, quand Charles Mangel rédige sa demande, il ne sait pas qu'en face la préfecture est toute prête à lui chercher des noises.

> Est-il en règle par rapport à ses contributions ? A payé ses impôts de 1936 sur ma demande 490 francs.
> Constitue-t-il en raison de ses aptitudes professionnelles un apport intéressant pour la collectivité ? Non.
> Y a-t-il pénurie de main-d'œuvre française dans la spécialité du postulant ? Non.
> Exerce-t-il une profession déjà encombrée ou susceptible de le devenir ? Oui.
> A-t-il satisfait la loi militaire dans son pays ? Non.

Sans surprise, le rapport de la préfecture du Bas-Rhin, le 25 janvier 1938, donne sa sentence. Défavorable.

> Au cours de la Grande Guerre il aurait été interné à Giessen (Allemagne). Venu à Strasbourg en 1919, le postulant y réside depuis cette date, à part un court séjour de deux ans à Lille. Le 28 octobre 1920, il épouse sa compatriote Chancia Mangel, dite Anna, dont il eut deux enfants, Simon et Marcel [...] De profession boucher, M. Mangel travaille à la satisfaction de son employeur, M. Schwartz, qui l'occupe depuis une dizaine d'années. Les renseignements recueillis sur les postulants leur sont favorables tant au point de vue moral que national. Ils sont assimilés aux us et coutumes de notre population et parlent assez bien notre langue [...] Toutefois M. Mangel m'a été signalé comme mauvais contribuable (les impôts de l'exercice 1936 n'ont en effet été acquittés que sur ma demande). Sa naturalisation ne présente par ailleurs pour le moment aucun intérêt particulier. Dans ces conditions et bien que les intéressés résident en Alsace depuis de longues années, j'émets un avis d'ajour-

Formulaire de demande de naturalisation d'Anna Mangel. À la rubrique « Domicile » pour son mari est noté : déporté en Allemagne. Marcel, le futur mime Marceau, figure à la rubrique « Enfants ».

---

2. Entretien avec une des auteures.

DEMANDE DE NATURALISATION

FORMÉE EN VERTU DE LA LOI DU 10 AOUT 1927 (ART 6, §)

CONFIDENTIELLE

NOTICE DE RENSEIGNEMENTS

I. — ETAT CIVIL ET SITUATION DE FAMILLE

	MARI	FEMME
Nom:	MANGEL	WERZBERG
Prénoms:	Charles	Chancia
Né à	Bendzin	Jablonow
le	27 juillet 1895	16 février 1889
Nationalité:	polonaise	polonaise
Profession:	boucher	sans
Domicile:	Trélissac	Trélissac
Rue:	déporté en Allemagne	l'Arsault

Mariés le 28 octobre 1920, à Strasbourg

	NOMS ET PRENOMS de l'intéressé et de son conjoint, le cas échéant	DATE et lieu de naissance	NATIONALITE (1)	PROFES. SION	ADRESSE (2)
Enfants majeurs	Mangel, Simon	8-4-1921 Strasbourg	franç.	Instituteur	Périgueux 5,Rue Louis Blanc
	id. Marcel	22-3-1923 Strasbourg	id.	étudiant	militaire en occupation
Enfants mineurs					
Père du postulant	Mangel, Jacques décédé				
Mère du postulant	Schweitzer, Simone décédée				
Père de la postulante	WERZBERG, Jacques décédé				
Mère de la postulante	Vogel, Berthe décédée				
Du postulant	Mangel, Isaac 85, Cours Tolstoi,	45 ans déporté	franç. en Allemagne,	commerçant sans nouvelles	Lyon-Villeurbanne
	Sapir, Elsa	39 ans	franç.	s.p.	Lyon-Villeurbanne Rue St Germain
De la postulante	Loinger, Mina	57 ans	franç.	s.p.	Strasbourg13 Rue Ste Madeleine

(1) S'ils sont Français, préciser les dispositions de notre loi en vertu desquelles ils ont acquis notre nationalité.
(2) En ce qui concerne les enfants, indiquer s'ils vivent avec leurs parents. Dans le cas de la négative, indiquer l'adresse de la personne chez qui ils sont élevés.

nement à leur demande jusqu'à ce que leurs deux fils Simon et Marcel soient en âge d'être appelés sous nos drapeaux.

Le bureau du sceau renchérit. Une petite note griffonnée, datant du 10 février 1937, cloue littéralement sur place le pauvre Charles Mangel.

Insoumis dans son pays.
Pas d'intérêt national (quarante-trois ans, fils déjà français).
Renseignements défavorables.
Avis d'ajourner.

L'avis d'ajournement est notifié le 12 avril 1939. Alors que pourtant bruissent des rumeurs de guerre imminente et que la France, depuis le début de l'année, a rouvert très brièvement les vannes pour recruter de la chair à canon...

Une boucherie casher où l'on chante de l'opéra

Charles ne sera donc pas mobilisé à la déclaration de guerre. Il doit en revanche tout quitter. Sa maison, sa rue, sa boucherie. Pour des raisons de sécurité, le gouvernement a décidé d'évacuer Strasbourg le 2 septembre 1939. Toute la population a quelques heures pour empaqueter ses affaires – 30 kilos maximum – et quitter la ville. Plus de deux cent cinquante mille Alsaciens sont sur les routes et se dirigent vers la Dordogne : le maire de Strasbourg part à Périgueux d'où il est censé « gérer » sa ville à distance ; les Mangel, eux, s'arrêteront avant. À Limoges. Quelques mois après, ce sont tous les Français qui prendront le chemin de l'exode. Les Mangel se disent qu'à quelque chose malheur est bon. Les voilà du bon côté de la ligne de démarcation. Ils ont trouvé un petit

appartement rue Jules-Guesde (pas loin de la planque des Ginsburg, qui se cacheront à Limoges un peu plus tard). Même si, au départ, les premiers contacts sont rudes : la population locale voit avec suspicion débarquer cette horde de « boches de l'Est ». Les Mangel se recréent un petit cocon à Limoges. Ils ont retrouvé beaucoup de leurs voisins juifs de Strasbourg. Ils se sentent en sécurité. Tellement qu'ils décident de rouvrir la boucherie. Une boucherie casher. Et les affaires marchent. La boucherie de Charles est la seule à des kilomètres à la ronde ! Même lorsque Vichy interdit en 1941 aux Juifs les professions commerciales, même quand la zone libre est envahie en novembre 1942, les Mangel continuent comme si de rien n'était. Comme auparavant, à Strasbourg, Charles chante dans sa boucherie, de sa belle voix de baryton en coupant la viande. Les clientes viennent l'écouter et restent des après-midi à papoter dans la boutique. Elles sont bien, ensemble. Elles rient fort, elles cancanent, elles évoquent les souvenirs de cette époque bénie où l'on pouvait être juif sans se cacher. « J'ai été fait prisonnier de guerre. Quand j'ai réussi à m'évader, je suis rentré dans la clandestinité. Mais j'ai réussi à aller les voir, je crois que c'était en 1943, se rappelle Georges Loinger. Quand j'ai vu Charles dans sa boucherie, j'ai cru rêver. Il était là, à chanter comme avant ! Et sur la vitrine, il y avait écrit en yiddish "casher". Une vraie folie. Je leur ai dit qu'il fallait absolument qu'ils se cachent. Qu'ils ferment la boutique. Qu'ils allaient être déportés, tués. Mais Anna m'a répondu, non Georges, c'est impossible, on ne peut pas fermer la boutique, il faut bien vivre, et tous ces gens ont besoin de nous. » Anna, irréductible optimiste, ne veut pas croire ce que lui dit son petit-neveu. Au diable les oiseaux de mauvais augure. Charles continue à chanter et à débiter de la viande. Le 11 février 1944, la Gestapo débarque et embarque tout le monde. Le boucher chanteur et ses clientes.

Le passeur d'enfants juifs qui faisait des grimaces

Anna s'est cachée. Simon, son aîné, est dans le maquis, sous le nom de Marceau, comme son frère Marcel. Ce dernier s'est réfugié, grâce à son cousin Georges Loinger, à la maison de Sèvres, une institution qui cachait des enfants juifs. « Marcel était un artiste, il tenait cela de son père. C'est dans cette maison d'enfants qu'il a commencé à se révéler. Il donnait des cours de théâtre. » Les mômes de la maison de Sèvres sont des orphelins. Marcel Mangel a seize ans. Il leur fait des grimaces, leur joue de la guitare. « C'était un rayon de soleil dans notre océan de misères [3] », dira plus tard Eva Lang, une des enfants cachés. Georges Loinger, le fidèle cousin, résistant de la première heure, n'est pas loin. Il fait passer des enfants en Suisse. « C'était dangereux, certains des gamins étaient des Juifs orthodoxes, ils avaient dû mal à accepter de changer de nom, ils parlaient yiddish. Marcel m'accompagnait. » Pour que les enfants restent silencieux pendant le passage de la frontière, extrêmement délicat, Marcel montre une autre facette de son talent. Le jeune résistant n'est pas seulement un habile dessinateur, capable de fabri-

quer des faux papiers avec dextérité, il est aussi un charmeur d'enfants. Pour les envoûter et les garder calmes, il expérimente ses premiers gestes de pantomime, ceux qui le rendront célèbre dans le monde entier plus tard. Un clown gracieux et tragique guidant des mômes terrorisés et traqués…

La fiche signalétique sur les enfants Mangel, jointe en 1945 au dossier de leur mère, résume de façon condensée et frappante cette histoire du siècle.

Notices concernant les enfants
Mangel Simon
A fait ses études à Strasbourg.
Replié avec ses parents en Dordogne le 2 septembre 1939, a été nommé instituteur par l'inspecteur d'académie.
A occupé ce poste durant l'année scolaire 1939-1940.
Destitué par le statut des Juifs en septembre 1940.
Instituteur libre dans une maison d'enfants en Creuse.
Entré dans la Résistance à Lyon en mars 1942.
Résistance et maquis en Haute-Vienne et Dordogne.
Engagé volontaire pendant la durée de la guerre. Gradé lieutenant.

Mangel Marcel
A fait ses études à Strasbourg puis après l'évacuation de Strasbourg de septembre 1939 à Limoges.
Puis élève de Charles Dullin au théâtre Sarah-Bernhardt à Paris.
Mobilisé en mars 1945 (avait déjà participé à l'insurrection parisienne).
Actuellement en Allemagne avec la première armée française (a participé à la bataille d'Allemagne).

L'attestation de résistance de Simon permet, elle, d'entrevoir le parcours rocambolesque d'un jeune combattant du maquis qui a échappé à la mort par miracle: Simon a été arrêté deux fois par la Gestapo. Il s'est évadé chaque fois.

---

3. *Les Enfants cachés pendant la Seconde Guerre mondiale*, Céline Marrot Fellag Ariouet, mémoire de maîtrise, 1998.

COMMISSION MILITAIRE
DU
COMITÉ DE LIBÉRATION
DE LA DORDOGNE

19, rue Louis-Mie
PÉRIGUEUX

PÉRIGUEUX le _____ 194__

A T T E S T A T I O N
=:=:=:=:=:=:=:=:=:=:=:=:

Je soussigné Cdt COMMANGLE (ex Lt Cl MARTIAL) Président de la Commission Militaire du C.D.L. de la Dordogne certifie
que :

l'Aspirant MANGEL Simon né le 8 Avril 1921 à STRASBOURG
(Bas Rhin) affecté actuellement au G.O.I. II2 à PERIGUEUX, est
entré dans la Résistance le 4 Mars 1942 à LYON. A rempli les fonc-
tions d'agent de liaison entre LYON et GRENOBLE. Arrêté par la gestapo le 27 Février 1943 à LYON, réussit à s'évader en sautant d'un
train. Arrivé à LIMOGES le 6 Mars 1943, a participé à l'organisation
des F.F.I. dans le département de la Haute Vienne.

Arrêté par la gestapo le 17 Janvier 1944 à LIMOGES, s'é
vade au cours du transport. Arrivé en Dordogne, a fait partie de
l'Etat Major départemental F.F.I. A participé à la Libération de
PERIGUEUX

Grade F.F.I. Lieutenant . Homologué dans ce même grade
par la Commission Régionale d'Homologation des grades à LIMOGES
le 25 Janvier 1945 (Décision N° 5I C.R.H.) Intégré par le Ministère de la guerre dans le grade d'aspirant de Réserve en Juin 1945
pour prendre rang du 25 Septembre 1944.

La présente attestation certifiée exacte a été délivrée pour servir et valoir ce que de droit

PERIGUEUX, le 6 Août 1945

Cdt COMMANGLE (ex Lt Cl MARTIAL)
Pdt de la Commission Militaire du
C.D.L. de la Dordogne

PERIGUEUX, le 2I / I2 / 1945
Vu : le Lieutenant Colonel LEBOEUF
Commandant la Subdivision Militaire
Cachet de la Subdivision Militaire
de PERIGUEUX
Signé : LEBOEUF

Attestation

Commission militaire du comité de libération de la Dordogne,

Je soussigné commandant Connangle
(ex-lieutenant-colonel martial), président de la commission militaire du CDL
de la Dordogne, certifie que :

L'aspirant Mangel Simon [...] est entré
dans la Résistance le 4 mars 1942 à
Lyon. A rempli les fonctions d'agent de
liaison entre Lyon et Grenoble. Arrêté
par la Gestapo le 27 février 1943 à
Lyon, réussit à s'évader en sautant d'un
train. Arrivé à Limoges le 6 mars 1943 a
participé à l'organisation des FFI dans
le département de la Haute-Vienne.
Arrêté par la Gestapo le 17 janvier 1944
à Limoges, s'évade au cours du transport. Arrivé en Dordogne a fait partie de
l'état-major départemental FFI. A participé à la libération de Périgueux.

Gradé FFI lieutenant.

Insensé! Alors que Simon avait
été arrêté le 17 janvier 1944 – sous
son faux nom, Alain Marceau –, son
père n'a visiblement pas été se cacher,
continuant à travailler dans la fameuse
boucherie, où il s'est fait cueillir moins
d'un mois plus tard. Toujours cette
illusoire confiance en la France, terre
d'asile ! Bien que résidant dans le pays
depuis plus de vingt ans, Charles et
Anna n'étaient pas encore français
pour l'administration. Juste des Juifs
polonais, ces Juifs étrangers que Bousquet et Laval n'ont pas eu de scrupules
à livrer aux Allemands. Si Charles avait
obtenu la naturalisation avant guerre,
aurait-il échappé à la Gestapo ? Son
frère Isaac, naturalisé français, commerçant à Lyon, n'a pas été épargné.

« Le certificat de déporté manque au dossier »

C'est en tout cas grâce aux faits d'armes
de Simon, artisan de la libération de la

Attestation de résistance de Simon Mangel, frère aîné du mime Marceau.

Dordogne, que le préfet de la région
s'est emparé personnellement du dossier Mangel pour l'instruire. Pour
accélérer la procédure, il s'est chargé
de contacter ses comparses dans le
Bas-Rhin et à Lille pour l'indispensable enquête sur les anciens lieux de
résidence. Et son rapport est plus que
favorable.

Rapport du préfet de la Dordogne à
M. le ministre de la Santé publique,
9 mai 1946 (rue Scribe).

J'ai l'honneur de vous adresser le dossier de naturalisation de Mangel née
Werzberg Anna, dont le mari Charles, né
le 27 juillet 1895 à Bendzin (Pologne)
qui exerçait la profession de boucher, a
été déporté en Allemagne le 10 février
1944 et n'a plus donné de ses nouvelles. Sa femme, née Werzberg Anna,
le 16 février 1889 à Jablonow (Pologne)
de nationalité polonaise, réside à Trélis-
sac depuis le 11 décembre 1944, venant
de Limoges. Avant la guerre, elle rési-
dait à Strasbourg, 6, rue de Férette,
où son mari tenait une boucherie [...]
Elle est entrée en France en 1900 et le
28 octobre 1920 a contracté mariage
avec Mangel Charles. De cette union
sont nés deux enfants :
Simon, le 8 avril 1921 à Strasbourg ;
Marcel, le 22 mars 1923 à Strasbourg,
tous deux de nationalité française.

Mangel Simon a servi dans les rangs de
la Résistance pendant trois ans et neuf
mois et a été démobilisé le 20 janvier
1945. Il a été promu au grade de sous-
lieutenant de réserve.
Mangel Marcel est actuellement sous les
drapeaux et fait l'occupation (adresse
Rideau de Feu, service social, secteur
postal 75 931).

Les renseignements recueillis sur la
conduite et la moralité de Mme Mangel
Anna sont bons. Son attitude au point
de vue national est correcte. Elle paraît
bien assimilée à la population française. Elle lit et comprend notre langue
mais la parle avec un léger accent étran-

ger. Elle offre 5 000 francs comme droits du sceau, ce qui représente un certain effort. Ses deux fils ayant servi dans l'armée française et son mari ayant été déporté, j'émets un avis favorable à sa requête.

Il s'inquiète le 16 octobre 1948, relançant – procédure peu commune – le bureau du sceau pour savoir pourquoi le dossier n'est pas soldé alors qu'il a fait parvenir un avis favorable. La raison du retard confine à l'absurde, là encore. Car le problème est justement que Charles Mangel est déporté. L'administration aime les choses nettes : on est vivant ou mort. Déporté, ça n'est pas prévu, désolé.

Un an et demi après avoir reçu le dossier de la préfecture, le bureau du sceau note en octobre 1947 :

Anna Mangel née Werzberg
Cinquante-huit ans, mariée à Polonais disparu en déportation. Deux enfants majeurs français. Quarante-sept ans de résidence, préfet favorable.
Demander aux AC [anciens combattants] attestation portant la mention « mari non rentré à ce jour ».

On met le dossier en attente…

On imagine que l'attestation n'est jamais arrivée. En 1947, les veuves des disparus ne peuvent pas pleurer leurs morts : elles n'ont aucun droit, ni pension ni aide. Puisque leurs maris ne sont pas morts officiellement.

Résultat, le 4 janvier 1949, un autre fonctionnaire du bureau des naturalisations griffonne :

Le dossier n'a jamais été solutionné, en attente du certificat de déportation du mari. Renvoyer dossier.

La chancellerie est complètement perturbée par ce casse-tête juridique.

Sans certificat de déportation, Charles n'est même pas un fantôme, un défunt. Il n'est rien. Mais il entrave la naturalisation de sa femme.

En mars 1949, le préfet de la Dordogne visiblement agacé renvoie le dossier Mangel.

Mme veuve Mangel exerce depuis le 30 avril 1946 la profession de marchande ambulante de bonneterie [...] Elle gagne environ 8 000 francs par mois et habite chez son fils Simon qui réside à Périgueux. Ce dernier, français, est employé de bureau à la Mutualité agricole. La conduite, la moralité et l'attitude au point de vue national de l'intéressée sont toujours bonnes. Je maintiens en conséquence mon avis favorable émis le 9 mai 1946.

Ainsi, Anna Mangel est devenue veuve Mangel. Trois petites lettres qui ne disent pas le calvaire administratif qu'elles ont dû coûter. « Grâce à ce veuve elle avait gagné un statut social, un titre. Femme de déporté, de disparu, d'interné, tout cela sentait trop le provisoire, tout cela ne renvoyait à rien de précis. "Veuve" : c'est pour ce titre qu'elle a tant lutté, qu'elle a fait le pied de grue, qu'elle a rempli tant de papiers. "Veuve" c'était en finir avec l'incertitude, continuer tête haute[4]. »Ce ne sont pas les fils Mangel qui parlent, mais l'auteur de théâtre Jean-Claude Grumberg. Dont le père, juif roumain, a également été déporté. Laissant sa femme et ses deux fils dans l'incertitude. Quand Anna a-t-elle su ce qui s'était passé pour son mari ? Comment ? Comme la veuve Grumberg, elle a en tout cas dû certainement rem-

---

4. *Mon père. Inventaire*, Jean-Claude Grumberg, « La Librairie du XXIe siècle », Le Seuil, 2003.

plir des papiers à la chaîne pour obtenir un acte de disparition. Fournir des preuves pour que celui-ci soit commué en acte de décès, certainement inexact, vu que personne n'avait la date exacte de la mort de Charles à cette époque-là. Rappelons que ce n'est qu'en 1985, grâce à Robert Badinter, que les certificats de décès ont pu être modifiés pour que soit rajoutée la mention : « Mort en déportation. » Le travail de rectification est loin d'être terminé à ce jour. Sans tombe à fleurir, sans certificat de décès, la veuve Mangel peut désormais se raccrocher à une seule chose tangible : son décret de naturalisation paru le 20 mai 1949. Après treize ans d'attente. Elle y figure seule : on ne peut pas naturaliser un mort.

Peut-on obtenir réparation pour les morts ?

« Elle courait d'un bureau à l'autre, en faisant docilement la queue, en remplissant chaque formulaire, cachant son ignorance relative de la langue RF [République française] […] Peut-être dans sa naïveté de veuve novice pensait-elle que ce premier titre lui ouvrirait la voie royale vers une pension de veuve de guerre. Mais la RF possédait une parade, Zacharie Grumberg n'était pas français, sa veuve et ses enfants oui, lui non. » Là encore, il faut se plonger dans les écrits de Grumberg pour tenter d'imaginer ces quelques années de calvaire d'Anna Mangel – mais avait-elle le droit de se plaindre, elle qui avait survécu – de cet étrange après-guerre. « Marchande ambulante de bonneterie », comme le relève le rapport de la préfecture, Anna s'est donc débrouillée

comme elle pouvait. Elle non plus n'a pas dû toucher la pension de veuve de guerre, Charles est mort polonais et non français. La faute à ce maudit ajournement. La veuve Mangel, en revanche, grâce à sa naturalisation acquise, a pu obtenir, en tant que nouvelle Française, le droit d'avoir la pension de déporté interné politique (largement moins élevée que la pension de déporté résistant, mais c'étaient les fils d'Anna qui étaient résistants, pas son mari…).

Anna allait en tout cas se rendre compte que la nationalité d'un mort compte toujours. Le 15 juillet 1960, la RFA (République fédérale d'Allemagne) et la France ont signé un accord de compensation pour indemniser les victimes du nazisme.

Le ministère des Anciens Combattants à la sous-direction des naturalisations.

J'ai l'honneur de vous informer que mes services sont saisis d'une demande d'indemnisation au titre du décret du 29 août 1961 […] en faveur des ressortissants français ayant été l'objet de mesures de persécution national-socialistes présenté par Mme Mangel Chancia du chef de son mari M. Mangel Kalman, né le 27 juillet 1895 à Bendzin (Pologne) décédé en déportation […] Je vous serais obligé de me faire connaître si une demande de naturalisation avait été déposée auprès de vos services au nom de M. Mangel Kalman avant le 10 février 1944, date de son arrestation.

Toujours ces même mots : seuls les « ressortissants français » sont concernés par le décret. Privée de la pension de veuve de guerre, Anna peut-elle en revanche réclamer d'un dossier d'indemnisation ? Le ministère des Anciens Combattants hésite. Simon, le fils aîné, le résistant, tente de débroussailler cette affaire.

7 février 1962,

Messieurs,

Ma mère a besoin pour son dossier d'indemnisation de la République fédérale allemande à la suite de la déportation de son mari, mon père, d'une pièce attestant que ce dernier avait fait une demande de naturalisation française. Mon père Mangel Kalmann dit Charles et ma mère Mangel Chancia dite Anna née Werzberg, tous deux de nationalité polonaise, avaient en une demande unique sollicité leur naturalisation française [...] La demande de mon père est restée sans suite du fait de sa mort en déportation. Mes parents ayant formulé leur demande en même temps, pourrais-je obtenir une attestation certifiant que mon père a fait cette demande de naturalisation française.

Simon Alain Mangel

Objet : constitution d'un dossier de demande d'indemnisation des victimes du nazisme.

J'ai l'honneur de vous faire connaître que je suis tenu d'instruire un dossier de demande d'indemnisation des victimes du nazisme établi par Mme Mangel Chancia, du chef de son mari, M. Mangel Kalman, né le 27 juillet 1895 à Bendzin (Pologne), décédé en déportation le 7 mars 1944. M. Mangel aurait déposé à la préfecture du Bas-Rhin le 11 novembre 1936 une demande de naturalisation. Cependant, une partie des archives de cette préfecture ayant été détruite par suite de faits de guerre, ce qui ne permet pas de trouver trace du dossier présenté par ce déporté, je vous serais très obligé de bien vouloir m'indiquer si cette demande de naturalisation vous a été transmise.

Charles, mort avant la naturalisation de sa veuve, n'a pas pu être français à temps. Mais puisqu'il a demandé sa naturalisation avant sa mort, on peut donc le considérer comme français de cœur. Et donc comme victime française de la folie nazie. Problème : la famille Mangel n'a pas accès à ce fameux dossier de naturalisation et n'a aucune preuve qu'il y a bien eu demande. Le ministère des Anciens Combattants l'a également recherchée, en vain.

Le bureau du sceau a heureusement gardé trace de la demande de naturalisation de Charles Mangel. Elle avait été transmise par la préfecture du Bas-Rhin. Elle peut donc informer le ministère des Anciens Combattants que Charles Mangel a été ajourné le 21 avril 1939. Le dossier ne dit pas si Anna Mangel a du coup été « indemnisée » pour la mort de son mari, polonais.

[1951]
Sylvie Vartan, la France en chansons

« *La situation de l'intéressé devient délicate* »

Elle se souvient de tout. Plus les faits sont anciens, dit-elle en touchant sa gorge, plus elle les a là, au fond, incroyablement clairs. Aucun flou ne brouille ses souvenirs. Elle ressent encore les genoux de son grand-père sur lesquels elle grimpe, elle sait le son joyeux du piano, l'odeur dans l'escalier de l'immeuble, le goût du fromage, le froissé d'une robe ; elle scille les yeux, plissés pareils, à l'évocation de la neige qui brillait sous le soleil et recouvrait tout d'un silence rassurant ; et le motif des carrelages de l'entrée de la maison et la forme des espagnolettes aux fenêtres, elle pourrait les dessiner. Elle a bien plus de mémoire qu'un dossier d'archives et la voici, dans ce café parisien, plongée dans celui qui raconte, à sa manière toute administrative et lacunaire, l'incroyable aventure de sa famille.

Sylvie avait sept ans quand ils ont bouclé les bagages, fermé les malles en osier et préparé de quoi manger pendant le long voyage qui les mènerait à la liberté. Elle avait sept ans, c'est comme si c'était hier. Son père s'appelait Georges Vartan. Il était né par

hasard dans les Vosges, en 1912. Peut-être était-ce pour cela que Paris pour lui représentait la destination rêvée. Sa fille dit, de sa voix grave et un peu lente, comme alourdie par les souvenirs qu'elle charrie : « l'Eldorado, la culture et le paradis. » Les Vartan vivent à Sofia, en Bulgarie. Georges est interprète à la légation de France, l'équivalent de l'ambassade. Il traduit la presse bulgare pour les représentants français. Ilona peint des jouets en bois à la maison. Ils ont deux enfants : Edmond, né en 1937, que l'on surnomme Eddie, et Sylvie, née en août 1944, trois semaines avant l'invasion de la Bulgarie par l'Armée rouge.

La famille est artiste. On peint, on compose, on joue de la musique. Les enfants sont élevés dans l'amour de la France, patrie des arts et de la liberté. Si à l'école ils doivent reprendre en chœur, bien alignés, leur foulard rouge autour du cou, des chants chinois à la gloire du président Mao, à la maison c'est en français que l'on chante. Robert, le grand-père, se met au piano et c'est parti. *Le soleil a rendez-vous avec la lune, Trois Jeunes Tambours, Jean de la lune, J'irai revoir ma Normandie*: avant même d'avoir foulé le sol de France, Sylvie en connaît l'inconscient chanté. C'est le temps du bonheur, de la chaleur, « mais aussi, vers la fin, de l'angoisse ». Le Rideau de fer s'est refermé sur les Bulgares. Le portrait de Staline est partout. La surveillance et la propagande aussi. Sylvie Vartan se souvient: « À l'école, on nous demandait "voulez-vous des bonbons?". Nous répondions évidemment oui. Ils nous disaient "alors priez Dieu". Nous priions mais il ne se passait rien. Alors ils nous disaient de prier Staline et les bonbons surgissaient comme par miracle. » La chape de plomb, les patrouilles dans la rue, l'inquiétude si un membre de la famille a quelques minutes de retard – on connaît des gens qui ont disparu d'un coup sans raison, sans nouvelles, d'autres jetés en prison, comme cette amie de la famille, qui a pris vingt-cinq ans pour avoir refusé de participer à une collecte pour les enfants chinois, parce qu'elle avait déjà du mal à nourrir ses propres gamins. En 1947, Georges et Ilona décident de demander l'asile à la France. Pour sortir de cet asphyxiant huis-clos communiste, un seul moyen, la naturalisation.

Il dépose sa demande en septembre 1947. Commence une longue, interminable, attente. Chaque jour, chaque semaine, espérer les papiers. Mais n'en rien dire: les murs ont des oreilles en Bulgarie, surtout depuis qu'un couple et un officier se sont installés dans l'appartement des Vartan, réquisitionné par le Parti. Les enfants sont chapitrés: le projet de départ est top secret, pas un mot, à personne. La requête est d'abord accueillie très favorablement. Le ministre de France (l'équivalent de l'ambassadeur) note:

De 1939 à 1941, M. Vartan avait manifesté ses sentiments francophiles en communiquant d'importants renseignements militaires à notre attaché militaire, et ses services ne cessèrent que par suite de sa mobilisation dans l'armée bulgare et son éloignement de Sofia. Il continua néanmoins de manifester son attachement à la France et dès sa démobilisation fut aussitôt employé à cette légation. Il a donné entière satisfaction, tant par son travail intelligent que par ses qualités de sérieux, de dévouement et d'attachement à la cause française [...] Il semble posséder toutes les qualités requises pour acquérir la nationalité française.

Difficile d'avoir appréciation plus positive. À l'automne 1948, un an après le dépôt de la demande, le cabinet du ministre des Affaires étrangères s'enquiert des suites données au dossier auprès du ministère de la Santé publique et de la Population alors chargé de statuer:

Notre ministre à Sofia me fait savoir que la situation de l'intéressé devient délicate vis-à-vis des autorités bulgares, par suite du retard apporté à sa naturalisation.

Espérant devenir rapidement français, les Vartan ont en effet renoncé le 12 mars 1948 à la nationalité bulgare. Ils sont désormais apatrides et signalés comme souhaitant quitter le merveilleux régime bulgare. Dangereux dans une dictature paranoïaque. Il y aurait donc urgence à les faire sortir. Pourtant, en mars 1949, le ministre de France écrit à la chancellerie. La note figure au dossier. Elle indique une étonnante volte-face. Tout bien pesé, écrit en substance le ministre de France, Georges Vartan ne mérite plus la naturalisation.

Une enquête approfondie effectuée récemment par cette légation à la suite de renseignements défavorables tou-

Décision de rejet, datée de 1949, concernant la demande de naturalisation de Georges Vartan, le père de Sylvie Vartan. Il sera finalement naturalisé en 1951.

chant l'intéressé m'oblige à demander au département de bien vouloir intervenir auprès de M. le ministre de la Santé publique en vue de ne plus donner suite à la demande de naturalisation de M. Vartan.

Que s'est-il passé? Quel type de « renseignements » la légation a-t-elle reçu? Sofia est alors le royaume des rumeurs, des jalousies et des dénonciations calomnieuses. Un collègue jaloux ou un voisin écœuré de ne pouvoir partir a-t-il glissé ces fameux « renseignements défavorables » sur Georges Vartan pour l'empêcher de partir? La suite de l'histoire semble accréditer cette thèse. Pour l'heure donc, l'interprète est accusé d'avoir détourné à son profit une partie des fonds destinés à acheter le charbon de la légation.

Il n'est semble-t-il pas mis au courant ni de cette accusation ni de ses conséquences dramatiques pour son dossier. Mais la situation devient très compliquée pour sa famille. Sylvie Vartan se souvient: « Nous avions faim, nous mangions de la soupe à la farine. » Parfois la gamine vole dans le garde-

manger des « colocataires », eux ont du fromage et des provisions envoyées de la campagne dont ils sont originaires. La gamine a compris que le danger est partout, qu'il est là dans cette milice qui patrouille sans arrêt (« dès que je les voyais, je montais en courant m'assurer que ma mère était toujours là »), qu'il est là dans les questions des colocataires à qui il ne faut rien lâcher, et encore là dans les chuchotis anxieux des parents le soir alors que les quatre membres de la famille cherchent le sommeil désormais dans une seule et même chambre. « La vie, dit encore la chanteuse, était invivable. » En 1949, Dimitrov, créateur et premier dictateur de la République populaire de Bulgarie, meurt. Il est embaumé et son corps est exposé dans un mausolée en plein cœur de Sofia (son corps ne sera enterré qu'en 1990, après la chute du communisme, et le mausolée détruit en 1999). Les enfants des écoles, comme tous les membres de la République, doivent défiler devant la dépouille. Ils sont amenés en file indienne. Ils doivent applaudir. Sans quoi les gardiens leur donnent des coups. Sylvie Vartan se souvient des coups, et de la peur aussi. Elle avait cinq ans.

Les mois passent comme des fantômes. Les années ont des semelles de plomb. Les enfants Vartan grandissent. Edmond est désormais chargé de relever le courrier de la famille. Chaque matin c'est dans ses mains que palpite l'espoir lorsqu'elles ouvrent, fébriles, la boîte aux lettres. Et sur ses épaules que pèse la déception. Les « papiers » ne sont jamais là. Et pour cause : la procédure a été arrêtée. Mais ils ne le savent pas.

Et puis, un jour une cavalcade dans l'escalier. Edmond surgit dans l'appartement : « Les voilà ! Les voilà ! » Il est hors d'haleine. Au-delà de la liesse. Ils partiront donc, finalement. Quatre ans après l'avoir demandée, Georges et Ilona Vartan obtiennent la nationalité française pour eux et leurs enfants. Que s'est-il passé ? Qui a intercédé en leur faveur pour que leur dossier soit réexaminé et lavé des accusations malveillantes ? Nulle trace de ces coulisses dans les archives. Mais une longue note, presque un *mea culpa*, du ministre de France à « Son Excellence M. Robert Schuman, ministre des Affaires étrangères ». Il rétablit la vérité :

> Les bons et loyaux services que prête cet auxiliaire à la légation, en dépit des menaces qui pèsent directement sur lui et sur sa famille par suite des circonstances locales, m'ont amené à reprendre l'enquête de moralité conduite par mon prédécesseur. J'ai pu de ce fait me convaincre qu'à la suite d'un malentendu M. Vartan avait été accusé faussement d'avoir conservé par devers lui certaines sommes destinées à l'achat de charbon pour la chancellerie du poste. Or il n'en était rien car les sommes dont il était comptable ont été affectées à un autre emploi. La lettre précitée du 22 mars 1949 a été expédiée hâtivement, sans prévenir l'intéressé et avant que ses comptes ne soient apurés. À la suite d'une omission regrettable des services de la chancellerie, une mise au point de la situation de M. Vartan n'a pas été faite. Il est bien évident d'ailleurs que si cet auxiliaire avait été convaincu d'indélicatesse, il aurait été congédié. Or il n'en est rien et, depuis 1945, il a conservé sans interruption ses fonctions et a continué notamment à procéder aux achats de charbon du poste.

Je crois donc de mon devoir d'insister auprès de Votre Excellence pour que des démarches pressantes soient entreprises auprès du ministère de la Population en faveur de M. Vartan.

L'administration ne fera plus machine arrière. Encore quelques mois et les Vartan pourront empaqueter des affaires dans une malle en osier. Quelques jours avant Noël enfin, grand départ pour Paris. Les au-revoir ont, ils le savent, des goûts d'adieu. Joyeux de s'échapper enfin de la dictature mais si tristes de ne partir qu'à quatre. Ils sont sur le quai de la gare de Sofia. Il y a la malle, des oreillers pour le voyage, de quoi manger pendant les trois jours qu'il durera, et tous leurs proches. La grand-mère maternelle de Sylvie la serre drôlement fort dans ses bras. « J'ai compris sur le quai que nous partions pour toujours. » Son grand-père chéri, Robert le pianiste, est là aussi bien sûr. Qui sourit d'une fausse joie, heureux de voir ses enfants sauvés mais déchiré à l'idée de ne plus les revoir. L'image de ce grand-père qui court après le train, jusqu'à devenir tout petit au bord de l'horizon, ne quittera jamais Sylvie Vartan. Elle ne peut l'évoquer, cinquante ans après, sans tristesse. C'est l'image, terrifiante et universelle, du déchirement.

Le reste ressemble à un film. *L'Orient-Express*, ce jour-là, comme tous les jours, est vide. Sauf exception, le Rideau de fer ne laisse passer personne. Jusqu'en Italie, les Vartan seront les seuls passagers. À la frontière bulgaro-yougoslave, le train s'arrête une heure. La milice monte. Elle sépare les hommes (Georges et Edmond) des femmes (Ilona et Sylvie). On les déshabille, on les fouille. Les nattes de la

Lettre de demande de naturalisation de Georges Vartan pour toute sa famille, écrite en 1947.

Sofia, le 30 Août 1947

Monsieur le Ministre,

        Conformément à l'ordonnance du 19 Octobre 1945 portant code de la naturalisation française, titre III, chapitre I, sections 5 et 6, article 64 paragraphe 9 et article 78, p. 1, j'ai l'honneur de sollicitér de votre bienveillance la naturalisation française pour :

moi-même - Georges Robert Vartan, né à Champigneulles arrondissement de Nancy, département de Meurthe et Moselle, le 26 Août 1912;

ma femme - Ilona Vartan, née à Magyarovar (Hongrie) le 9 Décembre 1914;

mon fils - Edmond Vartan, né à Sofia, le 5 Septembre 1937;

ma fille - Sylvie Vartan, née à Iskretz (Bulgarie) le 15 Août 1944.

        Sujet bulgare, marié, deux enfants, je suis employé comme interprète à la Légation de France en Bulgarie depuis le 1-er Janvier 1946.

        Je vous remets, ci-joint, avec traduction du bulgare, les documents suivants :
- 1 diplôme de fin d'études secondaires
- 1 certificat médical
- 1 actes de baptême tenant lieu d'actes de naissance
- 1 acte de naissance
- 2 certificats de casier judiciaire
- 1 livret familial de mariage
- 1 certificat de bonne vie et moeurs

        Veuillez agréer, Monsieur le Ministre, l'expression de ma parfaite considération.

Georges Vartan

MONSIEUR LE MINISTRE DE LA JUSTICE
Direction des Affaires Civiles et du Sceau
Service de Naturalisation
        P A R I S

fillette sont défaites. Ainsi que les boulettes de viande. Les boîtes de conserve sont inspectées et les photos de famille confisquées. Puis la milice descend, le train repart et Ilona s'écroule en larmes. « Après, dit Sylvie Vartan, après c'était bon. » Le train arrive en Italie et enfin d'autres passagers s'installent. Pour la première fois de leur vie, les enfants Vartan goûtent une banane.

Au matin du deuxième jour, Georges réveille ses enfants. « Venez voir : la mer Méditerranée. » L'eau brille dans la lumière de l'hiver. Flotte dans la cabine un air de soulagement. L'avenir, certes totalement incertain, leur appartient désormais. Ils arrivent gare de Lyon à 5 heures du matin. Premiers contacts avec la capitale tant idéalisée. Ils sont comme tous les immigrants, un peu intimidés, perdus, fragiles, réduits à devoir combler les besoins les plus élémentaires. Ici ils ne connaissent personne. Avant de quitter Sofia, on leur a donné l'adresse de Bulgares partis avant eux. Ils deviendront leurs meilleurs amis. Mais, pour l'heure, il faut trouver un toit. Un hôtel, Le Lion d'argent, près de la rue Montorgueil, fera l'affaire. Les Halles sont à deux pas. À l'époque elles sont encore le Ventre de Paris. Les Vartan sont stupéfaits devant la profusion de nourriture, la gamine impressionnée par les cris des marchands. Georges prend le premier travail qui passe. Il parle très bien le français. Il devient comptable pour un tripier des Halles. Pendant quatre ans, la famille loge à l'hôtel. Elle est désormais locataire à l'hôtel d'Angleterre, rue Montmartre.

Une chambre pour quatre, deux lits, un pour les filles, un pour les garçons. Sylvie est scolarisée rue de la Jussienne. Elle apprend vite le français. Ilona fait cuire le repas sur un réchaud à pétrole. À la fin du mois, s'il reste un peu d'argent, elle achète des produits orientaux et prépare des bureks, feuilletés à la feta, que le boulanger du coin fait cuire dans son four. M. et Mme Daniel, les propriétaires de l'hôtel, prennent la famille en sympathie. La gamine est de santé fragile, ils leur prêtent pour les vacances leur maison en Normandie. « La France nous a tout donné, dit aujourd'hui Sylvie Vartan. Vraiment nous avons été accueillis de manière extraordinaire. Je me sens redevable de cela. J'aime la France, profondément. Ce n'est pas ridicule d'aimer son pays. » Après l'hôtel, pour les immigrés vient souvent le temps du logement social. Les Vartan ne dérogent pas à la règle. Ils emménagent à Clichy-sous-Bois. La cité s'appelle La Pelouse. C'est la première résidence construite dans cette commune qui en 2005 sera le théâtre d'émeutes urbaines. Quand les Vartan emménagent, l'appartement est neuf. Il compte deux chambres, une salle de bains, une cuisine. Et des portes ! Tant de portes à ouvrir et à fermer que les gamins passent leur temps à jouer avec ! Georges s'est acheté une mobylette : il continuera jusqu'à ce que sa fille fasse carrière à aller chaque nuit aux Halles, faire les comptes de la triperie. Sylvie, elle, va au lycée du Raincy tout proche jusqu'au moment où elle enregistre ses premiers disques et rencontre le succès populaire. Elle devient une icône. L'icône d'une jeunesse française.

[1956]
Ramon Domenech,
le *Padre*

« *Un standing de vie supérieur* »

C'est un regret, enfoui sous le sourire, derrière les sourcils en buissons. Un regret qui ne parle pas de football. Raymond Domenech ne sait qu'une infime partie de la vie de son père. En feuilletant le dossier d'archives que nous lui avons montré, il a pris conscience de tout ce qu'il ne connaissait pas. De tout ce qu'il ne connaîtrait jamais. Car, que reste-t-il de ces pères qui ont connu le déracinement ? Qu'ont-ils raconté de leur périple ? Parfois trois fois rien. C'est pour cela aussi que les Archives nationales, en conservant tout ce patrimoine, font tant œuvre nationale que familiale.

Ramon Domenech a dix-neuf ans lorsqu'il foule pour la première fois le sol français. Il est un des réfugiés de la « Retirada ». Le 26 janvier 1939, Barcelone est tombée aux mains des franquistes. Les républicains sont vaincus. Fin de la guerre civile qui dure depuis trois ans. Civils et militaires cherchent refuge. Le 27 janvier la frontière est ouverte, les premiers réfugiés civils entrent en France, pendant que les derniers combattants continuent la lutte jusqu'au début du mois de février. Sonne alors l'heure de la « Retirada », la retraite. L'afflux est massif, on parle de près de cinq cent mille personnes. Les autorités françaises choisissent de concentrer les réfugiés près de la frontière pour éviter qu'ils ne se dispersent et pouvoir ainsi les contrôler.

En guise d'asile, on parque les réfugiés dans des centres d'épouvantable mémoire. Des familles sont séparées. Pour les hommes, on ouvre des camps sur les plages à Argelès et à Saint-Cyprien, dans les Pyrénées-Orientales, notamment. Construits par les républicains eux-mêmes, ils sont clos de barbelés et surveillés par des tirailleurs sénégalais et des gardes mobiles. Plus tard les internés raconteront tous la faim, le froid atroce quand le vent fait cingler les grains de sable, la saleté et la peur. L'hiver 1939 est particulièrement terrible ; avant que des baraquements en dur soient bâtis, les réfugiés meurent de froid sur la plage d'Argelès. Ramon est parmi eux. Il a raconté à ses enfants combien la vie était dure. Et qu'il devait s'échapper pour aller voler des poules dans les maisons alentours. Mais il ne leur avait pas dit qu'Argelès n'avait été que la première étape d'une longue errance. Sur une feuille de cahier à spirales, pour l'administration de la naturalisation, Ramon a récapitulé les différentes étapes de son calvaire :

10 février 1939 : entré en France, au camp d'Argelès (-sur-Mer) PO jusqu'au mois de juin 1939.

Du mois de juin 1939 au mois d'octobre 1939 : au camp de Bram (Aude).

Du mois d'octobre 1939 jusqu'en juillet 1940 : à Saint-Germain-la-Gatine (Eure-et-Loir) chez M. Bernard Pierre comme cultivateur.

De juillet 1940 à février 1941 : au camp d'Argelès (-sur-Mer).

De février 1941 à novembre 1941 : à Saint-Ours-les-Roches (PdeD) 414 compagnie T.E.

De janvier 1942 à mai 1942 : à Mimizan (Landes), camp allemand.

De mai 1942 à juillet 1942 : à Lorient (Morbihan), camp allemand.

De juillet 1942 à novembre 1942 : à Vierzon (Cher), hôtel de l'Espérance.

Une simple liste, par le seul effet énumératif, peut raconter beaucoup. Elle nous apprend que le jeunot – il est né en 1921 – n'aura jamais passé plus de neuf mois au même endroit, balloté d'un camp à un autre, placé comme ouvrier agricole chez un paysan normand, puis affecté d'office dans une compagnie de travailleurs étrangers (TE)[1], puis passé sous la coupe allemande qui a besoin de bras pour construire le mur de l'Atlantique, des Landes à la Bretagne. En effet, entre 1942 et 1943, vingt-six mille Espagnols travailleurs des GTE ou autres sont envoyés dans le cadre du STO sur les chantiers de l'Organisation Todt sur la façade atlantique.

Est-ce que la France et ce drôle d'accueil l'ont déçu ? Est-ce que l'Espagne, malgré Franco et ses sbires, lui manquait ? Pourquoi est-il retourné vers ce qu'il avait fui quatre ans auparavant ? Nul ne le sait. Mais, en juillet 1943, il retourne en Espagne. Et vers une autre sorte d'enfer : immédiatement incorporé dans l'armée franquiste, il passe les trois années suivantes au Maroc, dans l'enclave espagnole de Mellula, à titre disciplinaire. Il est soldat au groupe des réguliers n° 2.

Ainsi Ramon use-t-il ses vingt ans : à fuir la guerre en vain, à se faire rattraper sans cesse par elle. Quand enfin elle se termine, l'Espagne le retient encore deux ans. La situation est tendue, compliquée, pour les républicains. Des gens sont torturés, d'autres jetés en prison. La dictature, dans ce coin d'Europe, ne fait pas reddition. La pauvreté est partout. Ramon va devoir partir, encore. Il revient en France. Cette fois clandestinement. C'est au mois de juillet 1948 qu'il tourne le dos à l'Espagne.

Pour quels motifs a-t-il quitté son pays d'origine et les pays étrangers où il a résidé ? En 1939 : en qualité de réfugié ; en 1948 : parce qu'il savait obtenir un standing de vie supérieur en France.

« Standing de vie supérieur », tout est relatif. Ici, Ramon est ouvrier. Il s'établit d'abord dans l'Indre à Ardentes, là où vit son grand-frère Manuel. Manuel était plus militant que Ramon ; il s'est réfugié en France aussi. Un autre frère, le cadet,

---

1. La loi sur l'organisation de la nation en temps de guerre du 11 juillet 1938 obligeait les étrangers à fournir une participation à l'effort de défense. Sous forme de « prestation » : engagement volontaire dans l'armée ou mise au travail dans le cadre des Compagnies de travailleurs étrangers. Vichy gardera cette obligation, changeant juste l'appellation des groupes : les Compagnies de travailleurs étrangers deviennent Groupements de travailleurs étrangers à partir de 1940.

Joachim, est resté en Catalogne. Les nouvelles sont inquiétantes : identifié comme opposant à Franco, il est sous la menace perpétuelle de la dictature. Ramon se fait engager sur des chantiers, comme terrassier. À Ardentes vit aussi Germaine. Il la rencontre au cours de l'année 1950. La jeune femme est dans une situation délicate : elle a eu une fille avec un militaire, engagé en Indochine, qu'elle a épousé par procuration. Citons le rapport d'enquête sociale effectuée au moment de l'instruction de la demande de naturalisation :

> M. Domenech fit la connaissance dans le courant de l'année 1950 de la nommée Torres Germaine, épouse Pelletier, née le 1er mars 1930 à Lyon. Mme Pelletier avait connu M. Pelletier au début de l'année 1949. Alors qu'ils n'étaient pas encore mariés mais que Mme Pelletier se trouvait enceinte de trois mois, M. Pelletier s'engagea pour l'Indochine, il reconnut l'enfant attendu avant sa naissance, l'enfant Christiane Pelletier naquit à Lyon le 28.11.1949. Par la suite, M. Pelletier épousa Mme Pelletier par procuration fin février 1950 pendant son séjour en Extrême-Orient [...]

> M. Pelletier revint en France au mois de mai 1951, à ce moment son épouse lui déclara qu'elle était enceinte et qu'elle ne désirait pas reprendre la vie commune avec lui. Les époux décidèrent de divorcer [...] Mme Pelletier vivait en concubinage avec M. Domenech depuis le mois d'août 1951. Après son divorce, elle épousa ce dernier le 10 avril 1953 à Villeurbanne.

Avant leur mariage, ce qui n'est pas la règle à l'époque, le couple a eu un enfant. Il s'agit d'un garçon, arrivé le 24 janvier 1952 à Lyon. Ses parents décident de lui donner le prénom de son père, Raymond Domenech junior est né. La famille accueille, un an après, un autre garçon, Albert. Seul Laurent naî-

tra après le mariage de ses parents. Un couple non marié avec deux enfants à lui et élevant la première fille née d'un autre mariage de la mère : le schéma est rare pour l'époque. L'administration ne manque pas de se pencher dessus lorsqu'elle épluche la demande de naturalisation que dépose Ramon à la fin de 1955. La question peut se résumer facilement, elle n'est pas si anachronique : un étranger n'est-il pas en train de détruire une famille française ? N'est-on pas en présence d'un mariage blanc ? On pèse le pour et le contre :

> Ces enfants font l'objet de bons soins matériels. M. Domenech ne fait pas de différence entre ses enfants et la petite Christiane Pelletier dans les soins donnés, aucun souci d'ordre supérieur n'est cependant manifesté dans l'éducation des enfants.

> M. Domenech est assez bien assimilé, son comportement actuel ne donne lieu à ma connaissance à aucune remarque particulière. Il désirerait se fixer définitivement en France, son épouse et ses enfants étant français.
> Mme Domenech n'aurait pas eu de vie matrimoniale normale avec M. Pelletier puisque, avant le départ de ce dernier pour l'Indochine, elle n'avait pas encore contracté mariage avec lui et qu'à son retour après leur mariage par procuration, elle lui fit part de son intention de ne pas reprendre avec lui la vie commune.
> La connaissance qu'elle fit de M. Domenech a pu être un élément déterminant de la décision prise par Mme Pelletier de ne pas reprendre la vie commune avec son mari lors de son retour d'Indochine, mais il semble que la décision de divorce a été prise d'un commun accord entre les époux Pelletier.
> Avis réservé sur la suite à donner à la demande de naturalisation présentée.

> Pr l'Inspecteur divisionnaire,
> L'inspecteur
> (signature)

Le policier est donc « réservé ». Il n'est pas suivi par son préfet qui rend son avis motivé le 31 mai 1956.

> Son épouse divorcée d'un Français qu'elle avait épousé par procuration et avec qui elle n'a jamais cohabité de façon régulière, a cependant eu de ce dernier une fille qu'elle élève auprès d'elle.
> Titulaire d'une carte de « Résident ordinaire » en cours de validité, le postulant, ouvrier mouleur dans une fonderie, donne satisfaction à son employeur par la qualité de son travail et sa bonne tenue.
> Bien qu'on puisse lui reprocher d'être la cause du déséquilibre du premier ménage de son épouse, Domenech ne fait pas l'objet de remarque particulière du point de vue conduite et moralité. Les quatre enfants qu'il élève sans faire de différence entre les siens et la fille de son épouse, reçoivent de bons soins matériels.
> Son attitude politique n'attire pas l'attention de mes services et son comportement du point de vue national paraît correct [...]
> Eu égard à ses attaches françaises et compte tenu de son assimilation satisfaisante, je ne m'oppose pas à sa naturalisation qui permettrait de réaliser l'unité de nationalité dans son foyer.

À trente-cinq ans, Ramon devient français à l'été 1956... et on n'en parle plus ! Son fils Raymond, futur sélectionneur de l'équipe de France de football, se souvient... que son père ne disait rien, ou si peu, de ses origines : « Je lui en suis finalement reconnaissant, il ne nous a pas collé ses valises sur le dos, je ne me suis jamais senti déchiré, écartelé entre deux pays.[2] » La famille vit alors à Lyon. Au quartier des États-Unis, la norme est de venir d'ailleurs. « Il y avait une seule famille de "vrais Français"

dans notre cage d'escalier », sourit-il. Identités mélangées qui cohabitent plutôt bien et ne s'affrontent guère que lors de matchs de foot homériques au pied des immeubles. Alors, les Portugais défient les Espagnols, les Italiens ou l'Afrique du Nord.

Le vrai contact avec l'Espagne a lieu lors des vacances au pays. Chaque été c'est la même histoire : Germaine, d'abord seule (Ramon a peur de retraverser la frontière les premières années), emmène les enfants jusqu'à Villalba de Arcos, à quelques kilomètres de Taragone. Le village est perché dans la montagne, et encore très pauvre. Il y a des vaches sous la maison de la famille Domenech. On fait dormir les petits Français dans le lit où la grand-mère est morte. Le paysage est de vignes et d'oliviers. Les femmes souvent en noir. Parfois, les gamins surprennent une discussion murmurée entre les adultes : l'oncle Joachim, le seul des trois frères à être resté, aurait été torturé. « Mais il n'en parlait pas plus que mon père », dit Raymond Domenech. Il ne se sentait pas de là-bas, lors de ces étés brûlants, lui qui ne se vivait que comme un Européen. Mais, en 2008, il a fait un drôle de voyage vers ses origines. Raymond Domenech devait assister à un match de football à Barcelone. Avant le coup d'envoi, il a fait un détour. Il a repris le chemin de Villalba de Arcos. Arrivé là-haut, il a ouvert une urne. Au vent de la Catalogne, il a dispersé les cendres de son père, né espagnol en 1921, et mort français en 1998. Après avoir été victime de la maladie d'Alzheimer, cette maladie qui efface la mémoire.

---

2. Entretien avec les auteures.

[1957]

Eugène Ionesco, le vrai-faux Roumain

« *Auteur dramatique d'un certain talent* »

Une chapelle, plus qu'un appartement. Foisonnante et chargée comme une église orthodoxe, bibelots, fauteuils, meubles, tables, livres débordant des bibliothèques. Et des photos tapissées-serrées sur les murs. Eugène Ionesco et sa femme Rodica, Eugène Ionesco avec ses amis Cioran et Mircea Eliade, Eugène Ionesco à l'Académie française. Dans cet appartement qui donne boulevard du Montparnasse, Eugène Ionesco est encore vivant. Un coup d'œil distrait, sans plus : Marie-France Ionesco, la fille unique de l'écrivain, la gardienne de sa mémoire, a mis de côté l'épaisse liasse de formulaires contenus dans le dossier de naturalisation de son père. Nous désignant plutôt la haute pile de livres signés Ionesco, truffés de marque-pages : elle nous a concocté une compilation rhinocéresque pour notre entrevue. « Pour comprendre le rapport de mon père à la France il faut le lire. Ce dossier, ce n'est que de la paperasse

Photos d'identité d'Eugène Ionesco.

administrative. Mon père était français depuis longtemps dans son cœur. Bien avant sa naturalisation. Ce n'est pas pour rien qu'il m'a appelée Marie-France[1]. » Eugène Ionesco est devenu officiellement français le 29 novembre 1957. « Cela a formalisé un état de fait : il était roumain, presque par hasard. Et d'ailleurs il détestait ce pays et n'a jamais voulu y retourner. » C'est contre l'avis de son père que Marie-France a appris le roumain à la fac. Le roumain que pourtant ses parents parlaient entre eux. Mais pour Eugène Ionesco, il n'y avait qu'une seule langue : le français. Sa langue maternelle. Ecartelé entre deux cultures, celles de son père roumain et de sa mère française, Eugène avait choisi. Ce serait la douce France, pays de son enfance. L'écrivain est certes né en Roumanie, en 1909, mais ses premiers souvenirs sont à la Chapelle-Anthenaise, un petit village dans la Mayenne, où il arrive à trois ans. Clochers, bocages et vaches… Cette campagne, si française, est le « Combray » de Ionesco, son paradis perdu. Le soir, le gamin lit des contes populaires, des récits édi-

---

1. Entretien avec l'une des auteures.

Photos d'identité de la femme d'Eugène Ionesco.

fiants de la vie de Turenne ou Condé, des journaux pour enfants, *Cri Cri*, ou *L'Épatant*, *Les Trois Mousquetaires*… « Son premier souvenir littéraire, c'est *Le Grand Meaulnes*. Plus tard, il me le lisait le soir, à la lueur des bougies, pour recréer l'ambiance mystérieuse de l'arrivée d'Augustin Meaulnes. »

Eugène Ionesco et la France, c'est une histoire d'amour contrariée par les événements. En témoigne la liste des « résidences successives » qu'il a remplie

pour la préfecture. « Naissance en 1909 à Slatina. Premier séjour en France 1912 à 1923. Deuxième séjour 1933-1940. Troisième séjour 1942 à aujourd'hui. » Quand, en 1957, l'immigré Ionesco remplit sa demande de naturalisation, il a passé bien plus de temps en France que dans son pays d'origine. D'ailleurs, pour Ionesco, l'exil, ce n'est pas la séparation avec la Roumanie. Mais celle d'avec la France. La première blessure a lieu à l'adolescence. Eugène doit retourner à Bucarest à treize ans pour des raisons financières. Ses parents sont séparés, son père, avocat installé dans la capitale roumaine, peut subvenir à ses besoins. Sa mère, en revanche, reste en France. Le jeune Eugène ne connaît même pas le roumain, il déteste Bucarest, souffre de sa relation très conflictuelle avec son père. « Il y avait une déchirure parce que là-bas je me suis senti en exil[2]. » À treize ans, le jeune Ionesco est un immigré en Roumanie. La France était sa patrie, il doit désormais s'habituer à un autre pays. « À l'école communale en France, j'avais appris que le français qui était ma langue était la plus belle langue du monde, que les Français étaient le peuple le plus courageux, qu'ils avaient toujours vaincu leurs ennemis […] Arrivé à Bucarest, on m'apprend que ma langue c'est le roumain, que la plus belle langue du monde, ce n'est pas le français mais le roumain, que les Roumains avaient toujours vaincu leur ennemis […] Heureusement qu'un an plus tard je ne me suis pas rendu au Japon[3]! » En tout cas, il ne rêve que d'une chose: revenir en France. Ionesco se spécialise en littérature française et obtient une bourse pour venir étudier à Paris à la Sorbonne. Il y arrive en 1933. Il y rencontre Rodica, une jeune compatriote ravissante, cheveux de jais et pom-

2. *Entre la vie et le rêve, entretiens avec Claude Bonnefoy*, Eugène Ionesco, Gallimard, 1996.

3. *Ibid.*

mettes hautes, l'épouse. Puis c'est la guerre. 1939. Comme Émile Cioran, les Ionesco sont rappelés en Roumanie. On trouve trace de ce départ en catastrophe dans le dossier Ionesco conservé à la préfecture de police, qui « trace » tous les étrangers immatriculés à Paris.

18 mai 1940.

L'ambassade royale de Roumanie en France présente ses compliments les plus empressés à la préfecture de police service des étrangers et a l'honneur de la prier de bien vouloir accorder le visa de sortie à MM. les professeurs Émile Cioran, Eugen Ionesco et Lucian Badesco qui rentrent en Roumanie pour accomplir une période militaire.

Bouleversé, Eugène Ionesco assiste, de Bucarest, à la débâcle. Dans cette défaite, il ne s'est jamais senti si français. Comme le montre cette lettre émouvante adressée au président de l'Institut français des hautes études, qui lui avait accordé cette bourse pour venir étudier en France [4].

Lettre à Alphonse Dupront, Bucarest, 23 juin 1940.

Monsieur,

Même si par malheur pour ce monde égoïste, cruel et stupide, la France devait mourir, elle n'aurait à se reprocher devant Dieu aucune bassesse et lâcheté italienne, aucune cruauté et bêtise, haine allemande, aucune bestialité russe [...]

La France s'est sauvée spirituellement. Péguy souhaitait à la France le salut spirituel même si cela entraînait la mort temporelle. Le désastre dont nous souffrons atrocement est la faute de la France. Fatiguée, elle n'était plus présente en ce monde, elle ne croyait plus à la nécessité de sa présence et de sa

mission [...] Je ne pourrais vivre dans un monde où il n'y aurait plus de France – dans un corps vide. Je n'ai qu'une patrie, c'est la France, car la seule patrie c'est celle de l'esprit [...] Monsieur, je ne suis qu'une humble personne, mais une « personne »; permettez-moi de souffrir et tout de même d'espérer à côté de vous. Cela me consolerait un peu si vous pouviez me considérer comme un de vos compatriotes. Considérez-moi dans ces jours de malheur comme un membre de la famille française, un parent pauvre, et accordez-moi l'honneur de m'accepter, spirituellement, dans votre, dans notre maison. Je pleure, monsieur. Je me déteste de ne pas être un dieu et de ne pouvoir sauver la France ni anéantir ses ennemis. C'est tellement tristement idiot que de ne pouvoir faire que des phrases, de n'offrir que des larmes, que de l'impuissance.

Eugène Ionesco

Des larmes de douleur, des larmes d'exilé. Jamais Ionesco ne s'est senti si étranger à lui-même qu'à Bucarest. Il en déteste tout, les bruits, les odeurs, la langue, les usages. « Retourner en France, c'est mon seul but, désespéré. Là-bas encore je peux trouver des gens de ma famille, de mon espèce. » [5] Le voilà enfermé dans son pays natal, prisonnier d'un passeport qui l'empêche de retrouver son pays d'élection. Il gardera longtemps la haine des tampons, des visas, toutes ces chaînes de papier et d'encre. Contrairement à Brassaï, qui, au même moment, a décidé de couper avec la Brasov de son enfance et ses parents adorés pour rester dans la France occupée, Ionesco a traversé la frontière sans retour, et il le regrette amèrement. Une situation absurde qui lui inspirera plus tard le rêve ou plutôt le cauchemar de *L'Homme aux valises*: un homme se retrouve sans savoir pourquoi ni comment dans un pays qui fut le sien, qu'il a fui, mais auquel ses valises le rattachent.

4. Lettre citée dans *Eugène Ionesco, portrait de l'écrivain dans le siècle*, Marie-France Ionesco, Arcades, Gallimard, 2004.

5. *Présent, passé, présent*, Eugène Ionesco, Gallimard, 1976.

La seule solution pour sortir des frontières est d'obtenir une mission officielle. C'est ce qu'a réussi à faire Cioran, nommé à un poste à la légation de Roumanie en France, ou Mircea Eliade au Portugal. Pour Ionesco, ce sera en 1942. Des démarches dont on trouve aujourd'hui trace dans son dossier de la préfecture de police de Paris, qui a commandité un rapport des Renseignements généraux en 1941.

> Le nommé Ionescu a été élevé en France. Professeur de français en Roumanie dans un lycée de Bucarest, il a été boursier de notre gouvernement pour l'année scolaire 1939-1940, il a donc suivi à cet effet des cours à la Sorbonne où il était régulièrement inscrit. Son père serait un des plus grands avocats du barreau [...] Mme Peytavie de Fougères, née Ipear Sabine, chirurgien dentiste, de nationalité française, se porte garante des intéressés à tous les points de vue. Elle connaît dit-elle très intimement la famille Ionescu, laquelle jouit à Bucarest d'une grande situation sociale.

Eugène Ionesco obtient finalement un poste d'attaché culturel à la légation de Roumanie en France au printemps 1942. « Je me sens comme un évadé qui s'enfuit dans l'uniforme du gardien. Mercredi, je serai à Lyon, en France[6]. »

C'est une étrange période pour émigrer en France. Le gouvernement de Pétain est exilé à Vichy. C'est donc dans la ville de l'Allier que Ionesco prend son poste d'attaché culturel à la légation roumaine de France. Vichy : un simple nom qui suscite la méfiance. Et a attisé un procès posthume sur l'attitude de Ionesco pendant la guerre[7]. Et ce, alors que l'écrivain, dans ses écrits, avait toujours dénoncé tous les totalitarismes. De fait, bien des hauts fonctionnaires, travaillant directement avec le gouvernement de Vichy, sont sortis exemptés de ce trouble moment. Ionesco, secrétaire culturel de la légation roumaine, représentait son pays (également occupé) et travaillait à Vichy, et non pour Vichy. Son silence fut celui de tant d'autres artistes, à Paris ou ailleurs, attendant la suite des événements. Lui-même semble avoir conscience de l'ambiguïté de la situation : « On ne peut me faire entrer dans le jeu qu'en ma qualité de fou [...] Je suis le fou, je le sais, et je jouerai, en tenant compte des autres figures du jeu. Je suis obligé d'être fou, mais je joue consciemment en tenant compte de l'ensemble de la situation[8]. » Le jour du Débarquement, on a sablé le champagne à la légation roumaine, pays pourtant officiellement allié de l'Allemagne. La légation déménage à Paris en 1945. Ionesco continue à y travailler jusqu'en 1947, le roi Michel est révoqué par le nouveau gouvernement stalinien. Les Ionesco sont une nouvelle fois rappelés au pays. Cette fois, ils n'obéiront pas. Ils sont désormais des réfugiés roumains. On propose un poste de technicien à Ripolin, une entreprise de colle et peinture. Heureusement, les compétences en orthographe d'Eugène Ionesco lui valent un travail aux Éditions techniques comme correcteur.

Plus tard, Ionesco ne dissimulera en rien cette période de sa vie. Notamment auprès des fonctionnaires de la préfecture de police auprès desquels il demande sa naturalisation. L'époque a changé également. Nous sommes en

Liste de tous les domiciles où Eugène Ionesco à vécu.

---

6. *Ibid.*

7. Le livre d'Alexandra Laignel-Lavestine, *L'Oubli du fascisme*, Puf, 2002, associe Ionesco à ses comparses Cioran et Mircea Eliade. Un peu rapidement. Certains écrits de Cioran et d'Eliade ont été ambigus pendant la guerre. Contrairement à Ionesco.

8. *Entre la vie et le rêve*, Eugène Ionesco, *op. cit.*

Précédents domiciles en France ([1])

Préciser Travailleur
Artisan ou Commerçant

VILLES OU COMMUNES	ADRESSES COMPLÈTES	PROFESSIONS EXERCÉES jusqu'à ce jour (Noms et adresses des employeurs)	DURÉE DES RÉSIDENCES
PARIS	~~. . . . .~~ 16 RUE DE L'AVRE Paris (XV)		du Mars 1912 ~~&~~ au MAi 1923
"	90 RUE BLOMET 28 RUE CENSIER	ETUDES. BOURSE DU GOUVERNEMENT FRANÇAIS	du Novembre 1938 au AOUT 1939
"	18 RUE DU SOMMERARD	" "	du OCTOBRE 1939 au 2 JUIN 1940
VICHY (ALLIER)	32 Bd DU SICHON	ATTACHE CULTUREL LÉGATION ROUMANIE	du 30 JUIN 1942 25 MARS 1945
PARIS	38 RUE CLAUDE TERRASSE (XVI	Employé éditions (correcteur) JURIS-CLASSEUR 18 rue Séguier – (VI.) Auteur dramatique. ECRIVAIN.	du 25 MARS 1945 au jusqu'à présent

Domiciles antérieurs à l'étranger ([1])

VILLES OU COMMUNES (mentionner la province éventuellement)	ADRESSES COMPLÈTES	PROFESSIONS EXERCÉES ~~jusqu'à ce jour~~ (Noms et adresses des employeurs)	DURÉE DES RÉSIDENCES
SLATINA . ~~BUCAREST~~ (ROUMANIE)	?	~~PROFESSEUR~~ ~~........~~	du 1909 à 1912 au
BUCAREST	9 STRADA TEMISANA		du 1923 à 1932 (?) au
BUCAREST	9 PROGRE SUL	Professeur de lycée. Chef de section Ministère EDUCATION	du 1932 au 1938
BUCAREST	Bd ELISABETA 95	PROFESSEUR DE LYCEE	du JUIN 1940 au JUIN 1942

(1) en lettres capitales

1957. Et plus dans l'immédiat après-guerre, où l'épuration avait donné lieu à une véritable chasse aux sorcières. Une époque où comme André Breton le soulignait : « Les staliniens seuls, puissamment organisés dans la période de la clandestinité, avaient réussi à occuper la plupart des postes clés dans l'édition, la presse, la radio, les galeries d'art […] On retrouvait les plus farouches antimilitaristes dans les attitudes les plus chauvines brandissant les "listes noires", avides de sanctions [9]. » Ionesco, lui, a toujours condamné dans ses écrits les totalitarismes, tous les totalitarismes et en particulier celui de l'Est. En 1945, cela aurait été mal vu. En 1957, en pleine Guerre froide, beaucoup moins. Du coup, l'évocation du poste de secrétaire culturel pour la légation roumaine à Vichy ne provoque pas un battement de cil. On remarque juste dans la liste des résidences successives une croix à la ligne Vichy. Histoire de souligner l'attention du bureau du sceau, ou juste de demander des renseignements complémentaires?

La préfecture de l'Allier reste ainsi parfaitement neutre sur le séjour:

J'ai l'honneur de vous faire connaître que cet étranger a effectivement résidé à Vichy du 30 juin 1942 au 25 mars 1945. Exerçant la profession de journaliste il était employé en qualité de secrétaire de presse à la légation de Roumanie.

Et l'enquête de police générale est également positive au chapitre du loyalisme:

Jusqu'à présent il semble avoir observé une stricte neutralité politique tout en restant à l'écart des conflits sociaux. Son loyalisme à l'égard de la France ne semble pas devoir être suspecté. Ionescu est seulement connu aux archives de notre direction pour ses anciennes fonc-tions de secrétaire de presse à la léga-tion royale de Roumanie.

Bizarrement, c'est plutôt son activité artistique qui pourrait être suspecte. Les fonctionnaires du sceau ont ainsi précisé :

Vu aussi activité artistique et littéraire avis de consulter la DST avant de statuer Consulter ST et SN.

DST pour la direction de surveillance du territoire, SN pour sûreté nationale, ST pour sûreté territoriale: diable, un écrivain, ça peut être un dangereux terroriste ou un espion! Heureusement pour Ionesco, la sûreté nationale n'a rien à lui reprocher. Le dossier de la préfecture de police nous permet en tout cas de suivre pas à pas les déplacements de Ionesco. Après guerre, la carrière de l'écrivain, devenu auteur dramatique, explose. À chaque invitation, chaque déplacement, il doit inscrire le motif de son voyage.

1952 : autorisation de sortie pour Bruxelles.
Motif: assister à la création à Bruxelles au théâtre de poche de ma dernière pièce.
Mars 1956: visa pour l'Allemagne.
Motif: assister à la représentation de ma pièce en Allemagne (Bochum).
Mars 1955 : visa pour la Belgique et la Finlande.
Motif: conférence sur le théâtre.
Juillet 1955 : visa de sortie pour l'Espagne.
Motif: Espagne, études et vacances.
Mars 1954 : visa de sortie pour l'Angleterre.
Motif du voyage : création de ma pièce *La Leçon* au Arts Theatre.

Lettre manuscrite de demande de naturalisation écrite par Eugène Ionesco.

9 . Rappelé dans le discours d'introduction de Marc Fumaroli à l'Académie française, qui honore la mémoire d'Eugène Ionesco qu'il remplace à son fauteuil. Fumaroli ne parle pas du tout de la période de l'Occupation.

Monsieur le Préfet,

Je, soussigné, Eugène IONESCU, d'origine roumaine, né à Slatina (Roumanie) le 13 Novembre 1909, domicilié à Paris, 38 rue Claude Terrasse (XVI), désirant obtenir la nationalité française, ai l'honneur de solliciter de votre haute bienveillance la prise en considération de ma demande.

Veuillez agréer, Monsieur le Préfet, l'expression de mon profond respect.

Eugène Ionescu

38 rue Claude Terrasse -

A Monsieur,   Paris, le 3 Mai 1949
Monsieur le Préfet de Police de Paris.

Le rapport de police, très étoffé, permet également de comprendre qu'en 1957 Ionesco est déjà quelqu'un qui compte.

Occupation, utilité sociale

En sa qualité d'auteur dramatique et homme de lettres, Ionescu est membre de la société des auteurs et compositeurs dramatiques à compter du 19 juillet 1950. Il collabore à plusieurs revues littéraires, telles que *Nouvelle Revue française, Arts, Lettres nouvelles*, etc. Plusieurs de ses pièces sont jouées assez fréquemment sur les scènes parisiennes et en province. Récemment *Les Chaises* au studio des Champs-Élysées. Des critiques dramatiques ainsi que des auteurs tels que Jean Anouilh, Raymond Queneau, Jules Supervielle et beaucoup d'autres le considèrent comme étant l'un des promoteurs les plus caractéristiques du nouveau mouvement théâtral de la nouvelle école dramatique. Jean Vilar, Jean-Louis Barrault ont exprimé le même avis.

D'autre part, c'est comme représentant du théâtre français contemporain que le nom de Ionescu a franchi les frontières. Ses pièces ont été jouées en Suisse, Italie [...] et commencent à être traduites et jouées aussi aux États-Unis [...] En mars ses œuvres ont été jouées en Allemagne au théâtre de Bochum dans le cadre de « la semaine du théâtre français » organisée très officiellement par les services culturels du ministère français des Affaires étrangères [...] Son activité littéraire qui serait devenue réellement productive à compter de 1954 lui rapporterait environ 100000 francs par mois.

Conduite moralité

Dans leur voisinage les Ionescu sont représentés comme des gens sympathiques, sérieux, corrects, de conduite et de moralité parfaite. Leurs fréquentations sont surtout choisies parmi les gens de lettres et de théâtre. Ils sollicitent leur naturalisation parce que leur enfant est française, qu'ils ont perdu tout espoir de retour dans leur pays natal.

D'où, sans surprise, cet avis très favorable du préfet de police le 4 mai 1957 :

Revenu sur notre sol le 30 juin 1942 après deux précédents séjours de 1912 à 1923 et de 1933 à juin 1940, l'intéressé est auteur dramatique et homme de lettres [...] Bien assimilés les époux Ionescu munis de cartes d'étrangers résidants privilégiés font l'objet de renseignements satisfaisants. Dans ces conditions et en raison de la nationalité française de leur fille, je ne m'oppose pas à la prise en considération de leur requête.

Le bureau du sceau ne tergiverse pas longtemps. Dans le dossier, le fonctionnaire a de plus souligné un point d'importance.

La naturalisation du ou des postulants aura-t-elle pour effet de créer une famille vraiment française ? Oui.

La conclusion de la chancellerie est brève.

7 juin 1957

Vu SN [sûreté nationale, *NDA*] sans objection et PP [préfecture de police, *NDA*] sans opposition. Auteur dramatique d'un certain talent. Longue résidence. Bonne assimilation. Attitude correcte. Un enfant français. Naturaliser le postulant et son épouse.

Le 29 novembre 1957, Ionesco détient enfin le passeport qui lui correspondait. Celui de la France.

[1958]
Raymond Forni, président de l'Assemblée

« *La République qui accueille, qui éduque* »

Ce dossier-là a la minceur des évidences. Parfois peu de mots suffisent à tout dire. Mais l'épaisseur d'une chemise cartonnée ne présume pas de l'importance d'une destinée. Arrêtons-nous sur celle-ci : en une vie, un immigré italien peut devenir français et gravir les échelons républicains jusqu'au sommet. Raymond Forni n'était qu'un étudiant lorsqu'il est devenu français en 1957. Quarante-trois ans plus tard, en 2000, il est nommé président de l'Assemblée nationale, un des plus hauts postes de la République.

Rien ne le prédestinait à cette réussite pourtant. Né en 1941 à Belfort dans une famille d'immigrés italiens, il perd son père, rétameur itinérant, lorsqu'il a onze ans. Sa mère fait des ménages pour faire vivre ses enfants. Tombé gravement malade, le jeune Raymond est envoyé en cure. Il y est remarqué par un prêtre qui, rêvant de le voir entrer au séminaire, le prépare à l'examen d'entrée en sixième. Le gamin est malin mais la famille a besoin d'un salaire, plus que d'un étudiant. Il interrompt ses études

en classe de 1re à l'âge de dix-sept ans et entre comme ouvrier chez le constructeur automobile Peugeot, principal employeur industriel de la région. Il est OS, ouvrier spécialisé. Mais aussi militant syndical. À vingt et un ans, il passe finalement le bac par correspondance et s'inscrit en faculté de droit. Il deviendra avocat. Une ascension fulgurante. Il ne s'arrête pas là. Militant socialiste, il se lance dans le combat électoral. En 1971, à trente ans, il est conseiller municipal de Montreux-Château. Deux ans plus tard, à à peine trente-deux ans, il est élu député du Territoire de Belfort.

Entre-temps, il est donc devenu citoyen français. Une formalité pour les enfants d'étrangers nés en France. Il a juste dû se présenter au juge de paix. C'est ce qu'il fait le 26 juin 1957, à Fontaine, dans le Territoire de Belfort. À seize ans, soit aussitôt que possible. Ce jour-là Raymond est venu accompagner de « sa mère : Mme Borgatta Antonia, épouse veuve de M. Forni Alexis ». En quelques minutes, la chose est entendue. Rien de spectaculaire donc. Si ce n'est, rappelons-le, cet incroyable destin. C'est d'ailleurs à ce jour qu'il pense lorsque, quatre décennies plus tard, il se présente devant ses collègues députés. Le 29 mars 2000, il vient d'être nommé président de l'Assemblée nationale, quatrième personnage de l'État. Il prend la parole :

Mes chers collègues,

Mon émotion est grande. Même s'il n'est pas d'usage, dans une enceinte publique, et en particulier celle-ci, de faire état de sentiments privés, je veux, à cet instant, rendre hommage à ma mère disparue il y a peu et dont j'aurais souhaité qu'elle connaisse l'issue du scrutin qui m'a porté à ce fauteuil. Un scrutin qui, pour moi, ne distingue plus entre les voix de la majorité et celles de l'opposition ; qui les réunit au contraire dans un égal respect de la démocratie. N'oublions pas que l'opposition, un jour vous, un jour nous, avec la considération qui lui est due, est aussi la preuve que la démocratie est davantage qu'une formule obligée.

Cette gratitude à l'égard de ma mère, qui peut paraître, oserai-je dire banale, ne l'est pas tant que ça. À travers elle, c'est une reconnaissance à l'égard de la République, celle d'hier, celle de demain, la République qui accueille, qui éduque, qui rassemble, sans distinction de race, d'origine, de couleur, de religion.

Car, en dépit de la fonction éminente à laquelle vous me faites tous accéder, je ne suis pas né français. Fils d'immigrés italiens que la pauvreté avait fait fuir leur pays, je suis certes né dans ce pays, mais je n'ai pu en acquérir la nationalité qu'à l'âge de dix-sept ans. La France m'a tout donné. Et c'est peut-être pour cela que, mon sang et mon cœur se mêlant, je crois à l'Europe par-dessus tout.

Il reste deux ans au perchoir de l'Assemblée. En 2004, il est élu président du Conseil régional de Franche-Comté. Il meurt subitement en 2008.

[1959]

Max Ernst,
l'Allemand

« *Retrouver le climat artistique de sa jeunesse* »

Fiche de renseignements sur Max Ernst dans son dossier de demande de naturalisation.

Ernst Maximilian,
2 avril 1891 Bruhl (Allemagne)
Résidence: 1926 à 1941 et depuis 1949, soixante ans.
Nationalité: citoyen des États-Unis (par naturalisation, d'origine allemande).
Situation de famille: divorcé d'une étrangère remarié à une Américaine qui ne sollicite pas la naturalisation. Un fils majeur du premier lit, américain, vit aux États-Unis.
Profession: artiste peintre
Moralité: pas d'observation
Assimilation: satisfaisante
Loyalisme: a servi dans l'armée allemande de 1914 à 1918.
Rien d'autre à signaler.

Avis des autorités: Les éléments d'appréciation exposés ci-dessus entraîneraient normalement le rejet de la demande d'un candidat qui n'invoquerait pas les titres artistiques comme le fait Max Ernst. N'étant pas en mesure d'apprécier la valeur de ceux-ci, j'en soumets l'examen aux autorités supérieures.
    Signé Fournier, 4 juin 1958.

Sur la page de garde en carton rose du dossier de naturalisation de Max Ernst, la fiche signalétique résume dans sa sobriété la complexité du cas Ernst. Le peintre a beau être l'un des piliers du

279

surréalisme, il cumule les handicaps, du point de vue d'un fonctionnaire du bureau du sceau. D'abord, ses mariages et divorces successifs. Puis son âge, soixante-sept ans. Il est trop vieux pour le service militaire, trop vieux en fait pour avoir une « utilité sociale » selon le terme consacré. Son fils majeur américain vit aux États-Unis. Il ne va donc pas créer de famille, c'est déjà fait, elle est américaine, quel dommage. Mais le gros défaut de Ernst Maximilian, citoyen américain, c'est son lieu de naissance. « Origine allemande » a rappelé le fonctionnaire. Et que dire de ce « a servi dans l'armée allemande » à la rubrique « loyalisme », suivi d'un évocateur « rien d'autre à signaler »... Depuis l'invention du mot même de nationalité, lors de la première loi sur la question en 1889, il n'a jamais fait bon cocher la case « allemand », ennemi séculaire de la France. Au XIXe, les « étrangers originaires d'Allemagne » doivent se justifier de leurs actes pendant « les événements de 1870-1871 ». En 1919, le gouvernement introduit même la possibilité de déchoir un naturalisé de sa nationalité, s'il est d'origine allemande. Et la méfiance continue dans l'entre-deux-guerres où le « postulant allemand » doit justifier de son « emploi du temps en 1914-1918 ». En juin 1958, on en est exactement au même point. Le mot réconciliation est encore un gros mot dans la bouche des gaullistes. Certes, en septembre, le chancelier Adenauer tentera une approche, avec sa première rencontre avec de Gaulle. Mais on est loin de l'axe franco-allemand façon Kohl/Mitterrand! En 1958, les Allemands sont encore et toujours les méchants. Les fritz, les boches, les schleuhs. Les blessures des deux guerres ne sont pas cicatrisées. Et Max Ernst ne peut faire

oublier son péché originel: c'est un boche.

1939. Max Ernst vit depuis déjà treize années à Paris, il est au centre de la mouvance avant-gardiste, il est proche de Paul Éluard, André Breton, Yves Tanguy, Marcel Duchamp... Le jour de la déclaration de guerre, tout bascule. Fini le cosmopolitisme artistique, la Babel aux mille langues qu'était Montparnasse. Ernst n'est plus peintre, mais un ressortissant étranger allemand, donc un ennemi. Soumis à une « mesure d'internement ». Et même si, comme le rappelle son dossier de naturalisation, « il est poursuivi par la Gestapo pour n'avoir pas voulu rentrer en Allemagne ». Mais c'est la suite qu'il faut savourer, si cruellement ironique.

A-t-il contracté un engagement volontaire au titre de notre armée en 1939 et 1945? S'est trouvé interné à Largentière comme ressortissant allemand puis dans différents camps du Midi. Libéré par les autorités françaises peu après l'Armistice juste avant la visite des autorités allemandes dans les camps.

Drôle d'engagement volontaire, en effet. En 1939, l'ami de Breton et d'Éluard a tout simplement été arrêté et emprisonné. Les fameux camps d'internement français sont entourés de barbelés et les prisonniers traités comme des chiens. Les « différents camps du Midi » auxquels il est fait allusion? Le plus célèbre est le camp des Milles, installé dans une tuilerie désaffectée près d'Aix-en-Provence, où furent internés nombres d'artistes et d'intellectuels allemands: l'écrivain Lion Feuchtwanger, le peintre Hans Bellmer avec qui Max Ernst partage sa cellule. Ils dessinent tous deux, découpent et assemblent les tuiles de la briqueterie pour en faire

La lettre de demande de naturalisation manuscrite de Max Ernst, reproduite dans son intégralité, ci-contre et pages suivantes.

8

Huismes. I. et L.
le 2 Novembre 1957.

Monsieur Max ERNST
demeurant à HUISMES (I. et L)
à Monsieur le Ministre de la Population

Monsieur le Ministre,

        je soussigné Maximi-
lian Maria Ernst, de nationalité américaine,
né le 2 Avril 1891 à BRÜHL en Rhénanie
(Allemagne), ai l'honneur de solliciter la
naturalisation française.

        Ma situation de famille
se résume ainsi: depuis le 24 Octobre 1946 je
suis marié avec une femme américaine
dont le nom de jeune fille est Dorothéa
Margaret Tanning. D'un premier mariage
j'ai un fils de 37 ans. Il est citoyen américain et vit avec sa femme et ses 2 enfants aux Etats-Unis.

        Je ne possède pas de titres militaires.
        Quant à la durée de mon séjour,
en faisant l'addition des années passées
en France, j'arrive à un quart de siècle.

J'y ai résidé de façon permanente
de 1926 jusqu'à 1941. A cette date,
j'ai dû chercher asyl aux Etats-Unis.
Je suis revenu en France en Août
1949 et y ai séjourné jusqu'en ~~He~~ Octobre 1950. De nouveau, j'y suis
revenu en 1953. En 1954 j'ai acquis
une propriété en Touraine dans l'intention d'en faire ma résidence permanente. J'y habite depuis, j'ai
pourtant dû interrompre mon séjour
plusieurs fois pour me conformer
aux exigences de la loi américaine
concernant les citoyens naturalisés.

Dans l'espoir que ma démarche trouve
un accueil bienveillant, je vous prie
d'agréer, Monsieur le Ministre, l'hommage de mon profond respect.

Max E. L.

P. S. Evidemment, une question s'impose : pourquoi avoir attendu si longtemps pour demander la naturalisation qui, au fond, ne correspond qu'à une régularisation de faits ?

Il a été toujours mon désir de voir consacré l'intégration dans le pays que de cœur j'ai adopté, au mouvements d'art et d'esprit duquel j'ai participé depuis si longtemps, auquel je dois ma formation artistique et spirituelle pour une très grande partie. Je n'ai besoin de parler de la généreuse hospitalité que j'y ai rencontrée et de mon désir de me montrer reconnaissant. Les circonstances m'ont été défavorables. Mes démarches antérieures pour obtenir la naturalisation française ont malheureusement rencontré de si sérieux obstacles que j'ai dû renoncer de les poursuivre. Il s'agissait d'abord des implications quant à

la situation militaire et administrative de mon fils, citoyen
américain, voulant garder la nationalité américaine, et une autre
fois du fait que les naturalisations
étaient suspendues pendant la
guerre.

Max Ernst

d'étranges sculptures. Il faut tromper la faim, l'ennui, l'angoisse de cette situation incompréhensible. Max dessine « les apatrides », étranges figures faites de limes, des limes qui symbolisent son désir d'évasion. Il envoie des missives désespérées à son entourage. Comme cette carte postale à son fils Jimmy, qui réside à New York, datée du 27 octobre 1939[1].

Camps des Milles, Bouches-du-Rhône, Aix-en-Provence

Mon cher Jimmy, je suis détenu ici. Tu pourrais aider à ma libération avec tes excellentes relations? Fais quelque chose. Demande aux personnes influentes. Je t'embrasse, ton père.

P.-S.: j'écris une carte postale car les lettres sont interdites.

Le témoignage poignant de Feuchtwanger dans son livre *Le Diable en France*[2] raconte comment ces artistes qui avaient cru trouver en France une terre d'asile se retrouvèrent emprisonnés sans vraiment comprendre pourquoi, souvent mélangés avec des Allemands nazis, les autorités françaises ne faisant pas le distinguo entre les uns et les autres. Une drôle de population où sont mêlés des réfugiés du franquisme, des rabbins, des souteneurs, des fous… Aux Milles, les opposants allemands au régime nazi suivent avec angoisse l'avancée des troupes allemandes. Ils savent que si les nazis prennent contrôle du camp, ils sont morts: leur tête a été

mise à prix[3]. Pourtant, les autorités françaises tergiversent. Faut-il les évacuer? Lesquels en priorité? Ces hésitations sont insupportables pour les détenus. 15 juin 1940. Les Allemands prennent Paris et continuent leur avancée inexorable. Dans le camp les pro-nazis se réjouissent. La menace se rapproche pour Ernst, Feuchtwanger et les autres. Le fondateur de l'expressionnisme, Water Hasenclever, se suicide en avalant du véronal. Dans un sursaut humaniste, le capitaine en charge du camp des Milles décide d'« exfiltrer » les opposants au nazisme. Le train se met en branle le 22 juin.

La destination est inconnue. Dans des wagons bondés, les détenus s'entassent. Le convoi avance à une lenteur d'escargot. Arles, Toulouse, Tarbes. Il arrive à Bayonne le 24 juin. Mais fait immédiatement demi-tour vers Lourdes le 25 juin! Sur les voies voisines, les détenus aperçoivent brièvement un autre train: celui de leurs épouses détenues dans le camp de Gurs, dans les Pyrénées. La raison de cette volte-face? Ces derniers jours, une rumeur folle a couru. De lèvres en lèvres, une phrase: « Les boches arrivent à Bayonne! » Les cheminots sont persuadés que la ville va tomber sous peu sous le contrôle des nazis. Et font demi-tour. En fait, la rumeur a été déformée. Elle vient du commandant du convoi des Milles lui-même qui s'est annoncé à la gare de Bayonne à l'avance, en prévenant de « l'arrivée de deux mille boches »: il parlait de ces pauvres détenus dépenaillés et souffrant de dysenterie dans leur train-fantôme. « Nous avons fui notre propre ombre », dira Feuchtwanger[4]. Le train continue ses zigzags absurdes. Cela fait bientôt quatre jours que les pri-

1. *L'Écart absolu*, Jimmy Ernst, Balland, 1988.

2. *Le Diable en France*, Lion Feuchtwanger, éditions Belfond, nouvelle édition, 2010.

3. À partir de 1941, d'ailleurs, ces camps seront l'antichambre de l'horreur nazie, envoyant régulièrement des convois de déportés vers Auschwitz ou Buchenwald.

4. *Le Diable en France*, Lion Feuchtwanger, *op.cit.*

sonniers sont trimballés de ville en ville. C'est finalement vers le camp de Saint-Nicolas, près de Nîmes, qu'on fait descendre tout le monde. Max Ernst réussit à s'échapper. Il est malade, épuisé. Passe la nuit dans une porcherie à trembler, attendant le matin[5].

C'est ce que les fonctionnaires ayant rempli le dossier de naturalisation d'Ernst re-racontent pudiquement, « libéré par les autorités françaises juste avant la visite des autorités allemandes au camp ». Ou dans une autre ellipse : « A dû quitter la France en raison de l'Occupation. Menacé par la Gestapo », sans préciser que ce sont également les autorités de Vichy, bien françaises, donc, qui menaçaient Ernst. Le gouvernement français s'était ainsi engagé à « livrer sur demande », selon le terme consacré, tous les émigrés que réclamait le Reich.

Enfin libre, Max Ernst rejoint Marseille. Direction la villa Bel-Air. C'est là que se sont réfugiés ses amis surréalistes André Breton et Yves Tanguy. André Breton a recréé son petit royaume artistique où il règne en empereur incontesté. Dans cette atmosphère de déroute, il dissèque des mantes religieuses et organise des parties de cadavre exquis. C'est dans la villa que s'est installé Varian Fry, le journaliste qui s'est improvisé sauveur de dissidents et d'artistes, et qui, avec l'aide de son comité semi-clandestin, le Centre américain de secours (CAS) tente de les faire fuir aux États-Unis. Eleanor Roosevelt, la femme du président américain, négocie pour délivrer à titre exceptionnel une série de visas à des artistes, des dissidents, des intellectuels. Max Ernst est sur la liste. Son fils Jimmy essaie également d'obtenir un visa pour sa mère, Lou Strauss,

la première épouse de Max, mais en vain : elle refuse de se faire passer pour l'épouse de Max et se réfugie un temps à Manosque chez Jean Giono. Sous le coup d'un avis d'expulsion, elle sera plus tard arrêtée et déportée à Auschwitz. À son arrivée villa Bel-Air, Max Ernst est épuisé et terrorisé. La milliardaire américaine Peggy Guggenheim qu'il avait rencontrée à Paris le rejoint. Elle s'est amourachée de lui : « Max avait de nombreux amis qu'il avait connus dans les camps d'internement. Ils ressemblaient à des fantômes. Pour moi, c'était un monde étrange ou nouveau où l'on citait les noms de camps comme s'il s'agissait de Saint-Moritz, Deauville ou quelque autre station mondaine[6]. » Peggy veut sauver son bel artiste. Elle a promis au CAS qu'elle paierait le voyage de son protégé (et lui demande, en dédommagement, quelques toiles…). Ernst obtient enfin son visa pour les États-Unis, mais, sans autorisation de sortie, doit traverser la frontière pour l'Espagne clandestinement. Peggy le retrouve à Lisbonne. C'est de là qu'ils prennent l'avion[7].

Le 14 juillet 1941, ils atterrissent à New York à l'aéroport La Guardia. Jimmy, le fils de Max, l'attend. Il voit avec étonnement la célèbre Peggy Guggenheim le rejoindre. Max n'est toujours pas là. Il a été arrêté par la douane. À cause de son fichu passe-

---

5. *Le Camp d'étrangers de Milles, 1939-1943*, André Fontaine, Edisud, 1988.

6. Extrait de *Confessions of an Art Addict*, Peggy Guggenheim, cité dans la biographie *Peggy Guggenheim, un fantasme d'éternité*, Véronique Chalmet, Payot, 2009.

7. À Lisbonne, Peggy et Max se retrouvent nez à nez avec le grand amour de Max, l'artiste Leonora Carrington, également en fuite. Fureur jalouse de Peggy, scène de ménage et désespoir de Max…

port allemand encore. Jimmy a beau expliquer que son père tente d'obtenir la nationalité française depuis des années, qu'on lui a refusée, qu'il a obtenu à l'arraché ce visa, que ses peintures sont brûlées par les nazis. Rien n'y fait. Le peintre est expédié à Ellis Island. Trois longs jours où une mystérieuse commission délibère pour savoir s'il peut être accepté sur le territoire américain. Le 17 juillet, la décision tombe. Le « requérant » est accepté à condition qu'il soit… sous la garde de son fils Jimmy, citoyen américain. Après ces péripéties et d'innombrables tracas pour obtenir des laissers-passers au moindre de ses déplacements, Max Ernst n'a évidemment eu de cesse de se débarrasser de ce maudit passeport allemand. Intérêt, lassitude, gratitude ? Il cède aux assauts de Peggy Guggenheim et l'épouse un an après. Ernst devient citoyen américain.

Le mariage sera bref. Car Ernst rencontre Dorothea Tanning, une autre Américaine, peu de temps après. C'est le coup de foudre. Il divorce de Peggy, épouse Dorothea. Avec toutes ses épouses américaines, son fils américain, la logique aurait voulu que Max reste aux États-Unis. C'est le choix qu'ont fait beaucoup d'ex-réfugiés en France : Stravinsky ou Lion Feuchtwanger, qui ne pardonnera jamais à cette France patrie des droits de l'homme qu'il a tant aimée de l'avoir trahi. Max, lui, continue de se sentir français. Il veut, comme le dit son dossier, « retrouver le climat artistique de sa jeunesse et vivre en France, sa véritable patrie d'adoption ».

Le préfet d'Indre-et-Loire qui a rédigé la conclusion du dossier déposé par Ernst est lucide :

Seules les circonstances ont empêché l'intéressé de se faire naturaliser français. Ayant la nationalité américaine, il demande pourtant à la perdre au bénéfice de la nationalité française. Marié à une Américaine ayant un fils américain, ce geste à lui seul montre l'attachement de l'artiste à la culture et à la civilisation française. Il ne peut, semble-t-il, tirer d'autre satisfaction de ce geste que sentimentale.

Notre préfet est certainement fier d'avoir attiré en Touraine une telle pointure artistique. Il ne ménage en tout cas pas sa peine pour défendre Ernst auprès du bureau du sceau. En témoigne son avis, dont le ton enflammé diffère du style habituel des rapports préfectoraux.

L'attirance de la France sur cet artiste peintre est demeurée constante et la période de 1926 à 1941 qui vit l'épanouissement de son art l'a si profondément attaché à notre pays que, après un séjour de huit ans aux États-Unis, où il a acquis la nationalité américaine, il désire néanmoins se fixer définitivement en France et acquérir notre nationalité. M. Ernst a voulu en effet retrouver le climat qui a permis l'expression la plus libre et la plus profonde à son inspiration. Ses œuvres sont toutes imprégnées des tendances et de l'esprit de l'art français qu'elles servent indiscutablement par leur célébrité universelle [...] Son intégration dans la communauté nationale peut être considérée comme particulièrement heureuse puisque la personnalité de ce grand artiste de la peinture moderne contribuera au prestige de sa patrie d'adoption.

Max Ernst a lui aussi choisi avec soin ses mots pour plaider sa cause. Il a soixante-sept ans, n'a plus rien à prouver, mais pourtant que d'angoisse transparaît de sa missive ! Sa lettre manuscrite adressée au ministre de la Population et datée du 2 novembre 1957 est simple et émouvante.

Je soussigné Maximilian Maria Ernst, de nationalité américaine, né le 2 avril 1891 à Brühl (Allemagne), ai l'honneur de solliciter la naturalisation française [...] Je ne possède pas de titres militaires. Quant à la durée de mon séjour, en faisant l'addition de mes années en France, j'arrive à un quart de siècle. J'y ai résidé de façon permanente de 1926 jusqu'à 1941, à cette date j'ai dû chercher asile aux États-Unis. Je suis revenu en France en août 1949 jusqu'à octobre 1950. De nouveau j'y suis revenu en 1953. En 1954, j'ai acquis une propriété en Touraine dans l'intention d'en faire ma résidence permanente. J'y habite depuis, j'ai pourtant dû interrompre mon séjour plusieurs fois pour me conformer aux exigences de la loi américaine concernant les citoyens naturalisés. Dans l'espoir que ma démarche trouve un accueil bienveillant, je vous prie d'agréer, monsieur le ministre, l'hommage de mon profond respect.

P.-S.: Évidemment, une question s'impose. Pourquoi avoir attendu si longtemps pour demander la naturalisation, qui, au fond, ne correspond qu'à une régularisation des faits. Il a toujours été mon désir de voir consacrée l'intégration dans le pays que de cœur j'ai adopté, au mouvement d'art et d'esprit auquel j'ai participé depuis si longtemps, auquel je dois ma formation artistique et spirituelle pour une grande partie. Je n'ai pas besoin de parler de la généreuse hospitalité que j'y ai rencontrée et de mon désir de me montrer reconnaissant. Les circonstances m'ont été défavorables. Mes démarches antérieures pour obtenir la naturalisation française ont malheureusement rencontré de sérieux obstacles à tel point que j'ai dû renoncer à les poursuivre. Il s'agissait d'abord des implications quant à la situation militaire et administrative de mon fils citoyen américain voulant garder la nationalité américaine et une autre fois du fait que les naturalisations étaient suspendues pendant la guerre.

« Généreuse hospitalité », « mon désir de me montrer reconnaissant ». Il n'est pas rancunier, Max Ernst!

Cela fait pourtant un quart de siècle qu'il attend également d'obtenir le sésame, la nationalité française... D'autres – Picasso par exemple – en avaient pris ombrage et avaient abandonné l'affaire. Lui ne semble pas en tenir rigueur à quiconque. A-t-il su que son ultime démarche allait causer un tel débat? En témoigne la page de garde du dossier où les fonctionnaires du bureau du sceau consignent leurs observations et avis. En règle générale, pour un candidat normal, vous avez deux ou trois lignes. Avis favorable, et c'est tout. Le cas Ernst donne lui lieu à une passe d'arme interminable. À la suite du premier « avis réservé » d'un certain « Fournier » – le même qui tiquait face à la naturalisation de Nicolas de Staël –, les observations se succèdent sur trois pages!

L'ensemble des avis concernant la peinture d'Ernst place celui-ci à un rang tel que la naturalisation de cet artiste, français de mœurs et de vie depuis plus de 30 ans, ne saurait être soumise aux normes arbitraires. Le préfet d'Indre-et-Loire qui a signé lui-même le rapport et émis une opinion de style personnelle peut semble-t-il être suivi. Toutefois avant décision demander si la requête de M. Ernst concerne également son épouse.

Signé Quesnel, 5 juin 1958.

Téléphone ce jour au préfet Indre-et-Loire. La femme désire effectivement conserver la nationalité américaine qu'elle possède à titre originaire.

Signé Fournier

Avis de consulter l'Éducation nationale et les Affaires étrangères (AE).

Signé illisible

Oui le faire rapidement.

Signé L

Rapport d'enquête sur le postulant Max Ernst du consul de Los Angeles en 1958, un certain... Romain Gary.

JD/odb

No.   286/CH

MINISTÈRE
DE LA SANTÉ PUBLIQUE
ET DE LA POPULATION
30 SEP 1958
SOUS-DIRECTION
DES NATURALISATIONS

Le 5 septembre 1958

ROMAIN GARY, CONSUL GENERAL DE FRANCE
A LOS ANGELES

A

SON EXCELLENCE M. LE MINISTRE DES AFFAIRES ETRANGERES
Direction Générale des Affaires Administratives et Sociales
Contentieux
PARIS

A.s./Demande de naturalisation présentée
par M. Maximilien ERNST

         J'ai l'honneur de faire parvenir ci-joint
en retour au Département la lettre du 28 juin 1958
émanant du Ministère de la Santé Publique et de la
Population et relative à la demande de naturalisation
présentée par M. Maximilien ERNST.

         L'enquête à laquelle a procédé notre
Agent Consulaire à Phoenix a permis de révéler
que M. Maximilien Ernst n'a fait l'objet d'aucune
condamnation durant son séjour à Sedona (Arizona),
et que d'autre part, aucune remarque défavorable
n'a été faite à son sujet.

         Je n'ai en conséquence pas d'objection
à ce que satisfaction soit donnée à la requete de
ce postulant./.

TRANSMIS le 25 SEPT 1958
N° All
en réponse à votre lettre
ci-jointe

289

Le ministère de l'Éducation nationale émet l'avis le plus favorable.
Faire rappel aux AE.
Signé JF, 8 septembre 1958

Les AE (en l'occurrence le ministère des Affaires étrangères, département chancellerie et contentieux) s'agitent donc également sur le cas Ernst. Il s'agit tout bonnement d'enquêter sur tous les lieux de résidence du peintre, et cela depuis cinquante ans ! Le consul de France à Düsseldorf est d'abord sollicité sur les jeunes années d'Ernst à Cologne de 1919 à 1926. Rien.

Il n'a pas été possible d'obtenir les renseignements demandés, la résidence à Cologne de M. Ernst remontant à près de trente ans et les archives municipales de cette ville ayant été détruites au cours des hostilités. Je laisse au département le soin d'apprécier la candidature de M. Ernst en fonction de renseignements plus récents qu'il lui sera possible de recueillir sur le compte de M. Ernst.

Est passé ensuite au crible son séjour à New York. « Aucun renseignement défavorable n'a été recueilli », même si le consul précise qu' « une enquête de police sérieuse nécessiterait la fourniture d'empreintes digitales ». C'est ensuite le consul de France à Los Angeles, un certain… Romain Gary, qui est interrogé. Déception, cependant, le fantasque écrivain n'a pas agrémenté sa missive de quelque facétie et son courrier reprend sagement les formules consacrées du jargon diplomatique.

L'enquête à laquelle a procédé notre agent consulaire à Phœnix a permis de révéler que M. Maximilian Ernst n'a fait l'objet d'aucune condamnation durant son séjour à Sedona (Arizona), et que, d'autre part, aucune remarque défavorable n'a été faite à son sujet.

Hélas rien n'y fait. Au bureau du sceau, la partie de ping-pong continue.

Vu la réponse des AE sans avis concernant le séjour en Allemagne,
vu la réponse des AE indiquant que le postulant n'a pas fait l'objet de remarques défavorables aux USA,
vu l'avis favorable du préfet d'Indre-et-Loire et de l'Éducation nationale,
vu le fait que l'épouse du postulant ne s'associe pas à cette requête et que le postulant n'a donné aucune preuve de loyalisme, j'émets un avis réservé et je sollicite la décision du directeur.
Signé VA

Soumis au directeur vu la notoriété du postulant.
2 octobre 1958, Signé L

Soumis à la décision de M. le ministre. En signalement que M. Debré attache un grand prix à cette naturalisation. Avis favorable.

Bernard Chenot, 17 novembre 1958

Maximilien Ernst est finalement naturalisé par décret le 4 février 1959. Il meurt à Paris, le 1er avril 1975.

Notre voyage touche à sa fin. Les Archives nationales respectent un délai de cinquante ans après la parution du décret pour communiquer les dossiers de naturalisation. Rendez-vous donc dans quelques années pour un tome 2 où l'on pourra rajouter les noms Debbouzze, Adjani, Zidane… Dans les années 1960, la décolonisation chamboule à nouveau le droit de la nationalité. Les « ex »-sujets de l'Empire français deviennent des citoyens indépendants des nouveaux États. Et peuvent dans certains cas conserver la nationalité française.

Nous n'avons dans ces pages donc aucun Algérien, Sénégalais, Marocain, Tunisien, Vietnamien, Chinois… Dans ce long périple qui s'arrête à l'aube des années 1960 nous manquait un dossier « contemporain ». Les archives de la préfecture de police, que nous avons consultées ponctuellement pour cet ouvrage, ont en revanche ouvert leurs « séries étrangers ». Des dossiers de VIP, en quelque sorte. Parmi eux, Julio Cortázar. Qui a fait de nombreuses demandes de naturalisation, et était, de ce fait, un habitué de la préfecture de police. On peut être un artiste reconnu et ne pas mériter la qualité de « citoyen français ». C'est ce que témoigne le parcours du combattant de l'écrivain argentin Julio Cortázar.

[1981]
Julio Cortázar,
le galérien de la nationalité

« *Individu suspect au point de vue national* »

Dans notre liste, il est celui qui détient le record d'opiniâtreté. Deux rejets, un ajournement: il a fallu onze ans et bien des camouflets pour que l'écrivain argentin Julio Cortázar devienne enfin français, à soixante-sept ans. Le dossier Cortázar que nous avons découvert à la préfecture de police de Paris est très épais. Il n'y a pourtant là que les délibérations policières sur le candidat. Nulle trace des débats qu'a dû susciter sa candidature au bureau du sceau. Impossible de le savoir puisque, de ce côté, les archives sont fermées. En revanche, le long feuilleton « Cortázar contre la préfecture » avec ses rebondissements multiples est un polar à lui tout seul.

En 1970, l'écrivain décide de solliciter la naturalisation française. Il a déjà cinquante-six ans. Grâce à une bourse du gouvernement français, il a pu s'installer en France au début des années 1950, il a collectionné les boulots – de traducteur à commentateur de matchs de boxe pour la radio –, s'est marié à Paris avec Aurora Bernardez, argentine elle aussi. En 1970, il est déjà une figure majeure de la littérature latino-américaine, une de ses nouvelles – *Les Fils de la vierge* – a été adaptée au cinéma par Antonioni, le film culte, *Blow up*. L'écrivain est profondément engagé à gauche. La révolution cubaine l'a durablement marqué. Il s'est rendu plusieurs fois à Cuba en compagnie d'écrivains comme Mario Vargas Losa ou Carlos Fuentes. 1970 est une année charnière pour lui. Il vient de se séparer de sa femme Aurora Bernardez. Aurora veut rester en Argentine, lui a choisi la France. Et compte bien régulariser sa situation. La préfecture de police se livre à une enquête très fouillée sur l'écrivain, n'hésitant pas à aller fouiner dans sa vie privée.

En témoigne le rapport d'enquête du 8 mai 1970 :

> Pour quels motifs a-t-il quitté son pays d'origine?
> Son père étant diplomate en poste à Bruxelles, le postulant est né en Belgique où il a vécu pendant les années de la Première Guerre mondiale. Plus tard, il a quitté l'Argentine parce qu'il était en désaccord avec le régime politique instauré dans ce pays et parce qu'il avait obtenu une bourse du gouverne-

ment français devant récompenser ses connaissances de la littérature française, il souhaite se fixer définitivement sur notre territoire.

Vérification d'archives RG

Le 19 août 1968, une information de la SDECE, faisant état de renseignements provenant en partie des services allemands, indiquait que l'intéressé aurait été chargé par un organisme intitulé Union des inter cambio latino americano frances de recruter des Latinos-Américains résidant en France en vue de stage de formation politique à Cuba ou dans les pays de l'Est.

Le postulant fait l'objet d'un rapport le 30 août 1969 dans lequel il est dépeint comme ayant des sympathies pour le PC argentin. Il aurait apporté son concours au meeting de solidarité le 10 août à la maison de la Mutualité par les mouvements de gauche française en faveur du syndicaliste péruvien Hugo Blanco. A été également l'un des signataires d'un appel en faveur de Régis Debray, publié dans la revue cubaine *Casas de las Americas*. En mars de cette même année, il a participé à La Havane à une réunion d'intellectuels latino-américains à l'issue de laquelle un appel à l'unité de la gauche a été lancé. Sympathisant du parti communiste argentin, il serait en outre en relation avec une militante des mouvements extrémistes noirs Black Power et Black Panther.

Enquête de moralité

Depuis 1969, il demeure à l'adresse où il occupe un petit pavillon dont il est propriétaire. Il y vit seul, un désaccord avec son épouse ayant amené leur séparation. Cette situation pourrait être provisoire, car ils n'ont pris aucune décision définitive dans ce domaine. Les renseignements recueillis sur le compte du postulant, des points de vue conduite et moralité, ne sont pas défavorables. Il ne provoque aucune critique de son entourage.

Enquête auprès de l'employeur

Sur notre territoire, le postulant n'a jamais eu d'activité salariée constante. Il effectue des travaux de traduction [...]

Mais il consacre la plus grande partie de son temps à son métier d'écrivain.

Valeur socio-professionnelle

Le postulant est assez souvent en déplacement dans différents pays du monde en fonction des missions qui lui sont confiées. Il n'a pas pu se prononcer sur sa situation familiale, son épouse devrait prochainement revenir en France et ils prendraient alors une décision en ce domaine. Quoi qu'il en soit, celle-ci ne se joint pas à la demande de naturalisation.

La préfecture de police doit se réjouir : elle est tombée sur un gros poisson. Dans le dossier de naturalisation, l'espace n'est pas suffisant pour toutes les informations à fournir sur le candidat. Griffonné dans tous les sens, le formulaire standard est bien trop étroit pour le candidat Cortázar. Que ce soit la rubrique « État-civil », où l'on s'étend longuement sur sa séparation d'avec son épouse ou surtout la rubrique « attitude politique » qui déborde : un militant communiste qui s'est rendu à La Havane, pensez.

L'administration est décidément bien inquisitrice : Julio Cortázar se sent obligé d'écrire à Mme Paoli, chef de bureau de la préfecture de police de Paris, le 3 juin 1970, pour éclaircir quelques points concernant sa vie sentimentale.

Je me permets de vous écrire à nouveau sur les conseils de M. Thierry de Beaucé, chargé de mission auprès du cabinet de Premier ministre, qui s'est – me dit-il – déjà entretenu avec vous au sujet de ma demande de naturalisation. J'ai en effet déposé le 6 mars 1970, un dossier en vue d'acquérir la nationalité française. Il semble cependant que, manquant d'expérience, j'ai omis de vous signaler un élément extrêmement important sur ma situation personnelle dont j'ignorais qu'il pouvait soulever des difficultés par rapport à l'instruction de mon dossier. Il s'agit en effet de la séparation d'avec mon épouse légitime, Aurora Cortázar, née Bernardez. Celle-ci a en effet pris la décision d'aller s'établir à nouveau dans notre pays d'origine, en Argentine. Elle y est établie depuis bientôt deux ans, sa résidence principale est permanente. Cependant la législation de la République argentine ne prévoit pas la possibilité de divorcer. Je ne pourrai donc entreprendre aucune démarche en ce sens tant que je serai citoyen argentin et il me faut attendre d'avoir obtenu la naturalisation française que je souhaite acquérir pour toutes les raisons que j'ai précisées en déposant mon dossier pour pouvoir légaliser ma situation conjugale et faire une demande de divorce. En espérant qu'il vous sera possible de prendre en considération cette situation difficile, et en vous remerciant à l'avance de tout ce que vous consentirez à faire en ce sens, je vous prie de croire, madame, à mes respectueux hommages et à ma très profonde reconnaissance.

Signé Jules Cortázar.

Pauvre Cortázar. Il ne se doute pas que sa lettre ne sert pas à grand-chose. Sauf à exposer aux yeux de toute l'administration des détails de sa vie privée. La police a déjà tranché. Le 3 juin 1970, le même jour où Cortázar écrit cette deuxième lettre éclaircissant des détails de sa vie matrimoniale, le préfet rédige un avis dans lequel il estime qu' « il n'y a pas lieu d'accueillir la requête de M. Cortázar qui n'observe pas une stricte neutralité politique et dont l'épouse ne sollicite pas la naturalisation ».

Scrupuleuse, Mme Paoli s'empresse cependant de communiquer les dernières informations en date sur le ménage Cortázar au ministère du Travail, de la Population et des Migrations. Bref, le ministère en charge des naturalisations.

Objet : mon envoi du 3 juin 1970.

J'ai l'honneur de vous faire connaître que M. Cortázar, qui vivait provisoirement séparé de son épouse retournée en Argentine depuis deux ans, vient de m'informer qu'il a maintenant définitivement rompu avec celle-ci. M. Cortázar souhaite vivement être naturalisé afin de pouvoir introduire une instance en divorce, la loi argentine ne permettant pas une telle procédure.

Le bureau des naturalisations n'a que faire des tracas matrimoniaux du postulant. Le 8 septembre 1970, il envoie une lettre de notification à l'écrivain : « J'ai l'honneur de vous informer que votre demande de naturalisation n'ayant pas paru susceptible d'être accueillie a fait l'objet d'une décision de rejet. »

Les contacts de Julio Cortázar, en l'occurrence le fameux Thierry de Beaucé, ont-ils joué ? Étrangement, huit mois après, le ministère va tempérer sa décision et en informe le préfet.

21 mai 1971.
Le ministère du Travail à la préfecture de police.

Mon attention a été appelée sur le postulant désigné ci-dessus dont la demande de naturalisation fait l'objet d'une décision de rejet notifiée le 8 septembre 1970. Je vous informe qu'après nouvel examen de son dossier, j'ai décidé de transformer ma décision susvisée en une décision d'ajournement à trois ans.

Il semble que l'écrivain n'ait pas relâché la pression. Très exactement trois ans après, il sollicite de nouveau le ministère. Directement. Lequel prévient la préfecture de police, histoire que le dossier ne reste pas bloqué.

Juillet 1973.
Le ministère du Travail à la préfecture de police.

J'ai l'honneur de vous faire connaître que j'ai décidé d'autoriser M. Jules Cortázar [...] à constituer un nouveau dossier. J'attire votre attention sur les deux décisions antérieures qui ont été prises à l'égard de ce postulant. L'une de rejet le 8 septembre 1970, l'autre de transformation en ajournement à trois ans à compter de la date de ce rejet. J'attire votre attention sur l'urgence de cette affaire.

Affaire urgente ? Les contacts de Cortázar ont-ils là encore joué ? Hélas, l'écrivain traîne comme un boulet son activité militante des années 1960. Tous les services de la police sont mis à contribution. Le directeur de la police générale écrit à M. le préfet le 26 février 1974.

> M. Cortázar est un écrivain dont les ouvrages écrits en espagnol sont traduits en plusieurs langues. En France ils sont publiés aux éditions Gallimard et Fayard [...] Il collabore à diverses revues, du journal *Le Monde* à l'ORTF. Il jouit d'une certaine notoriété dans les milieux littéraires [...] Au point de vue politique, l'intéressé passait pour un progressiste avancé dont les sympathies auraient été acquises au PC argentin.

Là, le directeur de la police générale égrène à nouveau avec délectation les rapports des RG, le *meeting* de la Mutualité, La Havane, l'implication de Cortázar comme recruteur en chef de Latinos-Américains pour des stages de formation politique à Cuba, « en liaison avec la Fédération mondiale syndicale dont le siège se trouve à Budapest ».

Que du réchauffé, donc ! Le directeur est obligé d'avouer :

> Actuellement les renseignements recueillis sur le compte de M. Cortázar, qui n'attire pas l'attention au point de vue conduite et moralité, révèlent qu'il ne se livre pas à une activité militante directe.

Certes, mais le casier de l'individu est déjà trop chargé ! Le dossier a ainsi exhumé des archives de la police judiciaire que Cortázar a été mis en surveillance par la DST (direction de surveillance du territoire).

> Individu suspect au point de vue national.
> L'intéressé fait l'objet d'une fiche S70/118/A/032.

Autant dire que cette fois-ci encore, la rubrique « Attitude politique » est lourde, trop lourde.

> Sur les plans politique et national, bien qu'il ne se manifeste pas par une activité militante directe, il semble qu'il y ait lieu d'observer une prudente réserve dans ce domaine à son égard.

Mars 1974, la préfecture persiste et signe.

> Malgré sa notoriété dans les milieux littéraires, il ne paraît pas opportun d'accueillir la requête de M. Cortázar.

À nouveau, alors que son sort paraît scellé, on fouille la vie privée du postulant. Qui semble être connue de tous les fonctionnaires quel que soit leur ministère. En témoigne cette lettre très étrange émanant du ministère de l'Intérieur à la préfecture de police le 6 juillet 1974.

> Dans votre rapport vous précisez que le postulant est en instance de divorce d'avec la ressortissante argentine Bernardez Aurora. Or, des renseignements que je possède, il ressort que l'intéressé serait actuellement marié avec la nommée Karvelis Ugné, française par précédent mariage, d'origine russe. Je vous serais donc obligé de bien vouloir me faire connaître quelle est la situation matrimoniale actuelle de M. Cortázar afin que je puisse me prononcer en toute connaissance de cause sur la valeur de cette candidature.

Comment le ministère de l'Intérieur a-t-il eu vent de ces informations d'ordre privé ? S'est-il alarmé que Cortázar ne soit pas en règle, pas encore complètement divorcé donc polygame, et donc en violation avec le Code civil français ? Ou a-t-il fiché aux RG la nouvelle épouse ? Ugné Karvelis, d'origine lituanienne, responsable de la littérature étrangère chez Gallimard, est très engagée à gauche. Mystère.

« Le ministère de l'Intérieur était mal renseigné », dit Christophe Karvelis, le fils qu'Ugné a eu de sa précédente union. « Julio et ma mère ont vécu ensemble mais ils ne se sont jamais mariés. À cause de son engagement politique, ma mère pensait être sur écoute. À la lecture de ce dossier, cela me semble évident : ils étaient surveillés… »

En tout cas, Ugné a beau être française, ceci ne semble changer en rien la position du ministère par rapport à la candidature Cortázar. Valery Giscard d'Estaing a été élu. Le climat n'est pas franchement clément pour les étrangers : le choc pétrolier inaugure la crise économique. Valery Giscard d'Estaing décrète la fin de l'immigration de travail. Cortázar reçoit en tout cas à nouveau une lettre le 6 août 1975 du ministère du Travail. Nous la reproduisons telle quelle, avec les expressions soulignées.

J'ai l'honneur de vous faire connaître que votre demande de naturalisation a été examinée avec la plus grande attention. Mais elle ne m'est pas apparue susceptible d'être accueillie favorablement. Dans ces conditions, mes services ont dû prononcer à votre égard une décision de REJET. Cette mesure prend effet à compter de la date de la présente lettre qui en constitue la notification officielle. Conformément aux dispositions de la loi en vigueur, la présente décision n'exprime pas de motifs.

Cette fois-ci, il n'y a plus personne au gouvernement pour défendre le malheureux Cortázar. Pas d'ajournement donc, un rejet pur et simple.

Il faut attendre une fête à la Bastille, le 10 mai 1981. Partout des gerbes de roses. Pour la première fois de son histoire, la France a élu un président socialiste. Mitterrand aime les écrivains. Il les aime tellement qu'à peine élu l'une de ses premières décisions sera de faire naturaliser Milan Kundera, qui vient de perdre sa nationalité tchèque pour ses romans considérés trop subversifs et Julio Cortázar, l'opposant de la dictature péroniste.

C'est en tout cas ce que montre cette lettre pressante du 2 juin 1981 du ministère du Travail à la préfecture de police de Paris.

Je suis saisi par le postulant d'une réclamation contre la décision de rejet notifiée le 6 août 1975. Je vous prie de bien vouloir informer l'intéressé qu'après nouvel examen de son dossier, j'ai décidé de l'autoriser à constituer, dès à présent, un nouveau dossier de naturalisation [...] Vous voudrez bien me transmettre le nouveau dossier régulièrement instruit par vos soins dans les meilleurs délais.

On imagine la panique à la préfecture de police de Paris ! Cortázar y est fiché comme un dangereux agitateur. Même si de l'eau a coulé sous les ponts, sa candidature reste des plus sulfureuses. Dans le dernier dossier constitué par l'écrivain, les rapports restent mitigés.

Demande de vérification RG

RG : Depuis 1977, il est présenté comme membre actif des mouvements révolutionnaires sud-américains de la capitale, ces derniers considérés eux-mêmes comme la plaque tournante du terrorisme international.

Un terroriste international, ce Cortázar? Pour cette dernière demande, l'écrivain a déjà soixante-sept ans. De façon assez ironique, la teneur de l'enquête ne change pas énormément. Ce sont toujours les vieux faits d'éclat de l'écrivain qui ressortent: La Havane, le PC, etc. Seule change la façon dont les choses sont présentées.

> Son loyalisme est-il assuré? Oui, il s'agit d'une troisième demande.
>
> Attitude politique: Aucune remarque particulière actuellement. Il était représenté dans le passé comme un progressiste avancé dont les sympathies étaient acquises au PC argentin.

Appréciez la rhétorique! Lors de la deuxième demande, à la rubrique loyalisme, on avait souligné que la précédente demande avait été rejetée. Les deux derniers rejets sont à porter au crédit du candidat. De même il faut savourer le « il était représenté dans le passé ». Soudain clémente, la préfecture semble prête à passer l'éponge sur les « erreurs de jeunesse » – du point de vue de la préfecture, tout du moins! – du militant. Le vent est en train de tourner.

Alors qu'absolument rien n'a changé sur le CV du candidat, et malgré la notice RG évoquant le « terrorisme international », la préfecture de police a clairement changé son fusil d'épaule.

> Compte tenu de la notoriété dans les milieux littéraires de M. Cortázar, de son long séjour en France et de sa persévérance à vouloir acquérir la nationalité française, cette nouvelle requête semble pouvoir être accueillie favorablement.

Cortázar est naturalisé à l'été 1981. Il meurt trois ans après. Sur sa tombe, au cimetière Montparnasse, ses lecteurs lui déposent un verre de vin, des dessins, un bric à brac surréaliste qui aurait enchanté le romancier du fantastique. De lui, on se rappellera particulièrement *L'Autoroute du Sud*, cette nouvelle kafkaïenne sur un embouteillage qui s'éternise pendant des jours, des semaines, des mois, des années, où les automobilistes se retrouvent coincés dans leurs automobiles, sur une route qui ne mène plus nulle part. Une jolie métaphore de son absurde et long parcours pour obtenir la nationalité française.

Crédits photographiques

Les auteures et les éditeurs remercient les Archives nationales pour leur concours.
Les photos de documents sont tirées des dossiers de naturalisation de la série BB11 et ont été réalisées par Bruno Coutier.

Nos remerciements vont aussi aux familles qui ont autorisé la reproduction de photographies en leur possession.

p. 27 – Zola © D.R.

p. 44 – Guillaume Apollinaire © Albert Harlingue / Roger-Viollet.

p. 61 – Benedict Mallah © collection particulière Mallah.

p. 69 ; 71 – Stanislas Goscinny © collection particulière Anne Goscinny.

p. 93 ; 95 – Igor Plemiannikov © collection particulière Vadim.

p. 102 ; 103 ; 106 – Giovanni Livi © collection particulière Jean-Louis Livi.

p. 131 ; 133 ; 134 ; 135 – Joseph Ginsburg © collection particulière Jacqueline Ginsburg.

p. 143 ; 144 ; 145 – Louis Cavanna © collection particulière François Cavanna.

p. 152 ; 153 – Silvio Uderzo © collection particulière Uderzo.

p. 159 – Romain Gary, photographie de Jacques Robert © Gallimard.

p. 157 – Romain Gary © collection particulière Diego Gary.

p.173 – Marc Chagall © Archives Marc et Ida Chagall, Paris.

p. 181 ; 186 – Abraham et Lola Drucker © collection particulière Michel Drucker.

p. 187 – Wassily Kandinsky © D.R.

p. 191 – photographie de Boris Lipnitzki © Centre Pompidou, Mnam, Bibliothèque Kandinsky, Fonds Kandinsky.

p. 211 ; 213 © collection particulière Charles Aznavour.

p. 219 ; 220 – Nicolas de Staël © collection particulière Anne de Staël.

P. 224 ; 225 – Nicolas de Staël, photographies de Antoine Tuoal, reproduites avec l'aimable autorisation de Anne de Staël.

p. 238 – Achod Malakian © collection particulière Malakian.

Remerciements

Nous souhaitons remercier ici chaleureusement :
Karina Hocine, pour son enthousiasme et sa lecture attentive,
Caroline Laurent, pour la finesse de sa relecture,
Annie Poinsot et Pascal Philipides, qui nous ont si gentiment guidées dans les archives, sans jamais se lasser de nos incessantes demandes,
Isabelle Neuschwander, directrice des Archives nationales et Jean-François Quemin, directeur de la communication des Archives, pour leur coopération efficace,
Bruno Coutier, qui a chargé son appareil photo de vieux papiers pour nous,
Le *Nouvel Observateur*, qui nous a permis de mener à bien cette enquête, et tout particulièrement Sylvain Courage, Michel Labro et Denis Olivennes qui, les premiers, ont cru en ce sujet.

Nous voulons également exprimer notre gratitude à toutes les personnes qui nous ont accordé leur temps pour évoquer leurs familles ou leurs parcours d'enfants d'immigrés ou d'immigrés tout court. Chaque rencontre fut belle et intense. Merci donc à Charles Aznavour, Robert Badinter, Catherine Bérégovoy, François Cavanna, Myriam Cendrars, Raymond Domenech, Michel Drucker, Caroline Eliacheff, Diego Gary, Jacqueline Ginsburg, Anne Goscinny, Michèle Haïm, Marie-France Ionesco, Michel Jonasz, Christophe Karvelis, Yves Le Grix, Jean-Louis Livi, Georges Loinger, Patrick Malakian, David Mc Neil, Meret Meyer et le comité Chagall, Joseph Minc et Alain Minc, François et Andrée Sarkozy, Anne de Staël, Albert Uderzo, Christian Vadim, Sylvie Vartan, Patrick Zitrone et à Georges Charpak.

Ce projet n'aurait pas vu le jour sans Nicolas Mariot, qui nous a fait découvrir l'existence de ces dossiers de naturalisation. Nous le remercions tout particulièrement pour ses conseils historiques avisés et pour sa patience face à nos questions intempestives et quelquefois saugrenues.

Et, évidemment, un merci du cœur, qui dépasserait de loin ces lignes, pour le soutien sans faille de nos proches qui ont dû supporter nos obsessions archivistiques pendant cette année passée...

Table des matières

Achevé d'imprimer en octobre 2010
par Rodesa à Estella
pour le compte des Éditions Lattès
17, rue Jacob - 75006 Paris

Imprimé en Espagne
Dépôt légal : novembre 2010
N° d'édition : 01

www.ingramcontent.com/pod-product-compliance
Lightning Source LLC
Chambersburg PA
CBHW081430270326
41932CB00019B/3147

9 782709 635523